sri lanka

Nach einem Manuskript von Herbert Keunemann
Redigiert und gestaltet von John Gottberg Anderson
Colombo-Redaktion Ravindralal Anthonis
Herausgegeben von Hans Höfer
Deutsche Übersetzung Dieter Vogel

NELLES VERLAG
1986

An Stelle einer Einleitung

Die reizvolle Tropeninsel Sri Lanka hieß bei den Seefahrern von einst „Serendib“. Es paßt also gut ins Bild, daß wir das vorliegende Buch Serendipity – einer Serie glücklicher Zufälle – verdanken.

Und so fing es an: Apa-Verleger Hans Johannes Höfer, der sich seit langem ein Buch über das Wunderland im Indischen Ozean erhoffte, hatte das Vergnügen, in der Sri Lanka-Metropole Colombo auf **K.V.J. de Silva,** seines Zeichens Buchhändler und Sammler, zu treffen, der ihm ein umfangreiches Manuskript von 1979 vorlegte.

Hoefer

Keuneman

De Silva hatte von Höfers Büchern gelesen und war fest davon überzeugt, daß allein Apa jenen gelehrten Reisebericht des verstorbenen **Herbert Keuneman** veröffentlichen dürfe. Er kam samt Text nach Singapur und bot ihn Höfer an. Es entwickelte sich eine Zusammenarbeit, aus der das vorliegende Buch entstand.

Keuneman, der sein Leben in Sri Lanka verbracht hatte – als Journalist, Dozent und anglikanischer Pfarrer – hatte mehrere Jahre lang liebevoll das Material zu seinem Buch zusammengetragen. Das war nach 1970. Nach seinem Tod fiel das Manuskript in die Hände von De Silva, der in Colombo eine Buchhandlung und eine Galerie betreibt.

Finanziell sprangen Gemini Tours Limited in die Bresche, die im Sri Lanka-Tourismus eine führende Rolle spielen. Gemini organisiert Reisen nach Sri Lanka aus allen Kontinenten und betreibt vier Hotels auf der Insel, zwei weitere auf den Malediven.

Sriyantha Senaratna, Geschäftsführer von Gemini, wurde auf der Tourismusmesse in Berlin auf die Serie der *Apa Guides* aufmerksam. **Yvan Van Outrive,** zuständig für Marketing und Werbung im Apa-Verlag, stellte ihm das Verlagsprogramm vor.

Senaratna, dessen Unternehmen den Mitarbeiterstab seit 1978 von 14 auf 450 erweiterte, zeigte sich beeindruckt und meinte spontan, daß ein Insight-Fotoführer eine Lücke auf dem Reiseliteraturmarkt von Sri Lanka ausfüllen würde. Übrigens studierte der Gemini-Manager an der Washington State University in Seattle Jura.

Die Umarbeitung des Manuskripts besorgte **John Gottberg Anderson,** der Asien-Mann des Verlags. Zusammen mit Lektorin **Linda**

Anderson

Carlock

K.V.J. de Silva

Senaratna

Anthonis

Carlock weilte er 1982 mehrere Monate in Sri Lanka. Sie durchstreiften in Begleitung des Fotojournalisten **Ravindralal Anthonis** die Insel, legten Tausende von Kilometern zurück, um sämtliche Daten und das Fotomaterial zu überprüfen und zu ergänzen.

Lloyd

T. Tidball

S. Tidball

Nach und nach gewann Anderson auch die führenden Journalisten, Wissenschaftler und Geschäftsleute von Sri Lanka dafür, auf der Basis des Keuneman-Textes das vorliegende Material zu sichten und einen neuen Buchtext zu verfassen.

Die Apa-Fotoagentur, die über das größte Bildarchiv in Südostasien verfügt, bemühte mehr als ein Dutzend Fotografen aus der ganzen Welt, Bildmaterial für die Fotoseiten dieses Bandes bereitzustellen.

Als das Material beisammen war, konnte man in Singapur an die Herstellung des Buches gehen. Anthonis, Höfer und Anderson überarbeiteten Texte und Bilder und stellten den Band in seiner jetzigen Gestalt zusammen.

Der *Apa-Guide: Sri Lanka* wurde ganz bewußt für den Reisenden der „zweiten Generation" gemacht. Nach Höfer gehört jemand zur „ersten Generation", der ein Buch braucht, das ihn am Flughafen bei der Hand nimmt, ihn sicher ins Hotel und zu den Sehenswürdigkeiten bringt und dann zu Hause wieder abliefert. Der Reisende der „zweiten Generation" hat sich mit Hilfe der Reisebüros und durch eigene Erfahrung mit dem Nötigsten vertraut gemacht. Er braucht nicht noch einmal schriftlich bestätigt zu bekommen, *wie* man irgendwo hinkommt, sondern *warum* man ein bestimmtes Reiseziel anstreben sollte.

K.M. de Silva

Wanigasundara

Silva

Weeramunda

Jonklaas

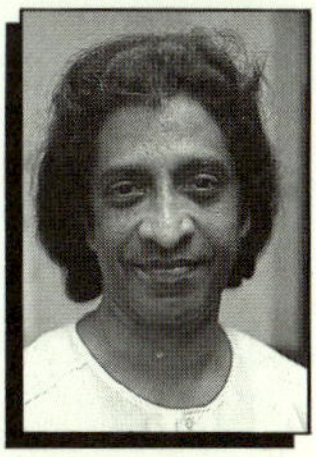

Marapana

Ammon

Dies ist Philosophie des Apa-Verlags seit seiner Gründung 1970, als Höfer den *Bali*-Führer veröffentlichte. Seitdem sind nach Höfers Konzept fünfzehn weitere Reiseführer erschienen, die verschiedentlich als „beste Serie der Welt" bezeichnet wurden. Höfer hat in Krefeld die graphischen Künste studiert und steht in der Tradition des Bauhauses.

Anderson ist im Nordwesten der USA geboren, war Stipendiat des Gannett Fellowship Program für Asienstudien an der Universität von Hawaii und arbeitete von 1981 bis 1984 im Apa-Verlag. Vordem war er in Honolulu Journalist, in Seattle Verlagslektor und hatte mehrere Jahre lang den Pazifik, Asien und Europa bereist, wo er sich intensiv mit den Weltkulturen befaßte und über sie schrieb. Anderson hat bereits die Bände *Nepal* und *Burma* vorbereitet und weitere asiatische Titel sind unter seiner Regie überarbeitet worden.

Carlock, die das Material dieses Bandes genau überprüfte – die Essays über Kunsthandwerk und Edelsteine stammen von ihr, außerdem war sie für den Kurzführer zuständig – arbeitet seit 1980 für Apa. Zeitweilig leitete sie das inzwischen aufgelöste Apa-Büro auf Hawaii; über die Biologie, das Bankfach und die Wirtschaft stieß sie zum Journalismus. Studiert hatte sie an der Western Washington University. Ihr Interesse für Kunsthandwerk und Edelsteine rührt von ihrer Beschäftigung mit der Glasmalerei und der Farbtherapie her.

Sarachchandra

Anthonis handelt hauptberuflich mit Tee; seine eigentliche Liebe gehört jedoch der Tierfotografie. 1982 erhielt er eine Auszeichnung für das beste Tierfoto in Sri Lanka, den Schnappschuß eines angreifenden Elefanten. Fünfzehn Jahre lang hat er die Dschungel seiner Heimatinsel durchstreift und seine Erlebnisse in zahlreichen Artikeln für einheimische wie ausländische Presseorgane festgehalten. Anthonis ist passionierter Leser von Geschichts- und Archäologie-Büchern; außerdem ist er sportlich: Dreimal (1973–1975) war er Badminton-Landesmeister.

Er war der richtige Mann, um hier über Tee und Tierwelt zu schreiben; die Essays über Geographie und Feste regte er an und las sämtliche Texte auf inhaltliche Genauigkeit durch. Stets stand er bei der Entstehung des Buches mit Rat und Tat zur Seite.

Dr. **Kingsley M. de Silva** verfaßte die vier Abschnitte zur Geschichte von Sri Lanka. Als Verfasser des 1981 erschienenen Buches *A History of Sri Lanka* (Oxford University Press) gilt er als der führende Historiker des Landes, dessen Thesen in der Fachwelt auf große Aufmerksamkeit stießen. De Silva hat drei Bücher veröffentlicht, gibt eine Fachzeitschrift für Historiker heraus, hat den Lehrstuhl für Geschichte an der Universität von

(Fortsetzung auf Seite 366)

EINE REISE INS PARADIES

„Sri Lanka“. Wer die Insel kennt, denkt an grünen Dschungel, Reisterrassen, Berge, an Wasserfälle und jahrhundertealte Bewässerungsteiche, an den erlesenen Geschmack eines ausgesuchten Tees, an ein Curry, an eine Kokosnuß, an den Duft von Gewürzen, an dumpfes Trommeln und geheimnisvolle Tänze in den Tempeln, und vor allem an fröhliche, ausgelassene und immer freundliche Menschen.

Vor uns breitet sich ein Land aus, das ganze 453 km lang ist und an der breitesten Stelle 225 km mißt. Mit knapp 66000 km^2 Fläche ist Sri Lanka gerade so groß wie Bayern! Doch was hat dieses kleine Land dem Besucher alles zu bieten! Gewaltige Ruinenstädte als Zeugen einer jahrhundertealten Geschichte und Kultur, Dagobas und Statuen als Ausdruck einer tiefen Religiosität, die das Leben eines jeden Inselbewohners durchdringt. Überwältigend sind die Naturschönheiten der Insel: Kilometerlange, menschenleere Strände an der Ostküste, bevölkerte und erschlossene an der Westküste, tropische Fülle im Tiefland im Westen und Südwesten, Gemüsegärten und alpine Flora im Bergland, Reisfelder, wo immer es genügend Wasser gibt, in allen Schattierungen vom leuchtenden Hellgrün bis zum satten Dunkelgrün, sanfte Berghänge, von Teesträuchern überzogen, Palmyrapalmen im trockenen Norden.

Diese Vielfalt auf kleinem Raum macht Sri Lanka zum idealen Reiseziel. Straße und Schiene führen in den entlegensten Winkel, Unterkünfte stehen für jeden Geschmack bereit. Und zu alledem kommt die überwältigende Gastfreundschaft der Menschen in Sri Lanka. Die Insel ist ein Reiseparadies, wo der Fremde immer wieder auf Überraschungen stoßen wird.

Die Araber nannten die Insel vor langer Zeit Serendib. Ein Engländer prägte daraus im 18. Jahrhundert den Begriff „Serendipity“ und meinte damit die Fähigkeit, durch Zufall glückliche und unerwartete Entdeckungen zu machen. Aber Sri Lanka ist kein Zufall. Sri Lanka ist eine Erfahrung, die jeder selbst machen muß.

DAS LAND DER TANKS UND DES DSCHUNGELS

Die Seefahrer der griechischen Antike konnten „Tambapanni", wie die Insel damals hieß, nicht aussprechen. So nannten sie sie „Taprobane". Die Araber prägten den Namen „Serendib" – ein Wort, das sich weiterentwickelt hat: „Serendipity" ist die Fähigkeit, zufällig glückliche Entdeckungen zu machen. Später tauften sie Abenteurer „Perle des Orients".

Den Romantikern gelang es wohl am besten, das Wesen dieser Insel in Worte zu fassen: „Träne von Indien". Sollte je der indische Subkontinent eine Freudenträne vergossen haben, und zwar eine, die noch im Fallen erstarrte, diese Träne wäre ganz gewiß die Insel Sri Lanka geworden.

Sri Lanka schimmert in der blauen Weite des Indischen Ozeans. Mit Indien teilt es den Kontinentalschelf. Von Indien bis zum nördlichsten Punkt der Insel Point Pedro sind es nur 48 km. Sri Lanka breitet sich zwischen dem 6. und 10. Grad nördlicher Breite und zwischen dem 80. und 82. Grad östlicher Länge aus; die Gesamtfläche beträgt 65 610 km^2. Das für seine Höhlentempel berühmte Dambulla bildet den geographischen Mittelpunkt, die alte Hafenstadt Dondra die Südspitze der Insel. Jenseits des Leuchtturms Dondra Head gibt es bis zur Antarktis kein Stückchen Land.

Die geologischen Grundlagen

Die Geologen nehmen an, daß Sri Lanka einst unterhalb des Meeresspiegels lag. Erst im Mesozoikum habe es sich aus dem Wasser erhoben, im mittleren Tertiär versank die Insel wieder. Die Gebeine und Fossile von Meerestieren verwandelten sich in dicken Miozänkalk und erweiterten die Landmasse der Insel, als sie wieder auftauchte. Seitdem liegt die Insel unverändert da – abgesehen von den Spuren der Erosion und in jüngster Zeit dem illegalen Abbau von Kalk und Korallenriffen für die Herstellung von Zement und Farbe. Jahrhundertelang haben Hebungen die Hügel und Berge entstehen lassen, die weite Teile der Insel charakterisieren. Der höchste Berg, der Pidurutalagala, überragt mit seinen 2524 m die Stadt Nuwara Eliya. Wie fast überall auf der Insel geht es hier sanft auf und ab, Ergebnis von geologischen Blasenbildungen, die dann wieder in sich zusammensanken und „Peneplains" bildeten, wie es in der Fachsprache heißt.

Unter der Gras-, Gebüsch- und Walddecke der Insel befinden sich Gneis- und Schieferschichten, auf denen Graphit, kristalliner Kalk und Quarze lagern. Verschiedene Granite und Pegnatiten wie Charnokiten und roter Tongila drängen sich gelegentlich in diesen brüchig-schönen Gesteinsteppich hinein.

Klima

Bestimmend für das Klima Sri Lankas sind die im halbjährlichen Rythmus wechselnden Monsunwinde. So teilt man das Jahr nicht wie bei uns in vier Jahreszeiten, sondern nach den Regenperioden, dem Südwest- oder Sommermonsun und dem Nordost- oder Wintermonsun, ein.

Diese „Passatwinde" entdeckte im ersten Jahrhundert v. Chr. der griechische Seefahrer Hippalaus, der sie als günstige Segelwinde ausmachte. Es waren eben diese Winde, die die antiken Händler aus Griechenland, Indien, China, Arabien und Rom zum alten Hafen Mahattha (beim heutigen Mannar) trugen, der dadurch zu einem wichtigen Handelszentrum im Osten wurde. Es ist denkbar, daß die Einnahmen der Hafenstadt die Bauten des glorreichen Anuradhapura, Sri Lankas erster Hauptstadt, ermöglichten.

Da die Insel nahe dem Äquator liegt, sind die Klimaverhältnisse tropisch-warm. Vor allem im Südwesten sind sie durch hohe Luftfeuchte gekennzeichnet, die bis zu 90 % betragen kann. An den Küsten ist es dann aufgrund einer Meeresbrise erträglicher. Im Bergland ist es immer etwas kühler und angenehmer.

Die Temperaturunterschiede zwischen Tag und Nacht sind, typisch für die Tropen, relativ gering. An den Küsten und im Tiefland liegen die Tageshöchsttemperaturen um 30 Grad Celsius, im Bergland noch bei etwa 10 bis 15 Grad Celsius.

Der Südwest- oder Sommermonsun trifft im Gebiet zwischen Chilaw (nördlich von Colombo) und Hambantota im Süden auf die Insel. Er setzt etwa im April/Mai ein und

Umseitige Bilder: Vater und Sohn an der Südküste; Schutzwall des Forts von Galle; Gal Vihara in Polonnaruwa; Freskomalerei in Sigiriya; Ruwanweli Seya in Anuradhapura. Links: die jadegrünen Augen des Leoparden.

dauert bis Juli/August. In dieser Zeit erhält die Südwestküste und das Bergland den Hauptanteil der jährlichen Niederschlagsmenge. An der Küste fallen durchschnittlich 1500 bis 2000 mm, in Maskeliya und Watawala in den Bergen bis zu 3000 mm. Der Nordteil erhält kaum Regen.

Der Nordost- oder Wintermonsun dringt auf einer breiten Front ein, die sich von Pulmoddai an der Nordostküste bis zur Arugam Bay im Südosten erstreckt. Er bringt der Ostküste und den Tiefländern im Norden und Osten zwischen Mitte Oktober und Mitte Februar reichlich Niederschläge. An den östlichen Bergausläufern um Mahayangana fallen bis zu 3300 mm Regen.

In den Übergangszeiten im Oktober und April treten stellenweise starke Gewitterregen auf. Gewöhnlich sind der Februar und der März die trockensten Monate.

Eine Regenscheide bildet das Bergland im Inselinneren. Daraus resultiert die klimatische Zweiteilung Sri Lankas in eine relativ feuchte Region im Südwesten und eine relativ trockene Zone im Osten und Norden der Insel.

Das Bergland im Inneren ist auch die Ursache des sommermonsunalen, föhnartigen *kachchan,* eines trockenen Fallwindes auf der Ostseite des Berglandes. Am frühen Abend ebbt er wieder ab. Das Pendant zum kachchan sind wintermonsunale Fallwinde auf der Westflanke des Gebirges, die allerdings weniger ausgeprägt sind.

Die rasche Abholzung der Wälder in den letzten Jahren soll daran schuld sein, daß die gewohnten Monsun-Abläufe durcheinander geraten sind, was sich vor allem auf die Landwirtschaft negativ auswirkt. Großprojekte, Brandrodung und unerlaubtes Fällen haben die Wälder der Insel stark dezimiert. Selbst den letzten verbleibenden Streifen Urwald, den Sinharaja Forest, wollte man einer Holzfabrik opfern. Doch auf Drängen von Umweltschützern und des World Wildlife Fund konnte das Projekt schließlich doch gestoppt werden.

Auf den neuesten Karten verfügt Sri Lanka nur noch über 25 % Wald; deshalb wurden die klimatischen Verhältnisse instabil und lange Trockenzeiten entstanden. Große Wasserreservoirs haben sich in knochenharte Flächen verwandelt.

Reize des Landes

Obwohl seine Wälder zerstört wurden, ist Sri Lanka ein märchenhaftes Land geblieben: Hügellandschaften, grüne Täler, Tropenwälder, in denen Orchideen blühen, wechseln sich ab mit Hängen voller Farne und mit luftigen Ebenen, durch die die Winde blasen. Alles zusammen bekommt man in konzentrierter Form während einer dreistündigen Autofahrt von Colombo aus zu Gesicht.

Im Hill Country bietet die Landschaft die

Der riesige Stausee Parakrama Samudra beherrscht die Landschaft um Polonnaruwa (oben). Rechts: Gummizapfer bearbeitet in einer Plantage in Kalutara einen Baum.

größte Abwechslung. Hier stehen die höchsten Berge der Insel; außer dem Pidurutalagala mit seinen 2524 m sind dies der Kirigalpotta, Totupola und Sri Pada bzw. Adam's Peak mit 2243 m. Dazu kommen die Gebirgszüge Namunukula, Rakwana und die Knuckles, die sogenannten „Handknöchelberge".

In diesen reizvollen Bergen entspringen Sri Lankas zahlreiche Flüsse. Der weitaus längste ist die Mahaweli Ganga. Ihre Quelle liegt am Adam's Peak; 333 km windet sich der Fluß bis zur Koddiyar Bay bei Trincomalee und mündet dort in den Indischen Ozean. Mit 167 km ist die Aruvi Aru der zweitlängste Fluß. Weiter zu nennen sind die Flüsse Kelanu (140 km), Maduru Oya, Walawe und Kalu. Der einzige nennenswerte Fluß, der nicht in den Bergen entspringt, ist die Kala Oya (153 km).

Sie entspringt im riesigen Kalawewa Reservoir, das im 5. Jahrhundert angelegt wurde.

Die meisten Flüsse können von Booten mit geringem Tiefgang befahren werden. Die Mahaweli ist von Mahiyangana im Norden aus bis zur Mündung ins Meer schiffbar. Die Flüsse werden von vielen Menschen für ein erfrischendes Bad genutzt, denn sie sind frei von den gefährlichen Wasserwürmern. Außerdem sind sie eine reiche Nahrungsquelle. Sportangler fühlen sich von dem kampflustigen *mahseer,* einer indischen Barbe, herausgefordert.

Wo Berge stehen und Flüsse fließen, da findet man auch Wasserfälle. Der größte von Sri Lankas zahllosen Fällen heißt Diyaluma bzw. „Koslanda Bridal Veil" (Hochzeitsschleier) und stürzt 212 m tief hinunter; er ist damit einer der größten der Welt. Weitere Fälle sind Kurundu Oya (195 m), Ratna Ella (120 m), Ramboda, Devon, Dunhinda, sowie der kleine, reizvolle St. Clair.

Leider mußten einige der schönsten Wasserfälle des Landes dem sogenannten Fortschritt weichen. Die früher mächtig dröhnenden Laksapana-Fälle fielen der Konstruktion des Canyon Dam über die Maskeeli Oya zum Opfer. Wo Jahrtausende lang das Wasser über gewaltige Felsen toste, ist jetzt nur noch ein kleines Rinnsal übrig geblieben; Geröllhalden und Steinbrüche, die er mitgeformt hatte, liegen verlassen und still da.

Wunder von Menschenhand

Allerdings hat der Mensch seit Urzeiten die natürliche Umwelt Sri Lankas nach seinem Bild geformt. Die Gedankenwelt der antiken Monarchen drückt folgender Satz des Königs Parakramabahu I. aus dem 12. Jahrhundert aus: „Nicht ein Tropfen Wasser soll ins Meer fließen, der nicht zuvor dem Menschen zugutegekommen ist."

Das Erbe der alten Herrscher sind Tausende von künstlichen Wasserreservoiren überall auf der Insel. Der Lehmboden in der Trockenzone läßt zwar das Wasser nach den Monsunregen nicht sofort versickern, jedoch trocknen die Seen unter der prallen Sonne und den warmen Winden rasch aus. Der Grundwasserspiegel kann in diesen Gebieten auf bis zu 30 m absinken. Prakramabahu I. und viele seiner Nachfolger ließen daher künstliche Seen anlegen, die singhalesisch *wewa,* tamilisch *kulam* heißen; seit der britischen Kolonialzeit werden sie *tanks* genannt. Zusammen mit einem Netz von Kanälen waren sie Wasservorräte für die Landwirtschaft, die unabhängig vom jeweiligen Wetter zur Verfügung standen. Die Alten leisteten wahrlich gründliche Arbeit. Als 1904 eine Zählung durchgeführt wurde, kam man auf 11 200 *wewas* allein im Gebiet um Anuradhapura und in der Nordprovinz.

Die Reservoire haben den Umfang eines Fußballfelds, manche sind mehrere Quadratkilometer groß. Auch heute noch würde ihr Bau erhebliche technische Fähigkeiten voraussetzen. Von jedem einzelnen *wewa* aus bauten die antiken Ingenieure ein ganzes Netz von Bewässerungskanälen. Es gab damals nirgends auf der Welt ein besseres System. Zusammen mit den glänzenden *dagobas* von Anuradhapura und den Palastruinen von Sigiriya stehen die *wewas* als stumme Zeugen einer vergangenen Zeit vor uns, in der man bereits über ein erstaunliches Maß an technischen Fertigkeiten verfügte.

Die *wewas* dienen auch heute noch als Nahrungsquelle. In den meisten werden Gurami und Tellapia, gute Speisefische, gezüchtet. Mit norwegischer Unterstützung werden momentan Karpfen ausgesetzt, die rasch wachsen und widerstandsfähig sein sollen.

Wichtiger ist jedoch ihr Beitrag zur Bewässerung der Felder. Gleich hinter der Stadtgrenze Colombos erstrecken sich landwirtschaftlich genutzte Flächen. Seit alters her werden hier zwei Kulturen betrieben: *paddy* (Reis) und *chena* (Brandrodung).

Reis wird sowohl im Tiefland als auch im Hill Country angebaut. Sobald der Regen einsetzt, wird ausgesät. Dann wartet man, bis der Samen gekeimt ist. Erst dann werden die großen Felder mit diesen winzigen Setzlingen bepflanzt, eine mühsame Arbeit, die meist den Frauen vorbehalten ist. Bis zur Ernte müssen die Reispflanzen dann ständig bewässert werden. Sri Lanka hat zwei Reisernten pro Jahr. Der *maha*-Reis wird im August und September ausgesät und im Februar – März geerntet. Der *yala*-Reis wird nach dem Einsetzen des Südwest-Monsuns ausgesät. Die Reisanbaumethoden haben sich über die Jahrhunderte kaum verändert; lediglich der Wasserbüffel hat in einigen Gebieten dem Traktor weichen müssen.

Nach der alten *chena*-Methode wird in den trockenen Gebieten im Norden, Osten und Südosten angebaut. Daß man daran festhält, obwohl der Anbau mit großen Risiken und immenser Arbeit verknüpft ist, kann mit volkswirtschaftlichen Argumenten allein nicht begründet werden. Der große Aufwand steht in keinem Verhältnis zum ökonomischen Nutzen.

Während der Trockenzeit brennt der Bauer ein Stück Wald nieder. Wenn der Nordostmonsun fällt, sät er verschiedenerlei Samen aus. Zum Schutz gegen Vögel, Nagetiere, Elefanten und Wildschweine, die alle gerne junge Schößlinge fressen, baut man Hochstände um die Felder, auf denen der Bauer Wache hält. Wenn sich große Tiere nähern, schreit er oder schießt alte Musketen in die Luft. Wenn dabei beispielsweise ein Elefant verwundet wird, kann das katastrophale Folgen haben. Das Tier wird zum Einzelgänger und greift möglicherweise ganze Dörfer an.

Auf den *chena*-Feldern gedeihen Gurken, Gumbos, bittere Kürbisse, *brinjal* (längliche Auberginen), Wassermelonen, Gartenkürbisse, Tomaten, Kletterbohnen, grüne Pferdebohnen und *loofah* (Kürbisart), außerdem indischer Mais, Sesam und Chilischoten. Verheerend sind die Folgen des chena-Anbaus für den Boden. Nach nur zwei- bis dreijähriger Bebauung ziehen die Bauern weiter, um ein anderes Stück Land zu roden. So wird ein Stück Dschungel nach dem anderen vernichtet, zurück bleibt wertloser Boden.

Der einzige positive Beitrag, den die *chena*-Anbaumethode der Insel überliefert hat, kommt in der traditionellen Musik zum Tragen. Um nachts wach und aufmerksam zu bleiben, singen die Bauern vor sich hin. Ihre Lieder sind unter der Bezeichnung *pel kavi* – Lieder der Hütten – eine eigenständige musikalische Form geworden. Die rythmischen Balladen sind ein wahrer Ohrenschmaus.

„Kornkammer des Ostens“

Die wichtigsten landwirtschaftlichen Produkte Sri Lankas sind Kokosnüsse, Gummi, Tee und Zuckerrohr. Tee wächst fast ausschließlich im Hill Country und an den Bergausläufern. Gummibäume gedeihen an flachen Abhängen, Kokopalmen vorwiegend in den Küstenebenen des Südens und Südwestens. Zuckerrohr pflanzt man in den trockenen Landesteilen; die beiden Zuckerfabriken der Insel stehen in Kantalai und in Gal Oya. Besonders die Kokospalme wird vielseitig genutzt. Mit den Blättern deckt man Dächer, Seile werden aus Kokosfasern hergestellt; nicht zu vergessen sind die wichtigen Produkte Kopra und Kokosöl.

Zitronengras, Zimt, Kakao, Kaffee, Kardamom, Arekanüsse und Gewürznelken werden in den feuchteren Gebieten angebaut. Die gesamte Tabakernte wird von der Ceylon Tobacco Company verarbeitet, die das Monopol auf die Zigarettenfabrikation in Sri Lanka hat.

Vielleicht dauert es noch ein paar Generationen, bis man die zerstörerischen Praktiken des *chena*-Anbaus und des Kalkabbaus einschränken kann. Für viele Inselbewohner sind sie seit Jahrhunderten überlieferte Praxis, ganze Dörfer leben davon.

Der Staat hat sich eingeschaltet: es gibt Wiederaufforstungspläne, Bewässerungsanlagen werden instandgesetzt, neue Projekte in Angriff genommen, und zwar an der Mahaweli Ganga und der Maduru Oya. Die Bauern werden vom Staat unterstützt; man bringt ihnen neue Anbaumethoden bei. Vielleicht erlebt Sri Lanka noch den Tag, an dem es sich wieder zu Recht die „Kornkammer des Ostens“ nennen darf.

Die Schönheiten der Natur machen das Wesen Sri Lankas aus; Morgennebel in den Bergen um Kandy.

TAB
G
117 118 119 120 121 122
14 13 12 11 10 9 8 7 6 5 4 3 2 1
1 2 3 4 5 6 7
Vangana
Canai
Aegidiosu
Orneorū
Monache
Amminę
Sin⁹ Prasodis
Bun
Iouis pmo
Nub
Carcus
Phelicus
Evone
Caladadru
VARTONANNVS
TAPROBANAM INSVLAM HODIE VOCANT
SVMATRAM, MODERANTVRQ EI QVATERNI
DIADEMATE INSIGNITI REGES. MITTIT
PROCERIORES Q ALIBI INVENIANTVR
ELEPHANTES MELIORESQ. EST ETIAM IBI
PROCERIORIS PIPERIS VBERIOR PROVEN
TVS MIRAQ COPIA. LINGVA PATRIA PI
PER MOLAGA DICITVR ET EST LONGE
PROCERIVS ILLO QVOD HVC ADVEHITVR
MVLTOQ CANDIDIVS, SED MINVS PONDE
ROSVM VENIT. N. IBI PIPER NON PON
DERE SED MENSVRA.

LA ASIAE XII
INDIAE PARS
Borenum pmo
Susuara
Talacori Galidi
Modutti
Margana
Iogana
Phasis fl.
Anubingara
MARE INDICVM
Anurogrammum regia
Nagadiba Maagrammum
Nagadiba
Oxia pmo
Soani
Galibi montes
Ganges fl.
Procuri
Semni
Adisamu
TAPROBANA
quę ante se
Poduce Habet insulas
1378
Solis por
zibala
Abaratha
Tarachi
Malea mons
Bocana
Bocani
Baraeus fl.
Elephantum
Aequinoctialis
Pasena
Vlispada
Rhogadani
Nacaduna
Nanigiri
Bachi oppidum
Zaba
Hodoca
Anium prom
Dagana
Corcobara
Gumara
Arana
Alaba
Bassa
Balaca
G
124 125 126 127 128 129 130 131 132 133 134 135

DIE GESCHICHTE SRI LANKAS – ERSTE ANFÄNGE

Fürst Vijaya, der Tapfere, landete in Lanka in der Region Tambapanni an dem Tag, an dem Buddha, zwischen zwei Bäumen liegend, ins Nirwana einging.

Rätselhaft und faszinierend zugleich wie alle Prosatexte über Sri Lanka, sind dies die ersten Aufzeichnungen über die Geschichte der Insel. So beginnt die große Geschichtschronik *Mahavamsa,* ein glänzendes literarisches Dokument, *Mahavamsa,* das zusammen mit seiner Fortsetzung *Culavamsa* die allererste Quelle der reichen geschichtlichen Tradition Sri Lankas darstellt. Die Überlieferung ist so plastisch und vollständig, daß der deutsche Indologe Wilhelm Geiger 1932 schreiben konnte: „Es ist wohlbekannt, daß es für keinen Teil des indischen Kontinents eine so reiche geschichtliche Überlieferung gibt wie für die Insel Ceylon (Sri Lanka)."

Die Aufzeichnungen von *Mahavamsa* und *Culavamsa* setzen zu Beginn des 6. Jahrhunderts n. Chr. ein. Buddhistische Mönche sammelten Texte, die Mythen und Fabeln zu sein schienen. Erst 1826 entdeckte man den wahren Wert dieser auf klaren Tatsachen beruhenden literarischen Arbeiten; damals stieß ein britischer Kolonialbeamter in einem dunklen Höhlentempel im Felsen von Mulgisigala im Süden der Insel auf den legendären Kommentar.

Die Chronik des *Mahavamsa* stellt die Gründung Sri Lankas in dichterischer Form als die Ankunft der Singhalesen dar, der wichtigsten Rasse der Insel. Vermutlich waren die Singhalesen ein indo-arisches Volk, das um 500 v. Chr. aus Nordindien auf die Insel kam. Die *Mahavamsa*-Chronik setzt ihr Kommen mit der Ankunft von Vijaya, dem legendären Gründervater der Singhalesen, gleich.

Vijaya und seine Gefolgsleute kamen ins Land, als Buddha starb. So jedenfalls sieht es das *Mahavamsa.* Hier zeigt sich, daß Sri Lanka historisch die Rolle eines Bollwerks der buddhistischen Zivilisation spielte. Hier die Worte aus dem *Mahavamsa:*

> Als nun der Führer der Welt, nachdem er die ganze Erde erlöst hatte, sich zur letzten Ruhe bettete und das *nibbana* vor sich hatte, um sich die Versammlung der großen Götter, da sprach der große Weise, der Größte derer, die der Sprache mächtig sind, zu Sakka, der neben ihm stand: „Vi-

Umseitig: die „Taprobane"-Karte des Ptolemaeus aus dem 2. Jhdt.; oben: Veddhas im 19. Jahrhundert.

jaya, der Sohn des Königs Sinhabahu aus dem Lande Lala ist mit 700 seiner Männer nach Lanka gekommen. In Lanka also, o Herr der Götter, wird meine Religion verbreitet werden, daher beschütze du ihn, seine Gefolgsleute und Lanka."

Auch von den Tamilen, der zweiten Bevölkerungsgruppe der Insel, die dort seit mehr als 2000 Jahren lebt, berichtet die *Mahavamsa*-Chronik. Sie sind drawidischen Ursprungs. Im 3. Jahrhundert v. Chr. lebten sie in größeren Siedlungen und Handelsniederlassungen im Süden Indiens. Wann genau sie nach Sri Lanka kamen, läßt sich nicht feststellen. Wahrscheinlich kamen die ersten um 300 v. Chr. als Händler auf die Insel. Später allerdings kamen sie als Eroberer.

Auch nach dem Zustrom der Tamilen und trotz des Einflusses ihrer Kultur blieb Sri Lanka mehr von Nordindien geprägt. Weder Konflikte noch ethnische Gründe stellten sich trennend zwischen die beiden Rassen – das Sri Lanka der Frühzeit war bereits ein Vielvölkerland, ethnische „Reinheit" war kein angestrebtes Ziel.

Prähistorische Geisterwelt

Ein entscheidender Mangel des Mahavamsa sind die fehlenden Aufzeichnungen über die Urbevölkerung Sri Lankas und die Kulturen, die vor der indo-arischen Kolonisierung auf der Insel anzutreffen waren. Die Chronik erwähnt lediglich die Stämme der *yaksas* und *nagas*, die ihre Existenz eher der Phantasie der antiken Dichter denn tatsächlichen Ereignissen in der Frühgeschichte der Insel verdanken. Fa Hsien, ein Chinese, der im 5. Jahrhundert v. Chr. auf Sri Lanka weilte, schrieb sogar, die Insel „hatte ursprünglich keine Bewohner, sondern war von Geistern und *nagas* besetzt, mit denen Kaufleute aus verschiedenen Ländern Handel trieben."

Aufgrund unserer Informationen über die prähistorische Zeit auf dem indischen Subkontinent ist davon auszugehen, daß der homo sapiens etwa um 500000 v. Chr. zum erstenmal auf Sri Lanka auftaucht. Man fand Gegenstände, die auf die Altsteinzeit zurückgehen.

Steinkulturen entwickelten sich in dieser Religion um 10000 v. Chr. in zwei Phasen: der Vor-Töpfer-Zeit und der Töpfer-Zeit. Die erste Phase dauerte wie in Indien bis etwa 1000 v. Chr., die zweite in einigen Teilen Sri Lankas wahrscheinlich bis zur Einführung des Metalls, 300 bis 400 Jahre später.

Die einzige Spur des Mesolithikum, des letzten Verbindungsglieds unserer Kultur zur Steinzeit, ist eine Reihe von Stein- und Knochenwerkzeugen. Man stellte sie durch Schleifen her und benutzte einen festen Bohrer, Techniken, die während der zweiten Steingut-Periode auf der Insel Fuß faßten.

Balangaloda-Kulturen hießen die Gruppen, die Stein bearbeiteten. Ihr Einfluß auf das Inselleben geht auf 5000 v. Chr. zurück; später breiteten sie sich in ganz Sri Lanka aus. Die Balangoda-Periode dauerte mindestens bis 500 v. Chr.; dann gewannen höher entwickelte Kulturen, die aus Indien kamen, an Einfluß. Vereinzelt dürften Gruppen von Balangodas auch noch weit später in den entlegenen Dschungeln von Sabaragamuwa überlebt haben, da dort erst im 10. Jahrhundert neue Einwanderer vordrangen. Die Veddhas, ein Stamm aus der Steinzeit, lebt auch heute noch im Inneren der Insel. Sind dies die Nachfahren der legendären *yaksas* und *nagas*, von denen die Mahavamsa-Chronik berichtet?

Weitere archäologische Ausgrabungen werden gewiß neue Erkenntnisse über das prähistorische Sri Lanka ermöglichen. Bei Kitulgala im Vorgebirge stieß man auf eine Höhle, die einen reichhaltigen Schatz an kunsthandwerklichen Gegenständen barg, die jetzt untersucht werden. Es gibt auch Beweise dafür, daß Nutzpflanzen in Sri Lanka und anderen Teilen der Region bereits um 15000 bis 10000 v. Chr. bekannt waren und angebaut wurden.

Einige Forscher stellten die Theorie auf, daß Südostasien die Wiege der Menschheit gewesen sei. Sie basiert auf eindeutigen Beweisen, daß in Südostasien eine Kultur, Hoabinhia, existierte, die viele tausend Jahre vor den Völkern in Westasien, Indien oder China bereits das Land bebaut, getöpfert und Steinwerkzeuge hergestellt hat. Der Einfluß der Hoabinhia-Kultur reichte nachweislich bis zu den Philippinen, bis nach Indonesien, Burma, Thailand, Malaysia und anderen Ländern dieser Region. Ob ihre Kultur auch im prähistorischen Sri Lanka Spuren hinterließ, ist nicht erwiesen. Die Lage der Insel – die Hoabinhias verkehrten mit Kanus auf dem Meer – spricht für eine solche Verbindung.

DIE ZEIT DER KLASSIK

Die Frühkulturen Sri Lankas entwickelten sich in der Trockenzone der Insel – der ausgedehnten Ebene im Norden und im Flachland des Südwestens, die zusammen mehr als zwei Drittel des Inselterritoriums umfassen. An den Ufern der Flüsse entstanden die ersten Siedlungen. Hauptnahrung war der Reis, dessen Anbau stark von den Launen des Monsuns abhing.

Rasch wurden dann auch die Ebenen abseits der Flüsse besiedelt, und man war gezwungen, mit den häufigen Dürreperioden fertig zu werden. Dieser geologischen und geographischen Besonderheit ist es zu verdanken, daß auf Sri Lanka die großartigsten Bewässerungsanlagen der antiken Welt entstanden.

Geniale Ideen

Ein großangelegtes Netz von Bewässerungsanlagen durchzog schon im ersten Jahrhundert die ausgetrockneten Ebenen von Sri Lanka. Die Baumeister erkannten die Bedeutung der Flüsse, die wie die Mahaweli aus den Bergen in der feuchten Zone in die Ebenen hinabflossen. Das System, nach dem sie kleine und große Kanäle anlegten, zeugt von erstaunlichen Kenntnissen der Trigonometrie; und die Anlage der Reservoire, die damals *wewa* hießen, folgt exakt den Prinzipien der Hydraulik. Die Dämme hatten so gute Fundamente, daß sie auch starkem Druck standhielten. An geeigneten Stellen der Dämme wurden Wasserabflüsse installiert. Die Art, wie man den Abfluß des Wassers aus den „tanks“, wie die künstlichen Speicherseen heute genannt werden, regulierte, ist wahrhaft genial. Bereits 300 Jahre v. Chr. hatten die Ingenieure von Sri Lanka – eine Art Ventil *(bisokotuwa)* entwickelt, die man als Vorläufer der heutigen Schleusen betrachten kann, die den Wasserstand in Reservoiren regulieren.

Durch die ständige Verbesserung der Bewässerungstechniken war es möglich, bis zum 6. Jahrhundert die gesamte Trockenzone der Insel mit einem Netz von Wasserkanälen zu durchziehen. Hervorzuheben sind vor allem der Kantalai Tank, der unter König Mahasena (274–302) gebaut, von einem 40 km langen Kanal gespeist und von einem 15 m hohen Damm eingefaßt war. Noch ausgeklügelter war die Anlage des Kalawewa unter Dhatusena (460–478). Er war 18 km^2 groß, der Damm hatte eine Länge von 5 km und eine Höhe von bis zu 18 m; der Verschluß der Abflußröhren war aus behauenem Granit. Ein 87 km langer und 12 m breiter Kanal verband den Speichersee mit Anuradhapura und trug wesentlich zur Entwicklung dieser antiken Kapitale bei. Die ersten 27 km dieses Kanals wiesen pro Kilometer ein Gefälle von nur 16 cm auf!

In den nachfolgenden Jahrhunderten wurde die Kunst der Bewässerung in Sri Lanka immer mehr vervollkommnet. Ende des 8. Jahrhunderts konnten ausgedehnte Ländereien bereits landwirtschaftlich genutzt werden.

Zentren der alten Kultur

Dank einer sich immer weiter entwickelnden Technik, verbunden mit landwirtschaftlicher Nutzung, konnten in den bewässerten Ebenen der Trockenzone zwei Zentren der singhalesischen Kultur entstehen: Anuradhapura im Herzen der Ebene im Norden, und Polonnaruwa, weiter südöstlich an der Mahaweli Ganga gelegen, waren nacheinander die Hauptstadt des singhalesischen Reiches.

Polonnaruwa konnte sich des größten und spektakulärsten künstlichen Sees des antiken Sri Lanka rühmen – des Parakrama Samudra. Parakramabahu I. (1153–1186), einer der bedeutendsten Herrscher der Singhalesen, ließ ihn anlegen. Die Uferpromenade des Parakrama Samudra war fast 15 km lang und lag durchschnittlich 12 m hoch, Ausmaße, die in Sri Lanka erst wieder erreicht wurden, nachdem das Land 1948 seine Unabhängigkeit erlangte.

Das dritte Zentrum der singhalesischen Kultur ist Ruhuna; es lag in der Nähe des heutigen Magampattu im äußersten Südosten der Trockenzone, wo es noch seltener regnet als in den Königreichen des Nordens. Und doch wurde auch diese Region praktisch gleichzeitig mit Anuradhapura von den alten Singhalesen besiedelt; auch hier hatte man für ein ausreichendes Bewässerungssystem gesorgt.

Ruhuna machte immer wieder seine Unabhängigkeit von den beiden anderen singhalesischen Reichen geltend und diente deren geschlagenen Königen und ehrgeizigen

Das Freskenbild im Tempel von Lelaniya erinnert daran, wie die Zahnreliquie im 4. Jhdt. nach Sri Lanka kam: im Haar einer Prinzessin.

Thronprätendenten als Zuflucht. Doch wurde es immer von Anuradhapura und mehr noch von Polonnaruwa kontrolliert; was die ökonomische Macht und die Zahl der Bewohner betrifft, scheint Ruhuna immer im Schatten der beiden Großen gestanden zu haben.

Der Buddhismus, Grundlage der Kultur

Ein wichtiger Faktor im antiken Sri Lanka war der Buddhismus. Er war für das soziale und politische Leben der Insel von ebensogroßer Bedeutung wie es die Entwicklung der Bewässerungstechnik für das wirtschaftliche Leben war.

Der Buddhismus faßte in Sri Lanka unter Devanampiya Tissa im 3. Jahrhundert v. Chr. Fuß. Dieser war ein Zeitgenosse des letzten großen Herrschers der indischen Maurya-Dynastie, Asoka. Nach der Überlieferung war es Asoka, der die ersten buddhistischen Missionare nach Sri Lanka entsandte.

Der Buddhismus wurde Staatsreligion und Grundlage von Kultur und Zivilisation der Singhalesen. Die enge Verbindung des Singhalesischen mit dem Buddhismus deutete bereits die Verquickung von Religion und nationaler Identität an, die heute so tiefgreifend das Land beeinflußt. Die Singhalesen sind von ihrer göttlichen Mission überzeugt, sie halten sich für ein „auserwähltes Volk", das den buddhistischen Glauben auf seiner Inselheimat zu schützen habe.

Das Bewässerungsnetz Sri Lankas bildete die Grundlage einer Wirtschaft, die Überschüsse produzierte und einer blühenden Zivilisation den Weg ebnete. Der Buddhismus verlieh dieser Zivilisation Würde und Eleganz, er inspirierte die Architekten und Bildhauer zu großen Leistungen im antiken Sri Lanka. Anuradhapura und Polonnaruwa sind die Hinterlassenschaft der reichen und entwickelten Kultur der einstigen buddhistischen Herrscher Sri Lankas.

Anuradhapura faszinierte die Besucher mit seinen prächtigen Stupas. Eine Stupa bzw. *dagoba* war als architektonische Neuerung aus Nordindien ins Land gebracht worden und enthielt meistens Buddha-Reliquien und andere wichtige religiöse Insignien aus der Frühzeit des Buddhismus. Daher sind sie noch heute Orte religiöser Verehrung. Die massiven, halbkugeligen Dome bringen in gedämpfter und doch eindringlicher Form in ihrer schlichten Klarheit das Wesen des Buddhismus zum Ausdruck. Die imposante Größe der Stupas von Anuradhapura ist der Beleg des großen Gewichts, das der Buddhismus auch in Staatsangelegenheiten hatte. Abhayagiri Dagoba, im 2. Jahrhundert n. Chr. auf 70 m vergrößert, sowie Jetavanarama Dagoba mit mehr als 120 m waren beide größer als die dritte Pyramide von Gizeh. Jetavanarama dürfte sogar das größte Bauwerk der buddhistischen Welt und einer der monumentalsten religiösen Bauten überhaupt sein. Sie überragt die St. Paul's Cathedral in London bei weitem und erreicht fast die Höhe von St. Peter im Vatikan.

Der im Landbau erwirtschaftete Reichtum und der lebendige Buddhismus ließen Anuradhapura zu einer der größten Städte der damaligen Zeit werden. Polonnaruwa, das im 11. Jahrhundert das Zentrum der Singhalesen wurde, blieb dagegen klein. Es verfügt aber mit Wasserreservoiren, Dagobas, Palästen und Skulpturen über alles, was für eine dama-

lige Hauptstadt charakteristisch war.

Könige und Kasten

Alle großen Zivilisationen, die Bewässerungssysteme kannten, wie z.B. in China oder im Mittleren Osten, wiesen typische autoritäre, bürokratische und zentralistische Strukturen auf. Manche Forscher glauben, auch das politische System Sri Lankas passe in dieses Muster. Es gibt aber auch Hinweise

Das Gemälde von Bhadra Marapana belegt, wie leidenschaftlich es am Hof von Anuradhapura zuging (oben), Krieger im Sigiriya von heute (rechts).

darauf, daß die Herrscher der Insel toleranter waren und den einzelnen Orten größere Autonomie gewährten. Einen Alleinherrscher gab es nur selten auf der Insel.

Nach außen hin herrschte sehr wohl der absolutistische König; doch Sitte und Tradition setzten der Alleinherrschaft Grenzen. Der König verteilte z. B. an seine Beamten Land, dessen Erträge ihnen verblieben. Auch die buddhistischen Klöster erhielten Land zugeteilt und gehörten schließlich zu den Großgrundbesitzern. Der Herrscher behielt zwar einige Rechte in allen Ländereien seines Reiches; es war Privatleuten – vor allem Adligen, Händlern und Klöstern – aber möglich, Land zu kaufen und zu „veräußern". So konnten innerhalb eines differenzierten Rechtsgefüges sowohl einzelne als auch Insti-

tutionen Land besitzen.

Sri Lanka wurde weit eher ein feudales Reich denn ein autoritärer Staat. Es war ein Feudalismus ohne Militär und ohne vertraglich festgelegte Beziehungen zwischen dem Grundherrn und seinen Untergebenen. Die beiden wichtigsten Kennzeichen einer Feudalgesellschaft jedoch waren gegeben: die relative Schwäche der Zentralgewalt und die Bedeutung von Landbesitz für soziale und wirtschaftliche Beziehungen. Grundbesitzer mußten, wie in Europa auch, dem Herrscher im Gegenzug gewisse Dienstleistungen erbringen. Die Beziehungen zwischen Landarbeitern und Grundbesitzern waren ebenfalls feudaler Natur, auch wenn die Art der Verpflichtung von der jeweiligen Kaste abhing.

Das Kastendenken führte zum Herausbilden gesellschaftlicher Schichten. Das Kastenwesen kam aus Indien, entwickelte aber in Sri Lanka seine eigenen Charakteristika. Welche Dienste ein Mensch leistete und welcher Beschäftigung er nachging, wurde von der Kaste bestimmt. Das singhalesische System sah im Gegensatz zum indischen allerdings keine religiöse Rechtfertigung der Kaste vor. Buddha persönlich hatte das System als ungerecht verurteilt. Daher schwächte der Unterschied in der Religion die Auswirkungen des Kastenwesens in Sri Lanka erheblich ab.

Der Aufstieg von Anuradhapura

Die blühende Zivilisation von Sri Lankas Norden mußte die Eindringlinge aus Südindien anlocken. Bereits 237 v. Chr. hatten zwei abenteuerlustige Tamilen der Versuchung nicht widerstehen können und sich für 22 Jahre zu Herrschern über die Nordebene der Insel gemacht. Wenig später herrschte ein Chola-General aus Südindien namens Elara 44 Jahre lang über Anuradhapura und erwarb sich den Ruf eines gerechten und unparteiischen Machthabers.

Nach einem 15jährigen Feldzug, angeführt von Dutugemunu, einem Fürsten aus Ruhuna, vertrieben die Singhalesen Elara und mit ihm die Fremdherrschaft. Dutugemunu tötete Elara in einer entscheidenden Schlacht 161 v. Chr. und nahm im Triumphzug Anuradhapura ein. Seine Hauptstadt war dann für neun Jahrhunderte das Machtzentrum der Insel, von dem aus Sri Lanka zum erstenmal unter einem Herrscher vereinigt war.

Die *Mahavamsa*-Chronik spielt Dutugemunus Krieg gegen Elara zu einem entscheidenden Gefecht zwischen Singhalesen und Tamilen hoch. Es ist jedoch erwiesen, daß Elara unter den Singhalesen viele Anhänger und Dutugemunu in den eigenen Reihen Widersacher hatte. Sein Sieg über Elara war also nicht so sehr der Triumph des selbstbewußten singhalesischen Nationalismus über einen dravidischen Herausforderer als vielmehr der Sieg der zentralistischen Regierungsform. Im *Mahavamsa* heißt es wörtlich, nach seinem Triumph über „92 Damila-(Tamilen-)Herrscher regierte Dutugemunu allein über die ganze Insel."

Die Singhalesen holten auch danach immer wieder Tamilen zur Hilfe, um dynastische Streitigkeiten zu ihren Gunsten zu entscheiden. Sie schufen sich damit neue politische Probleme. Unter der Herrschaft des Königs Kasyapa (473–491 n. Chr.) ereignete sich beispielsweise folgender Zwischenfall:

Kasyapa war durch den Mord an seinem Vater Dhatusena, dem Erbauer des großartigen Bewässerungsteiches Kalawewa, König geworden. Um sich gegen die Rache seines Bruders Mugallan, des rechtmäßigen Thronfolgers, zu schützen, floh Kasyapa von Anuradhapura in die gesicherte Felsenfestung Sigiriya. Der kahle verlassene Felsen wurde unter seiner Regie eine königliche Residenz, deren Palast, Ziergärten und behauene Felswände von erlesenem Geschmack zeugen. Mugallan hob eine Armee von indischen und singhalesischen Söldnern aus und besiegte seinen Bruder in einer Schlacht im Tal unterhalb der Residenz.

Die Söldner aus Südindien wurden zu einem immer wichtigeren Faktor der singhalesischen Armeen. Mugallan etwa, der seine Macht ganz den Indern verdankte, überschüttete diese Söldner mit Gunstbeweisen. Schließlich entpuppten sich die Tamilen als die eigentlichen Königsmacher. Daneben förderten sie Instabilität und Unruhe, die oft genug den Frieden des Reiches bedrohten.

Die indische Gefahr

Im 5. und 6. Jahrhundert begann sich für Sri Lanka eine ähnliche Bedrohung abzuzeichnen: In Südindien entstanden drei mächtige hinduistische Königreiche der Pandyas, Pallavas und Cholas. Diese dravidischen Staaten waren militant-hinduistisch und hatten jede Spur von Buddhismus in Südindien ausgelöscht. Die Tamilen in Sri Lanka besannen sich nun ihrer eigenen Herkunft und Kultur: Als Draviden waren sie Hindus und sprachen Tamil. Die Tamilen-Siedlungen von Sri Lanka wurden Stützpunkte, von denen aus Südindien überfallen werden sollte.

Zwei singhalesische Dynastien herrschten damals von Anuradhapura aus über Sri Lanka. Die Mauryas aus Indien hatten 455 die erste Lambakanna-Dynastie gestürzt und regierten bis 614, als Sanghatissa II. die Macht übernahm. Ihm folgte Mugallan III. und die zweite Lambakanna-Dynastie.

Immer stärker wurden die Singhalesen in die Machtkämpfe der drei indischen Reiche hineingezogen. Die schwächeren Reiche standen zuweilen ganz oder teilweise unter der Kontrolle eines der drei indischen Reiche. Ihre Eigenständigkeit erhielten sie sich allein dadurch, daß sie die drei gegeneinander ausspielten. Im 7. und 8. Jahrhundert erwies sich diese Außenpolitik als erfolgreich. Anuradhapura konnte sich in relativer Ruhe im Ruhme seiner *dagobas* und *wewas* sonnen.

Im 9. Jahrhundert dann drangen die Pandyas aus Südindien in Sri Lanka ein und zogen damit die Insel in die Kämpfe auf dem Kontinent hinein. Die Eindringlinge eroberten Anuradhapura und verlangten als Preis für ihren Abzug ein hohes Lösegeld. Kurz darauf drehten die Singhalesen den Spieß um und drangen ihrerseits ins Land der Pandyas ein. Die Stadt Madurai wurde geschleift und vollständig zerstört. Da die Pallavas von Norden aus das Reich der Pandyas angriffen, büßte es bald seine Macht ein.

Anuradhapuras Fall, Polonnaruwas Aufstieg

Die Cholas waren inzwischen zur größten Bedrohung aller Mächte der Region geworden. In einem verzweifelten Versuch, sie

niederzuschlagen, gingen die Singhalesen im 10. Jahrhundert ein unseliges Bündnis mit den Pandyas ein. Zusammen griffen sie die Cholas an und unterlagen. Der Anführer der Pandyas floh mit den Pandyas-Insignien nach Sri Lanka. Damit zogen sich die Singhalesen den Zorn der Cholas zu, die diese Insignien als Trophäe haben und sich an den Singhalesen für die Teilnahme am Angriff rächen wollten.

982 wurde Mahinda V. neuer Herrscher in Anuradhapura. Er war der letzte der Singhalesen, die von dieser ruhmreichen Stadt aus

Die Künstler der Briten konnten damals nur ahnen, wie großartig Ceylon einst war. Die Thuparama in Anuradhapura (links) und Alahana Pirivena in Polonnaruwa.

Sri Lanka regierten. Unter Rajaraja dem Großen (985–1018) eroberten die Cholas ganz Südindien und setzten darauf nach Sri Lanka über. Im Nu hatten sie das Land und Anuradhapura unter ihrer Kontrolle.

Sie wüteten grausam und zerstörten die majestätischen buddhistischen Bauten. 1017 nahmen sie Mahinda V. gefangen und sperrten ihn in Südindien ein, wo er in Gefangenschaft starb.

75 Jahre lang war Sri Lanka als südindische Provinz dem Cholareich einverleibt – es blieb das einzige Beispiel direkter indischer Herrschaft über die Insel. Unter Rajendra (1018–35) konnten die Cholas ihr Reich über das südasiatische Festland hinaus ausdehnen und sogar das Sri Vijaya-Reich von Malaya und Sumatra bedrohen. Unter den Cholas verlor Anuradhapura seine Funktion als Hauptstadt und wurde von Polonnaruwa abgelöst, das näher an der Mahaweli an der Ostseite des Trockengürtels lag. Der Wechsel hatte vor allem Sicherheitsgründe. Der Fluß selbst bot einigen Schutz, und die Stadt lag strategisch günstig. Man konnte eine drohende Invasion von Ruhuna aus einsehen. Alle Befreiungsversuche von seiten der Singhalesen nahmen von da ihren Ausgang. Schließlich war Polonnaruwa weniger den Moskitos ausgesetzt, die Anuradhapura und seine Bewohner oft genug geplagt hatten.

Den Cholas erging es nicht besser als vielen Besatzungsarmeen in der Geschichte: den nationalistischen Gefühlen der angestammten Bewohner Sri Lankas konnten sie auf Dauer nicht standhalten. Vijayabahu I. startete eine lange Offensive gegen Polonnaruwa, die Cholas kapitulierten und zogen 1070 in gutem Einvernehmen von dannen.

Vijayabahu hatte zwar die zerfallende Stadt Anuradhapura zu Beginn seines Feldzugs eingenommen, dachte aber nicht daran, sie in altem Glanz wieder auferstehen zu lassen. Zu oft war sie bereits geschleift worden. Als Zentrum der Singhalesen-Herrschaft wäre sie auch weiterhin Angriffen aus Indien ausgesetzt gewesen. Polonnaruwa war da eindeutig besser gegen die indische Gefahr zu schützen.

Die Stadt rühmte sich einer eigenen großartigen buddhistischen Architektur und eines Bewässerungssystems, das über die Jahrhunderte von den Führern der Singhalesen aufgebaut worden war. Mahasena hatte zum Beispiel die berühmten Teiche von Minneriya bereits im 3. Jahrhundert n. Chr. errichten lassen. Vijayabahu konzentrierte seine Bemühungen darauf, das unter den Cholas stark zerstörte Polonnaruwa zu restaurieren.

Endzeit des Singhalesenreiches

Vijayabahu, der 40 Jahre lang regierte, wird von den Autoren des *Culavamsa* erstaunlicherweise mit keinem Wort erwähnt, obwohl er einen hervorragenden Befreiungskampf geführt und auch auf dem Gebiet der Verwaltung und des wirtschaftlichen Wiederaufbaus Beträchtliches geleistet hatte. Auch dem Buddhismus verhalf Vijayabahu wieder auf die Füße, nachdem der militante Hinduismus der Cholas das religiöse Leben abgetötet hatte. Rarakramabahu I., der von Polonnaruwa aus zwischen 1153 und 1186 die Insel regierte, kommt dagegen im *Culavamsa* besser weg. Er ist der eigentliche Held in dieser Chronik, entsprechend der Rolle des Dutugemunu im *Mahavamsa.* Es gelang ihm, ganz Sri Lanka in einer Hand zu vereinen und einige wichtige Bewässerungsanlagen in Auftrag zu geben (z. B. Parakrama Samudra). Staatliche und religiöse Monumente gehen auf ihn zurück und ließen aus Polonnaruwa ein eindrucksvolles Klein-Anarudhapura werden.

Die Regierungszeit Parakramabahus sollte trotz aller Errungenschaften der Anfang vom Ende singhalesischer Größe sein. Gerade das strenge Regiment des Herrschers, seine ehrgeizige Außenpolitik, dürften maßgeblich zum plötzlichen und vollständigen Zusammenbruch beigetragen haben, der bald auf seinen Tod folgte.

Eine kurze Periode von Ruhe und Ordnung unter Nissanka Malla (1187–96) schloß sich an. Polonnaruwa erlebte seinen Höhepunkt. Nissanka ließ herrliche Bauten errichten, die es mit denen in Anuradhapura aufnehmen konnten: die *Vatadage,* die im Angkor Wat-Stil gehaltene *Satmahal Prasada* und die kolossalen Buddhastatuen des *Gal Vihara.*

Nissanka Mallas Tod ließ den Streit der Dynastien wieder aufleben, der den Niedergang des Reiches der Singhalesen beschleunigte. Einige Prätendenten holten aus Südindien Verstärkung heran, um ihren Anspruch durchzusetzen. Die politische Instabilität, die daraus resultierte, ermunterte auch die Cholas und Pandyas zu erneuten Überfällen auf die Insel. Ihren Höhepunkt erreichte diese Unruhe in einem grausamen Plünderungsfeldzug des Piraten Magha aus dem südindischen Staat Kalinga, der Polonnaruwa einnahm und als rücksichtsloser Despot viele Jahre lang über die Insel herrschte.

Ein Tamilen-Staat, ein Kandy-Reich

Die Invasoren aus Südindien brachten Tod und Verderben über Sri Lanka, die in Folklore und Mythologie Eingang gefunden haben. Die Schrecken dieser Tage haben sich tief im Bewußtsein festgesetzt und die Vorstellung genährt, die Tamilen seien der Erzfeind Sri Lankas und der Singhalesen. Den Tamilen wird der Zusammenbruch des Bewässerungssystems von Sri Lanka im 13. Jahrhundert angelastet, wo doch die politische Instabilität innerhalb des Singhalesen-Reiches in dieser Zeit eine gleich wichtige Rolle spielte.

Polonnaruwa, Ruhuna und die anderen alten Städte Sri Lankas wurden nach dem Tode Maghas im Jahre 1225 von ihren Bewohnern verlassen. Die Singhalesen zogen sich immer weiter ins Bergland zurück, wo sie sich sicherer wähnten und die Wirtschaft neu aufbauen wollten. Für jeweils kurze Zeit übten verschiedene Städte die Funktion der Hauptstadt aus. Ein Handel entwickelte sich neben der Selbstversorger-Landwirtschaft; man sammelte Zimt im Wald und brachte ihn in die Hafenstädte an der Südwestküste.

Innere Unruhen als größere Bedrohung

Singhalesen und Tamilen waren bald geographisch voneinander getrennt. Bis zum Beginn des 20. Jahrhunderts lag zwischen dem Reich der Tamilen und der Halbinsel Jaffna an der Nordspitze der Insel und den Singhalesen in der Südwestregion ein ausgedehntes Waldgebiet.

Auch das 14. und 15. Jahrhundert war eine unstete Zeit. Während der Regierungszeit Parakramabahus VI. (1411–67), des letzten singhalesischen Königs, begann sich eine dritte politische Kraft zu etablieren. Parakramabahu war es gelungen, seine Herrschaft, wenn sie auch auf schwachen Füßen stand, wieder über die ganze Insel auszudehnen. Er regierte von Kotte (nahe dem heutigen Colombo) aus. In den letzten Jahren seiner Herrschaft sah er sich in den Bergregionen um Gampola im Herzen der Insel zunehmenden Angriffen ausgesetzt. Er ernannte daher einen Gampola-Fürsten als Gebietsverwalter, und dies wurde der erste Hinweis auf den Machtanspruch des Hauses Kandy auf die Region.

Nach dem Tod Parakramabahus erlebte die Insel erneut Machtkämpfe, die zu Spaltungen führten. Jaffna war wieder das unabhängige Tamilenreich unter Pararajasekaram (1479–1519), das Haus Kandy setzte sich in Kotte als unabhängige Macht fest. Vielleicht bewahrten die internen Kämpfe die Insel vor einer weit schlimmeren Bedrohung, die von fernen Landen drohte – vom Landhunger der europäischen Kolonialisten.

Die Kandy-Könige waren nicht zimperlich: die Exekution durch Elefanten war eine gängige Strafe.

DIE KOLONIALZEIT

Anfang des 16. Jahrhunderts streckten die europäischen Kolonialmächte ihre Hände nach Sri Lanka aus. Die Portugiesen bemühten sich in der aufstrebenden Hafenstadt Colombo um eine Handelsniederlassung. Das singhalesische Königreich von Kotte war damals bereits zusammengebrochen; drei Herrscher hatten das Land unter sich aufgeteilt.

Die Portugiesen konzentrierten sich auf die Kontrolle der Handelsbeziehungen, das Land selbst interessierte sie nicht so sehr. Dann aber hatten sie doch um 1600 den Südwesten fest in ihrer Hand. Vorher bekehrten sie Angehörige des Herrscherhauses zum Katholizismus und machten sich für die Führer des Staates Sitawaka, der sich gegen die Singhalesen erhoben hatte, stark. Das letzte Tamilen-Reich, das Jaffna als unabhängigen Staat regiert hatte, ließen sie ebenfalls von der Bildfläche verschwinden.

Als schwieriger stellte sich die Unterwerfung des Reiches von Kandy heraus, an dem sich die Portugiesen die Zähne ausbissen und das sie zum Abzug aus Ceilao, wie sie die Insel nannten, bewog. Senerath (1604–1635) brachte Kandy nach einem kurzen Sitawaka-Intermezzo wieder an die Macht. Er stellte die Beziehungen zu den Portugiesen 1617 auf eine vertragliche Grundlage. Nachdem diese die Häfen Batticaloa und Trincomalee dennoch nicht in Ruhe ließen, ging Seneraths Sohn Rajasinha II. militärisch in die Offensive; er verbündete sich mit den Holländern.

Diese waren wie auch in Ostindien und anderswo in Südostasien vor allem auf Gewürze scharf. Wenn sie mithelfen würden, die Portugiesen hinauszuwerfen, versprach man ihnen das Monopol über den Gewürzhandel. Doch auch der Vertrag zwischen dem Königreich von Kandy und den Holländern wurde zum Bumerang.

Zwar eroberten die Holländer die östlichen Hafenstädte für Kandy zurück; als sie dann auch noch Galle und Negombo in ihre Hand bekamen, wollten sie die Städte behalten. Das Fort von Colombo schleiften sie 1656, und mit der Einnahme von Jaffna vertrieben sie auch noch den letzten Iberer von Ceylan (1658), wie die Insel inzwischen hieß. Der Vertrag mit Kandy erwies sich als ein wertloses Stück Papier. Die Holländer setzten sich auf dem eroberten Gebiet fest und lösten die portugiesische Fremdherrschaft durch ihre eigene ab.

Erinnerungen an die Kolonialzeit in Galle: eine Handvoll von portugiesischen und holländischen Münzen (links); Grabstein in der Groote Kerk aus dem 18. Jhdt. (rechts).

Auswirkungen der Fremdherrschaft

Trotz alledem bewahrte sich das Kandyreich seine Unabhängigkeit. Aufgrund der Fortexistenz eines unabhängigen singhalesischen Reiches in Kandy entstand unter den Singhalesen sogar eine Art Zweiteilung – man unterschied zwischen den Singhalesen im Flachland an der Küste des Südwestens und den Bewohnern von Kandy im Inneren der Insel.

Unter der Herrschaft von Portugiesen und Holländern konnten die Moslems von Sri Lanka ihren Einfluß als ethnische Minderheit ausdehnen. Die Moors hatten im Handel schon bald nach ihrer Ankunft im 8. und 9. Jahrhundert eine dominierende Stellung eingenommen. Ansonsten fielen sie nicht weiter auf. Die Portugiesen standen ihnen sehr feindselig gegenüber, während die Holländer unbedingt für jede Volksgruppe von Sri Lanka eigene Gesetze erlassen wollten. Beide Kolonialmächte trugen daher dazu bei, daß sich in der Gesellschaft von Sri Lanka so etwas wie eine maurische Identität herausbilden konnte.

Noch pluralistischer wurde es, als nach und nach Christen aller Schattierungen auf der Insel Fuß faßten. Die Portugiesen brachten den Katholizismus, die Holländer den Calvinismus, die Engländer dann den Anglikanismus nach Sri Lanka. Jede Glaubensrichtung stand in einer besonderen Beziehung zu den herrschenden Mächten. Wer sich zum jeweils richtigen Glauben bekannte, konnte es bei Holländern und Portugiesen zu etwas bringen.

Einschneidend waren die Auswirkungen der Kolonialherrschaft auf dem Gebiet der Wirtschaft. Sowohl Portugiesen als auch Holländer beanspruchten das Monopol auf den Zimthandel, dessen Erlöse die Haupteinnahmequelle der Kolonialverwaltungen waren.

Der Staatshaushalt wurde plötzlich von Exporterlösen beherrscht, während die traditionellen Einnahmequellen versiegten.

Und wie wirkten die Europäer auf die Inselbewohner selbst? Obwohl die Portugiesen nicht so lange wie die Holländer über die Gewässer um Sri Lanka geherrscht hatten, hinterließen sie bei der Bevölkerung nachhaltigere Spuren. Die Holländer versuchten vergeblich, die Übertritte zum katholischen Glauben rückgängig zu machen. Immerhin stellen die Katholiken seit dem 19. Jahrhundert 90 % aller Christen auf der Insel. Der Calvinismus konnte dagegen nicht Fuß fassen und war mit dem Beginn der britischen Herrschaft bereits wieder vergessen.

Einige Brocken Portugiesisch und Holländisch haben sich in den Landessprachen erhalten. Portugiesisch wurde bis ins 19. Jahrhundert hinein gesprochen und in den Schulen gelehrt. Ein portugiesischer Dialekt wird auch heute noch in einigen Teilen der Insel gesprochen. Man trifft auch portugiesische Namen wie de Silva, de Soysa, Fernando, Peiris, Perera und de Mel – auch wenn ihre Träger längst wieder vom Katholizismus abgefallen sind. Holländische Namen findet man lediglich noch in der kleinen Burgher-Kolonie.

Kandys Könige entmachtet

Die von Portugiesen und Holländern hinterlassenen Spuren verblassen angesichts des tiefgreifenden Einflusses, den Großbritannien ausübte, jene Macht, die die Insel am festesten im Griff hatte. 1795 und 1796 vertrieb die britische Kriegsflotte die Holländer von der Insel, die sie Ceylon nannten. Die strategisch wichtigsten Hafenstädte wurden von den Briten besetzt.

Die Kandy-Dynastie hatte damals Probleme, ihr Reich zusammenzuhalten. Durch geschickte Heiratspolitik war es den Nayakkars, einer Dynastie aus Südindien gelungen, 1739 in Kandy die Macht zu übernehmen. Den Singhalesen waren die männlichen Thronerben ausgegangen. Vorübergehend wirkte sich die Herrschaft der Nayakkars sogar positiv aus, denn sie taten viel für eine buddhistische Renaissance und gaben sich kandyanischer als die Kandyaner selbst. Da sie jedoch zuweilen mit den Portugiesen und den Holländern liebäugelten, waren sie ein potentieller Pfahl im Fleische der britischen Kolonialherrschaft.

1803 konnte Kandy einen britischen Angriff noch zurückschlagen. Dann nahmen die internen Zwistigkeiten so überhand, daß das Kandy-Reich 1815 den Briten in die Hände fiel. Die Entmachtung der Kandy-Monarchie schürte den Widerstand gegen die Kolonialherren, der 1817–1818 in die „Great Rebellion" mündete, der heftigsten Erhebung gegen die britische Kolonialherrschaft. Erst nach einem langen und brutal geführten Feldzug konnten die Briten den Widerstand von Kandy endgültig brechen. Zum erstenmal, seit Parakramabahu I. und Nissanka Malla die Insel regiert hatten, wurde sie wieder von einem einzigen Machtzentrum aus beherrscht. Der entscheidende und für die Bevölkerung erniedrigende Unterschied zu damals: Die Herrscher waren keine Singhalesen, sondern Briten.

Unter dem Union Jack

Bis 1832 verwalteten die Briten das Reich von Kandy und die von den Holländern erworbenen Besitzungen getrennt. Der Gou-

So sahen Holländer die Geschichte Ceylons: Landung und Niederlage der Portugiesen in Mannar (links); „Die Ermordnung des Mr. Kofter durch die Singhalesen" (rechts).

verneur Sir Edward Barnes schuf die Voraussetzungen für eine Zentralverwaltung, indem er Straßen bauen ließ, die die Kandy-Provinzen mit dem Rest der Insel verbanden; dann setzte er verstärkt das Militär ein und festigte die britische Herrschaft. Denn das Königreich von Kandy hatte sich vor allem wegen der Wildheit und Unzugänglichkeit seines Landes zwei Jahrhunderte erfolgreich gegen jede Fremdherrschaft wehren können. Der größte Teil seines Gebietes bestand aus Dschungel, in dem die Kandy-Kämpfer, Meister der Guerilla-Taktik, ideale Bedingungen vorfanden.

Nachdem die Briten fest im Sattel saßen, gingen sie daran, in Ceylon eine lockere *laissez-faire*-Verwaltung einzurichten. Zu diesem Zweck bildeten sie die Colebrooke-Cameron Commission. Diese Kommission machte Reformvorschläge, die den in Indien von Großbritannien eingeführten Regelungen entsprachen, sich hier jedoch nachhaltiger auswirkten. Die Kommission schlug u. a. vor, das merkantilistische System in Ceylon abzuschaffen und mit staatlichen Monopolen, diskriminierenden Verwaltungsvorschriften und Eingriffen in die Wirtschaft Schluß zu machen. Diese Reformen bedeuteten eine Abkehr von den Praktiken der holländischen Kolonialverwaltung und bereiteten einer aufgeklärteren Regierung den Weg.

Die Briten veränderten die Schwerpunkte der Wirtschaftspolitik der Insel. Mitte des 19. Jahrhunderts begannen sie, Kaffeeplantagen aufzubauen. Der Kaffeeanbau war so erfolgreich, daß er bald Zimt als wichtigsten Exportartikel abgelöst hatte. Die Zahl der Plantagen nahm rasch zu, und um 1870 war Kaffee absolute Nummer Eins. Dann wurden die Kaffeepflanzen von einer Krankheit befallen, die innerhalb eines Jahrzehnts die Kaffeeproduktion zum Erliegen brachte.

Dennoch erwies sich die von den Briten entwickelte Plantagenwirtschaft in den kommenden drei Jahrzehnten als äußerst anpassungsfähig. Bis heute hat sich das Muster erhalten: Teesträucher, Gummibäume und Kokospalmen sind die Grundpfeiler der Wirtschaft. Die Briten beherrschten den Teehandel und mischten bei Kautschuk bis kurz nach der Unabhängigkeit kräftig mit, während sie in den Kokoshandel weniger stark eingeschaltet waren. Transport, Banken und Versicherungen sowie der Import-Exporthandel waren ebenfalls fest in britischer Hand.

Leben auf den Plantagen

Die einheimische Bevölkerung betätigte sich in allen Bereichen der Plantagenwirtschaft. Kleinkapitalisten, Anteilseigner und die Bauern kontrollierten mehr als ein Drittel der Kaffeeanbaufläche. Beim Tee hatten sie nur geringe Anteile, während sie in der Gummiproduktion und bei Kokospalmen dominierten.

Die Einwanderer aus Südindien stellten den Hauptanteil der Arbeiter auf den Kaffeeplantagen; nach der Ernte kehrten sie in ihre Heimat zurück. Das änderte sich, als Tee und

Gummi an die Stelle des Kaffees traten. Diese Pflanzen mußten über das ganze Jahr versorgt werden. Südindien stellte nun auch den Hauptanteil der Arbeitskräfte, die für ganz bzw. für ein halbes Jahr auf die Insel kamen. Diese Menschen waren auch im Straßen-, Schienen- und Hafenbau eingesetzt und waren für alle harten und unangenehmen Arbeiten zuständig. Das führte dazu, daß sie auf den Plantagen und in den Städten ein von der einheimischen Bevölkerung und ihrer Kultur getrenntes Proletariat bildeten. Auch wohnten sie auf den Plantagen oder in Slums am Rande der Stadt. So bildeten sie in der Gesellschaftsstruktur der Insel ein neues Element. Bis heute hat sich eine scharfe Trennung der Indien-Tamilen von den etablierten Jaffna-Tamilen erhalten.

Eine neue Klasse entsteht

Am anderen Ende der gesellschaftlichen Stufenleiter bildete sich als neue Klasse die ceylonesische Elite heraus. Diese Leute setzten den Wohlstand, den sie als kapitalistische Unternehmer erworben hatten, für den gesellschaftlichen Aufstieg ein. Sie waren nicht nur an Plantagen, sondern auch am Graphitabbau und am profitablen Alkoholgeschäft beteiligt. Ihre Kinder konnten sie auf europäische Universitäten schicken.

Anfänglich gehörte auch die alte Aristokratie Sri Lankas zur neuen Elite. Bald konnte sie jedoch nicht mehr mithalten, weil ihr die westliche Erziehung abging und sie aus der kapitalistischen Wirtschaft ausgeschlossen war. Die traditionelle Position der Aristokratie an der Spitze der Gesellschaft wurde ihr von der neuen Kapitalistenklasse Sri Lankas streitig gemacht. Diese neureiche Elite setzte sich aus Singhalesen aus dem Flachland, einigen wenigen Tamilen und anderen Minderheiten zusammen, die sich zum anglisierten Lebensstil hingezogen fühlten. Auf politischem Gebiet wirkten sich diese sozialen Entwicklungen später stark aus.

Dem Kolonialismus zu Diensten

Durch die einseitige Entwicklung der Plantagenwirtschaft wurde die traditionelle Landwirtschaft vernachlässigt. Gouverneur Sir Henry Ward (1855–1860) unternahm Anstrengungen, das zerfallende Bewässerungssystem der Insel wieder instandzusetzen, um den Anbau in der Trockenzone wiederzubeleben. Diese Politik wurde nur halbherzig betrieben und wirkte sich kaum positiv auf das Leben der Menschen aus. Da das Land brach lag, kam es in der Trockenzone um die Jahrhundertwende zu Hungersnöten; viele Menschen versanken im Elend. Frieden und eine gewisse Stabilität hatten die Briten dem Land gebracht, doch die wirtschaftliche Not der singhalesischen Bauern konnten sie weder lindern noch beseitigen.

Die Reformbewegung, die durch die Colebrooke-Cameron-Reformvorschläge in Gang gesetzt worden war, überflutete in den 30er und 40er Jahren des 19. Jahrhunderts das Land; im letzten Viertel des Jahrhunderts begann sich die Lage zu ändern. Lediglich in der Plantagenwirtschaft war der alte Elan noch zu spüren. Auf anderen Gebieten hielten sich die Briten jetzt stärker an die konservativen Kräfte der Gesellschaft Sri Lankas.

Auf religiösem Gebiet war der Wandel als erstes zu spüren. Als die Engländer ins Land kamen, betätigten sich ihre Gouverneure als religiöse Eiferer. Stewart Mackenzie z.B. (1837–1841) hielt es für das Gebot der Stunde, die „Heiden“ zum Christentum zu bekehren. Offiziell gelockert wurden die Beziehungen zwischen Buddhismus und Staat im Jahre 1840, sehr zum Entsetzen der Kandy-Herrscher. Diese Politik wurde gegen Ende des Jahrhunderts geändert. Der Gouverneur Sir William H. Gregory (1872–1877) widersetzte sich dem neuerwachten Interesse am Buddhismus nicht, förderte es vielmehr, weil er sich positive Auswirkungen auf die Gesellschaft

Oben: König Raja Sinhall von Kandy (Porträt eines Holländers); rechts: Robert Knox, ein Engländer, der von 1660 bis 1680 in Kandy eingesperrt war.

erhoffte. Er erklärte, die Verwaltung verhalte sich neutral in allen die Religion betreffenden Fragen und ging so weit, die besonderen Verpflichtungen der Regierung gegenüber dem Buddhismus herauszustreichen.

Auch in der Kastenfrage und im Verhältnis zur Aristokratie verhielten sich Gregory und nach ihm der Gouverneur Gordon (1883–1890) anders als ihre Vorgänger. Sie drehten das Rad der Geschichte zurück, Kastenunterschiede kamen wieder zu Ehren, die alte Insel-Aristokratie wurde hofiert. Gregory bot den Kandy-Adligen sogar eine Art Juniorpartnerschaft bei der Verwaltung des Landes an. Um 1880 widersetzte sich Kandy auch nicht länger der britischen Herrschaft, schließlich waren seine Führer zu deren Assistenten avanciert.

Unter Gregorys Verwaltung wurde auch ein anderes politisches Prinzip über Bord geworfen. Veränderungen der Provinzgrenzen nahm man nicht länger zum Anlaß, die Einheit der Kandy-Provinzen zu zerstören. Zwischen 1873 und 1889 wurden drei Provinzen gebildet (North Central, Uva und Sabaragamuwa) – Ausdruck der Tatsache, daß das Kandy-Problem, ein traditioneller „Nationalismus“ seitens der aristokratischen Führung, die Stabilität der britischen Herrschaft nicht mehr gefährden konnte.

Im letzten Viertel des 19. Jahrhunderts war der langanhaltende Widerstand Kandys gegen die Briten endgültig erloschen. Die Plantagenwirtschaft und der Handel waren auf kapitalistischer Grundlage ausgebaut. Als Folge hatte sich eine neue Elite gebildet, Ceylonesen, die sich als Kapitalisten Reichtum verschafft hatten.

Neben den Investitionen in die Plantagenwirtschaft waren der Graphitabbau sowie der Export und Transport des Kaffees wichtige Einnahmequellen. Die Alkoholindustrie warf am meisten ab. Die neuen Insel-Kapitalisten festigten ihre Position, indem sie ihre Kinder auf europäische Universitäten schickten und auf die geistige Führung des Landes Anspruch erhoben.

Andrew Carnegie, amerikanischer Kapitalist und Philanthrop, kam 1879 nach Ceylon, wo er die Erfolge der Reformen Gregorys mit Händen greifen konnte. Er schrieb:

„Durch die Selbstverwaltung auf lokaler Ebene ist ein örtlicher Patriotismus aufgelebt, im ganzen Land entstanden neue Gremien, die Positives bewirken, Organisationen, die sich des Wohls der Allgemeinheit annehmen. Zugleich lebt ein neuer Esprit de corps auf, der Größeres vollbringen dürfte. . . . Wenn dieses Volk sich unter der Selbstverwaltung nicht entfaltet, dann verdient es seinen Verfall, und es soll einer besseren Rasse weichen; so weit wird es jedoch nicht kommen.“

Die öffentliche Rehabilitation der alten Aristokratie durch die Engländer führte zum Wiederaufleben nationalistischer Gefühle im Land. Oft war der Nationalismus religiös verbrämt; die buddhistischen Werte wurden hochgehalten, man warnte, daß der Buddhismus in Gefahr sei. Die Anhänger dieser Ideologie erinnerten die Bürger Ceylons an die ruhmreiche Vergangenheit, die in traurigem Kontrast zur Gegenwart und zur Fremdherrschaft stehe.

Anfang des 20. Jahrhunderts entwickelte sich eine Bewegung von Abstinenzlern, die sich ebenfalls nationalistische Gefühle zu eigen machte. Die Herstellung von Arrak und Toddy-Palmwein, die im Widerspruch zu buddhistischen Dogmen stand, betrieben singhalesische Kapitalisten, die meist enge Beziehungen zu den Briten pflegten und Christen geworden waren. Die Bewegung der Abstinenzler stieß bei den einfachen Menschen, denen die britische Herrschaft nichts eingebracht hatte, auf Zustimmung. Niemandem gelang es jedoch, diese Emotionen einer organisierten politischen Bewegung zuzuführen.

Die Unruhen von 1915

Selbst die Nationalisten stellten die britische Kontrolle über Ceylon nicht in Frage. Um 1900 hätte es niemand für möglich gehal-

ten, daß kaum 50 Jahre vergehen würden, bis die Insel unabhängig werden sollte.

Das strenge Regiment der Briten wurde im 19. Jahrhundert nur wenig gelockert. Eine träge Kolonialverwaltung überlebte bis in die zwanziger Jahre. Die Kolonialbehörden weigerten sich standhaft, die neue Elite an der Macht zu beteiligen. Auch durch den ersten Weltkrieg ließen sie sich nicht aus der Ruhe bringen.

Dasselbe gilt für die Reaktion der Briten auf die Unruhen von 1915. Anläßlich der hundertsten Wiederkehr des Sturzes des Kandy-Reiches erhob sich unter den Singhalesen eine Woge nationalen und ethnischen Stolzes, die zu gewaltigen Ausschreitungen gegen die muslimische Gemeinschaft der Moors an der Küste ausartete. Diese Leute hatten die buddhistischen Riten mißachtet und wegen ihrer umstrittenen Verkaufspraktiken Anstoß erregt. Die Briten befürchteten, die Unruhen könnten sich zur Erhebung gegen ihre Kolonialherrschaft ausweiten und schritten mit großer Härte gegen die Unruhestifter ein. Anhänger der Abstinenzlerbewegung sowie die Anführer einer politischen Jugendorganisation ließen sie verhaften.

Das Vorgehen der Briten wirkte wie ein Dämpfer auf radikale politische Bewegungen. Die Reformbewegung in Sri Lanka wurde weiter eng am Zügel gehalten. Als sich 1919 der Ceylon National Congress zur politischen Partei formierte, hatten darin die Konservativen das Sagen; die gemäßigten Kräfte waren immer noch sehr stark.

Das Wahlrecht erkämpft

In den zwanziger Jahren aber erhielten radikalere Kräfte Auftrieb. Die Arbeiterklasse formierte sich, die Gewerkschaftsbewegung wurde vor allem in Colombo und seinen Vororten stärker. A. E. Goonesinha war ihr führender Repräsentant. Außerdem brachen die bis dahin relativ harmonischen und auf gleichen Interessen beruhenden Beziehungen zwischen Singhalesen und Tamilen zusammen. Kleine Minderheitengruppen, allen voran Vertreter der Tamilen, machten sich zunehmend Sorgen, ob nicht den Singhalesen der größte Teil der politischen Macht übertragen würde.

Auf Drängen des Gouverneurs Sir Hugh Clifford (1925–1927) bildeten die Briten eine Sonderkommission unter dem Earl of Donoughmore, die eine Verfassungsreform ausarbeiten sollte. Die ethnischen und politischen Spannungsherde erhielten dadurch neue Nahrung. Jede Gruppe wollte als erste der Kommission ihre Vorstellungen und Vorschläge unterbreiten. Die Kommission empfahl schließlich, eine „halbverantwortliche Regierung" einzusetzen, die von einheimischen Politikern gebildet werden sollte. Diese Verfassungsreform von 1931 war der erste Schritt in die Unabhängigkeit.

Noch einschneidender war freilich die gleichzeitige Einführung des allgemeinen Wahlrechts. Alle Ceylonesen über 21, Männer wie Frauen, durften nun wählen. Das war eine bemerkenswerte Abweichung von der sonst üblichen britischen Kolonialpolitik. Ceylon wurde die erste britische Kolonie der Welt, der das allgemeine Wahlrecht zugestanden wurde, das bislang den weißen Siedlerkolonien, die Dominions geworden waren, vorbehalten gewesen war. Schließlich hatten die Briten zu Hause mehr als hundert Jahre lang um das allgemeine Wahlrecht kämpfen müssen. Die ersten allgemeinen freien Wahlen fanden in Großbritannien 1929 statt, also ganze zwei Jahre vor den ersten Wahlen in Ceylon.

Im Mutterland folgte das Wahlrecht auf den Ausbau des Bildungswesens und ein erhöhtes politisches Bewußtsein. In Ceylon lief es genau umgekehrt. Die Wahlen dienten als Mittel, die Menschen von Unwissenheit zu befreien und das Bewußtsein ihrer politischen Rechte und Pflichten zu schärfen.

Ein Sozialstaat entsteht

Als dem Volk das allgemeine Wahlrecht gewährt war, lebte auch wieder eine buddhistische nationalistische Bewegung auf. Die demokratischen Kräfte fühlten sich davon gestärkt. Da die politischen Parteien Angst vor möglichen Abspaltungen hatten, unterstützten sie die Buddhisten nicht offen.

Mit dem Wahlrecht wurde auch der Arbeiterbewegung der Rücken gestärkt. Die Goonesinha-Gruppe mußte einer marxistisch orientierten Führung weichen, die beträchtlichen Einfluß gewann. Aber die Bauern überstimmten die Arbeiter; die Plantagenarbeiter aus Indien, die den größten Teil der Werktätigen ausmachten, folgten ihren eigenen politischen Repräsentanten. Die Arbeiterbewegung spaltete sich schließlich in zwei verfeindete Fraktionen, wovon besonders gemäßigte Politiker profitierten.

Auf einem anderen Blatt stehen die Fortschritte, die das allgemeine Wahlrecht auf sozialem Gebiet brachte. Von 1936 bis 1947 wurden unter anderem die Bewässerungssy-

Umseitig: Kandy-Häuptlinge im Festgewand. Rechts: die Bahn Colombo-Kandy an der Steigung von Kadugannawa.

steme in der Trockenzone wieder funktionsfähig gemacht. Bauern aus anderen Teilen des Landes wurden umgesiedelt, ein Programm des ehrgeizigen und dynamischen Landwirtschaftsministers Don Stephen Senanayake, der sich für die Rückkehr in das Hauptgebiet der alten Bewässerungszivilisation stark machte. Sehr viel wurde auch im Schul- und Gesundheitswesen getan, die Lebensmittelversorgung besserte sich, ein Mini-Sozialstaat Ceylon entstand.

In die Regierungszeit Senanayakes fiel dann auch die letzte Phase der Machtübertragung von den Briten auf die Ceylonesen. Der Minister arbeitete einen Plan aus, der den schrittweisen Übergang in die Unabhängigkeit vorsah und nach dem Ceylon den Status eines Dominion haben sollte. Seine Kritiker

im Ceylon National Congress meinten, eine Übergangsphase sei nicht erforderlich. Senanayake betonte die Bedeutung, die die Minderheiten in einem unabhängigen Sri Lanka haben würden; er befürchtete, daß ein plötzlicher Bruch mit den Briten Feindseligkeiten gegen die Führungsschicht, die im wesentlichen aus Singhalesen und Buddhisten zusammengesetzt war, heraufbeschwören könnte.

Der Zweite Weltkrieg

1939 stellte ein weltgeschichtliches Ereignis erst einmal alle politischen Bestrebungen Sri Lankas in den Hintergrund: Der Zweite Weltkrieg war ausgebrochen. Im Gegensatz zum Nachbar Indien gelobte Ceylons Regierung den Briten und ihren Verbündeten ihre volle Unterstützung. Ceylons Haupthäfen in Colombo und Trincomalee waren strategisch wichtige Anlaufpunkte zwischen Europa und dem asiatischen Kriegsschauplatz. Es gab auch Politiker, die den Kampf für die Unabhängigkeit fortsetzen wollten. Der Gouverneur Sir Andrew Caldecott brachte diese Leute zum Verstummen, indem er sie 1940 aufgrund eines Ermächtigungsgesetzes kurzerhand einsperren ließ.

1942 flogen die Japaner Luftangriffe auf die ceylonesischen Häfen. Innerhalb von zehn Tagen starben mehr als 1000 alliierte Soldaten und Bürger Sri Lankas im Verteidigungskampf auf der Insel. Der angesehene britische Historiker Sir Arthur Bryant schrieb, ein Sieg der japanischen Marine in Ceylon hätte Japan die Kontrolle über den gesamten Indischen Ozean verschafft und zum Sturz der Churchill-Regierung geführt. Churchill selbst soll gesagt haben, der japanische Angriff auf Ceylon sei die gefährlichste Situation des gesamten Krieges gewesen. Die britische Verteidigung hielt stand und brachte den Japanern eine entscheidende Niederlage bei.

Ein freies Land

Nachdem auch diese Bedrohung von außen abgewehrt war, stellte Senanayake 1944 erneut seinen Verfassungsentwurf vor, in dem als wichtige Forderung die religiöse Neutralität des Staates festgehalten war. Großbritannien reagierte mit der Bildung einer Kommission, deren Vorsitzender Lord Soulbury war. Diese legte einen Entwurf vor, der sich wenig von dem der Senanayake-Gruppe unterschied. Er sah die volle Selbstverwaltung vor; lediglich in der Verteidigungs- und Außenpolitik behielten sich die Briten Mitspracherechte vor.

Das wiederum stieß in Sri Lanka auf heftigen Widerstand. Die Briten sahen sich gezwungen, nachzugeben. Am 4. Februar 1948 konnte Ceylon seine Unabhängigkeit feiern. Im Gegensatz zu den turbulenten Ereignissen, die die Unabhängigkeitsfeiern in Indien und Burma begleiteten, verlief die Übergabe der Macht auf Ceylon reibungslos und friedlich. Unmut und Groll, die sich in den letzten Jahren der Kolonialherrschaft aufgestaut hatten, kamen erst ein knappes Jahrzehnt später gewaltsam zum Ausbruch.

Leutnant L. J. Birchall 1949 in Colombo (oben); der erste Ministerpräsident des unabhängigen Ceylon, D. S. Senanayake (rechts).

DIE UNABHÄNGIGKEIT

D. S. Senanayake war ein souveräner Staatsmann, der Ceylon im schwierigen Prozeß des Staatsaufbaus und der nationalen Erneuerung zu einem eindrucksvollen Start verhalf. Obwohl 70 % der Bevölkerung Singhalesen und 67 % Buddhisten waren (1948), hielt der Premierminister an seiner Politik der Eindämmung des singhalesisch-buddhistischen Einflusses fest. Er befürwortete die Trennung von Staat und Religion, räumte jedoch dem Buddhismus einen Sonderstatus ein.

Senanayakes gemäßigte Politik stabilisierte die Machtposition der United National Party (UNP), die zur führenden parlamentarischen Kraft nach der Unabhängigkeit wurde. Die marxistische Linke bildete nach wie vor die Opposition; sie war jedoch ideologisch und persönlich zerstritten und daher keine ernsthafte Alternative zur UNP.

1950 hatte sich die Wirtschaft von den Kriegsfolgen einigermaßen erholt. Auf dem Weltmarkt erzielten Gummi und Tee Höchstpreise. Die Regierung konnte damit ein Sozialprogramm finanzieren, das die Bevölkerung erwartete.

Um Sri Lanka bei Reis und anderen Nahrungsmitteln zum Selbstversorger zu machen, investierte der Staat große Summen in die Urbarmachung der Trockenzone. Das gewaltige Gal Oya-Bewässerungsprojekt wurde aus Etatüberschüssen finanziert. Der Senanayake Samudra bei Inginiyagala an der Ostküste entstand; er war viermal so groß wie der Parakrama Samudra.

Die Regierung Senanayake erkannte jedoch die Notwendigkeit nicht, grundlegende Änderungen an der von den Briten übernommenen Wirtschaftsstruktur vorzunehmen. Wirtschaftlich wie politisch klebte er zu stark am Status quo, was sich später als verhängnisvoll erweisen sollte.

1952 starb Senanayake; aufgrund der Anfangserfolge seiner Partei war es ein Leichtes, seinen Sohn Dudley als seinen Nachfolger durchzusetzen. Wenig später erlebte das Land eine Wirtschaftskrise. Der Versuch, die Lebensmittelzuschüsse zu kürzen, löste im August heftige Ausschreitungen aus, die von den Oppositionsparteien geschürt wurden. Religiöse, kulturelle und Sprachenprobleme heizten die Konflikte weiter an. Die Widersprüche spitzten sich so weit zu, daß die gesellschaftliche und politische Grundlage daran zerbrach.

Zunächst hatte sich die UNP der Herausforderung des ehemaligen Ministers S. W. R. D. Bandaranaike zu stellen, der 1951 aus dem Kabinett ausgetreten und zur Opposition gewechselt war. Zwei Monate später gründete er die Sri Lanka Freedom Party (SLFP), die eine zentristische Politik verfolgte: sie wandte sich an alle mit der UNP-Herrschaft unzufriedenen Gruppen, grenzte sich aber von marxistischen Positionen ab.

Die SLFP rekrutierte ihre Anhänger auf dem Land; hier waren die Marxisten ohne Einfluß geblieben, die Enttäuschung über die UNP war groß. Da sich die Buddhisten sowohl von den Marxisten als auch von der UNP im Stich gelassen fühlten, stellte sich die buddhistische Führerschaft hinter die SLFP.

Bei den Wahlen von 1956 errang die SLFP mit der Unterstützung einiger Splittergruppen einen überwältigenden Wahlsieg.

Die SLFP an der Macht

Nachdem die UNP bei den Wahlen von 1952 einen eindeutigen Wahlsieg errungen hatte, befürchtete man für Ceylon ein Einparteiensystem. Die Wahl von Bandaranaike im Jahre 1956 machte diese Sorge überflüssig. Bei der Ablösung der britischen Kolonialherrschaft in Asien und Afrika kam es höchst selten vor, daß die Macht von einem direkten Erben der Briten auf demokratischem Weg auf einen Mann überging, der die Unterstützung des Volkes hatte.

Sri Lanka ist diejenige ehemalige britische Kolonie, die die längste Geschichte demokratischer Wahlen aufzuweisen hat. Bis Oktober 1982 hatten die Wähler immerhin sechsmal eine Regierung durch Wahlen abgelöst.

Bandaranaikes Wahlsieg bedeutete das Ende der Theorie Senanayakes von einem auf Pluralität fußenden Nationalismus. Der Nationalismus der SLFP war demokratisch-populistischer Natur, hatte aber auch einen trennenden Effekt. Die Wahlen von 1956 fielen mit den Feierlichkeiten zum 2500. Todestag Buddhas zusammen. Es kam dabei zu ethnischen Spannungen, der Sprachenstreit und die Religionskämpfe lebten wieder auf, gelegentlich brachen Rassenunruhen aus.

Premierminister Dudley Senanayake und die indische Ministerpräsidentin Indira Gandhi während einer Konferenz um 1970.

Auch für die Marxisten erwies sich die Politik der neuen Regierung als Rückschlag. Ihr Kosmopolitismus und ihre Vorstellung vom säkularen Vielvölkerstaat fanden in einer Phase des Nationalismus wenig Unterstützung. Sie mußten sich ohne entsprechende politische Zusagen zu wesentlichen Abstrichen an ihrer Politik bereitfinden.

Der sogenannte „Mittelweg" Bandaranaikes war im wesentlichen ein opportunistisches und ideologisch verwaschenes Programm. Dem Mann auf der Straße vermittelte es aber ein Gefühl von Würde und Selbstachtung. Es versprach ihm gesellschaftlichen Wandel und Gerechtigkeit, wirtschaftliche Unabhängigkeit und die volle politische Souveränität.

Verwirklicht wurden diese ehrgeizigen Pläne unter Bandaranaike nie. Sein Kabinett blieb zerstritten, überall waren Zerfallserscheinungen zu beobachten. Im September 1959 wurde er ermordet – trauriger Höhepunkt seiner politischen Schwäche. Der Mörder handelte im Auftrag eines mächtigen *bhikku,* der ihn noch bei den Wahlen von 1956 unterstützt hatte.

Dudley Senanayake und die UNP profitierten von diesem Mordanschlag und gingen bei den Wahlen von 1960 als Sieger hervor. Unter der Führung von Sirimavo Bandaranaike, der Witwe des Ermordeten, wurde auch die SLFP wieder stärker. Die UNP erkannte, wie unsicher sie im Sattel saß und schrieb bald Neuwahlen aus. Nur vier Monate nach dem UNP-Sieg kam Frau Bandaranaike, die für fast zwei Jahrzehnte die politischen Geschicke des Inselstaates in ihren Händen hielt, an die Macht.

Ein sozialistischer Kurs

Ganz im Gegensatz zu ihrem Mann ging Frau Bandanaraike entschlossen an die Lösung der explosiven Probleme des Landes. Als erstes wollte sie das Vermächtnis ihres Mannes, das Land müsse unter einer Nationalsprache, Singhalesisch, vereint werden, in die Tat umsetzen. Sie versuchte auch, die Privatschulen unter staatliche Kontrolle zu bringen. Tamilen und Katholiken fühlten sich vor den Kopf gestoßen.

Frau Bandaranaike sah im Sozialismus das Mittel, das Kräftegleichgewicht zugunsten der singhalesisch-buddhistischen Nation zu verändern. Also ließ sie zahlreiche aus- und inländische Betriebe verstaatlichen, um sie dem Zugriff ausländischen Kapitals und nationaler Minderheiten zu entziehen.

Zu erwähnen ist noch die Repatriierung 500000 indischer Tamilen, die Frau Bandaranaike 1964 mit dem indischen Ministerpräsidenten Lal Bahadu Shastri aushandelte. Ceylon erklärte sich im Gegenzug bereit, 300000 indische Tamilen in Sri Lanka einzubürgern.

Je weiter die SLFP nach links abdriftete, desto mehr beschleunigte sie ihr Scheitern. Der Versuch einer Koalition mit der trotzkistischen Lanka Sama Samaja Party (LSSP), die ihr mehr Unterstützung verschaffen sollte, schlug fehl.

Ethnische und religiöse Auseinandersetzungen beantwortete Frau Bandaranaike immer wieder mit der Ausrufung des Notstandes. Fast wäre ein von führenden Köpfen der Polizei, der Armee und der Marine inszenierter Staatsstreich geglückt. Im März 1965 verlor die SLFP die Wahlen, und Dudley

Senanayake wurde wieder Ministerpräsident.

Unter seiner Führung hielt sich die UNP fünf Jahre an der Macht. Es gelang der Regierung, die landwirtschaftliche Produktion so weit zu steigern, daß das gesteckte Ziel der Selbstversorgung fast erreicht werden konnte.

Gegen die zunehmende Akademiker-Arbeitslosigkeit konnte auch die UNP nichts ausrichten. Die Versöhnung der Völker und Religionen des Landes konnte aufgrund von

Die ehemalige Präsidentin Sirimavo Bandaranaike (links) und der jetzige Präsident J. R. Jayawardene bei einer versöhnlichen Geste im Jahre 1980.

innerparteilichen Differenzen nicht auf eine gesetzliche Grundlage gestellt werden. Außerdem erwies sich ein auf fünf Jahre angesetztes Experiment mit dem Mondkalender als Fehlschlag.

Bandaranaike versuchte es mit einer neuen Koalition, zu der außer der LSSP auch die moskautreuen Kommunisten gehörten. 1970 errang dieses Bündnis einen klaren Wahlsieg. An der Situation des Landes änderte sich jedoch nichts: die Arbeitslosigkeit stieg immer weiter, die Preise ebenso, Grundnahrungsmittel fehlten.

Zu einer tödlichen Gefahr für die Regierung entwickelte sich eine ultralinke Organisation von Jugendlichen, die Rückhalt unter der akademischen Jugend, bei den Arbeitslosen und Unterbeschäftigten fand. Diese Janata Vimukti Peramuna Organisation versuchte im April 1971 mit selbstgebastelten Bomben und Waffen, die Regierung zu stürzen. Die Ministerpräsidentin sollte entführt werden; überall im Lande griff man die Polizeistationen an. Mit eiserner Hand zerschlug die Regierung diese Revolte.

Sturz der United Front

Die unmittelbare Gefahr war zwar gebannt, doch die United Front hatte ihre Glaubwürdigkeit als sozialistische Regierung eingebüßt. Bandaranaike schlug also einen noch härteren wirtschaftspolitischen Kurs ein. Die staatliche Kontrolle über Handel und Industrie wurde beschleunigt ausgebaut, bis schließlich der Staat die Wirtschaft vollständig beherrschte. 1972 wurde eine Landreform verabschiedet, der erste Schritt zur Verstaatlichung der großen Plantagen. 1975 war der gesamte Privatbesitz in der Landwirtschaft einschließlich der Teeplantagen von der Verstaatlichungswelle erfaßt.

Im Mai 1972 trat eine neue republikanische Verfassung in Kraft. Aus Ceylon wurde Sri Lanka. Die Legislative wurde auf ein Einkammerparlament, der Nation State Assembly, übertragen. Per Erlaß verlängerte die Regierung ihre Amtszeit um zwei Jahre bis Mai 1977. Die Oppositionsparteien liefen Sturm.

Weitere Bestimmungen der Verfassung irritierten vor allem die Tamilen. Immer lauter wurden ihre Forderungen, sich an den Staatsgeschäften aktiv zu beteiligen. Die Proteste gipfelten in der Forderung, einen eigenen Tamilen-Staat, „Eelaam", im Norden der Insel zu gründen. Die entschiedensten Separatisten sind arbeitslose Akademiker, die großen Einfluß auf die Tamilen ausüben.

Obwohl dem Namen nach sozialistisch, verhalf die Politik der Bandaranaike-Regierung den Armen nicht zu einem höheren Lebensstandard. Auch das Wirtschaftswachstum konnte nicht angekurbelt werden. Ein großes Zahlungsbilanzdefizit verschärfte die Krise.

Der wirtschaftliche Niedergang wurde vom politischen der Bandaranaike-Regierung begleitet. Die Koalition bröckelte ab, als die Fraktionen von SLFP und LSSP sich nicht auf Maßnahmen gegen die Wirtschaftskrise verständigen konnten. Im Oktober 1975 wurde die LSSP aus der Regierungskoalition ausgeschlossen.

Die Pluspunkte, die die Blockfreienkonferenz vom August 1976 der Regierung brachte, kamen zu spät. Die United Front versuchte im Parlament eine Verfassungsänderung durchzusetzen, die es ihr ermöglicht hätte, über 1977 hinaus zu regieren. Der Antrag wurde abgelehnt.

In letzter Minute, als die Koalition bereits zerfiel, unternahm Bandaranaike noch einen Versuch, sich mit der Tamil United Liberation Front zu arrangieren, worauf der linke Flügel der SLFP und bald darauf die Kommunisten der Koalition den Rücken kehrten.

Die entmutigte und demoralisierte SLFP sah sich ganz allein der schlimmsten Streikwelle seit zwanzig Jahren ausgesetzt, die auf Betreiben der früheren Koalitionspartner ausgelöst wurde. Bei den Wahlen von 1977 hatte die UNP erstmals seit 1960 keinen ernsthaften Gegner.

SRI LANKA HEUTE

Immer wenn die ersten Wahlergebnisse auf sich warten lassen, weiß man, daß die regierende Partei der Verlierer ist.

So war es auch am 21. Juli 1977. Als schließlich mit drei Stunden Verspätung das Abstimmungsergebnis im Rundfunk bekannt gegeben wurde, rannten die Anhänger der United National Party in ihren grünen Hemden bereits auf die Straße, vollführten Freudentänze und brannten überall in den Städten Feuerwerkskörper ab.

Das verspätete Wahlergebnis bestätigte, was das hochpolitisierte Wahlvolk Sri Lankas erwartet hatte. 86,7 % betrug die Rekordwahlbeteiligung bei dieser Abstimmung, durch die Sirimavo Bandaranaike und ihre zerfallende Sri Lanka Freedom Party aus Amt und Würden gejagt wurden.

Der Sieger jener schicksalhaften Wahl aber hieß Junius Richard Jayewardene, Vorsitzender der UNP, ein energischer und weitsichtiger Stratege. Während seine Anhänger bis in den frühen Morgen feierten, hatte sich der kühle „J. R." angeblich in seine Wohnung zurückgezogen. Im Alleingang hatte er die UNP zu ihrem größten Erfolg in der Geschichte des unabhängigen Sri Lanka geführt, eine Partei, die bei den vorhergehenden Wahlen von 1970 sang- und klanglos untergegangen war.

Die Wähler Sri Lankas mit ihrem starken Drang nach Unabhängigkeit und ihrem Sinn für historische Einschnitte hatten damit zum sechstenmal seit 1948 eine neue Regierung an die Macht gebracht. Deutlicher konnte man seine Enttäuschung über die alte Regierungspartei nicht zum Ausdruck bringen.

Jayewardene konnte sich mit seiner UNP auf eine satte Mehrheit der Sitze in der National State Assembly stützen (140 von 168 Mandaten). Die geschlagene SLFP brachte es auf ganze acht Sitze. Damit war sie nicht einmal die größte Oppositionspartei. Diese Rolle spielte nun die Tamil Liberation Front mit ihren 18 Sitzen. Zum erstenmal wurde damit ein Tamile – Appapillai Amirthalingam – Oppositionsführer in Sri Lanka.

Trotz des Erdrutschsieges der UNP gab es auch kritische Stimmen zum Wahlergebnis. In der vorwiegend von Tamilen bewohnten Region Jaffna fielen Schüsse; plötzlich schlug die Stimmung gegen die UNP um, deren Position in der Tamilenfrage unklar war. Kaum waren die Stimmen ausgezählt, brachen fast einwöchige Straßenunruhen aus. Colombo und die Städte an der Südküste erlebten heftige Straßenkämpfe. Die Ruhe wurde zwar bald wiederhergestellt, die ethnischen Spannungen stellen für die Regierung jedoch nach wie vor ein großes Problem dar. Die Tamilenfrage harrt bis zum heutigen Tag einer Lösung.

Anatomie einer Niederlage

Die Menschen in Sri Lanka waren mit der SLFP-Regierung immer unzufriedener geworden, weil sich ihre Lage in den siebziger Jahren laufend verschlechtert hatte. Am schlimmsten war es im wirtschaftlichen Bereich: es fehlte an Seife, Zucker, Reis, an Ersatzteilen für Autos und vielem anderen.

Als Antwort auf den Mangel am Notwendigsten wurde die Bürokratie immer weiter aufgebläht. Schlangestehen wurde alltäglich. Es wurde rationiert, kontrolliert, abgegrenzt, abgehört, bis auch die banalsten Tätigkeiten zu einer nutzlosen Quälerei geworden waren.

Auch die Mittelschichten waren von der Wirtschaftskrise ausgeblutet, die Unternehmer und Großgrundbesitzer sahen ihre Felle davonschwimmen. Ihr Sündenbock war die Sozialgesetzgebung der SLFP, der LSSP und der Kommunistischen Partei, deren Ziel es gewesen war, die Einkommensunterschiede zu beseitigen und die Lebensqualität zu verbessern.

Bereits als Finanzminister der Regierung von 1948 hatte Jayewardene gesagt: „Wenn das Nationaleinkommen unter der Bevölkerung aufgeteilt wird, werden wir ein Volk von Bettlern."

Als er dann 1977 die Spitze der Machtpyramide seines Landes erklommen hatte, zögerte Jayewardene keinen Augenblick, seine Ideologie in die Tat umzusetzen. Er lockerte die strengen Kontrollen, denen die SLFP die Wirtschaft unterworfen hatte, liberalisierte den Handel und die Devisengesetze, griff gegen Korruption und Schlendrian in der staatlichen Verwaltung durch und reduzierte

Junger Arbeiter bei einer Atempause auf der Baustelle des Insurance Corporating Building.

die staatlichen Interventionen in der Privatwirtschaft. Neue Gesetze sollten die Privatbetriebe in den staatlichen Entwicklungsplan einbeziehen und ausländisches Kapital ins Land locken.

Durch währungs- und steuerpolitische Maßnahmen wollte die Regierung ihrer liberalen Wirtschaftspolitik Nachdruck verleihen. Die Rupie, deren Wert künstlich hochgehalten worden war, wurde abgewertet und sollte in Zukunft am internationalen Geldmarkt floaten. Die UNP orientierte sich am Modell Singapur, dessen Wirtschaftswunder man nachahmen wollte. Sri Lanka sollte Südostasiens Finanzzentrum werden. Angesehene Auslandsbanken haben sich inzwischen niedergelassen, das Auslandsgeschäft ist in Gang gekommen; auch eine Reihe von Handelsbanken haben ihre Arbeit aufgenommen.

Die unpopulärsten Maßnahmen, die Jayewardene nach seinem Machtantritt ergriff, betrafen die Umverteilung von Geldern aus staatlichen Hilfsprogrammen in den Ausbau der Infrastruktur. Dieser Schritt und der gleichzeitige Zustrom von Auslandshilfe ließ den Kurs der Rupie weiter fallen und heizte die Inflation an. Inzwischen hat man das Problem meistern können, ohne daß die UNP wegen ihrer Wirtschaftspolitik bei den Wählern in Mißkredit geraten wäre.

Rückkehr der Ausländer

Das stabile politische Klima und attraktive Investitionsanreize lockten die ausländischen Firmen wieder ins Land, die unter der SLFP weggegangen waren. Wohl hatte Jayewardene selbst die multinationalen Konzerne einst als „Räuberbarone" tituliert. Andererseits war er sich bewußt, daß diese Gesellschaften der darniederliegenden Wirtschaft auf die Beine helfen konnten. Das Auslandskapital sollte Geld, Technologie, Ausbildung und Arbeitsplätze bereitstellen und Sri Lanka Zugang zum Weltmarkt verschaffen. Nur so war das Land zu industrialisieren.

Die Wirtschaft Sri Lankas ist stark auf Auslandshilfe angewiesen, vor allem bei der Finanzierung von Großprojekten. Auf einigen Gebieten möchte sich das Land unabhängig machen. An erster Stelle steht die Selbstversorgung mit Nahrungsmitteln. Aber selbst dabei geht es nicht ohne Auslandshilfe ab. 1982 wurden 74 % des Haushalts von ausländischen Geldern bestritten. Sri Lanka wurde zu einem Testfall für die Weltbank und den Internationalen Währungsfonds, die die Wirtschaftspolitik des Landes mitbestimmen können.

Mit gutem Erfolg: trotz der schlechten internationalen Rahmenbedingungen, Einbußen im Export, Verteuerung der Importe und fast aussichtslosen Zahlungsbilanzdefiziten schnellte die Wachstumsrate innerhalb nur eines Jahres auf 8,2 % hinauf. Inzwischen ist sie zurückgegangen und hat sich bei 5,5 % eingependelt; damit liegt sie aber immer noch höher als unter der Regierung Bandaranaike, wo sie bei 3,2 % und weniger gelegen hatte.

Die galoppierende Inflation konnte inzwischen ebenfalls unter Kontrolle gebracht werden. 1980 lag sie noch bei 36 %, 1983 bei 10 %. Die Deviseneinnahmen aus dem Export von Fertigwaren nahmen etwas zu. Etwa die Hälfte der 1,2 Millionen Arbeitslosen von 1977 hat einen Arbeitsplatz gefunden. Die sprunghafte Ausweitung des Tourismus hat diesen Wirtschaftszweig zur viertwichtigsten Devisenquelle des Landes gemacht.

Wegen ihres harten Konfrontationskurses gegen den Westen unter Frau Bandaranaike war die wirtschaftliche Unterstützung vor allem von seiten der USA eingestellt worden. Jayewardene schlug einen pro-westlichen, proamerikanischen Kurs ein. Die UNP hat sich auch vorsichtig von den Idealen der Blockfreienbewegung distanziert und sich so von der bisherigen Politik des Landes entfernt. Die arabischen Staaten haben den Kurswechsel honoriert, bei der ASEAN (Association of South East Asian Nations) stieß er auf Widerstand; ein Aufnahmeantrag Sri Lankas von 1982 wurde abgelehnt.

Sowohl auf politischem wie auch auf wirtschaftlichem Gebiet hat das Jayewardene-Regime ein neues Kapitel aufgeschlagen. Die von der UNP beherrschte Nationalversammlung verabschiedete eine neue Verfassung, nach der die „Republic of Sri Lanka" seit 1978 „Democratic Socialist Republic of Sri Lanka" heißt.

Das hört sich zwar etwas merkwürdig an für ein Land, das so offensichtlich das private Kapital zur Triebkraft der Wirtschaft erklärt hat; immerhin hat man politische Reformen durchgesetzt, die eine deutliche Abkehr vom Parlamentsmodell à la Westminster bedeuten. Das Parlament bleibt zwar bestehen, jedoch ist der Präsident des Landes mit größeren Vollmachten ausgestattet. Aufgrund der neuen Verfassung ähnelt Sri Lankas politische Entscheidungsstruktur weit eher dem französischen oder dem amerikanischen Modell einer Präsidialdemokratie.

Die einschneidendste Verfassungsänderung sieht vor, daß die Regierung ein Referendum abhalten und ihre Amtszeit um sechs

Jahre verlängern kann, ohne daß gewählt wird. Zuvor hatte der Präsident nur Repräsentationsfunktionen; nun ist er mit einer ungeheuren Machtfülle ausgestattet: er ist Staatsoberhaupt, Regierungschef und Oberbefehlshaber der Streitkräfte in einem. Außerdem ernennt er den Generalstaatsanwalt und den Vorsitzenden des Obersten Gerichtshofs und genießt die volle Immunität. Jayewardene wechselte am 4. Februar 1978 ins Präsidialamt über.

Auch das Wahlgesetz wurde grundlegend geändert. Die Wähler geben nun ihre Stimme einer Partei und nicht mehr einem einzelnen Kandidaten. Namen stehen überhaupt keine mehr auf dem Stimmzettel.

Entsprechend der Stimmenzahl, die eine Partei auf sich vereinigt, werden die 196 Mandate verteilt. Nur eine Partei, die mehr als 12,5 % bekommen hat, kann im Parlament vertreten sein (12,5 %-Klausel).

Das neue Wahlsystem wird nach Ansicht der UNP den Wählerwillen besser wiedergeben als bisher und extreme Mehrheitsbildungen verhindern. Nachwahlen für während der Amtsperiode vakant werdende Sitze gibt es auch nicht mehr, da jetzt die Partei, die das Mandat innehatte, den Nachfolger direkt aus ihren Reihen bestimmt.

Die jeweiligen Parteiführungen können somit ihre Mitglieder im Griff behalten und unbequeme Leute von der Nominierung fernhalten. Wenn ein Mitglied des Parlaments der Parteiführung nicht mehr genehm ist, kann es ausgeschlossen werden und verliert automatisch sein Mandat.

Der Buddhismus wird in der Präambel der neuen Verfassung besonders hervorgehoben, Singhalesisch wird zur Amtssprache Sri Lankas erklärt. Die tamilische Minderheit wird in der Verfassung berücksichtigt, ihre Sprache in den Status einer Nationalsprache erhoben.

Die Wahlen von 1982

Die neue Verfassung wurde rascher als erwartet auf die Probe gestellt. Zweimal innerhalb von zwei Monaten wurden die Wähler 1982 zu den Urnen gerufen. Im Oktober fand die erste Präsidentenwahl statt; im Dezember wurde darüber abgestimmt, ob die Amtszeit des Präsidenten und des Parlaments um sechs Jahre – bis 1989 verlängert wird. In beiden Fällen ging es verfassungsrechtlich nicht einwandfrei zu.

Präsidentenwahlen sollten eigentlich erst 16 Monate später stattfinden. Offensichtlich war die UNP darauf aus, ihre Position zu festigen, bevor sich eine nennenswerte Opposition bilden und bevor neue wirtschaftliche Probleme die Unterstützung für die UNP abbröckeln lassen könnten. Diese Taktik hatte Erfolg.

Das Mahaweli Diversion Scheme versorgt Sri Lanka mit Strom und bewässert weite Gebiete des Landes. Oben: einer von vielen Staudämmen.

1980 waren Frau Bandaranaike die bürgerlichen Ehrenrechte aberkannt worden, weil sie als Ministerpräsidentin die Verfassung verletzt hatte. Weder hatte sie das passive Wahlrecht noch konnte sie Kandidaten anwerben. Für die SLFP war dies ein schwerer Schlag. Sie zerfiel in zwei um die Parteiführung ringende Fraktionen. Ausgerechnet der zweite Parteivorsitzende Maitrapala Senanayake machte Frau Bandaranaike die Führung streitig. Schließlich wurde ihre Fraktion von einer Regierungskommission als die rechtmäßige Repräsentantin der Partei anerkannt.

Auch die LSSP zerstritt sich über der Frage, ob sie Koalitionen gegen die Regierung bilden sollte oder nicht. Eine gemeinsame Front gegen die UNP kam nicht zustande. Jede Gruppe stellte ihre eigenen Kandidaten auf; gegen Jayewardene hatten sie daher von vornherein keine Chancen. Der Präsident hatte sein Ziel erreicht.

Die Tamil United Liberation Front hielt an ihrem Ziel eines unabhängigen Staates „Eelaam" fest und boykottierte die Wahlen. Eine Gruppe namens Liberation Tigers schüchterte durch Terroranschläge viele Wähler ein.

Demonstrative Zustimmung

Jayewardene errang einen klaren Wahlsieg: 53 % der 6,6 Millionen Stimmen entfielen auf ihn, während die SLFP, die sich in letzter Minute auf den Kompromißkandidaten Hector Kobbekaduwe geeinigt hatte, sich mit 39 % begnügen mußte. Die restlichen fünf Kandidaten spielten keine Rolle.

Der Präsident und seine Partei holten außerdem in 21 von 22 Wahlbezirken (districts) die Mehrheit. Nur in Jaffna, wo die Tamil Congress Party einen Kandidaten aufgestellt hatte, verlor sie.

Im Gegensatz zu Jayewardene, der offensichtlich das Vertrauen der Wähler genoß, gerieten einige seiner Parteifreunde in den Verdacht der Korruption und machten sich beim Wähler unbeliebt. Die neue Wirtschaftspolitik öffnete eingefleischten Opportunisten Tür und Tor; Berichte über Bestechungsaffären in höchsten Kreisen erregten die Öffentlichkeit. Zwei Abgeordnete und ein Minister mußten von der UNP abberufen werden.

Nach den Präsidentenwahlen wurde für drei Monate der Notstand ausgerufen, eine vorbeugende Maßnahme gegen den Ausbruch von Gewalttätigkeit. Der Präsident nutzte die Ruhe im Lande, blies die Parlamentswahlen ab und ließ statt dessen ein Referendum abhalten, in dem über die Verlängerung der Amtszeit des Parlaments um sechs Jahre entschieden werden sollte. Jayewardene wollte schlicht seine Fünfsechstelmehrheit festschreiben lassen. Ohne dieses Referendum hätten Neuwahlen nach der neuen Verfassung kaum eine Zweidrittelmehrheit eingebracht.

Die UNP verteidigte das umstrittene Referendum mit dem Hinweis auf die Präsidentenwahlen, die sie als klares Votum für ihre Politik bezeichnete. Die Amtszeit der Regierung müsse verlängert werden, damit sie für die Verwirklichung ihrer ehrgeizigen Wirtschaftspolitik genügend Zeit habe.

Diese Argumente schienen zu greifen; um alles klar zu machen, ließ die Regierung Berichte von einer angeblichen Verschwörung ausstreuen.

Wenige Wochen vor dem Referendum behauptete die Regierung, eine terroristische Abspaltung der SLFP habe einen Staatsstreich geplant. Es hieß, eine Liste sei aufgetaucht mit den Namen derer, die nach dem Militärcoup hingerichtet werden sollten. Außer dem Präsidenten und einigen seiner Minister war auch Anura Bandaranaike darunter, ein Sohn der ehemaligen Ministerpräsidentin.

Bei der Volksabstimmung ging es dann letztlich um die Frage für oder gegen die marktwirtschaftlich ausgerichtete Politik der Regierung. Schließlich stimmten 54,7 % der Wähler für den Regierungskurs, während die Nein-Stimmen als Votum für die Fortsetzung der sozialstaatlichen Politik gewertet wurden. Wegen der geringeren Wahlbeteiligung entfielen diesmal 400000 Stimmen weniger auf die UNP-Regierung als bei den Präsidentenwahlen. Dennoch: der Doppelsieg Jayewardenes bedeutete, daß zum erstenmal seit 1948 eine Regierung wiedergewählt wurde, während sie zuvor von Wahl zu Wahl gewechselt hatte.

Jayewardene hatte seinen Wunsch, „die Wahlkarte für zehn Jahre einzurollen", in die Tat umgesetzt.

Der schwarze Juli 1983

Im Sommer 1983 nahmen terroristische Überfälle der Libarations Tigers zu. Als 13 singhalesische Soldaten in Jaffna getötet wurden, entlud sich der Zorn der singhalesischen Mehrheit auf die tamilische Minderheit. Auf der ganzen Insel wurden Tamilen ermordet, ihre Häuser und Geschäfte in Brand gesteckt. Die Rassenunruhen forderten offiziell 387

Tote, 90000 Tamilen wurden in Flüchtlingslagern gezählt; 20000 sind bis heute obdachlos.

Mit Hilfe von Armee und Ausnahmezustand stellte die Regierung Ruhe und Ordnung wieder her. Bereits einige Tage nach Ausbruch der Gewalttätigkeiten passierte eine Verfassungsänderung, nach der alle separatistischen Bewegungen aus dem Parlament ausgeschlossen werden, das Parlament. Daraufhin traten die 16 Parlamentsmitglieder, die der Tamil United Liberation Front angehörten, zurück. So wurde der junge Anura Bandanaraike, Sohn der früheren Ministerpräsidentin (SLFP), Führer der Opposition.

Obwohl zunächst wieder Ruhe im Land einkehrte, wird Sri Lanka lange brauchen, bis es den wirtschaftlichen Einbruch überwunden haben wird; auch die eigentlichen ethnischen Probleme bleiben ungelöst. Auch Indien hatte versucht, zwischen den beiden verfeindeten Volksgruppen zu vermitteln.

Jayawardene berief im Frühling 1984 eine All-Parteien-Konferenz ein, an der die 10 Haupt- und alle religiösen Splitterparteien teilnahmen. Mit Unterbrechungen und ohne bisher eine Lösung gefunden zu haben, tagte diese Konferenz noch Ende 1984.

Die Tourismusindustrie begann sich langsam von dem Einbruch als Folge der Unruhen zu erholen. Dazu trug die Jahrestagung der PATA (Pacific Area Traval Association) bei, die im April 1984 in Colombo stattfand.

Sri Lankas neues Parlament auf einer Insel im Diyawanna Oya in Kotte.

Doch ist diese Entwicklung erneut gefährdet. Bereits Anfang 1985 brachen erneut Unruhen aus, die bis heute (Frühjahr 1986) immer wieder aufflammten. Mittlerweile ist nach dem Norden nun auch der Nordosten für Touristen nicht mehr zugänglich.

Flußregulierung

Die Regierung hat nun Zeit, wichtige Fragen bis zum Ende des Jahrzehnts zu vertagen und sich ganz darauf zu konzentrieren, das Wirtschaftspotential des Landes auszubauen. Das wichtigste Projekt ist zweifellos das Mahaweli Diversion Scheme.

Die Mahaweli Ganga windet sich von den Zentralbergen herab durch atemberaubend schöne Täler und zerklüftete Felsen, bis der Fluß bei Trincomalee ins Meer mündet. Sein Wasser ist für die Landwirtschaft von Nutzen. Wenn der Fluß jedoch Hochwasser führt, wird er zum reißenden Strom, der über Mensch und Tier Verderben bringt.

Damit wird es wohl bald ein Ende haben, denn das Mahaweli-Projekt soll den mächtigen Strom bändigen – seine Bahn verändern, das Wasser in Reservoire lenken, Kanälen, Tunnels und Kraftwerken zuführen.

Das Sri Lanka von heute knüpft also an die Errungenschaften der antiken Zivilisationen an, die bereits großartige Bewässerungssysteme gebaut hatten. 55 % der Trockenzone sollen ergrünen, 39 % der gesamten Landmasse sollen auf Dauer bewässert werden können. Rund 1600 km^2 sollen für die Landwirtschaft erschlossen und 1000 km^2 bereits bebautes Land sollen bewässert werden. 140000 Familien sollen ihr eigenes Stück Land bebauen können und Sri Lanka von der Reiseinfuhr unabhängig machen. Die erzeugte Strommenge wird sich auf 560 Megawatt verdoppeln lassen. Das Projekt war bereits in den ersten Jahren des unabhängigen Sri Lanka in Gang gebracht worden. Jayewardene betreibt es nun energisch; obwohl die ursprünglich veranschlagten 400 Millionen US $ nicht reichen und man mit Baukosten von rund 2 Mrd. $ rechnet, ist durch den Zustrom ausländischer Kapitalhilfe die Verwirklichung des Projekts in greifbare Nähe gerückt.

In den verschlafenen Tälern und Bergen dröhnen die Maschinen. Preßlufthämmer und Traktoren lärmen um Kotmale und im nebligen Dumbara-Tal.

Kanadische Ingenieure stießen bei Ausgrabungsarbeiten für einen Staudamm im dichten Dschungel am Maduru Oya auf einen alten Staudamm und eine Schleuse, eine bedeutende Entdeckung für die Archäologen. Hier stand ein Meisterwerk der frühen Ingenieure der Insel.

Ein anderes markantes Bauwerk im Rahmen des Großprojeks entsteht unter der Regie von Firmen aus der Bundesrepublik Deutschland. In der Region Randenigala wird durch Eingriffe in den Lauf des Flusses das größte jemals errichtete künstliche Binnengewässer der Insel entstehen. Hier die Ausmaße dieses „Tank" aus unseren Tagen: er wird 800 Millionen m^3 Wasser aufnehmen können; der eigentliche Damm hat eine Länge von 485 Metern und eine Höhe von bis zu 94 Metern.

Noch großartiger mutet der 122 m hohe, 1,6 km lange Viktoria-Damm an, der jetzt im malerischen Dumbara Valley gebaut wird. Bis 1984 soll dieses Projekt unter britischer Regie fertiggestellt sein. Im Jahr darauf hofft man die Arbeiten an der Kotmale Oya, einem Nebenfluß des Mahaweli, fertigstellen zu können.

Die Freihandelszone

Die Freihandelszone in Katunayake in den Außenbezirken von Colombo ist ein weiteres Projekt, das positiv für die Jayewardene-Regierung zu Buche schlägt. 1978 wurde auf dem 414 km^2 großen Gelände die erste Kleiderfabrik errichtet. Heute arbeiten mehr als 26000 Menschen, meist junge Frauen in bunten Röcken und Blusen, in der Freihandelszone.

Das ausländische Kapital hat zwar nicht in gewünschtem Umfang investiert, doch konnte die chronische Arbeitslosigkeit etwas eingedämmt werden. Die 47 Auslandsgesellschaften können 10 Jahre steuerfrei ihre Verarbeitungsbetriebe führen und zollfrei Rohmaterialien einführen. Sie werden entschädigt, sollten die Betriebe in einheimische Hände übergehen.

Die Bekleidungsindustrie ist am stärksten vertreten, doch entstanden auch Betriebe der Elektronik- und Elektrogeräteindustrie u. a. Firmen aus folgenden Ländern haben in der FTZ investiert: Australien, Dänemark, Fiji, Hongkong, Iran, Japan, Luxemburg, Monaco, Holland, Norwegen, Singapur, Südkorea, Schweiz, Taiwan, Thailand, Großbritannien, USA und Bundesrepublik Deutschland.

Colombos neues Gesicht

Die UNP hat sich vorgenommen, die Stadt Colombo zu verschönern. Bauten aus der Zeit der Holländer und Briten sollen restauriert und daneben Glas- und Betonpaläste in die Höhe gezogen werden.

Auch das Parlament hat eine schöne neue Heimat bekommen. Man hat gleich ein nagelneues Regierungsviertel gebaut, das nach dem offiziellen Namen der Singhalesen-Hauptstadt in Kotte im 15. Jahrhundert Sri Jayawardhanapura genannt wird.

Der krönende Höhepunkt ist das 43 Millionen Dollar teure neue Parlamentsgebäude, das sich auf einer malerischen künstlichen Insel mitten im Lake Diyawanna Oya erhebt. Es wurde vom bedeutendsten Architekten des Landes, Geoffrey Bawa, entworfen. Der orientalische Glanz dieses Gebäudes, in dem sich die Einflüsse vieler Generationen von Künstlern wiederfinden, dürfte ebenbürtig neben den großartigen Bauten des antiken Sri Lanka stehen.

Sri Jayawardhanapura verfügt über drei Verwaltungsgebäude, Wohnviertel, Parks, ein Stadion, ein Museum und die Infrastruktur einer geplanten Stadt. Das Bauprogramm ist auch auf Kritik gestoßen. „Brauchen wir wirklich ein 5-Sterne-Parlament"?, fragen viele.

Auch das Volk wird nicht vergessen. Die Regierung will neue Sozialwohnungen bauen. Ranasinghe Premadana, der jetzige Ministerpräsident, ließ zwischen 1977 und 1983 100000 neue Wohnungen bauen. Bis zum Ende des Jahrzehnts hofft er eine weitere Million fertigzustellen.

Ein lächelnder Präsident Junius Richard Jayewardene im Garten seines Wohnsitzes in Colombo.

RELIGION UND GESELLSCHAFT

An den heiligen Stätten von Kataragama im Südosten Sri Lankas und auf der Spitze des Adam's Peak am Rand des wilden Hill Country drängen sich Abertausende von Pilgern, um ihren Herren und Göttern zu huldigen. Es sind Singhalesen, Tamilen, Moors und Burgher; Buddhisten, Hindus, Moslems und Christen. Hier gelten keine Rassen- und Glaubensschranken, nur nach Nuancen unterscheiden sich die Gläubigen in der Art ihrer Religionsausübung.

Diese Vermischung der einzelnen Völkerschaften an den religiösen Stätten des Landes macht die rassische Vielfalt Sri Lankas deutlich. Die Insel ist einerseits ein Schmelztiegel verschiedener Rassen, bietet aber gleichzeitig ein kulturelles Mosaik: jede Gruppe bewahrt ihre Identität und unterscheidet sich nach Glaubensvorstellungen, Bräuchen und Ritualen von den anderen.

Die Menschen identifizieren sich zwar mit ihrer Gruppe, aber niemals aus Rassenhochmut, vielmehr als Zeichen ihres Stolzes, einer bestimmten Volkskultur anzugehören.

Die Namen der einzelnen Volksgruppen bezeichnen bis zu einem gewissen Grad die rassische Herkunft. So haben die Tamilen beispielsweise dravidische, die Moors arabische Vorfahren. Auch am Aussehen lassen sich die einzelnen Rassen erkennen. Das ändert jedoch nichts an der Tatsache, daß sie sich im Laufe der Zeit so intensiv vermischt haben, daß es rein äußerlich sehr schwerfällt, die Angehörigen der ethnischen Gruppen voneinander zu unterscheiden.

Sri Lanka ist nicht das einzige Land, in dem Menschen unterschiedlicher Rasse und gesellschaftlicher Herkunft zusammenleben. Eine Besonderheit des Inselstaates ist allenfalls, daß auf so engem Raum eine große kulturelle Vielfalt anzutreffen ist.

Die Gesellschaftsstruktur Sri Lankas ist wie ein Urwald, in dem vielerlei Tiere und Pflanzen in ökologischen Nischen nebeneinander existieren. Die Nische jeder Gruppe der Gesellschaft hat ihre kulturellen Eigenheiten. Andere Wesenszüge haben alle Gruppen gemeinsam, und dies ermöglicht ihnen die Verbindung und Vermischung untereinander.

Es ist unvermeidlich, daß ein Zusammenleben verschiedener Völker, die sich auf engbegrenztem Raum durchsetzen und behaupten wollen, nicht spannungs- und konfliktfrei sein kann.

Die Wege, auf denen die Menschen in Sri Lanka sich ihrer kulturellen Identität und Tradition bewußt werden, sind sehr komplex. Über Religion und Rituale wird jedenfalls leichter die Einheit eines Volkes geschmiedet als über Politik und Verfassungsnormen. Die Zugehörigkeit zu einem Volk ist in Sri Lanka nicht allein ein ideologisches Phänomen; die Gefühle sind das Entscheidende.

DIE SINGHALESEN UND DER BUDDHISMUS

Der Legende nach stammen die Singhalesen von einem Löwen *(sinha)* ab, dessen Blut (le) noch immer in ihren Adern fließt.

In der Mahavamsa-Chronik beginnt die Geschichte der Insel mit der Ankunft des nordindischen Prinzen Vijaya. Der Überlieferung nach soll er der Enkel eines Löwen gewesen sein und sein Vater, ein König namens Sinhabahu, soll von einer Löwin aufgezogen worden sein. Vijayas Schiff verschlug es ins Gebiet um das heutige Mannar, das er aufgrund des kupferfarbenen Sandes „Tambapanni" nannte. Man sagt, es sei kein Zufall gewesen, daß genau zu dieser Zeit in Bodhgaya (Indien) Buddha starb und ins Nirwana einging.

Das Mahavamsa erzählt von einer Zauberin Kuveni vom Stamm der *yaksas,* die Vijayas Gefolgsleute in die Gefangenschaft gelockt haben soll. Den Helden aber habe sie nicht verführen können, obwohl sie ihm als Prinzessin mit langem wallendem Haar erschienen sei; ein verzauberter Faden habe ihn geschützt. Vijaya soll gedroht haben, ihr den Kopf abzuschlagen, wenn sie nicht die verzauberten Gefährten herausgebe.

Die Dämonin willigte ein und bot ihm an, ihre eigene Sippe zu beseitigen, falls er sie zu seiner Königin mache. Gemeinsam unterwarf sich das seltsame Paar die Insel. Ein paar Jahre später wurde Vijaya der *yaksa*-Königin überdrüssig und verbannte sie in die Wälder, wo sie von den Überlebenden ihrer Sippe gesteinigt wurde.

Die historische Forschung bestätigt, daß die ersten indo-arischen Siedler aus Nordindien kamen und sich mit den Ureinwohnern der Insel, den *yaksas* und *nagas,* vermischten. Sie brachten ihre Sprache, das Pankrit, mit. Aus dieser entwickelte sich dann im Laufe der Jahrhunderte das Singhalesische oder Sinhala.

Nachdem er die *yaksa*-Königin Kuveni verstoßen hatte, holte sich Vijaya aus Madura eine neue Königin. Auch später war es noch üblich, sich die königlichen Frauen in Indien zu suchen; mit ihnen kamen Kunst, Architektur, Kastenwesen und Buddhismus nach Sri Lanka.

Einführung des Buddhismus

Der Buddhismus ist noch immer die wichtigste geistige Grundlage der meisten Singhalesen (ca. 11 Millionen), die 74 % der Gesamtbevölkerung stellen. 69 % der Bevölkerung bekennen sich zum Buddhismus. Außer in der Nordprovinz und an der Küste im Nordosten (also im unfruchtbaren Sechstel des Landes) leben auf der Insel überwiegend Singhalesen und Buddhisten. Obwohl beides nicht identisch ist, weil viele Singhalesen zum Katholizismus oder Protestantismus übergetreten sind oder sich dem Hinduismus oder dem Islam zugewandt haben, sind die buddhistische Ethik und die traditionelle Lebensweise tief im Bewußtsein verankert. Da Vijayas Landung laut Chronik mit dem Tode Buddhas zusammenfiel, spielt angeblich Sri Lanka als Beschützerin des Glaubens eine wichtige Rolle in der Geschichte. Buddha soll selbst dreimal die heiligen Stätten von Mahiyangana, Nagadipa und Kelaniya aufgesucht haben. Er soll auf dem Sri Pada (Adam's Peak) seine Fußspur hinterlassen haben. Erst 236 Jahre nach der Landung Vijayas, 250 v. Chr., wurde der Buddhismus Bestandteil der Singhalesen-Kultur.

König Denanampiyatissa herrschte in Anuradhapura, als der große indische Herrscher Asoka, Verfechter des Buddhismus, seinen eigenen Sohn Mahinda nach Sri Lanka schickte, um die Insel und ihren Herrscher zu bekehren.

Devanampiyatissa soll in den Bergen von Mihintale Hirsche gejagt haben, als er im Dickicht einen kapitalen *sambhur* (Elch) erblickte. Er verfolgte das Tier auf einen Berg – wo er jedoch statt des Elchs einen *thera* (Weisen) vorfand, der ihn mit seinem Namen ansprach.

Mahinda stellte dem König eine Rätselaufgabe:

„Welchen Namen trägt dieser Baum, o König?"

„Dies ist ein Mango."

„Gibt es daneben noch mehr Mangobäume?"

„Hier stehen viele Mangos."

„Und stehen außer diesem und den anderen Mangos auch noch andere Bäume hier?"

„Viele Bäume gibt es, doch jene da sind keine Mangos."

„Und außer jenen Mangos und denen, die keine Mangos sind, gibt es noch andere Bäume?"

„Ja, diesen Mango da, o Herr."

Umseitig: Donald Friend's gemalte Impression über die Menschen von Sri Lanka; Bewohner des Hill Country am *poya*-Tag. Links: Frau bei der Arbeit auf dem Reisfeld.

„Du hast einen scharfsinnigen Geist, König", meinte Mahinda.

Darauf predigte er dem König Devanampiyatissa das buddhistische Dharma. Er begleitete den König bis nach Anuradhapura und lebte 48 Jahre auf Sri Lanka. In dieser Zeit verankerte sich der Buddhismus fest im Denken der Singhalesen.

„Buddha" bedeutet wörtlich „der Erleuchtete". Der historische Buddha, Siddharta Gautama, lebte im 5. und 6. Jahrhundert v. Chr. im heutigen Norden Indiens und Süd-Nepal. Mit 29 Jahren verließ er seinen heimatlichen Fürstenhof und machte es sich zur Aufgabe, die Leiden der Menschen zu beenden. Fünf Jahre wanderte er als Asket durchs Land. Unter einem Feigenbaum bei Benares begann er zu meditieren. Hier entdeckte er

den historischen „Middle Way", mit dem man Extreme vermeiden konnte. So wurde er erleuchtet.

Die Lehre des Buddha

Gautama predigte die „Vier edlen Wahrheiten" und den „Achtfachen Pfad": Wir leiden, weil wir an Menschen und Dingen hängen in einer Welt, in der nichts Bestand hat. Wir können uns von der Begierde lossagen und unsere Leiden beenden, wenn wir uns weise (richtige Ansichten und richtige Absichten), moralisch (rechte Rede, rechtes Verhalten und rechter Lebensunterhalt) verhalten und wenn wir geistige Disziplin üben (rechtes Bemühen, Rücksicht und Meditation).

Buddha leugnete die Existenz einer Seele; er ging von der Voraussetzung aus, daß sich unser Wesen immer wieder verändert. Wir sind durch unser *karma*, der Kette von Ursache und Wirkung, die unseren guten und schlechten Taten gleichzusetzen ist, Gefangene des endlosen Zyklus der Wiedergeburten, *samsara*. Durch den Glauben an das *Dharma*, die Lehre des Buddhismus, steht uns ein Weg offen. Wir können aus dem karma ausbrechen, dem samsara entrinnen und das *nibbana* (nirvana) erreichen, einen Zustand, in dem das Selbst ausgelöscht ist und unsere Begehren verschwinden. Es ist nicht der Himmel und auch nicht der Tod, es ist ein Daseinszustand.

Nach Buddhas Tod wurde über die rechtmäßige Lehre viel gestritten, mehrmals gab es Abspaltungen. Die Theravada-Schule war die bedeutendste – sie dominiert in Sri Lanka und Südostasien – gefolgt von der Mahayana-Schule, die sich im Norden und Süden Indiens ausbreitete.

Theravada ist die orthodoxe Lehre des Buddhismus, die sich strikt an die ursprünglichen Pali-Schriften hält. Im Theravada-Buddhismus gibt es keinen allmächtigen Gott; selbst Buddha kann nicht gnädig in unser Schicksal eingreifen. Jeder einzelne muß sein Seelenheil erkämpfen. Durch den Dienst am anderen kann der Gläubige seine Lage verbessern.

Der heilige Bodhi-Baum (Bo) und die Zahnreliquie

Zwei bedeutende Ereignisse, die in die Antike zurückgehen, wirken sich bis zum heutigen Tag auf die buddhistische Glaubensausübung in Sri Lanka aus.

Das erste geschah, als Mahinda in Anuradhapura lebte. Asoka, der Vater dieses Weisen, schnitt von dem heiligen Bo-Baum, unter dem Buddha erleuchtet wurde, einen Ableger und schickte ihn als Zeichen des Erleuchteten den neubekehrten Buddhisten auf Sri Lanka. Den Ableger pflanzte er in ein goldenes Gefäß und vertraute ihn seiner Tochter Sanghamitta, einer Nonne, an; dann ließ er ihn per Schiff nach Sri Lanka bringen. Die Menschen in Anuradhapura nahmen ihn feierlich entgegen, und der König sorgte eigenhändig dafür, daß der Ableger in seinem Garten eingepflanzt wurde; dort steht der

Zwei Singhalesen – der Aktivist (links): Angehöriger der Streitkräfte; rechts: der Pazifist: die überlegene Ruhe eines Mönchs.

Cream Crackers
CRACKERS
MUNCHEE
MILK SHORTCAKE
Family Special
English CAKE
CHEESE SNACKS
Special
CREAM CRACKER

Baum noch heute und ist zu einem der heiligsten Objekte religiöser Verehrung für Millionen Buddhisten geworden. Da der Stammbaum des *bo* nicht mehr existiert, gilt dieser Ableger als der heiligste aller heiligen Bäume.

Etwa 500 Jahre darauf, zu Beginn des 4. Jahrhunderts v. Chr., kam ein zweiter großartiger Schatz nach Sri Lanka: der linke Eckzahn des Buddha. Er wurde so sehr verehrt, daß mehrere Kriege um seinen Besitz ausgefochten wurden. Zusammen mit einer geheiligten Opferbüchse aus dem Besitz des Buddha, die unter Devanampiyatissa ins Land kam, ist die Zahnreliquie das Symbol der Stärke und Unabhängigkeit der Nation der Singhalesen. Seit jeher wurde der Zahn in goldenen Schatullen im Tempel des Zahns in der Hauptstadt, dem Dalada Maligawa, aufbewahrt. Jetzt befindet er sich in Kandy. Eine Nachbildung des Zahns wird jedes Jahr im August zwei Wochen lang während der großartigen Esala Perahera durch die Straßen getragen.

Als Buddha in *parinibbana* eingetreten war, wurden seine sterblichen Überreste unter den Gläubigen ganz Südostasiens aufgeteilt. Der Zahn wurde jahrhundertelang von den indischen Kalinga-Königen gehütet. Als eine nichtbuddhistische Dynastie den Thron bedrohte, vertraute König Guhasiva die Zahnreliquie seiner Tochter Hemamala an. Er befahl ihr, sie im Falle seiner Niederlage zu retten und nach Sri Lanka zu bringen, wo damals König Sirimeghavanna auf dem Thron saß. Guhavias schlimmste Befürchtungen trafen ein, so daß Hemamala mit der Zahnrelique floh. Sie verbarg sie in ihrem Haar; als Pilger verkleidet konnte sie mit Dantakumara entkommen.

Ehrfürchtig nahm Sirimeghavanna die Relique in Empfang und bewahrte sie zunächst innerhalb des Königspalastes auf, bis ein geeigneter Tempel errichtet werden konnte.

Die Geschichte des Buddhismus auf Sri Lanka ist lang und verzeichnet viele Höhen und Tiefen. Im Höhlentempel von Aluvihara bei Matale (nördlich von Kandy) wurden die heiligen Schriften *(tripitaka)* auf Palmblättern *(ola)* etwa vor 2000 Jahren zum erstenmal festgehalten. Im 5. Jahrhundert n. Chr. kam der bedeutende Mönch Buddhagosa Thera aus Indien nach Sri Lanka und trug die umfangreichen Pali-Kommentare zusammen, die Sri Lanka zur Heimstatt des Theravada-Buddhismus machten.

Zuweilen gewann auch der Mahayana-Buddhismus die Oberhand. Sein „Boddhisatva-Kult“, nach dem „zukünftige Buddhas“ als Gottheiten verehrt wurden, hatte vor allem das Übergewicht, als Polonnaruwa die Insel beherrschte. Auch der Tantrismus mit seinem betont sexuell ausgerichteten Kult kam vorübergehend stark auf. Im 15. Jahrhundert jedoch hatte der Theravada-Buddhismus seine Vormachtstellung wieder erreicht. Unter den Portugiesen wurde er erneut heftig verfolgt, unter der Kandy-Herrschaft und (später) unter den Briten sowie mit der Unterstützung der Sangha in Siam konnte der Theravada-Buddhismus wieder zur bedeutendsten Glaubensrichtung der Insel werden. Allerdings zeigten sich leichte christliche Einflüsse, zum Beispiel darin, daß man nach dem Vorbild der Young Men Christian Assiciation eine Young Men Buddhist Association gründete.

Die Bedeutung der Kasten

Der rege Austausch zwischen Sri Lanka und Indien brachte der Insel nicht allein den Buddhismus, sondern auch das Kastensystem. Obwohl es im Buddhismus untersagt ist und trotz der Einflüsse des Westens und der Neuzeit, spielt das Kastensystem in der Gesellschaft bis heute eine wichtige Rolle.

Die singhalesische Gesellschaft kennt 14 Kasten. Die Kastenzugehörigkeit entscheidet über den individuellen gesellschaftlichen Status, über die Wahl des Ehepartners und in gewissem Maß auch über die Wahl des Berufes.

Noch komplizierter wird es, wenn man berücksichtigt, daß es Hochland- (Kandy-) und Tiefland (Low Country)-Singhalesen gibt. Diese Unterscheidung ist ein altes Erbe und stammt aus der Zeit, als Portugiesen und Holländer die Küstenregionen kontrollierten, während sich im Bergland das Königreich von Kandy behaupten konnte.

Seltsamerweise wird dem Besucher das Kastenwesen gerade dort am meisten auffallen, wo er es am wenigsten erwartet: in der buddhistischen Sang, dem Mönchsorden.

Im heutigen Sri Lanka kennt der Buddhismus drei *nikayas* (Sekten). Der Lehre nach unterscheiden sie sich kaum. Sie differieren im Ritual und in der Art, in der die Mönche ihre gelben Roben tragen.

Die Siam Nikaya, die als die „Oberkaste“ der Sekten gilt, entstand Mitte des 18. Jahrhunderts, als die Könige von Kandy aus Ayuthaya in Siam Mönche als neue Mitglieder der singhalesischen Sangha holten. Die neue Sekte bildete zwei Untergruppen, die

Süßigkeiten überall: in einem Kandy-Geschäft herrscht großer Andrang auf *rasakevilis,* eine klebrig-süße Masse.

Asgiriya und die Malwatta. Beide haben heute ihr Stammkloster in Kandy. Ein königlicher Erlaß beschränkte die Mitgliedschaft auf Angehörige der beiden höchsten singhalesischen Kasten.

Die Reaktion auf diese Diskriminierung war 1803 die Gründung der Amarapura Nikaya. Ins Leben rief sie ein Singhalese, der in der burmesischen Hauptstadt Amarapura ordiniert war und in seine Heimat zurückkehrte. Diese Sekte war allen Kasten zugänglich. Ihr Hauptkloster ist heute in Balpitiya, nicht weit von Galle entfernt.

Die dritte Sekte, die Ramanya Nikaya wurde 1835 von einem Mönch gegründet, für den die beiden Sekten zu materialistisch ausgerichtet waren. Sie ist in Ratmalana im Süden von Colombo beheimatet. Die Laienmitglieder anerkennen die Mönche der beiden anderen *nikayas* nicht; obwohl es eine kleine Sekte ist, übt sie beträchtlichen Einfluß aus.

Man beachte, wie unterschiedlich die Angehörigen der einzelnen *nikayas* sich kleiden. Die Siyam-*bhikkus* bedecken mit ihren Roben nur eine Schulter und führen Regenschirme bei sich. Die Angehörigen der Amarapura-Sekte haben auch Regenschirme, bedekken jedoch beide Schultern. Die Ramanya-Mönche bedecken ebenfalls beide Schultern mit ihrem Umhang, statt der Regenschirme führen sie aber das traditionelle Palmblatt mit sich.

Die Poya-Tage einhalten

Im Theravada-Buddhismus kann Buddha selbst eigentlich gar nicht verehrt werden; er gilt als erleuchteter Mensch, nicht als Gottheit. In jedem *pansala* (Tempel) finden wir jedoch eine Reihe von Gegenständen, die den buddhistischen Gläubigen an das Dharma erinnern. Je nach Bedeutung unterscheidet man: die *dagoba,* die wichtigste, weil hier die Reliquien Buddhas aufbewahrt werden; den Bo-Baum, den inzwischen beinahe jeder Tempel hat (meist sind es Ableger des Maha Bodhi in Annuradhapura); das Bilderhaus *vihara,* wo die Buddha-Statuen, aus Stein, Metall oder Holz, stehen.

Im allgemeinen geht der Buddhist in Sri Lanka viermal monatlich an den *poya*-Tagen, die den Mondphasen entsprechen, in den *pansala.* Der Tag des Vollmonds, der gesetzlicher Feiertag ist, bildet den Höhepunkt. An den drei Andachtsstätten werden Blumen geopfert. Als Symbole für Weisheit und Erleuchtung zündet man kleine Öllämpchen an; als Zeichen der Reinheit brennt man Weihrauch ab. Jeder einzelne ist ins Gebet versunken. Mit Hilfe eines *bhikku* verpflichtet sich der Buddhist, die fünf Gelöbnisse (nicht töten, stehlen, lügen, keine sexuellen Verfehlungen und keine berauschenden Getränke) zu erfüllen, die die Grundlage des Buddhismus sind. An den *poya*-Tagen soll der Laie außerdem die acht Gelöbnisse erbringen (nach der Mittagsstunde nichts mehr essen, nicht auf bequemen Stühlen sitzen, Musik und Tanz frönen [„Sinnenfreuden"]). Die Mönche dürfen überdies keinen Schmuck tragen und kein Geld anrühren.

Die Zeremonien am *poya*-Tag dauern von der Morgen- bis zur Abenddämmerung. Dharma-Predigten, Meditationsgruppen, *pujas* (Opfergaben), Erfüllung der Gelöbnisse etc. Das Anhören von Predigten über die

einzelnen Aspekte des Dharma gilt als eine der gewinnbringendsten Handlungen für einen Buddhisten.

Sich verdient machen

Punya karma (sich Verdienste erwerben) gilt als Eckpfeiler des Laien-Buddhismus. Befolgt man das Dharma und die Gelöbnisse, zeigt man Mitgefühl, Gleichmut und Weisheit und vollbringt verdienstvolle Taten, dann kann man sich eine höhere Stufe der Wiedergeburt sichern.

Oben: Singhalesisches Hochzeitsfoto mit einem Pfauenfeder-Bouquet; rechts: kleiner Junge im Negombo.

Dana (Almosen geben) ist die sichtbarste unter den verdienstvollen Handlungen. Je großzügiger man an die Angehörigen der Sangha beschenkt und je reiner und intensiver die Gedanken sind, die den Akt des Schenkens begleiten, desto mehr zählt es. *Bhikkus* leben davon, daß sie von Tür zu Tür gehen und sich eine Morgenmahlzeit erbetteln; es gibt daher jede Menge Gelegenheiten, sich in dieser Hinsicht auszuzeichnen. Dana bedeutet auch, daß man eine Gruppe von Mönchen zum Essen in sein Haus einlädt; das geschieht oft anläßlich eines Familienfestes.

Sila (allgemeine Moral) und *bhavana* (Meditation) bringen dem einzelnen ebenfalls Anerkennung. Ganz oben steht jedoch das Predigen und das Anhören des Dharma. Wer

religiöse Pflichten übernimmt (Pilgerfahrten und Tempelbesuche) und den Alten Ehre erweist, hat sich auch verdient gemacht.

Devas und Devales

Die religiösen Feiern im orthodoxen Buddhismus auf Sri Lanka wurden von animistischen Kulten, dem indischen Hinduismus und Mahayana-Sekten stark beeinflußt. Deutlicher Beweis sind die Gottesbilder, die neben buddhistischen Devotionalien stehen.

Der Buddhismus war stets sehr anpassungsfähig. Buddha hatte niemals die Anbetung von Göttern verboten; er meinte lediglich, sie könnten niemanden von seinen Leiden erlösen. Jeder Mensch, der eine persönliche Krise durchmacht, wird bei übernatürlichen Wesen Hilfe suchen. Ein ganzes Götterpantheon und die *bodhisattvas* des Mahayana haben im Laufe der Jahrhunderte in den Buddhismus Aufnahme gefunden. Singhalesen und auch andere Inselbewohner flehen in Zeiten der Dürre, bei Überschwemmungen, Familienproblemen, selbst in Examensnöten nicht-buddhistische Gottheiten an.

In fast jedem Hof einer *vihara* steht ein *devale* (Heiligenschrein), der einer oder mehreren dieser Gottheiten geweiht ist. Die *kapurales* sind spezielle Priester, die an diesen Stätten Riten durchführen und im Namen der Gläubigen beten. In Kataragama und in Kandy stehen die bekanntesten *devales.* Vishnu, Kataragama, Pattii und Natha heißen die populärsten Götter.

Natha ist ein Mahayana-Gott. In der Überlieferung ist er Maitreya, der zukünftige Buddha. Als *bodhisattva* hat er die Aufgabe, mit großem Mitgefühl über die Welt zu wachen und denen, die sich qualifiziert haben, den Weg ins *nibbana* zu ebnen, bis schließlich in etwa 2500 Jahren seine Zeit als Buddha anbrechen wird.

Vishnu, der hinduistische „Bewahrer", gilt als Schutzheiliger der buddhistischen Religion auf der Insel Sri Lanka. Kataragama, bei den Hindus ist er der Kriegsgott Skanda, ist wegen seiner angeblich großen Machtfülle beliebt. Pattini wird als Göttin der Keuschheit und der Gesundheit verehrt.

Es gibt außerdem Wachgötter, animistische Gottheiten (Sakra z. B., die Götterkönigin) und regionale Götter (wie Saman, die oben auf dem Adam's Peak zu Hause sein soll).

Dann existieren auch noch magisch-religiöse Kulte, denen alle Singhalesen in irgendeiner Form anhängen. Es gibt kaum einen, der nicht vor einer wichtigen Entscheidung einen Astrologen zu Rate zieht. Sollte das Horoskop ein besonders störendes Element ankündigen, wird man versuchen, den zuständigen Gott mit einer Opfergabe zu besänftigen; es kommt auch vor, daß ein Singhalese ein *bali* (Opferritual) abhält, um die planetarischen Götter gnädig zu stimmen und auf diese Weise ein Unglück abzuwenden.

Manche glauben auch an Dämonen und halten sogenannte „Teufelstänze" ab, um diese bösen Geister zu beruhigen. Amulette und Talismane werden getragen, um eine schwarze Magie abzuwehren, der man ausgesetzt sein könnte, ohne es zu wissen.

Buddhismus und Glaube sind das einigende Band zwischen der großen Mehrheit der Singhalesen. Aber es gibt andere Gemeinsamkeiten, die unabhängig von sozialen Differenzen oder gar politischen und wirtschaftlichen Unterscheidungen für alle gelten.

An erster Stelle steht der Löwe als Ahnherr aller Inselbewohner. Der Gedanke an den gemeinsamen Vorfahren hat die Singhalesen davon überzeugt, daß sie Nachkommen der Arier sind. Schon an ihren Namen kann man sie erkennen: Jayawardene, Bandaranaike, Senanayake usw. unterscheiden sich sehr wohl von den typischen tamilischen oder moslemischen Namen – obwohl sich viele Singhalesen inzwischen Silva, Fernando oder Perera nennen, ein Erbe der portugiesischen Kolonialzeit.

An dritter Stelle steht die Sprache: das Singhalesische ist Amtssprache und grenzt somit die Singhalesen von den Tamilen ab, auch wenn inzwischen Tamil neben Englisch als offizielle Sprache anerkannt wurde. Sinhala entwickelte sich von der alten indischen Sprache Prakrit. Es ist die Sprache des einfachen Volkes im Gegensatz zum aristokratischen Sanskrit. Buddha predigte seine Lehre auf Pali, einem Prakrit-Dialekt, der mit Sinhala verwandt ist.

Sinhala entwickelte sich in der Anuradhapura-Periode als Umgangssprache der singhalesischen Gesellschaft. In der darauffolgenden Polonaruwa-Epoche bildeten sich Unterschiede zwischen sanskritisierten höfischen Sinhala und dem Pali, der heiligen Sprache des Buddhismus, heraus. Im 14. und 15. Jahrhundert entstand eine Bewegung gegen die Klassendifferenzierungen; die Jatakas (Geschichten aus dem Leben Buddhas) wurden aus dem Pali ins gemeine Sinhala übersetzt und eine volkstümliche Literatur entstand. Das sanskritisierte Dinhala erlebte unter den Briten ein Comeback; als die nationalistische Bewegung aufflammte, kam auch das einfache Sinhala auf den meisten Ebenen des gesellschaftlichen Lebens wieder in Gebrauch. Heute ist Sinhala unter den Singhalesen die gebräuchlichste Sprache.

Abgesehen vom Wohnkomfort haben die meisten Stadtbewohner den westlichen Lebensstil übernommen. Auf dem Lande dagegen gilt die Kleidung als äußeres Zeichen kulturellen Stolzes. Der *sarama* (Sarong), den die Männer überall tragen, kommt wahrscheinlich aus Südostasien; im feuchtheißen Klima des Flachlands ist er ein sehr praktisches Kleidungsstück.

Die sogenannte „Nationalkleidung" – ein weißes Tuch, das von der Hüfte bis zu den Fußgelenken reicht, sowie ein weißes Nehru-Hemd mit langen Ärmeln – ist in der Tat der traditionellen Kleidung der indischen Männer ähnlich. Es kam als Ausdruck des singhalesischen Nationalstolzes Ende der fünfziger Jahre unter dem verstorbenen Präsidenten S. W. R. D. Bandaranaike auf und wurde später von anderen Politikern aufgegriffen. Noch immer ist es die bevorzugte Kleidung der politischen Elite, während die Massen ihre unverhohlene Abneigung dagegen zum Ausdruck bringen. Abzulesen etwa an Heiratsanzeigen, in denen von den potentiellen Werbern erwartet wird, daß sie „europäisch gekleidet" sind.

In Kleidungsfragen war die Singhalesin traditionsbewußter als die Männer. Die Frauen auf dem Lande tragen ein umgewickeltes Tuch und eine Jacke; ihr Ebenbild im 18. Jahrhundert hat angeblich „oben ohne" getragen. Die Frauen in den Städten tragen in der Öffentlichkeit einen Sari, ansonsten Rock und Bluse. Die Singhalesinnen von heute sind sehr modebewußt, die neuesten Modeerscheinungen aus Europa werden vor allem in Colombo begierig aufgegriffen. Wenn es um rituelle Handlungen geht, insbesondere Hochzeiten und Begräbnisse, zeigt sich, wie fest die Tradition bei den Frauen verankert ist. Fast alle tragen den Sari, auch wenn die Männer zum gleichen Anlaß europäisch gekleidet sind.

Die Lebensmittelversorgung spielt im gesellschaftlichen Leben eine vorrangige Rolle; in den Wahlkämpfen machen die Politiker dieses Thema zum Schwerpunkt, denn die sogenannte „Reispolitik" kann für das Schicksal einer Regierung entscheidend sein. Die Singhalesen lieben gutes Essen.

Jeden Tag gibt es mindestens eine Reismahlzeit. Reis ist wichtig für die Bewirtung von Hochzeitsgästen, für das *dana,* und auch nach Begräbnissen. In Kokosmilch gekochter Reis ist von keinem Neujahrsfest der Singhalesen wegzudenken. In buddhistischen Familien wird ein Teil der Mahlzeit Buddha als Opfer dargebracht.

Ein Bericht über die Singhalesen wäre unvollständig, wollten wir nicht ihre überaus herzliche Gastfreundschaft erwähnen, die sie Freunden, Verwandten und selbst völlig Fremden bereitwillig gewähren. Der Singhalese pflegt ein Haus der offenen Tür, das Beste vom Besten ist ihm gerade gut genug für seine Gäste. Diese Wärme und Aufnahmebereitschaft ist ein kultureller Wert, den wir der buddhistischen Lehre vom Mitgefühl und von der Nächstenliebe verdanken.

Singhalesin aus Kandy („up country"-Herkunft); die Frauen von heute kleiden sich nach westlicher Mode.

Die TAMILEN UND DER HINDUISMUS

Die Tamilen stellen etwa 19 % der Bevölkerung Sri Lankas; das sind weniger als drei Millionen Menschen. Zwei Drittel davon sind Sri Lanka-Tamilen oder auch Jaffna-Tamilen, deren Ursprünge auf der Insel fast zweitausend Jahre zurückzuverfolgen sind. Die übrigen sind indische Tamilen, die erst in den letzten Jahrhunderten vom südasiatischen Mutterland herübergekommen sind.

Die Unterscheidung zwischen Jaffna- und Indien-Tamilen ist wesentlich und basiert nicht nur darauf, daß die eine Gruppe erheblich länger auf der Insel lebt als die andere, sondern vor allem auf sozio-kulturellen Verschiedenheiten.

Sprache, Religion (Hinduismus) und eine Reihe von Gebräuchen haben sie gemeinsam. Doch die Sri Lanka-Tamilen sind stolz darauf, daß sie Nachfahren der südindischen Königshäuser sind, die Sri Lanka im 2. und 3. Jahrhundert eroberten.

Die indischen Tamilen kamen dagegen im 19. und 20. Jahrhundert, um auf den britischen Teeplantagen zu arbeiten. Die meisten leben noch heute im Hill Country und pflükken Tee. Es sind Abkömmlinge niederer Kasten, die aus ärmeren Gebieten Südindiens stammten, und daher von ihren alteingesessenen Stammesbrüdern als unterlegen eingestuft werden.

Die Jaffna-Tamilen

Die pulsierende Hauptstadt der Nordprovinz Jaffna war stets eine Hochburg der Tamilenkultur auf Sri Lanka. In der Vergangenheit haben sich Tamilenreiche immer wieder auf einem beträchtlichen Teil des Inselterritoriums festgesetzt; jedesmal jedoch wurden sie von mächtigen Singhalesen-Herrschern auf das Gebiet zurückgedrängt, das sie auch heute noch innehaben. Es gibt nun eine radikale Tamilenfraktion, die einen unabhängigen Tamilenstaat fordert, der „Eelaam" heißen soll.

Sollte je ein solches Staatsgebilde zustandekommen, es würde eine der unwirtschaftlichsten Regionen der ganzen Insel umfassen: die Nordprovinz und den nördlichen Abschnitt der Ostküste. Rötlich-brauner Boden und Buschwerk gehen über in unfruchtbare, sandige Wüstengebiete, wenn man über Vavuniya gen Norden auf Jaffna zukommt. Palmyrapalmen sind das einzig Lebende in der monotonen Landschaft.

Dieses Ödland hat den Charakter des Sri Lanka-Tamilen entscheidend geprägt. Hier hat er die Lebenseinstellung erworben, die es ihm ermöglicht, in einer feindlichen Umwelt zu überleben. Der Fleiß der Jaffna-Bauern, der gewiefte Handelsgeist dieser Tamilen, sind in Sri Lanka geradezu sprichwörtlich.

Überall sieht man die Bauern bei der Arbeit: wie sie am Morgen ihren Gemüsegarten, die Chilischoten und den Tabak gießen, bevor die stechende Sonne sie austrocknen kann. Aus tiefen Brunnen, die sie eigenhändig gegraben haben, holen sie das Wasser

herauf. Die Kinder helfen dabei; so lernen sie von klein auf, wie hart das ist.

Die Schule kommt erst an zweiter Stelle, obwohl den Kindern der Tamilen immer wieder eingehämmert wird, wie wichtig eine gute Ausbildung für ihre Zukunft sei. Der Ehrgeiz der Eltern zahlte sich aus: Die Tamilen verfügen über eine Intelligenzschicht, die gemessen an ihrem Bevölkerungsanteil ungewöhnlich groß ist. Die Tamilen haben fast ebenso viele Juristen, Ärzte, Universitätsan-

Tamilen-Mädchen im Sonntagsstaat auf einer Mauer, von der sie dem Tempelfest von Nallur zuschauen; rechts: diese bunten Saris wurden im Süden (Kataragama) aufgenommen.

gehörige und führende Verwaltungsangestellte hervorgebracht wie die Singhalesen.

Auch wenn die Tamilen politisch nach außen geeint auftreten, lassen sich die vielen sozialen Unterschiede in ihrer hierarchisch gegliederten Gesellschaft nicht verbergen. Die Jaffna-Tamilen halten sich nach Geburt und Kultur für bessere Tamilen als ihre in Mannar, Vavuniya oder Batticaola lebenden Stammesbrüder. Die Tamilen von Jaffna halten sich ihre „Reinrassigkeit" zugute, die die Tamilen anderswo durch Mischehen verloren hätten. (In Batticaola z. B. gibt es viele Ehen von Tamilen und Moslems.)

Vor allem unter den Tamilen in Jaffna gilt ein starres Kastensystem. Die *Brahmanen,* zum Priestertum befähigt, sind alle Vegetarier, gelten als die Reinsten und am höchsten Stehenden. Dann kommt die *vellala,* das ist die Bauernkaste; darauf die Handwerker – Goldschmiede, Zimmerleute, Schmiede. Sie alle genießen das Privileg, in den Tempeln die Götter anflehen zu dürfen. Die niederen Kasten – Fischer, Palmsaftzapfer, Barbiere und Trommler – stehen nicht auf derselben Stufe. Das drückt sich beispielsweise darin aus, daß sie nicht mit Angehörigen einer höheren Kaste speisen dürfen.

Etwa 20 % der Tamilen Sri Lankas sind heute Katholiken. Jedem Besucher fallen in Jaffna sofort die vielen katholischen Kirchen auf. Doch genau wie die singhalesischen Christen vom Buddhismus beeinflußt sind, sind es die hinduistischen von ihrem hinduistischen Erbe.

Das Wesen des Hinduismus

Die Quelle der Hindu-Religion stellen nach allgemeinem Verständnis die mehr als 1000 Strophen der *Veden* dar, die etwa 1700 v. Chr. von den ersten arischen Einwanderern aus Nordindien aufgezeichnet wurden. Diese Texte beschreiben eine polytheistische Religion, die den Namen Brahmanismus erhielt. Alle Menschen wurden mit einem Gottschöpfer namens Brahma in Verbindung gebracht. Die Priesterkaste sei seinem Munde, die Krieger seinen Armen, Handwerker und Händler seinen Schenkeln, Sklaven und Angehörige der unteren Kasten seinen Füßen entsprungen.

Als der Brahmanismus in den modernen Hinduismus überging, setzte sich bei den Menschen auf dem Subkontinent die Einsicht durch, das Leben und die Wirklichkeit insgesamt seien ein zu weitgespanntes Feld, um sich in ein paar Glaubenssätze einordnen zu lassen. Der Hinduismus unserer Tage umfaßt viele verschiedene metaphysische Systeme und Standpunkte, die sich teilweise sogar widersprechen. Jeder kann sich für den Glauben und die Andachtsformen entscheiden, die seinen Neigungen am besten entsprechen.

Der Hinduismus kennt kein festes Glaubensbekenntnis, keine übergreifende, kirchenähnliche Organisation. Die Brahmanen-

Hier fällt unter dem Messer eines Tamilen-Barbiers um die Jahrhundertwende ein Haarschopf, der in einem Tuch aufgefangen wird.

Priester dienen den Ober-Kasten-Familien als geistige Berater. Wichtiger noch ist die Harmonie innerhalb der Familie und der gesellschaftlichen Gruppe. Der Gehorsam gegen die Götter, ihre Versöhnung durch das Ritual sind Bestandteil des Alltags eines Hindu. Jeder nimmt auf seine ganz persönliche Art am Göttlichen teil. Bei vielen reicht es nur zu einer einfachen Wiederholung bestimmter Gesten. Und doch gehören auch sie zu einem Leben, in dessen Mittelpunkt die Religion steht.

Die meisten Hindus sind Shaiviten, die den Gott Shiva als die oberste Instanz sehen. Shiva ist der „Zerstörer" in der klassischen Hindu-Trinität mit Brahma, dem „Schöpfer" und Vishnu, dem „Bewahrer". Die Shiva-Leute sind nicht etwa zerstörerisch gesinnt, sie gehen davon aus, daß früher oder später alles ein Ende nimmt und daß von diesem Ende ein Neuanfang ausgeht. Shiva ist darauf aus, alles zu zerstören, auch die Unwissenheit. Seine Anhänger glauben, daß nichts im Leben von Dauer ist.

Hindu-Frömmigkeit

Die sichtbarste Form der hinduistischen Frömmigkeit ist die *tikka,* das „göttliche Auge". Eine Mischung aus Sandelholzbrei oder heiliger Asche wird auf die Stirn, über und zwischen die Augen geklebt; ein Symbol der Anwesenheit des Heiligen, das bei der Suche nach Gott behilflich ist.

Puja, das sind rituelle Opfergaben, werden Shiva und anderen Göttern des Pantheons in verschiedener Form dargebracht. Im Hinduglauben setzt sich das Leben aus fünf Elementen zusammen: Erde, Wasser, Feuer, Wind und *akasha.* Eine Opfergabe sollte jedes dieser Elemente symbolisieren. Das „Erde"-*puja* kann sein: Sandelholzbrei, heilige Asche, Räucherstäbchen, Kokosnüsse oder andere Früchte (besonders *panchama,* ein Salat aus fünf verschiedenen Früchten). Das „Wasser"-puja ist entweder Quellwasser, parfümiertes Wasser, Kokoswasser oder Milch. Es gibt mehrere Arten von „Feuer"-pujas; gewöhnlich werden dafür kleine Öllämpchen angezündet. Rauch, besonders der von Räucherstäbchen, oder Fächeln mit einem Fächer oder das Opfern von Tierhaaren gilt als „Wind"-puja.

Puja-Stunden sind täglich in der Morgen- und der Abenddämmerung. Dann bringen die Gläubigen die oben genannten puja-Opfer. Das fünfte Element *(akasha)* entspricht dem Schlagen der Trommeln, dem Blasen der Hörner, dem Läuten der Glocken und dem Singen der Veden, die die puja-Stunden begleiten.

Milch ist eine der gebräuchlichsten *puja*-Gaben. Den Besuchern eines Tempels wird oft warme Milch angeboten, mit der das Bildnis eines Gottes eingeschmiert wurde; diese Geste soll geradezu die Wirkung einer Medizin haben.

Die *pujas* in Privatwohnungen werden der Familie oder dem Opfernden selbst gewidmet. Die im Tempel dargebrachten gelten „dem Wohle der Welt". An den Pilgerstätten wie in Kataragama bekommen sie ein besonderes Gewicht.

Tempel und Götter

Die *devale* (geheiligte Stätten) und der *kovil* (ein kleinerer Tempel, der keinen Gott beherbergt) sind so aufgebaut, daß sie dem menschlichen Körper ähnlich sehen. Ins Auge fällt der vielstöckige *gopuram* mit den vielen bunten Skulpturen, der sich über den Eingang zum Tempel erhebt; er ist Symbol der Füße. Die Hauptstatue des Templs steht in der *garbhagrha,* dem „Kopf", geopfert wird in der *sthapana mandapam,* dem „Magen".

Die Andacht gilt dem ganzen Götterpantheon. Die wichtigsten sind Shivas Frau Parvati (Uma) und seine beiden Söhne Skanda (Murugan) und Ganesha. Parvati wird um Fruchtbarkeit und Überfluß angefleht; Skanda (der Hauptgott von Kataragama) um die ungeheure Kraft und das Erbarmen, das in seinen sechs Gesichtern und 12 Armen steckt; Ganesha schließlich, der Gott mit dem Elefantenkopf, ist für den Erfolg in geistigen Dingen zuständig. Ganesha hat es in der Hand, über Erfolg oder Scheitern zu entscheiden, Hindernisse auszuräumen oder sie als notwendig in den Weg zu legen.

Pattini ist die sehr populäre Göttin von Gesundheit und Keuschheit. Die Legende beschreibt sie als die ideale Frau – standhaft, geduldig, tolerant. Die Göttin Kali wird vornehmlich von denen angerufen, die eine gefährliche Unternehmung planen. Aiyanar ist Schutzpatronin auf dem Lande, sie wacht über Wälder, Wasserteiche und die bebauten Felder.

Daneben ist natürlich Vishnu nach wie vor eine bedeutende Gottheit, die in Sri Lanka viele Gläubige anzieht. Vishnus Pflicht besteht darin, das Leben und die Welt zu bewahren. Vishnu heißt auch Upulvan und ist an seiner blauen Hautfarbe zu erkennen. Er soll in zehn verschiedenen Inkarnationen auf Erden gewandelt sein – als Fürst Rama, Held des klassischen Epos *Ramayana;* als Gautama Buddha, der angeblich die Dämonen bestach; schließlich als der allseits beliebte Krishna, der zentralen Gestalt der heiligen Schrift *Bhagavad-Gita*.

Im *Bhagavad-Gita* erscheint Krishna als Kutscher des Kriegsherrn Arjuna, der auf eine feindliche Armee stößt, die seine Freunde und Verwandten zusammengestellt haben. Arjuna weigert sich so lange zu kämpfen, bis ihn Krishna davon überzeugt hat, daß er sich und seiner Rolle im Leben treu sein müsse; da wirft er sich in den Kampf und vernichtet die ihm wohlbekannten Gegner.

Der Gedanke des „Neubeginns", der in der Lehre von der Inkarnation manifestiert wird, ist eine große Stärke des Kastensystems der Hindus. Die Hindus glauben, sie müßten ihre

Stellung im Leben akzeptieren und entsprechend handeln, ungeachtet des jeweiligen Inhalts. Ihr Geburtsrecht ist der Lohn oder die Strafe für Handlungen, *karma,* die ihnen aus einem früheren Leben zugefallen sind. Ihr Verhalten in diesem Leben wird den Lauf ihres nächsten bestimmen.

Feiern der Lebenszyklen

Der westliche Einfluß hat auch im Leben der Tamilen deutliche Spuren hinterlassen. Man hat aus dem Westen die Lebensgewohnheiten, die Kleidung und neue Wertmaßstäbe, ganz zu schweigen von der englischen Sprache, übernommen, die die Weltsicht vieler Tamilen vor allem in den Städten geprägt haben.

Die Landbewohner sind im allgemeinen viel traditionsbewußter. Ein heranwachsendes Tamilen-Mädchen wird auch heute noch für 16 Tage von der Außenwelt abgeschnitten und in eine Hütte aus frisch geschlagenen Kokosblättern gesperrt. Dort muß sie sich einem rituellen Bad unterziehen. Darauf hat sie eine spezielle Kost zu sich zu nehmen, die aus rohen Eiern, Sesamöl und *pittu* besteht, einem gedünsteten Frühstück aus Hirse oder Reismehl. (Die Singhalesen kennen eine ähnliche Zeremonie; sie geben den Mädchen während ihrer Abgeschiedenheit eine Gewürzsuppe zu essen.)

Die Ehen der Tamilen bekommen in einem Hindutempel die Weihe. Höhepunkt der Zeremonie ist das Umlegen des *thali,* eines goldenen Halsbands mit einem Medaillon, auf dem eine Muschel, ein Dreizack und ein Ring, die Symbole der Hindu-Trinität, zu sehen sind. Die Heirat ist ein sehr einschneidendes Ereignis, denn bei der Hochzeitsfeier wird die Braut symbolisch zur Göttin des Haushalts und der Bräutigam zu ihrem Gott ernannt.

Die Tamilin steht vor ihrem Mann auf und verrichtet allein die Morgenwaschungen, macht Feuer, betet zu den Familiengöttern und bereitet das Frühstück. Dann endlich kommt der Mann, der die besten Stücke ißt, bevor auch die Frau zugreifen darf. Sie ißt auch abends als letzte und legt sich als letzte schlafen. Mit zunehmender Verstädterung und dem Eindringen des modernen westlichen Lebensstils verändern sich auch solche Traditionen.

Stirbt eine verheiratete Frau vor ihrem Mann, gilt das als „günstig", denn man glaubt, sie habe im Nachleben einen „guten Platz". „Sie ist mit ihrem Hochzeitsschmuck von uns gegangen", lautet ein Sprichwort. Eine Frau, die nach ihrem Mann stirbt, gilt als sehr unglücklich. Sie hat schließlich ihren „Gott" verloren, die Quelle all dessen, was ihrem Leben Sinn verlieh. Beim Begräbnis ist die Witwe wie eine Braut gekleidet, und der Familienbarbier schneidet ihr das goldene Band ab, das sie trägt. Nach dem Begräbnis darf sie nämlich nie wieder Goldschmuck oder buntfarbene Saris tragen; sie muß von nun an weiß tragen. Heute wird diese Überlieferung weitgehend ignoriert.

Symbole des Hinduismus: links: Skanda, Gott von Kataragama, sitzt bei seinen Frauen auf einem Pfau und verziert ein *gopuram.* Rechts: Skandas *vel* (Dreizack).

DIE MOSLEMS

Die Moslems von Sri Lanka stammen von arabischen Händlern ab, die sich bereits im 8. Jahrhundert n. Chr. auf der Insel niederließen. Heute stellen sie 7 % der Bevölkerung, das sind etwa eine Million Menschen. Sie leben verstreut im ganzen Land, vorwiegend an der Küste im Südwesten und Osten sowie in den Städten.

Die Moslem-Gemeinde gehört zum gewohnten Bild eines Städtchens in Sri Lanka. Sie hat ein ausgeprägtes Gemeinschaftsbewußtsein, dessen Symbol die Moschee mit dem alles überragenden Minarett ist.

Auch wenn sie mit den Singhalesen und den Tamilen blutsverwandt sind – ganz einfach deshalb, weil sie ohne Frauen kamen und in die einheimische Bevölkerung einheirateten – bilden sie dennoch eine klar abgrenzbare Volksgruppe. Auf kulturellem Gebiet tut sich aufgrund der streng orthodoxen monotheistischen Religion eine große Kluft auf.

Die Lehre des Islam

Von allen lebenden Religionsgemeinschaften auf Erden ist es der Islam, der sich am engsten an die Gründungsväter anlehnt. Der Prophet Mohammed, der im 7. Jahrhundert n. Chr. lebte, soll der Mittler Allahs gewesen sein, der seine letzten Wahrheiten, die im Koran in arabischer Sprache aufgezeichnet sind, den Menschen vermittelte.

Der Islam ist eine extrem konservative Religion, die jede Art von Götzenanbetung oder Magie verbietet, die die Buddhisten, Hindus, ja, selbst die Katholiken, praktizieren. Nach den Geboten des Koran und der hypnotischen Stimme des *Muezzin* sind die Gläubigen täglich fünfmal zum Gebet aufgerufen. Männer und Frauen sind beim Gottesdienst strikt voneinander getrennt; jeder Kontakt zwischen ihnen gilt als Ablenkung von der vollständigen Hingabe an Gebet und Andacht.

Kurzum, die Kultur der Moslems von Sri Lanka weist mehr Gemeinsamkeiten mit der ihrer Glaubensbrüder im Nahen Osten und in Nordafrika auf als mit der ihrer Nachbarn in Sri Lanka. Ihre Feste und ihr gesellschaftliches Leben sind streng am islamischen Gesetz ausgerichtet. Die Feier des Geburtstags des Propheten, der einmonatige Ramadan (hier wird tagsüber gefastet) und das Hadjdj-Feiern zum Gedenken an die Flucht Mohammeds von Medina nach Mekka – alle diese Daten basieren auf dem 354-Tage-Kalender des Islam – sie alle erzeugen eine brüderliche Verbundenheit der Moslems von Sri Lanka mit den übrigen islamischen Staaten.

Es gibt weitere Faktoren, die die Strenge des Islams unterstreichen. Schweinefleisch gilt als Tabu, die Knaben müssen in der Pubertät beschnitten werden, und im Mittelpunkt des Lebens eines Moslems steht die *haji,* die Pilgerreise in die Heilige Stadt Mekka. Wer einmal im Leben diese Reise gemacht hat, erhält den Ehrennamen *Hadjdj* zugesprochen.

Es gibt zwei Gruppen von Moslems auf Sri Lanka. Die Abkömmlinge der arabischen Händler nennt man die Moors. Daneben gibt es zahlreiche Malaien. Beide Gruppen sprechen bei der Religionsausübung Arabisch. Die Moors sprechen außerhalb die Sprache der Tamilen; die Malaien, die sich im Gebiet um Hambantota konzentrieren (dort sollen sie auch einst in Tausenden von kleinen Booten gelandet sein), halten an ihrer Muttersprache fest.

Im Vergleich mit den Reis- und Curry-Gerichten der Singhalesen und Tamilen ist das Essen der Moslems viel süßer. Auch werden die Mahlzeiten in unterschiedlicher Weise eingenommen, besonders bei rituellen Feiern oder bei Festen: die Männer essen getrennt von den Frauen, sitzen in Gruppen zusammen und essen gemeinsam aus einem Riesenteller. Die Männer allein beschaffen das nötige Geld für den Haushalt, während die Frauen ans Haus gefesselt sind. Gehen sie einmal aus, bedecken Sie mit dem Sari ihr Haar und verhüllen ihr Gesicht.

Es gibt jedoch auch Ansätze, die kulturellen, sozialen und wirtschaftlichen Unterschiede zu überbrücken und die islamische Kultur in die Gesellschaft Sri Lankas zu integrieren. So haben die Moslems von den Tamilen das heilige Halsband auch für ihre Hochzeiten übernommen.

Der entscheidende Faktor, der die Integration des Moslems fördern wird, ist wirtschaftlicher Natur: viele Moslems betätigen sich als Händler und Zwischenhändler; da kann es gar nicht ausbleiben, daß sie ständig mit Anhängern anderer Glaubensrichtungen zu tun haben und deren Lebensstil kennenlernen.

Moslems aller Altersstufen unterhalten sich nach dem Morgengebet in der Jamiul-Alfar Moschee im Pettah-Distrikt von Colombo.

DIE BURGHERS

Die Burghers bilden einen winzigen, aber nicht zu übersehenden Bruchteil der Bevölkerung von Sri Lanka. Eigentlich handelt es sich hier um die Nachkommen der holländischen Kolonialisten, die von 1658 bis 1796 die Insel besetzt hielten. Der Ausdruck „Burgher" – holländisch „Stadtbewohner" – wird wie selbstverständlich auf alle Inselbewohner angewendet, die von europäischen Kolonialisten, Portugiesen wie Engländern, abstammen.

Die Burghers selbst kennen je nach Grad der Reinheit der Abkunft unter sich soziale Unterschiede, und diese werden auch vom Rest der Bevölkerung anerkannt. Kritierien, nach denen jemand eingeordnet wird, sind z. B. ganz wie im Kastensystem der Singhalesen die Hautfarbe, die Statur des Körpers und der Lebensstil.

Diejenigen Burghers, die durch ihr äußeres Erscheinungsbild und ihre Lebensgewohnheiten – Essen, Kleidung, Sprache, Wohnung und Freizeitverhalten – den Europäern am nächsten kommen, werden in die „upper class" eingestuft. Die lower-class Burghers sind paradoxerweise diejenigen, die mit den Durchschnitts-Singhalesen und Tamilen mehr gemein haben als mit ihren upper-class-Vertretern.

Insgesamt jedoch haben die Burghers unter sich mehr Gemeinsamkeiten als mit den anderen Volksgruppen. Man trifft sie meist in den Städten, sie sind europäisch gekleidet und christlichen Glaubens. (Die upper-class Burghers sind größtenteils Presbyterianer.) Man heiratet gewöhnlich unter sich, es gibt aber auch Mischehen mit Singhalesen oder Tamilen. Die wichtigste soziale Einheit ist die Familie.

Die Burghers zeichnet etwas aus, was die anderen Volksgruppen den Hang zum „guten Leben" ohne Sorge um die Zukunft nennen. Doch so ganz stimmt das Bild vom eingefleischten Hedonisten, der Wein und Gesang liebt, sich schön anzieht und Parties feiert, nicht. Man würde den soliden und fleißigen Burghers Unrecht tun, die es als Juristen, Lehrer und Beamte in Sri Lanka zu etwas gebracht haben.

Im Jahre 1983 war der Vorsitzende der Dutch Burgher Union of Ceylon der 77jährige Richter am Obersten Gerichtshof von Sri Lanka, Mr. Percy Colin-Thome.

Obwohl sich die Burghers rein äußerlich und von ihrer Lebensführung her vom Rest der Bevölkerung stark abheben, ist es bislang kaum zu Spannungen gekommen. Allerdings traf die nationalistische Welle, die in den fünfziger Jahren die Insel überspülte, viele Burghers unvorbereitet. An den Schulen und in den Behörden wurde Englisch als Amtssprache von Singhalesisch abgelöst, eine ernsthafte Bedrohung für die Burgher-Minderheit. Als Englisch die *lingua franca* war, hatten sich die Burghers und die anderen Minderheiten, die nicht Singhalesisch sprachen, leicht integrieren können. Nun wurde

der westliche Einfluß zurückgedrängt und ließ die Burghers praktisch heimatlos zurück.

Die logische Folge war, daß massenhaft Burghers in westliche Länder auswanderten. Diejenigen, die zurückblieben, paßten sich langsam der singhalesischen Kultur an. Heute ist es nicht mehr ungewöhnlich, wenn ein Burgher-Kind auch Singhalesisch lernt, oder ein Burgher-Mädchen einen Sari trägt. Sicherlich steht der Burgher des späten 20. Jahrhunderts am Scheideweg zweier Kulturen.

Links: Jeff Beling, Lehrer und Bibelforscher in Colombo; oben: Angehöriger der jungen Generation der Burgher.

VEDDHAS UND ZIGEUNER

Den Veddhas geht es wie vielen primitiven Volkstämmen: Wenn sie sich gesellschaftlich und kulturell in Sri Lanka nicht assimilieren, werden sie vor dem Aussterben nicht mehr zu retten sein.

In den vergangenen 50 Jahren haben sich die meisten der überlebenden Veddhas (einige tausend sind es noch) für die erste Alternative entschieden. Sie leben in den abgelegensten Winkeln der Insel. Sie haben das Jäger- und Sammlerdasein im Dschungel aufgegeben und betätigen sich Seite an Seite mit singhalesischen Bauern in der Central und der Uva Province um Mahiyangana und Bibile. Ähnlich machen es ein paar hundert Veddhas in der Eastern Province bei Gal Oya. Sie haben sich den Tamilen angepaßt und deren Sitten und Gebräuche übernommen.

Einige jedoch widersetzen sich der Assimilation. Dambana (10 km von Mahiyangana entfernt) und Nilgala in der Uva Province sind zwei solcher Siedlungen.

Die Veddhas gelten als Abkömmlinge der *yaksas* und *nagas,* Stämmen, die in der Zeit lebten, in der die Mahavamsa-Chronik geschrieben wurde. Sie stammten von einem prähistorischen Jägervolk aus dem Neolithikum ab und weisen rassische Verwandtschaft mit den Pigmäen und Buschnegern Afrikas, den Aborigines von Australien sowie den Anadamanesen in der Bucht von Bengalen auf.

Seit der Landung von Vijaya ist der Prozeß der Assimilierung im Gange. Singhalesische Siedler drängten die Veddhas immer weiter in den Dschungel zurück. Die Bevölkerung wuchs, traditionelle Jagdgebiete hatten die lästigen Siedler vereinnahmt, die auch noch durch Brandrodung den Dschungel zerstörten.

Rein äußerlich unterscheiden sich die Veddhas kaum von den Singhalesen: kurzes, gewelltes Haar, längliches Gesicht und breite Nase. Auch die Sprachen sind ähnlich. Zwar sind es verschiedene Dialekte, doch die Sprachstruktur ist die gleiche.

Die Anpassung der Veddhas an die heutigen Lebensbedingungen ist am sichtbarsten daran, daß sie ihren Lebensunterhalt nicht mehr mit Pfeil und Bogen zu bestreiten suchen, sondern wie die Singhalesen den Dschungelboden nach der *chena*-Methode bebauen. Sie können von den Erzeugnissen ihrer Arbeit leben. Wild und Honig ergänzen ihren Speisezettel.

Viele Veddhas sind vom Geisterglauben ihrer Vorväter abgefallen und zum Buddhismus konvertiert. Manche haben sich sogar ganz von ihrer kulturellen Tradition losgesagt und vom Staat im Rahmen von Besiedlungsprojekten Land zugeteilt bekommen. Mischehen mit Singhalesen haben die Assimilation ebenfalls beschleunigt; die auf Klans aufgebaute Gesellschaft und ihre Heiratspraktiken sind nicht mehr verbindlich.

Welche Gruppe von Ureinwohnern könnte auch dem Ansturm einer fremden Lebensweise, die alle Bereiche erfaßt hat, widerste-

hen. Die Veddhas bilden da keine Ausnahme. Wer sich in einer der neueren Veddha-Siedlungen umsieht, wird unschwer die traurigen und apathischen Gesichter der Erwachsenen wahrnehmen, ihre dürftigen und überfüllten Notunterkünfte und die verängstigten Kinder. Auch eine staatliche Sozialfürsorge kann diesen Menschen den Verlust ihres alten Lebensstils und die Furcht vor einer ungewissen Zukunft nicht nehmen.

Der Stolz eines Veddhas erwacht, wenn er im Karneval vor neugierigen Besuchern seine

Die Veddhas gehen heute mit dem Gewehr auf die Jagd (oben); ihre Vorfahren im 17. Jhdt. hatten nur Pfeil und Bogen.

„Show“ abziehen kann. Da hängt er sich allerlei Stoffetzen um die Hüften, nimmt Pfeil und Bogen in die Hand und läßt sein Beil von der Schulter herabhängen; so stellt er sich dem „modernen Zivilisationsdschungel“.

Eine Reihe von Veddhas aus Dambana, dem Schlupfwinkel des berühmten Häuptlings Tissahami, sind noch einen Schritt weiter gegangen. Der betagte Tissahami suchte vor einiger Zeit mit seinen Stammesleuten Präsident Jayewardene in seinem Amtssitz in Colombo auf. Der Häuptling versuchte zu erreichen, daß sein Volk auf dem angestamm-

ten Land bleiben darf und nicht in irgendwelche Siedlungsprogramme gepreßt wird.

Zigeuner

Die Gipsies (Zigeuner) von Sri Lanka lebten vor etwa 2000 Jahren auf dem indischen Subkontinent. Der Ethnologe M. D. Raghavan teilt sie in drei Gruppen ein: die Schlangenbeschwörer von Ahikuntakaya, die Affenbezähmer von Maddyliya und die Gruppen, die vor allem tätowieren.

Die Zigeuner ziehen in Gruppen von 15 bis 20 Personen quer durch die Insel. Jede Gruppe besteht aus mehreren Kernfamilien, an deren Spitze ein einzelner Führer das Sagen hat. Auf Eselskarren befördern sie ihre Habe durchs Land – Palmblätter zum Bau ihrer winzigen Schuppen, Hühner, Körbe und einige Kochutensilien. Irgendwo in den Dörfern, Kleinstädten und am Rand der Städte schlagen sie ihr Lager auf.

Dort gehen sie ihren Beschäftigungen nach. Die Ahikuntakaya können den Schlangen Fallen stellen und den Kobras das „Tanzen“ nach der Flöte beibringen. Eigentlich reagieren die Tiere weit eher auf die unwiderstehlichen Kniebewegungen der Zigeuner als auf die melancholische Musik.

Wieder andere widmen sich dem Tätowieren oder sie bringen kostümierte Affen dazu, Tänze aufzuführen. Die Frauen stellen Bänder und Hüte her, einige flechten Körbe oder gehen von Haus zu Haus und betätigen sich als Wahrsager und Psalmenleser. Die Zigeuner gelten auch als ausgezeichnete Jäger; sie spüren Wanderratten auf und angeln in kleinen Teichen.

Gemessen daran, daß die Zigeuner ständig unterwegs sind, weisen sie unter sich ein erstaunliches Maß an sozialer Stabilität und Traditionsbewußtsein auf. Die Isolierung von der Bevölkerung des Landes mag das ihre dazu beitragen. Die Zigeuner werden eher als notwendiges Übel denn als wirtschaftlich brauchbare Gruppe angesehen. Es ist eine weitverbreitete Vorstellung in Sri Lanka, daß es die Zigeuner so wenig mit der Hygiene halten, daß ihre Lagerplätze nach wenigen Tagen bereits von Würmern verseucht sind!

Die Zigeuner haben sich eine streng hierarchische Ordnung gegeben. Die Autorität und das Charisma des Anführers gelten uneingeschränkt.

Wirklich rund geht es im November an einem Treffpunkt in der North Central Province. Aus ganz Sri Lanka kommen die Klans zu diesem Treffen gezogen, das sich zeitlich mit dem Hindu Deepavali (Lichterfest) überschneidet. Da werden die Probleme des Zigeunerlebens beraten, Versprechen werden eingelöst und die Reiserouten der einzelnen Gruppen festgelegt.

Die Zigeuner verehren trotz ihrer gesellschaftlichen Isolierung die Götter der Singhalesen und Tamilen – Vishnu, Kataragama und Pattini. Auch sie pflegen den *thali*-Brauch bei Hochzeiten. Daß Vettern und Basen wie bei den Singhalesen und Tamilen untereinander verheiratet werden, verrät eine gemeinsame kulturelle Tradition.

ORTE UND PLÄTZE

Sri Lanka ist landschaftlich so abwechslungsreich wie kaum ein anderes Land auf so engem Raum. Die birnenförmige Insel ist etwa so groß wie Bayern, weist aber neben unfruchtbaren Wüstengebieten undurchdringliche Dschungel und hohe Berggipfel auf. Welche Gegensätze! Binnen eines Tages kann man von den Ruinen einer jahrtausendealten Zivilisation zu modernsten Strandhotels fahren; das ausgelassene Feiern von Festen gehört genauso zu Sri Lanka wie die heitere Ruhe seiner alten Dörfer.

Innerhalb weniger Stunden kommt man mit dem Auto oder mit öffentlichen Verkehrsmitteln von einem Ende der Insel zum anderen. Auch wer nur wenig Zeit hat, kann sich die reiche Schönheit Sri Lankas unschwer erschließen.

Die meisten Reisenden kommen in der pulsierenden Metropole Colombo an, dem wirtschaftlichen Zentrum und wichtigsten Hafen des Landes. Hier bieten sich das historische Fortviertel und die Pettah für einen Einkaufsbummel an. Besichtigungen lohnen das Nationalmuseum, der berühmte Zoo Dehiwala und die neuen Parlamentsgebäude in Kotte.

Die Südküste erstreckt sich über 290 km von Colombo bis Yala. Hier liegen die berühmten Badeorte Bentota, Hikkaduwa und Koggala. Auch der alte portugiesische Hafen Galle und die großartige Pilgerstätte Kataragama, die allen Religionen gleichermaßen heilig ist, finden wir im Süden.

Im Norden von Colombo führt die Straße an der Westküste über den Badeort Negombo, uralte Fischerdörfer und Kokosplantagen zum Tierreservat Wilpattu.

Kandy, die zweitgrößte Stadt der Insel, 115 km nordöstlich von Colombo, war die letzte Hauptstadt eines klassischen, unabhängigen Königreichs der Singhalesen; auch heute wird hier noch traditionelle Kunst, Musik und Kultur gepflegt. Jedes Jahr im August findet hier die berühmte Perahera statt: 100 märchenhaft geschmückte Elefanten und Zehntausende von Gläubigen tragen die Zahnreliquie durch die Straßen.

Kandy liegt in den Vorbergen des Hill Country. Über viele Kilometer windet sich von hier aus die Straße durch üppige Teeplantagen bis hinauf zur Bergstation der Kolonialzeit auf 1889 m Höhe: Nuwara Eliya. Noch heute ist das Städtchen durch und durch britisch. 80 km im Westen ragt der Adam's Peak mit seinem Bergkloster. Am Fuß des Berges liegt Ratnapura, die „Stadt der Edelsteine".

In der kahlen North Central Province haben die sagenhaften „antiken Städte" Sri Lankas die Stürme der Zeit überlebt. Anuradhapura, mit seinen *dagobas* und anderen Ruinen zeigt sich dem Besucher als die stolze Hauptstadt von einst. Polonnaruwa folgte ihr nach, es ist weniger weitläufig angelegt, doch ebenso eindrucksvoll. Dann die Felsenfestung von Sigiriya, ein unbeschreiblich schön gelegener Palast aus dem 5. Jahrhundert auf einem kahlen Felsen, zieht den Besucher auch heute noch in seinen Bann.

An der Ostküste stoßen wir auf einige der schönsten Strände der Insel: Passekudah und Nilaveli. Der hübsche Hafen von Trincomalee und das Elefantenreservat in Lahugala sind weitere Sehenswürdigkeiten im Osten.

Jaffna, das jahrhundertealte Zentrum der Tamilen-Kultur, ist wirtschaftlicher und kultureller Mittelpunkt des Nordens. Das extrem trockene Gebiet wurde in harter Arbeit von den Bauern zu einem sehr fruchtbaren Anbaugebiet gemacht.

So weit unser kurzer Streifzug durch Sri Lanka. Alles weitere auf den folgenden Seiten.

Sri Lanka
Jaffna
Jaffna Lagoon
Mannar
Vavuniya
Trincomalee
Aruvi Aru
Wilpattu National Park
Anuradhapura
Kala Oya
Puttalam Lagoon
Puttalam
Polonnaruwa
Sigiriya
Passekudah
Batticaloa
Deduru Oya
Mahaweli Ganga
Chilaw
Kurunegala
Matale
Negombo
Kegalla
Kandy
Gal Oya National Park
Pidurutalagala
Nuwara Eliya
Badulla
COLOMBO
Mount Lavinia
Adam's Peak
Arugam Bay
Panadura
Kalu Ganga
Ratnapura
Uda Walawe National Park
Yala National Park
Kalutara
Bentota
Walawe Oya
Hikkaduwa
Hambantota
Galle
Matara
0 25 50 75 km
0 15 30 45 miles

Sri Lanka
Jaffna
Jaffna Lagoon
Ferry
Mannar
Vavuniya
Trincomalee
Aruvi Aru
Wilpattu National Park
Anuradhapura
Kala Oya
Puttalam Lagoon
Puttalam
Polonnaruwa
Sigiriya
Passekudah
Batticaloa
Deduru Oya
Mahaweli Ganga
Chilaw
Kurunegala
Matale
Kandy
Kegalla
Negombo
Gal Oya National Park
Nuwara Eliya
Badulla
COLOMBO
Arugam Bay
Mount Lavinia
Panadura
Ratnapura
Kalu Ganga
Uda Walawe National Park
Yala National Park
Kalutara
Bentota
Walawe Oya
Highway
Railway
Hikkaduwa
Hambantota
0 25 50 75 km
0 15 30 45 miles
Galle
Matara

COLOMBO
Royal Colombo Yacht Club
Warehouses
Prince of Wales Jetty
Customs Office
Wharf Road
Passport Office
Emigration Office
Church St.
Church
Ministry of Defence
Hotel Taprobane
Police HQ
Leyden Bastion Road
Delft Warehouse
Main St
Sri Lanka Navy Headquarters
Janadhipathi Mandiraya
India Emb.
G.P.O.
FORT
Clock Tower
Chatham St
Laksala
M.I.A.
C.T.O.
Central Bank
Ceylinco House
Canal Row
Inter Continental Hotel
Galadari Hotel
Land Development Dept.
Dept. Courts
Police
Lake House
State Trading Corp.
D.R. Wijewardhana
Govt. Stores Dept.
National State Assembly (former)
The Secretariat
National Housing Dept.
Electricity Board
Sri C.A. Gardiner
Fort Tennis Club
Sri Lanka Air Force Headquarters
Baladaksha
Military Hospital
Army Head Quarters
Galle Face Centre
Galle Face Drive
Galle Face
Taj Samudra Hotel
Hotel Holiday Inn
Sir M. Macan Marker Mw.
Galle Face Hotel
USA Consulate
Church
23rd Lane
Lanka Oberoi Hotel
22nd Lane
Bishop's House
Maharagama Gardens
Rotunda Gardens
British High Commission
Police
The Temple Trees
Kollupitiya Road
Kollupitiya Railway Station
Methodist College
Mosque
Church
Dharmapala
Ananda Kumaraswamy
Iraq Emb.
Red Cross
War Memorial
Park
Viharamahadevi
Bishop's College
POLWATTA
HUNUPITIYA
Dept. of Cultural Affairs
Ministry of Industries
Geological Survey Dept.
Sri Jinaratana
Amusement Park
Beira Lake
Empire Theatre
Ministry of External & Internal Trade
Ratnam's Hospital
Union Place
Dept. of Agriculture
Sri Sucharita Maha Vidyalaya
Sir James Peiris
SLAVE ISLAND
Slave Island Railway Station
Church
Mosque
Justice Akbar Mawata
R.A. De Mel
Kew Road
Police Barracks
Registration of Servants
Education Dept.
Examinations Dept.
Forest Dept.
Beira Lake
Food Dept.
Urban Development Authority
Hindu Temple
Stores
Postal Dept. Transport Office
Colombo Fort Railway Station
Technical Coll.
HULTSDORF
Manning Market
Olcott Mawata
Central Bus Stand
Police
Chalmer's Granaries
PETTAH
Dutch Period Museum
Church
Post Office
Mosque
New Police Secretariat
Khan Memorial
N.H.M. Abdul Cader Road
Jami-ul-Alfar Mosque
St. John's Fish Market
Sea Beach Road
Kachcheri
Price Park
Market
Central
Old Moor Street
New Moor Street
Kayman's Gate

DIE METROPOLE COLOMBO

Fast jeder Besucher Sri Lankas betritt in Colombo die Insel. Die vitale Hauptstadt am Meer erstreckt sich über 14 km am Indischen Ozean; die wirtschaftlichen Fäden Sri Lankas laufen hier zusammen. Die Bevölkerung der großzügig angelegten Ein-Millionen-Stadt spiegelt die ethnische Zusammensetzung der Insel wider. Alt und neu leben hier wie sonst nirgends eng nebeneinander, und dies nicht immer ganz harmonisch: Hoteltürme neben Villen aus der Kolonialzeit, Supermärkte und Straßenbasare, das Neueste an westlicher Mode und der traditionelle Sarong, schnittige Sportwagen und Ein-Mann-Rikschas.

Die Singhalesen nannten die Stadt Kolomba. Bereits im 8. Jahrhundert n. Chr. lag hier, an der Mündung des Kelani-Flusses, eine Siedlung. Arabische Händler betrieben über den Hafen Kolomba ihren Zimthandel, die singhalesischen Herrscher von Kotte verschifften von dort Kampfer, Saphire, Elefanten und Zimt. Im 16. Jahrhundert kamen dann die Portugiesen.

Der Gewürzreichtum war es, der die Portugiesen an Ceilao, wie sie die Insel nannten, so faszinierte. Sie verewigten ihr Wappen auf einem Felsen am Strand und gingen sofort daran, ihre ersten Niederlassungen zu bauen.

Später errichteten die Holländer an gleicher Stelle ein Fort. Die Gegend, heute Geschäftsviertel von Colombo, heißt noch immer „Fort“. An die portugiesischen und holländischen Kolonisatoren erinnern heute nur noch ein paar Kirchen.

Das Fort

Das meiste, was noch aus der Kolonialzeit steht, geht auf die Briten zurück; 1796 vertrieben sie die Holländer und beherrschten bis zur Unabhängigkeit 1948 die Insel. Unter den Briten festigte Colombo seine Position als wichtiges Handelszentrum im Indischen Ozean.

Die Stadt dehnte sich nach Süden und Osten hin aus, die Straßen wurden verbreitert, Bäume gepflanzt, Parkanlagen geschaffen. Auf dem Galle Face Green wurden Pferderennen ausgetragen.

Die führenden Hotels von Colombo stehen heute rund um die Rennbahn; die Pferde allerdings fehlen; der Green geht an der verkehrsreichen Brücke über die dem Meer zugewandte Zufahrt zum Beira Lake ins „Fort“ über.

Linker Hand sehen Sie alte Kanonen, deren aufs Meer hinaus gerichtete Mündungen Erinnerungen an die alten unsicheren Tage wachrufen.

Rechts steht der braune Steinbau der **National State Assembly,** der seine offizielle Funktion verloren hat, da die staatlichen Behörden ihren Sitz auf den Vorort Sri Jayawardhanapura Kotte verlegt haben.

Vor der National State Assembly stehen die Standbilder der führenden Unabhängigkeitskämpfer von Sri Lanka. Im Vordergrund ist dies der erste Premierminister D. S. Senanayake, rechts von ihm Sir D. B. (Baron) Jayatillake und links Ponnambalam Aruntatchalam.

Direkt vor uns steht der **Lighthouse Clock Tower** (Uhrturm), der markanteste Punkt des Forts. Gegen Ende des Jahrhunderts wurden zum einen von diesem Turm aus die Schiffe gewarnt, zum anderen gab er die Uhrzeit an; seltsamerweise steht er an einer der belebtesten Stellen der City. Der Turm wurde 1857 nach den Plänen von Lady Ward errichtet

Vorhergehende Seiten: Straßenszene in Galle; Ausfahrt im Katamaran in Nagombo; Colombo City; Rechts: Wache am Wohnsitz des Präsidenten.

(ihr Mann, Sir Henry Ward, hatte der Stadt den Namen „Galle Face Green" gegeben). 10 Jahre später wurde er zum Leuchtturm ausgebaut und übte diese Funktion aus, bis in den 50er Jahren ein neuer Leuchtturm gebaut wurde.

Die Uhr installierte man erst 1914. Sie war zwar bereits 1872 geschickt worden, aus Kostengründen verschob man aber die Montage um 42 Jahre. Die Montagekosten der Uhr überstiegen dann tatsächlich die Baukosten des Turmes! Die Uhr gibt vier verschiedene Zeiten an, an jeder Seite des Turmes eine.

Der Uhrturm steht an der Ecke Chatham Street und Janadhipathi Mawatha, der einstigen Queens Street. Nach Süden, in Richtung Galle Face Green, erhebt sich vor den beiden Hotelkomplexen des **Ceylon Intercontinental** und des **Galadri** das **Ceylinco House.** Vom Restaurant Akasa Kade im 12. Stock aus, bietet sich Tag und Nacht ein herrliches Panorama. Noch kann man bei klarer Sicht bis zum Adam's Peak schauen. Doch es werden neue Hochhäuser, ganze Gebäudekomplexe gebaut, die die Sicht irgendwann einmal versperren werden. Wer sich zwischen den Monaten Januar und April auf Sri Lanka aufhält, den Monaten, in denen die Luft am klarsten und die Sichtverhältnisse am besten sind, sollte sich die Gelegenheit nicht nehmen lassen, das schöne Panorama zu genießen.

Im vierten Stock des Ceylinco House befindet sich eine Briefmarkenausstellung und ein Postschalter, wo Sammler Sondermarken bekommen. Gegenüber beherbergt die **Central Bank of Ceylon** eine interessante Münzsammlung mit alten und neuen Stücken.

Das President's House

Wir gehen zum Uhrturm zurück in Richtung Hafen und kommen an einem großen Eisentor vorbei, vor dem bewaffnete Wachsoldaten stehen; dahinter steht das **President's House,** Janadhipathi Medura, der Buckingham Palace von Sri Lanka. Er wurde Ende des 18. Jahrhunderts vom letzten holländischen Gouverneur auf Ceylon errichtet und war auch die erste Residenz des britischen Gouverneurs. So mancher erlauchte Besucher Colombos war hier untergebracht. Durch Laub und Gitter hindurch sieht man den Eingang zu dieser Villa. Vor dem Haus steht ein Standbild

Colombo um 1910.

des Gouverneurs Sir Edward Barnes, der um 1835 die Straße von Colombo nach Kandy bauen ließ. Die Entfernungsangaben an den Hauptstraßen des Landes werden von diesem Punkt aus gemessen.

Auf der Nordseite des President's House kommen wir zu den **Gordon Gardens,** die 1889 unter Sir Arthur Gordon zu Ehren des Regierungsjubiläums von Königin Victoria angelegt wurden. Eine imposante Statue von ihr steht hier noch. Auf dem Gelände liegt ein *padrao,* ein zehn Tonnen schwerer Steinblock, auf dem sich die ersten portugiesischen Abenteurer, die Ceylon erreichten, verewigt haben; ein Kreuz, ihr Wappenschild und eine Inschrift mit der Jahreszahl 1501 sind noch zu erkennen. Früher gehörte der Park zum Regierungsviertel und war deshalb nicht öffentlich zugänglich. Nachdem aber inzwischen der neue Parlamentskomplex auf einer künstlichen Insel im Diyawanna Oya-See in Kotte fertiggestellt ist und alle Behörden dorthin umgezogen sind, kann man den Park wieder besuchen.

Vom President's House aus sieht man noch einige imposante Gebäude: Der „White Giant", die elegante **General Post Office** aus dem 19. Jahrhundert, steht dem President's House gegenüber. Rechts hinter den Büros des Tourist Information Center an der Sir Baron Jayatillake Mawatha betreten wir **Cargills,** das älteste Kaufhaus in Colombo. Hier bekommt man einen Einblick in die Einkaufsgewohnheiten der Vergangenheit. Das Gebäude wurde 1844 gebaut.

Günstige Einkäufe

Cargills steht an der Ecke der York Street, der breitesten und belebtesten Verkehrsader Colombos. Wenn man nach rechts geht, kommt man an zahlreichen Geschäften und Straßenverkäufern vorbei zum **Laksala,** einem staatlich geförderten Kaufhaus für das einheimische Kunsthandwerk. Es ist wie ein Museum der einzelnen Handwerkskünste angelegt, alle Artikel sind preisgünstig zu erwerben.

Folgt man der York Street weiter und biegt dann nach rechts in die Duke Street ein, landet man mitten im **World Market,** einem alten Straßenbazar. Tagsüber werden hier Textilien und Haushaltswaren verkauft, nachts werden verschiedene, meist illegale Dienste angeboten.

Die York Street um 1980.

Der Hafenbereich

Von der York Street nach links gelangt man direkt zum **Passenger Harbour Terminal.** Das war einmal der wichtigste Einwanderungshafen des Landes, jetzt legen nur noch gelegentlich Kreuzfahrtschiffe an.

Das **Hotel Taprobane** gegenüber – früher hieß es Grand Oriental – gehört nicht mehr zur Spitzenklasse, die herrliche Aussicht auf den Hafen vom Restaurant im 4. Stock aus sollte man sich nicht entgehen lassen.

In der Church Street steht die ehemalige **Garrison Church of St. Peter,** 1821 an der Stelle einer holländischen Bankett-halle von 1735 erbaut; heute ist hier eine Mission für Seeleute eingerichtet. Auf Wandtafeln wird das Leben der ersten Siedler geschildert. Auf Bitten des Pfarrers kann man einen Blick auf die vergoldeten Altargefäße werfen, die George III. der Kirche zum Geschenk machte.

Es geht weiter auf der Church Street unter der großen Promenade zum neuen **National Police Headquarters.**

Am westlichen Ende der Straße steht die unvollendete *dagoba* des **Buddha Jayanthi.** Die Bauarbeiten begannen im Mai 1956 anläßlich des 2500. Todestages Buddhas.

Ursprünglich wollte man diesen Tempel zum Wahrzeichen der Insel ausbauen. Schon von weitem sollte es jeder, der sich der Insel mit dem Schiff näherte, sehen und bewundern können. Doch bis heute ist es noch nicht fertiggestellt. Der Besucher sieht heute einen auf vier Pfeilern ruhenden Bau, der sich an der Straße ausbreitet. Das Monument, das eine Höhe von 76 m haben soll, ist zu drei Vierteln fertig. Die Öffentlichkeit wurde zu Spenden aufgerufen. So hofft man, die Vollendung zu ermöglichen und ein attraktives und eigenwilliges Meeresobservatorium einrichten zu können.

Am Hotel Taprobane wenden wir und gehen am Hafenrand weiter. Die Wellenbrecher, die das künstliche Hafenbecken säumen, sind erst Ende des 19. Jahrhunderts gebaut worden.

Mehr als 90 % des Schiffshandels von Sri Lanka werden über diesen Hafen abgewickelt.

Pettah: Markt mit Tradition

Auf der Main Street geht es über einen Kanal zum **Pettah** Distrikt, dem ältesten und geschäftigsten Markt von Colombo.

Relikte aus vergangener Zeit am Galle Face Green.

Die Gegend hat eine reiche Geschichte und wird gegenwärtig restauriert. Die Autos bahnen sich mühsam einen Weg durch Passanten, Straßenverkäufer und spielende Kinder.

„Pettah“ ist vom Indischen abgeleitet. *Pettai* heißt bei den Tamilen „außen“. Auf Singhalesisch heißt *pita kotuwa* „außerhalb des Fort“.

Am Zugang zur Pettah steht ein weiterer Uhrturm. Hier geht es nach rechts die Main Street hinab, auf deren Mittelteil sich die behelfsmäßigen Verkaufsstände der Straßenhändler breitgemacht haben. Kleidung, Schmuck, Obst, Haushaltswaren, Spielzeug, Federwaren und vieles mehr gibt es hier zu kaufen – für einen Bruchteil dessen, was es normalerweise kostet. Man sollte die Preise genau vergleichen und auch zu feilschen versuchen, denn hier wie anderswo gibt es Leute, die ahnungslose Touristen übers Ohr zu hauen versuchen.

Der Bazar ist streng nach Abteilungen gegliedert. Auf der First Cross Street findet man Elektrogeräte und Fotoapparate. Die Schmuck-, Uhren- und Edelsteinhändler stehen an der Second Cross, Eisenwaren an der Third Cross Street. Den Goldschmieden gehört die Sea Street, die Main Street den Textilhändlern und so weiter. Mit zum Reizvollsten gehört die Fifth Cross Street mit ihren Tee-, Kräuter- und Gewürzhändlern. Hier kommen „Schnüffler“ voll auf ihre Kosten.

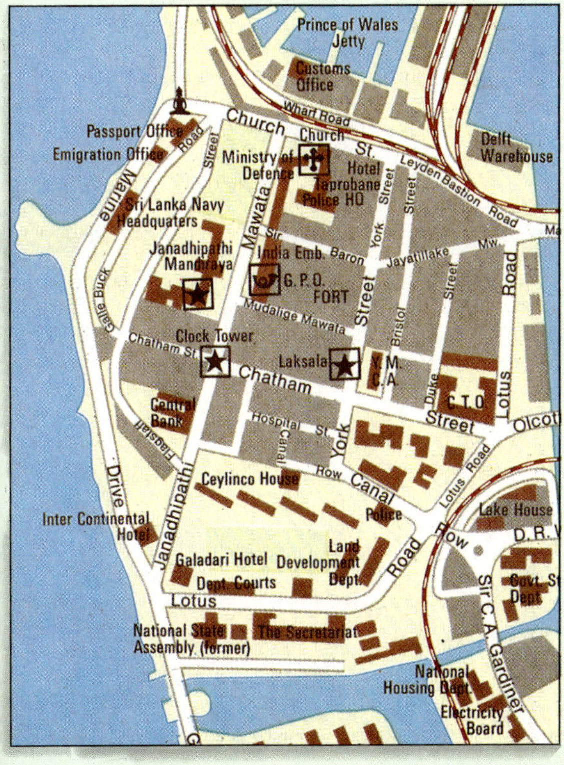

Die Pettah ist auch historisch gesehen von Interesse. Vom Pettah Clock Tower bewegen wir uns auf der Front Street an den Chalmers Granaries vorbei zur Keyser Street. Hier biegen wir nach links zum **Kerkhof** ab, dem ehemaligen holländischen Friedhof. Die Grabsteine hat man entfernt, als das Grundstück bebaut werden sollte.

Südlich der Front Street liegt der Bahnhof **Colombo Fort Railway Station,** der größte Bahnhof Sri Lankas. Im Bahnhofsgebäude ist eine kleine Sammlung für Eisenbahnfans zusammengestellt. Nach Voranmeldung kann sie am Wochenende besichtigt werden.

An der Second Cross Street – Ecke Prince Street steht das **Old Post Office** mit seinen Kolonnaden. Einst eine Privatvilla, ist es das letzte Beispiel eines Wohnhauses aus der Zeit der Holländer. Die Freitreppe und die großen Türen waren damals üblicher Baustil. Über dem Haupteingang steht die Jahreszahl 1780, eine Karte von 1732 gibt jedoch an, daß damals an dieser Stelle ein „Seminar“ gestanden hat.

Jetzt ist das **Dutch Period Museum** darin untergebracht, das 1982 vom Präsidenten persönlich eröffnet wurde. Möbel, Haushaltsgegenstände und Karten wurden sorgfältig ausgewählt. Das Museum ist leider noch nicht regelmäßig geöffnet.

An der Second Cross Street beim Hafen steht die **Jami-ul-Alfar-Moschee** von 1908. Der Name des Sakralbaus bedeutet „Versammlung zum Gebet“. Eine Reihe der Moslems, die sich in dem faszinierenden rot-weißen Backsteinbau versammeln, könnte durchaus von den ersten Moors in Colombo abstammen. Fünfmal ertönt täglich der Ruf zum Gebet. Ansonsten dürfen die Besucher die Moschee betreten (ausgenommen die *maharab*, die Gebetshalle) und mit *ulamas,* gelehrten Moslems, über den Islam sprechen.

Der alte Glockenturm *Kaymans Gate* steht südlich der Main Street, an der Kreuzung mit der Fifth Cross Street. Heute eine Ruine, dürfte er zum ältesten kirchlichen Gebäude auf der Insel gehört haben. Es ist überliefert, daß er im 16. Jahrhundert zur portugiesischen Kirche

Sao Francis in Kotte gehörte und von den Holländern hierher versetzt wurde. Der Name ist ungewöhnlich: es stand nie ein Tor an dieser Stelle, und *kaymans* – auf Holländisch „Krokodile“ – bezieht sich wohl auf die vielen Reptilien, die damals in den Gräben der Festung schwammen.

Nahe bei Kaymans Gate, an der Ecke Kachcheri Road, steht die **Old Town Hall,** das alte Rathaus. Heute ist ein farbenfroher und vielseitiger Markt darin untergebracht mit allem wird gehandelt, was die Insel zu bieten hat; angefangen beim Gemüse und Fleisch, reicht die Palette bis zu allen möglichen Haushaltsutensilien.

Von Kaymans Gate führt die Sea Street nach Norden, Richtung Hafen. Nach etwa 400 m stößt man auf drei interessante hinduistische *kovils,* die direkt nebeneinander stehen: der **Ganeshan-,** der **Old Kathiresan-** und der **Sri New Kathiresan-Tempel.** Letzterer ist dem Kriegsgott Skanda geweiht; sein Gopuram ist von buntbemalten Skulpturen überzogen. Es ist der größte Hindu-Tempel Colombos. Einmal jährlich rückt er besonders stark in den Blickpunkt der Öffentlichkeit, dann nämlich, wenn das wichtigste Fest der Hindus von Colombo, die sogenannte Vel-Prozession, an diesem Tempel ihren Ausgangs- und Endpunkt hat.

Besondere Kirchen

Etwas weiter nördlich mündet die Sea Street bei Kochchikade wieder in die Hafenpromenade. An den Toren der **St. Anthony's Church** fallen, besonders dienstags, die Menschenschlangen ins Auge. Gläubige aller Religionen und keineswegs nur Katholiken strömen zum Standbild des bekannten portugiesischen Heiligen, den sie, da er angeblich Wunder vollbringen kann, in Zeiten persönlicher Krisen um Hilfe ersuchen.

Nach rechts an der uninteressanten gelben Kirche an der Jampettah Street vorbei und nocheinmal nach rechts führt der Weg auf den Vivekananda Hill. Auf seiner Spitze an der Ecke Ratnajothi Saravanamutto Mawatha steht die bekannteste Kirche von ganz Colombo, die **Wolvendaal Kerk.** 1757 von Holländern geweiht, war sie das höchste Gebäude der Stadt. Mit ihren dicken Wänden und den vier schnörkelhaft verzierten Seitenschiffen stellt sie ein erhabenes, strenges Zeugnis aus der Kolonialzeit dar. Im Inneren fallen die mit einem Baldachin versehene Kanzel, das fein geschnitzte Taufbecken, die Kristalleuchter, die Kommuniongefäße aus Silber sowie eine bebilderte holländische Bibel ins Auge. Alte Grabsteine und Wappenzeichen bedecken Fußboden und Wände. Die Gottesdienste sind zweisprachig (Englisch und Tamilisch).

Die einzige katholische Kathedrale Colombos, **St. Lucia,** erhebt sich auf einem Hügel, etwa 1 km nordöstlich. Der massive Kuppelbau mit seinen ionischen Säulen ist das Zentrum des Katholizismus auf der Insel. 6000 Gläubige faßt das Kirchenschiff. Die Bauzeit des 1906 fertiggestellten Gebäudes betrug 34 Jahre.

Die Kirche **Paramananda Purana Viharaya,** die wie St. Lucia im Bezirk Kotahena liegt, geht auf 1806 zurück. Ihre *vihara* enthält Fresken aus dem Leben Buddhas und der Geschichte des Buddhismus auf Sri Lanka sowie eine Nachbildung des großartigen Aukana Buddha. Nebenan sehen wir den **Dipaduttaramaya Tempel,** der ebenfalls 1806 fertig wurde. Hier erkennt man deutlich den siamesischen Einfluß. Die Fresken im Inneren der *vihara* malte um 1895 ein burmesischer Mönch. Der **Sri Muthumsriamman Kovil** an der Kotahena Street,

Links: Clock Tower im Fortviertel. Rechts: junger Händle[r] im World Market.

im selben Bezirk, ist der Göttin Pattini geweiht, der die Fähigkeit zugeschrieben wird, Krankheiten vorzubeugen und zu heilen.

Von hier aus verläuft die Sri Sumanatissa Mawatha zur Panchikawitta Road, dem berühmten Umschlagplatz für Ersatzteile von Autos aller Art. Die **Tower Hall** mit ihrem weißen Turm war das erste Theater in Colombo; es wurde in den 60er Jahren geschlossen und erst 1978 wiedereröffnet. Das **Elphinstone Theatre,** Sri Lankas erstes Kino, steht gleich nebenan.

Dahinter in Richtung Pettah kommen wir in den **Hultsdorf**-Bezirk. Eine Anwaltskanzlei steht hier neben der anderen, die wichtigsten Gerichtshöfe des Landes liegen ebenfalls an der Hultsdorf Street. Gegenüber der **All Saint's Church** (1860) ist der **Supreme Court,** das **Justizministerium** und die Dachorganisation der Rechtsanwälte untergebracht.

Die Sklaveninsel

Eingekeilt zwischen Fort und Pettah im Norden, Galle Face Green im Westen und dem Bahnkörper im Osten sind der **Beira Lake** und die **Slave Island** (Sklaveninsel). Diese ehemalige „Insel" wurde inzwischen trockengelegt und bildet jetzt einen Bezirk Colombos.

Natürlich gibt es jetzt auch keine Sklaven mehr; früher war das anders. Es muß ein äußerst unangenehmes Exil gewesen sein, als die Holländer im 17. und 18. Jahrhundert ihre Sklaven einpferchten, die sie mit Booten zu ihren Arbeitsplätzen brachten. Im See setzten sie Krokodile aus, um jede Flucht auszuschließen. Sklaven, die es trotzdem versuchten, wurde beim erstenmal ein Zeichen in die Haut gebrannt, beim zweiten Versuch hängte man sie auf.

Zur Zeit der Briten wurden die Krokodile entfernt, der See diente der Erholung. Zwei Ruderklubs benutzen ihn noch heute. Vorübergehend war hier auch ein malaiisches Regiment stationiert, daher der Name Kompanna Veediya – „Company Street". Jetzt sind hier zahlreiche staatliche Behörden untergebracht, das Hauptquartier der Luftwaffe, das städtische Footballgelände, ältere Hotels, Kinos und Buchhandlungen. Von den vielen *kovils* und Moscheen seien genannt der **Sri Siva Subramania Swami Kovil** an der Kew Road, der zu Beginn dieses Jahrhunderts für die Hindu-Soldaten der britischen Armee er-

Colombo im 18. Jhdt. (holländische Gravur).

richtet wurde, sowie die **Military Moschee** und die **Akbar Moschee,** die vor allem für das malaiische Regiment gedacht waren.

Wenn wir auf der James Peiris Mawatha weitergehen, und zwar von der Sklaveninsel aus gesehen in südlicher Richtung, kommt das Ufer des Beira Lake an seinem südwestlichen Seitenarm in Sicht. Von hier aus können Sie zwei Sehenswürdigkeiten erkennen, die wir der besonderen Aufmerksamkeit der Colombo-Besucher empfehlen möchten. Es handelt sich dabei zunächst um eine kleine Insel, die kaum 150 Meter vom Ufer entfernt im Beira Lake liegt und die einen **Amusement Park** (Vergnügungspark) beherbergt. Mit kleinen Booten, die am Ufer festgemacht sind, kann man hinübergelangen. Allerdings sind die Anlagen in letzter Zeit etwas vernachlässigt worden, sollen jedoch jetzt wieder aufgemöbelt werden. Dann erkennt man den modernen Bau des **Simamalaka,** eine buddhistische Halle draußen auf dem See. Der hübsche *Bo*-Baum und das Buddhabild sind von der Küste aus deutlich zu erkennen, ein reizvoller Anblick vor allem im Abendlicht. In Verbindung mit dem **Gangaramaya Bhikku Training Centre** dient sie als Begegnungszentrum der Mönche und Stätte der Meditation.

Cinnamon Gardens

Cinnamon Gardens, das Viertel wird heute schlicht als „Colombo 7" bezeichnet, ist die exklusivste Wohngegend Colombos. Der Name bedeutet „Zimtgärten" und stammt natürlich von jenem Gewürz, das einst Portugiesen und Holländer auf die Insel gelockt hatte. Der ganze Bezirk bestand einmal aus Gewürzplantagen. Der Name blieb erhalten, Zimt jedoch wird höchstens noch in Privatgärten gezogen.

Viele ausländische Botschaften sind in alte Kolonialvillen eingezogen, andere haben staatliche Behörden und die Universität übernommen. Die breiten Straßen sind von großen Bäumen gesäumt, hübsche Hausgärten und gepflegte Rasenflächen umgeben die alten Häuser. Dieser Gegend hat Colombo den Beinamen „Grüne Stadt" zu verdanken.

Der grünste Fleck aber ist der **Viharamahadevi Park,** der die südliche Grenze der Sklaveninsel bildet. Die große Grünfläche war einmal die größte Zimtplantage der Region und hieß Victoria Park. 1958 wurde sie nach der großen Singhale-

Galle Face-Charaktere: links: Türsteher im Hotel; rechts: Velu, der „Drachenmensch".

senkönigin Viharamahadevi umbenannt. Die Legende erzählt, daß sie von ihrem Vater, dem König von Kelaniya, auf einem Schiff ausgesetzt wurde. Er wollte sie wegen eines eigenen Vergehens den Göttern opfern. Die Königin wurde am Strand von Kirinda in Ruhuna (bei Yala) angeschwemmt und mit König Kavantissa verheiratet. Sie gebar ihm den großen König Duttagamini, der auf Drängen seiner Mutter den Singhalesen die Stadt Anuradhapura zurückeroberte und als erster Sri Lanka unter einem König vereinigen konnte.

Nun steht das Standbild der Königin inmitten der üppig wuchernden Pflanzen des Parks. Ebenholz- und Mahagonibäume, Zitronen, Feigen, Eukalyptus, Saulbäume und viele andere sind hier zu finden, ebenso Lotosteiche, Brunnen und Orchideenhäuser. Scharen von Singvögeln, fliegende Füchse (große Fledermäuse), die tagsüber von den Ästen baumeln, ein Freilichttheater und Musikshows sind weitere Attraktionen.

In der Südostecke ist ein kleiner Kinderpark eingerichtet. Dort können die Kleinen Bahn fahren und in einem Zoo junge Tiere beobachten.

In der Nordostecke steht die **Town Hall,** das Rathaus von 1928. Der Bau ähnelt den amerikanischen State Capitols.

Gegenüber der Town Hall steht eine sehr eindrucksvolle Buddha-Statue.

Dahinter schließlich, in der Nähe des Desoysa Circus, sind die Umrisse der auffälligen jahrhundertealten **Devatagaha-Moschee** zu erkennen.

Green Path

Der Ananda Kumaraswamy Mawatha, der einstige Green Path, führt quer durch den Viharamahadevi Park. Wer den Park über diese Straße von Westen betritt, kommt an der **Public Library** (1978) vorbei (ein Pfadfinderstandbild steht davor). Gleich nördlich davon ist das **War Memorial** (Kriegerdenkmal für die Gefallenen der Weltkriege); es entstand 1914, nach dem Zweiten Weltkrieg hat man weitere Tafeln angebracht. Am 14. November werden bei einer Gedenkfeier Kränze niedergelegt. Im ganzen Land wird eine Schweigeminute eingehalten.

Auf der rechten Seite des Green Path folgt dann die **Mahaweli Exhibition and Royal Asiatic Society Library,** deren Fertigstellung für 1983 geplant war. In

Kinoplakate in Slave Island.

diesem im klassischen Kandy-Stil errichteten Gebäude werden die großartigen antiken Stauseen Sri Lankas anschaulich präsentiert und mit den heute auf diesem Gebiet möglichen technischen Leistungen verglichen (Mahaweli-Regulierung).

Ganz in der Nähe des östlichen Parkausgangs werden im **Art Museum** moderne Kunst, Gemälde sowie Kunsthandwerk ausgestellt. Das Museum dient sowohl den zeitgenössischen Künstlern Sri Lankas als auch modernen Künstlern des Auslands als Forum, um sich der Öffentlichkeit zu präsentieren.

Das Nationalmuseum

Der Südausgang des Parks wird vom **Nationalmuseum** beherrscht. 1877 ließ es der Gouverneur Gregory erbauen. Es enthält zahllose Dokumente, die Ceylons Kultur in Vergangenheit und Gegenwart vor Augen führen. Erstaunlich z.B. die Insignien des Sri Wickrama Rajasingha, des letzten Kandy-Königs. Anhand der antiken Fundgegenstände läßt sich die Geschichte Sri Lankas von der Vorgeschichte über die klassisch-historischen Königreiche von Anuradhapura und Polonnaruwa bis zur heutigen Zeit verfolgen. Sie finden antike Bronze- und Stahlwerkzeuge, Elfenbeinschnitzereien, die Fahnen der Singhalesen, rituelle Masken und holländische Kolonialmöbel. Ausgestellt ist ebenfalls eine Sammlung von Staatsgeschenken für Sirimavo Bandaranaike. Die Bibliothek des Hauses umfaßt mehr als 500000 Titel über Sri Lanka, darunter mehrere tausend *ola* (Palmblätter)-Manuskripte.

Südlich des Nationalmuseums kommt man zum **Lionel Wendt Art Centre and Theatre** am Guilfort Crescent. Wendt (1900 bis 1944) war Ende der dreißiger Jahre ein international renommierter Jurist, Maler und Fotograf. Das Galerie-Theater zu seinem Gedenken enthält Grafiken, Fotoausstellungen sowie die Hauptverwaltung der Ceylon Photographic Association.

Der alte **Turf Club** liegt an der Reid Avenue südlich des Guildford Crescent. Die Pferderennbahn ist seit 1956 außer Betrieb; die Haupttribüne wurde zeitweilig von den Kunststudenten der Universität benutzt, woraus Witzbolde das Wortspiel „Kunst" sei etwas ähnliches wie ein „Pferd" zusammenreimten. Auf Singhalesisch sind die Bezeichnungen für

Buddhistische Simamalaka, Beira Lake.

„Pferd" und für „Kunst" ziemlich gleichlautend.

Die **Universität von Colombo** und das **Royal College** liegen an der Reid Avenue, gegenüber des Turf Club. Die Universitätsbibliothek und das Planetarium, ein Rundbau von 23 m Durchmesser, liegen genau im Süden der ehemaligen Pferderennbahn.

Gedenkt der Unabhängigkeit

Die **Independence Memorial Hall,** ein Betonbau mit Säulen im Stil der mittelalterlichen Kandy-Audienzsäle, finden wir im Osten des Turf Club. An dieser Stelle eröffnete der Duke of Gloucester am 4. 2. 1948 die erste Parlamentssitzung des unabhängigen Ceylons. Wandreliefs aus Bronze stellen Szenen aus der Geschichte Sri Lankas dar. Eine Bildergalerie und Skulpturen sollen im Erdgeschoß Platz finden.

Auf der anderen Seite der Independence Avenue ist das **Ministerium für Sport,** das Trainingsgelände mehrerer Cricket-, Rugby- und Fußballklubs schließt sich an.

Westlich der Independence Memorial Hall arbeitet das Sri Lanka Foundation Institute, ein Forschungs- und Seminargebäude, das die Bundesrepublik Deutschland Sri Lanka zum Geschenk gemacht hat. Südlich liegen der Rundfunk und das ceylonesische Forschungszentrum.

Gegenüber der Nachbildung des Aukana Buddha an der Bauddhaloka Mawatha steht die **Bandaranaike Memorial International Conference Hall** – in Colombo kurz „BMICH" genannt. Das riesige, achteckige Gebäude, das 1971 für 1,5 Millionen $ gebaut wurde, ein Geschenk Chinas, faßt bis zu 1500 Personen und gilt als eine der schönsten Konferenzsäle in ganz Südostasien. Ein Museum zu Leben und Werk des 1959 ermordeten Premierministers S. W. R. D. Bandaranaike ist Bestandteil der Conference Hall.

Etwas weiter östlich folgt an der Dudley Senanayake Mawatha, der Straße nach Kotte, das **College of Indigenous Medicine** (traditionelle Heilkunde) und das **Ayurvedic Hospital.** In Sri Lanka sind die überlieferten Heilmethoden (Kräuter und Bäder spielen eine wichtige Rolle) wieder im Kommen. Ein berühmter Praktiker des Ayurwedic (auf der Ayurweda begründete altindische Medizin mit pflanzlichen Präparaten) ver-

Independence Memorial Hall.

sprach einmal „Verstauchungen, Brüche, Säbelbeine und alle sonstigen Hautkrankheiten“ zu heilen. Das Hospital steht Besuchern offen. Sowohl das College als auch die Klinik können besichtigt werden, vorausgesetzt, man hat sich rechtzeitig vorher angemeldet.

Nördlich vom College steht der buddhistische Tempel **Gotami Vidyalaya** mit interessanten neueren Fresken. George Keyt und Manjusri Thera haben sie geschaffen.

Galle Road

Die Galle Road verläuft wie ein Band an Colombos Westküste entlang und führt über etwa 115 km vom Galle Face Green bis zum Hafen von Galle. Keine andere Straße in der City verdiente eher, die Hauptschlagader Colombos genannt zu werden.

Der erste Abschnitt, Galle Face Green, wurde von Gouverneur Ward 1859 als Promenade „für die Damen und Kinder von Colombo“ angelegt. Am Ende der Trockenzeit wäre zwar eher der Name Galle Face Brown angebracht, doch wenn es anfängt zu regnen, wird es auch wieder grün.

Der „Hyde Park von Colombo“ erlebte einst Pferderennen, Paraden der Kolonialarmee und andere Feste. Jetzt finden gelegentlich Großkundgebungen statt. An den Wochenenden wird auf Sandplätzen Kricket und Fußball gespielt.

Ein beliebter Sport ist das Drachensteigenlassen. An Ort und Stelle kann man einen großen bunten Drachen kaufen und ihn in der steifen Seebrise aufsteigen lassen.

Am Nordende des Green steht auf einem kleinen Hügel über dem Meer die von der Sowjetunion gestiftete Statue des S. W. R. D. Bandaranaike.

Dahinter soll am Beira Lake das **Sheraton Hotel** hochgezogen werden. Hinter dem **Hauptquartier der Armee** steht das neue **Taj Samudra Hotel,** das **Holiday Inn** steht gleich neben dem **Galle Face Hotel** am Südausgang des Green. Dieses Hotel, jetzt zur Regent Hotel-Gruppe von Hongkong gehörend, erhebt den Anspruch, das erste Hotel in Asien zu sein; es wurde hier 1856 errichtet.

Ab dem Galle Face Hotel heißt die nach Galle führende Straße offiziell Rollupitiya Road. Das Hotel Lanka Oberoi – in der Lobby finden Sie vier riesige Batiken aus der Werkstatt des Künstlers Ena de Silva, von denen jede 3500 US $

Bandaranaike Memorial International Conference Hall.

wert sein soll – wurde neben die **St. Andrew's Scots-Kirche,** eine Kirche im Bezirk Kollupitiya (gehört zu Colombo 3) errichtet. Dieses in einheimischem Besitz befindliche Hotel steht damit im Süden des Galle Face. Übrigens war die St. Andrew's Scots Kirk das erste Gotteshaus der Presbyterianer auf der Insel und wurde bereits 1842 errichtet.

Gehen wir vom Hotel Oberoi die Straße ein Stück weiter hinunter, kommen wir zum Gebäude, in dem die British High Commission (Hohe Kommission Großbritanniens) und die Botschaft der Vereinigten Staaten untergebracht sind. Auf der anderen Seite der Straße, immer noch im Bezirk Kollupitiya, steht ein Haus, das den Namen **Temple Trees** (Tempelbäume) trägt. Dies ist der Amtssitz des Premierministers von Sri Lanka. Man beachte die Jasminbäume, die den Platz um die Residenz zieren.

Der Weg nach Bambalapitiya

An der Ecke Ananda Kumaraswamy Mawatha – Kollupitiya lockt der **Kollupitiya Market,** ein Kaleidoskop von Bildern, Düften und Tönen, wo man gut und gerne ein, zwei Stunden verbringen kann.

Geschäfte, Werkstätten und Restaurants begleiten die Galle Road auf den nächsten Kilometern. Rechterhand erkennt man das **Mumtaz Mahal,** eine Kolonialvilla am Meer, jetzt Residenz des Parlamentspräsidenten.

Etwa 5 km südlich des Fort erreicht man, an der Ecke Bauddhaloka Mawatha, die große Bambalapitiya Junction. Hier beginnt der gleichnamige Distrikt, auch als „Colombo 4" bekannt.

Die kleine Straße, die von der Kreuzung in Richtung Meer verläuft, heißt Glen Aber Place. Hier war bis vor kurzem das Tourist Information Center des Ceylon Tourist Board zu finden. (Es ist heute im Transwork House, Lower Catham Street, Colombo 1, untergebracht.)

Die danebenliegende **Borah-Moschee** ist die Andachtsstätte der Minderheit der Parsen.

Ein wichtiger und bekannter Tempel ist der **Vajiraramaya,** an der Vajira Road, mitten in Bambalapitiya, ein paar Schritte abseits der Galle Road. Es ist ein Zentrum zum Studium der buddhistischen Lehre und Philosophie in englischer Sprache.

Gegenüber der Dickmans Road führt die Melbourne Avenue zum Meer. Das

Markt in Kollupitiya.

Colombo Plan Bureau hat hier seinen Hauptsitz. 1950 begann man, aufgrund des sogenannten Colombo-Plans, Entwicklungshilfe zu leisten. Dieses internationale Projekt verfolgte das Ziel, Mittel und Know-how von den reicheren auf die weniger entwickelten Länder, die gemeinsam Mitglieder des Colombo-Plans waren, umzuverteilen. Daß der damalige Finanzminister Sri Lankas, J. R. Jayewardene, heute bekanntlich sein Staatspräsident, gemeinsam mit dem Außenminister Australiens, die Idee zum Colombo-Entwicklungsplan hatte, gilt hier allgemein als unumstritten. Unterschrieben haben damals, zu Beginn der 50er Jahre, unter anderem folgende Staaten: Großbritannien, Kanada, Neuseeland, Indien und Pakistan. Die offizielle Bezeichnung des sogenannten Colomboplans lautet: „Colombo Plan for Cooperative Economic Development in South and South East Asia". Auch heute noch werden zahlreiche Entwicklungsprojekte aus den Geldern des Colomboplans finanziert. Allerdings hat sich das Schwergewicht auf Projekte verlagert, die in erster Linie von den Vereinigten Staaten von Amerika und von Japan finanziert werden.

Die Dickmans Road führt von der Galle Road geradewegs nach Osten. Einen Block, bevor sie auf die Havelock Road stößt, geht es nach links zur Anderson Road. Ein paar Häuser weiter steht der Ausstellungsraum des **Ratnapura Gem Bureau and Museum.** Außer den Mineralien und Edelsteinen finden Sie hier Messing- und Silberhandwerk und eine Galerie von Bildern mit vorwiegend religiösen Motiven.

Hinter der Havelock Road geht die Dickmans Road in den Isipatana Mawatha über. Hier steht der hübsche **Isipathanaramaya-Tempel** mit einer schönen *dagoba* und einer eindrucksvollen *vihara;* außergewöhnlich sind die Fresken. Auch der **Asokaramaya-Tempel,** etwas weiter nördlich, ist für seine Wandmalereien bekannt.

An der Südseite der Havelock Road ist das **Lumbini Theatre,** ein Hort klassischer singhalesischer Theaterstücke.

An den Bambalapitiya-Distrikt schließt sich nach Süden hin der Wellawatta-Distrikt an. „Little Jaffna" heißt der Bezirk wegen der vielen Tamilen, die hier leben. In Dehiwela kommen wir zum **Zoo,** der zu den schönsten Asiens zählt. Säugetiere, Reptilien und Fische aus Sri

Mount Lavinia Hotel.

Lanka und Südindien leben hier. Der Zoo hat als einer der ersten die Freigehege eingeführt. Hauptattraktion ist um 17.15 Uhr die tägliche Vorführung der Elefanten, die allerhand akrobatische Kunststückchen zeigen. Einer der Dickhäuter spielt die Harmonika, und die anderen hopsen hinter ihm her. Der Weg zum Zoo ist ausgeschildert.

In Dehiwela steht auch der **Subodharmaya**-Tempel, und zwar an einem kleinen Seitenweg hinter der Hauptkreuzung des Ortes. Ein schönes Buddhabild, das der Mystiker Ouspensky als den „Buddha mit den Saphiraugen" berühmt machte, steht hier. Der Glanz rührt von *pol-thel* (Kokosöl)-Lampen her.

Es folgt das Strandbad **Mount Lavinia.** Das **Mount Lavinia Hotel,** ein Kilometer von der Galle Road, hat seinen kolonialen Glanz bewahrt. Man bestelle sich einen *Arrack*-Cocktail am Swimming-Pool und genieße den Sonnenuntergang über dem Indischen Ozean und den aufkommenden Lichterglanz des 12 km entfernten nächtlichen Colombo.

Die einstige Vorstadt-Residenz des britischen Gouverneurs ist zu einem kleinen Touristenzentrum im Großraum Colombo geworden. Aber Vorsicht beim Baden: Die gefährlichen Unterwasserströmungen haben schon manchem Touristen das Leben gekostet.

Kotte und Kelaniya

Am östlichen Stadtrand Colombos liegen zwei besonders sehenswerte Stätten:

Da ist zunächst der neue Parlamentskomplex in **Kotte, Sri Jayawardhanapura** genannt, das in kurzer Zeit aus dem Boden gestampft wurde. Die neue **National State Assembly,** das Parlamentsgebäude selbst, steht inmitten des Diyawanna Oya-Sees und ist ein schlichtes orientalisches Bauwerk. Der 43-Millionen-$-Komplex soll sämtliche Ministerien sowie die Infrastruktur einer ganzen Stadt aufnehmen. Handel, Banken und Industrie werden im alten Colombo bleiben.

Die wichtigste Stätte für buddhistische Gläubige in Colombo liegt in **Kelaniya,** 11 km im Nordosten des Fort an einer Abzweigung von der Straße nach Kandy. **Kelaniya Raja Maha Vihara** soll eine der drei Stätten sein, die Buddha persönlich auf Sri Lanka aufgesucht hat.

Im *Mahavamsa* steht geschrieben, daß die *dagoba* in der ungewöhnlichen Form eines Reishaufens genau der Platz ist, an dem Buddha auf Bitten eines *naga*-Königs auf einem edelsteinbesetzten Thron Platz nahm, um seinen Untertanen das Dharma zu predigen und sie zu bekehren.

Die moderne *vihara,* Anfang dieses Jahrhunderts erbaut, wirkt elegant. Fresken erzählen von Buddha, dem Buddhismus in Ceylon und der Geschichte des Temples von Kelaniya. Faszinierend sind auch die geometrischen Deckengemälde in der großen Halle. Auch drei berühmte Buddha-Bilder befinden sich hier, ein liegender und zwei sitzende Buddhas. An den Außenwänden erkennen wir zahlreiche Zwerge und Elefanten, die denen der Tivanka Vihara in Polonnaruwa nachgebildet sind.

Alljährlich im Januar wird in Kelaniya die *perahera* gefeiert. Es ist der buddhistische Monat Duruthu, in dem Buddhas Besuch stattfand. Ein bunteres Schauspiel bietet allenfalls noch die Esala Perahera in Kandy.

Die Stadt **Kelaniya** selbst ist das Zentrum der traditionellen singhalesischen Töpferkunst. Eine Spezialität der Terrakottaarbeiten sind eingeritzte Verzierungen. Groß ist das Angebot an bemalten Tontieren.

Außen- (links) und Innenseite des Kelaniya Raja Maha Vihara.

ATTRAKTIONEN AN DER SÜDKÜSTE

Die Südküste von Sri Lanka besticht durch ihre Vielfalt: Viele berühmte Strandbäder liegen hier, die Gummi- und Palmweinindustrie sind hier zu Hause; außerdem: Galle, der alte Stützpunkt der Portugiesen und Holländer; die letzten verbliebenen Tropenwälder; antike Ruinen; großartige Pilgerorte und ein großer Nationalpark. Die Straße von Colombo nach Hambantota über 241 km die Küste entlang ist gut ausgebaut.

Über die Galle Road verläßt man die Hauptstadt gen Süden vorbei am Strandbad Mt. Lavinia und dem Inlandflughafen Ratmalaga. Der zwischen Moratuwa und Panadura gelegene **Lake Bolgoda** zieht die Wassersportfreunde an (Rudern, Wasserski).

Vorhergehende Seiten: Flußszene bei Bentota. Links: Strand von Bentota. Unten: Strand von Polhena.

Kalutara, 43 km von Colombo, beherbergt die riesige neue *dagoba* **Gangatilaka Vihara** bei der Brücke über den Kalu Ganga. Hier stand ein alter buddhistischer Tempel. Die *dagoba* ist kein Reliquienschrein, sondern innen hohl und sehr schön bemalt.

Draußen vor der *dagoba* steht ein kleines buddhistisches Heiligtum und ein *Bo*-Baum, vor dem eine *pin-kate* (Geldkasse) steht. Die Autofahrer werfen Münzen ein, um sich eine gute Fahrt zu sichern.
Kalutara war früher ein Zentrum des Gewürzhandels (Zimt). Die Kolonialmächte unterhielten an der Flußeinfahrt eine kleine Festung. Heute ist Kalutara für seine *mangosteens* bekannt. Diese purpurroten köstlichen Früchte wurden 1813 aus Malaysia eingeführt. Sie wachsen auf der ganzen Insel, doch man sagt, in Kalutara seien sie am besten und am billigsten. Haupterntezeit sind die Monate Mai, Juni und Juli.

Eine weitere Attraktion von Kalutara sind seine berühmten Korbwaren. Die Fertigungsstätte heißt schlicht **Basket Hall,** Halle der Körbe. Man hat sich hier darauf spezialisiert, feine geometrische Formen zu verarbeiten; auch der Einsatz der Farben verdient Beachtung.

Die Gummiindustrie

Kalutara ist auch das Zentrum des ertragreichsten Bezirks der Gummiindustrie des Landes. In **Agalawatta,** 23 km im Inneren der Insel, unterhält das **Rubber Research Institute** (Forschungsanstalt) eine Modellplantage zur wissenschaftlichen Erforschung der Pflanzen, Böden, Düngemittel und Krankheiten. Die Plantagen von Sri Lanka sind mit die ältesten der Welt. Die Dartonfield Plantage hat bei der Erforschung aller möglichen Pflanzenkrankheiten und bei der Züchtung neuer Pflanzensorten bereits seit 1934 Pionierarbeit geleistet.

Gummi wird aus dem milchigen Saft gewonnen, der dem Gummibaum entzogen wird. Mit einem Spezialmesser in V-Form wird schräg in die Rinde eingeschnitten und der ausströmende Saft in einem kleinen Gefäß aufgefangen. An jedem zweiten oder dritten Tag des Jahres wird zehn Monate lang diese Prozedur zentimeterweise jeweils unterhalb des letzten Schnitts wiederholt. In den restlichen zwei Monaten verliert der Baum seine Blätter und darf sich „ausruhen".

Der Milchsaft (Latex) wird in Eimern zur Verarbeitung transportiert. Dort wird er durch ein Messingsieb passiert, „standardisiert" (durch Wasserzusatz), bis pro Gallone (ca. 4,5 l) 1½ Pfund

Festgummi entsteht; zum Gerinnen wird das Ganze in Tröge abgefüllt. Die schwammige Masse wird danach durch mehrere Walzen gepreßt, bis sie die gewünschte Konsistenz hat. Kreppgummi entsteht durch Spezialbehandlung des Milchsafts mit Natrium-Bisulfat.

Nach dem Walzprozeß werden die Gummiplatten zum Trocknen aufgehängt; manche werden auch geräuchert; dadurch soll der Gummi haltbarer werden; zudem sollen dadurch alle Bakterien abgetötet werden. Danach kommen die Gummiplatten als durchsichtiger Rohgummi auf den Markt.

Die Aufseher der Plantagen sind im allgemeinen gerne bereit, auch unangemeldeten Besuchern die interessanten Produktionsanlagen zu zeigen. Um ganz sicher zu gehen, sollte man sich vorher anmelden.

Die Strände von Bentota

In **Beruwala,** südlich von Kalutara, beginnt die Reihe der bekannten Strände mit vielen Touristenhotels.

Beruwala soll die erste maurische Siedlung Sri Lankas gewesen sein, gegründet im 8. Jahrhundert n. Chr. von arabischen Händlern. Auch heute leben hier noch viele maurische Schmuckhändler, die meisten im sogenannten „China Fort-Bezirk".

Auf einer felsigen Landspitze liegt die berühmteste Kultstätte der Moslems von Sri Lanka, die **Kachchimalai-Moschee.** Tausende moslemischer Pilger strömen am Ende des Ramadan-Fastenmonats zu den weißen Minaretten. Sie pilgern zum Grabmal des Scheichs Ashareth, eines Heiligen, dessen Steinsarkophag vor 1000 Jahren an der Küste gestrandet sein soll.

Alutgama, Busbahnhof und Fischmarkt, trennt Beruwala von Bentota. Von hier führt eine kurvenreiche und nur teilweise asphaltierte Straße zum Garten des siebzigjährigen Bevis Bawa **(„Brief"),** eines berühmten Landschaftskünstlers. Sein Haus, inmitten einer friedlichen Oase, ist ein wahres Museum, in dem Bawa seine eigenen Werke (er ist Bildhauer), die seiner Freunde George Keyt, Donald Friend u. a. sowie schöne antike Möbel sowohl von der Insel als auch aus dem Ausland präsentiert.

In **Bentota** steht der **National Holiday Resort-**Komplex mit seinen Touristenhotels, einem eigenen Marktplatz und Einkaufszentrum, einem Kulturprogramm und Ausstellungen. Das **Bentota Beach Hotel** hat man da errichtet, wo einst eine portugiesische Festung stand. Die Badesaison geht von Oktober bis April/Mai; in dieser Zeit ist das Meer ruhig, und die Hotels sind überfüllt.

Doch Vorsicht in den Monaten des Monsuns! Das Meer ist unberechenbar, der Wellengang erstaunlich stark.

Bentota Ganga, die die natürliche Grenze zwischen West- und Südwestprovinzen bildet, ist für kleine Schiffe mehr als 30 km weit flußaufwärts schiffbar. Fünf Kilometer flußaufwärts kommt man zum **Galapata Vihara.** Von dem Tempel aus dem 12. Jahrhundert ist kaum etwas erhalten. In einem Torbogen erinnert eine lange Inschrift daran, daß dem Kloster Land und Sklaven geschenkt wurden.

Eine Bootsfahrt läßt sich von den Hotels in Bentota leicht arrangieren. Am Strand direkt sollte man keine Boote mieten. Es gibt Touristen, die fürchterlich übers Ohr gehauen wurden.

Palmsaftgewinnung

Überall in Sri Lanka, vor allem jedoch am Küstenstreifen von Colombo bis Galle, fallen die Seile ins Auge, die zwischen den Kronen der Kokospalmen gespannt sind. Auf ihnen laufen die Männer von Palme zu Palme, um den ausgelaufenen, süßen, milchigen Saft der angezapften Kokosnußblüten einzusammeln.

Mit Toddy werden in Sri Lanka viele Geschäfte gemacht. Aus Toddy wird auch das beliebteste alkoholische Getränk des Volkes, der Arrak, destilliert. Um den Saft zu bekommen, werden die Knospen der Kokosnußblüte zugebunden und die Blüte am Blühen gehindert. Zweimal täglich wird zwei Wochen lang mit einem Knochen an die Blütenknolle geklopft; anschließend werden die Spitzen abgeschnitten und ein Topf darüber gestülpt, um den tropfenden Nektar aufzufangen. Ein einziger Zapfer schafft pro Tag 100 und mehr Bäume dadurch, daß er mit einem starken Seil aus Kokosfaser ganze Gruppen von Bäumen zusammenbindet. Wenn er einmal raufgeklettert ist, kann er in einem Durchgang gleich mehrere Bäume in 10 m Höhe bearbeiten. Danach kommt er zur Erde zurück und füllt den Palmsaft in ein großes Faß.

Toddy Tapper, Balpitiya.

Die Toddy-Wagen bringen dann in regelmäßigen Abständen die Fässer in die Brennereien.

Weiter im Süden folgt **Kosgoda** mit seiner berühmten **Schildkröten-Zuchtfarm.** Einige Schildkrötenarten wie die Karettschildkröte sind vom Aussterben bedroht; am meisten gefährdet sind ihre ungeschützt überall an der Küste herumliegenden Eier. Durch die Mitarbeit der Fischer von Kosgoda und Umgebung, die diese Eier bei der Farm abliefern, ist es gelungen, in den letzten beiden Jahren 100 000 junge Schildkröten aufzuziehen und dann auszusetzen. Die Haselblad Plantage hat durch eine Spende die Einrichtung dieser Zuchtfarm ermöglicht.

Am Luxushotel **Triton** vorbei geht es zu zwei Klostersiedlungen unter den Palmen nördlich von **Balpitiya,** die einen Aufenthalt lohnen. **Ambagahapitiya Welitara,** das Zentrum der Amarapura-Sekte, erkennt man an einer Statue ihres Begründers Sri Gnanawimala Mahayanake, die am Straßenrand steht. Der **Pushparama-Tempel** gleich daneben ist geschäftstüchtiger: wer die *vihara* (Bilder und Fresken) sehen will, muß seinen Obolus entrichten.

„Teufelstänzer“ und Hippies

Ambalangoda heißt der nächste Ort von Bedeutung. Das reizende Städtchen ist berühmt für seine „Teufelstänzer“ und Maskenschnitzer. Wer Glück hat, wird Zeuge der Vorführungen eines *bali* (Exorzist) oder *kolam* (Volkstheater), denn es wird nicht eigens für Touristen gespielt. Auf jeden Fall sollten Sie sich vor Ort erkundigen, wann und ob eine Aufführung geplant ist, denn es lohnt sich auf jeden Fall. Besucher sind willkommen; fragen Sie vorher, ob fotografiert werden darf.

Die vielen Maskenschnitzer, die sich an der Haupt- und in den Seitenstraßen niedergelassen haben, kann man unmöglich übersehen. Die Arbeiten sind von unterschiedlichster Qualität. Die protzigen, mit Kunstfarben bemalten Masken werden eigens für Touristen gefertigt; die naturfarbenen sehen „echter“ aus. Hin und wieder kann man auch alte Masken ergattern.

Neben dem **Ambalangoda Rest House** steht eine alte **holländische Kirche,** und ein schöner Badestrand ist nicht weit. Vor der Küste finden Meeresvögel auf einer kleinen Felseninsel eine Zuflucht.

Australischer Surfer, Hikkaduwa.

Kaum 12 km im Inselinneren liegt **Meetiyagoda,** das Zentrum der Mondstein-Minen. Dieser leicht milchig-weiße Halbedelstein hat zwar keinen besonders hohen Wert, ist jedoch ein beliebtes Schmuckstück.

Hikkaduwa, auch die „größte Hippiekolonie" der Insel genannt, trägt diesen Namen offenbar zu Recht. Wer auf Sri Lanka billig Urlaub machen möchte, kommt nach Hikkaduwa, wo es vor allem günstige Pensionen und Restaurants gibt. Am Südausgang des Ortes in **Narigama** stehen viele dieser billigen Häuser, Sri Lankas Pendant zum Kuta Beach auf Bali. Helle Batikstoffe, Masken, Schmuck und anderes Kunsthandwerk werden überall an der Galle Road von Hikkaduwa verkauft. Es stehen auch eine Reihe komfortablerer Häuser für betuchtere Gäste zur Verfügung.

Viele Surfer kommen eigens aus Australien, weil ihnen die Wellen von Hikkaduwa das Höchste sind. Noch populärer sind die **Korallengärten,** eine Unterwasser-Attraktion, die sich viele Besucher mit Schnorchel und Maske genauer ansehen. Obwohl sie noch um vieles eindrucksvoller waren, bevor sie von den Touristen geplündert wurden, sind sie auch heute sehenswert. Auch von Booten mit Glasböden aus kann man die Gärten bewundern.

Auf dem **Dudanduwa Lake,** abseits der Hauptstraße südlich von Hikkaduwa, liegt eine buddhistische Einsiedelei, einer der friedvollsten Flecken in Sri Lanka. Dieser Ort wissenschaftlicher Studien kann auf Voranmeldung besucht werden.

Der Hafen von Galle

Die größte Stadt an der Südküste ist Galle, deren ältestes Bauwerk das massive Fort der Portugiesen und Holländer ist, in dessen Mauern das Stadtzentrum liegt. Die Stadt dürfte jedoch weit älter sein. Es wird sogar die These vertreten, sie sei das „Tarshih" des Alten Testaments, in das König Salomon seine Handelsschiffe gesandt habe und Jona vor dem Herrn geflohen sei.

Galles geographische Lage machte es gewiß schon seit Jahrhunderten zu einem wichtigen Anlegehafen für die Schiffe, die vom Nahen Osten in den Orient fuhren. So entwickelte sich eine blühende Handelsstadt mit einer wohlhabenden

Galle.

und kosmopolitischen Bevölkerung. Die Portugiesen landeten 1505 zum ersten Mal an der Küste, nachdem sie bei der Verfolgung einer Flotte der Moors, die Gewürze geladen hatte, vom Kurs abgekommen war.

1589 errichteten sie dann einen Stützpunkt in Galle, nachdem die Könige von Kandy ihre Festungsanlage in Colombo angegriffen hatten. Die Holländer stürmten 1640 die Festung. Mit 12 Schiffen und 2000 Mann kämpften sie vier Tage lang um Galle.

Das heutige **Galle Fort** zeigt keine Spuren seiner portugiesischen Gründer mehr. Den alten Nordwall integrierten die Holländer 1663 in einen Festungsgürtel; ein zweiter, noch höherer Schutzwall wurde im Inneren hochgezogen. Dazwischen verband ein überdachter Durchgang die Hauptfestung mit den beiden Halb-Bollwerken, die aufs Meer hinausgingen. Die Holländer bauten dazu auch ein raffiniertes Kanalisationssystem mit unterirdischen Sieben, die zweimal täglich vom Meer durchgespült wurden.

Einen Spaziergang um die Festungswälle, die das heutige Galle umgeben, empfehlen wir als Vormittags- oder Nachmittagsprogramm. Versuchen Sie, die Spitzen- und Korallenverkäufer zu ignorieren und sich ganz auf die alten Kanonenmündungen und die Fischer auf dem Meer zu konzentrieren.

Das neue Stadttor wurde 1873 von den Briten angelegt. Bis dahin war das alte Stadttor der einzige Zugang zum Fort; es wird außen von einem britischen Wappen, innen vom niederländischen Wappen der „Vereenigde Oost-Indische Compagnie" geschmückt.

Nicht weit vom neuen Tor steht das alte **Government House** aus dem Jahre 1683.

Innerhalb des Fort stehen mehrere bedeutende Kirchen wie die **Groote Kerk,** die älteste protestantische Kirche Sri Lankas. Sie wurde nach der Eroberung durch die Holländer an der Stelle eines ehemaligen portugiesischen Kapuzinerklosters erbaut; die heutige Kirche stammt von 1755. Die hier bestatteten Holländer wurden erst 1853 in die Kirche überführt; die Grabsteine sind im Fußboden, die Wappenzeichen an den Wänden zu sehen. Außerhalb der Festungswälle liegt der **Kerkhof** (1786). Am Zugang zu diesem Friedhof steht das lateinische *memento mori.*

Ganz nahe der Groote Kerk steht eines der herausragenden Denkmäler der Ko-

Straßenszene in Galle.

lonialzeit, das **New Oriental Hotel.** Es ist weder neu noch orientalisch, diente ab 1684 als holländisches Hauptquartier, später als britische Garnison und wurde 1865 zum Hotel umgebaut. Seit 1902 ist es im Besitz der Familie Brohiers. Das Hotel hat herrliche Gärten, altmodische Schlafzimmer und einen riesigen Speisesaal.

In Galle wird wie sonst nirgends auf Sri Lanka die Erinnerung an die schönen alten Kolonialbauten wachgehalten, auch wenn viele Fassaden allmählich abbröckeln. Die meisten Bauten sind nun private Villen – **Eddystone, Armitage Hill, Mount Pleasant, Mount Airy** und **Garstin Hill.** Das besterhaltene Gebäude ist **Closenberg,** das ehemalige Heim eines Kapitäns. Jetzt dient es als ruhige Pension mit einem Rundblick auf die Closenberg Bay mit ihrer Zementfabrik. **Buona Vista,** auch ein „großes Haus", gewährt einen schönen Ausblick auf die Umgebung; es liegt auf einem Hügel hinter Closenberg.

Hinter Galle biegt die Route A17 ins Innere der Insel ab, zunächst nach Osten, dann nach Norden in Richtung Rakwana Massif und ins Hill Country. 80 km nordöstlich von Galle erreicht man **Deniyaya,** Ausgangspunkt für einen Besuch im **Sinharaja Forest,** einem der letzten Urwaldgebiete Sri Lankas. Nur ein einziger Fußpfad führt durch diesen 130 km² großen Dschungel, dessen Vegetation stockwerkartig aufgebaut ist, wie es auch die Dschungelgebiete des Amazonas und des Kongos sind. Es ist dunkel wie in einer Kathedrale, seltene Orchideen blühen, Zikaden zirpen. Nur der Regen unterbricht die unglaubliche Stille: 500 cm im Jahr. Die unangenehmen Blutegel, die sich unter dem Laub am Boden verstecken, halten von einem größeren Ausflug ebenso ab wie gefährliche wilde Tiere und Giftschlangen.

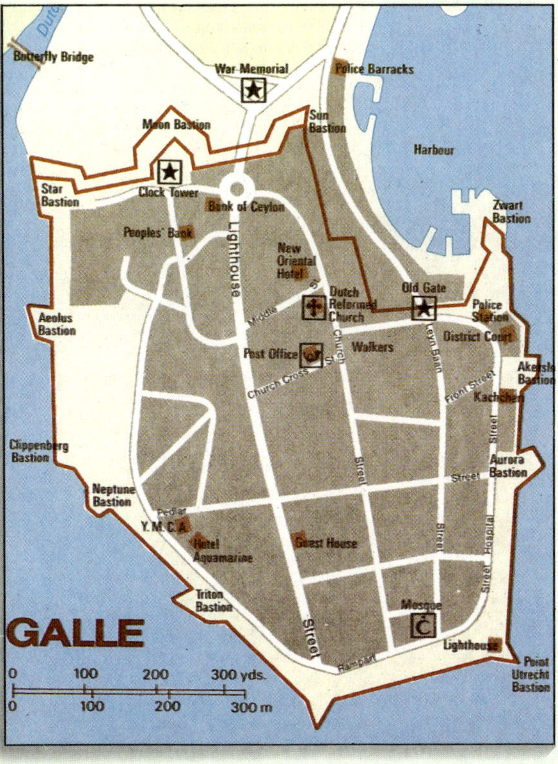

Bleibt man an der Küste und fährt weiter nach Süden, kommt man nach **Koggala,** das inzwischen zum Strandbad ausgebaut wurde. Sehenswert ist das neue **Martin Wickramasinghe Museum of Folk Art and Culture.** Koggala Lake war für die Verteidigung der Insel gegen die Japaner im Zweiten Weltkrieg Stützpunkt für Wasserflugzeuge und Flugboote. L. J. Birchall, ein kanadischer Bataillonskommandeur, war von hier aus gestartet, als er eine große japanische Flotte auf Trincomalee zusteuern sah. Sein Funkruf konnte noch vor seinem Abschuß aufgefangen werden, und der japanische Angriff wurde zurückgeschlagen. Dies war ein wichtiger Wendepunkt des Krieges im Indischen Ozean.

Die Stelzenfischer

Der Küstenstreifen von Koggala über Ahangama nach Welingama ist die Heimat der berühmten Stelzenfischer, die auf Pfählen im Wasser sitzen und fischen (mit der Angel oder dem Netz). Diese einmalige Fischfangmethode ist sehr fotogen. Knapp drei Kilometer im Inland von **Ahangama** steht der **Kataluwa-Tempel.** Seine wunderschönen Wandbilder waren unlängst Motiv einer Briefmarke Sri Lankas. Vier Malstile sind vertreten; abgebildet sind Legendenmotive, Tänzer und Musiker.

In **Weligama** gabelt sich die Hauptstraße; die Straße am Meer führt einen schönen Sandstrand entlang, der teilweise von einer paradiesisch-üppigen Insel geschützt wird, die einige hundert Meter vorgelagert ist. Sie heißt **Taprobane Island,** zuweilen auch Yakinige Duwa („Teufelsinsel"). Auch nach dem Grafen de Mauny wurde sie benannt, der sie um

1930 kaufte und seinen Traum vom Garten Eden verwirklichte, indem er die mit Gestrüpp bedeckte Insel in einen Mustergarten verwandelte. Sein kleines Haus, ein wahres Juwel, in dem allerhand Kunst und Schmuck aufbewahrt ist, hat nach seinem Tod mehrmals den Besitzer gewechselt. Die Gerüchte, daß eines Tages ein Hotel daraus werden soll, wollen nicht verstummen.

Die ins Innere der Insel führende Abzweigung der Hauptstraße führt durch Weligama selbst. Man halte Ausschau nach einem Quarkstand (der Büffelmilch-Joghurt hier gilt als besonders gut) sowie nach einem der vielen Keramikläden.

Vorbei geht die Fahrt am **Kusta Raja Image,** einer eindrucksvollen antiken Skulptur, die in den Felsen gehauen ist. Es soll ein Abbild des Mahayana Buddhisten *bodhisattva* Avalokitesvara sein. Nach einer Legende war es jedoch Kusta Raja („Leprakönig"), ein ausländischer Potentat, der von einer schweren Hautkrankheit befallen war. Er fuhr nach Sri Lanka, wo er geheilt wurde: drei Monate lang lebte er von nichts weiter als vom Saft der Königskokosnuß.

161 km von Colombo entfernt liegt **Matara,** eine weitere alte Festungsstadt, die um die Ufer der Nilwala Ganga gebaut wurde. Matara ist Endpunkt der Eisenbahnlinie und Standort der neuen **Ruhunu University.**

Matara ist sehr alt, es war bewohnt, bevor die Portugiesen Anfang des 16. Jahrhunderts eine Palisade errichteten. **Matara Fort,** ein Werk der Holländer, schneidet einen Landstreifen zwischen Meer und Fluß ab; der größte Teil der alten Stadt liegt im Inneren. Das Rasthaus ist in ehemaligen Elefantenställen eingerichtet. In der alten Kirche von 1769 werden immer noch Gottesdienste abgehalten.

1763 ließ der holländische Kommandeur das kleine **Star Fort** errichten; zwischen dem Doppelwall, der es umgab, lag ein Graben. Zwei Jahre vorher hatten Kandy-Armeen das Matara-Fort bei einem Angriff schwer beschädigt. Bei den Briten wurde das Fort Verwaltungsgebäude, heute ist darin die Stadtbibliothek untergebracht. Das Star-Fort, etwa 100 m nördlich der alten Festungsanlage, ist sehenswert; man beachte das Wappen des Baron von Eck, des ehemaligen holländischen Governeurs, am Tor.

Unter den Briten wurde es nichtmilitä-

Stelzenfischer, Weligama.

risch genutzt, jetzt ist die Stadtbibliothek darin untergebracht. Dieses Fort sollten Sie sehen.

In den Straßen Mataras fallen seitlich offene Karren ins Auge, die *hackeries*. Am Neujahrstag der Singhalesen werden in Sri Lanka auf dem Lande überall Ochsenkarrenrennen abgehalten; die **hackeries** sind besonders schnelle Gefährte, die es nur in Matara gibt.

Drei Kilometer westlich von Matara liegt der herrliche Strand von **Polhena.** Im Osten der Stadt liegt ein kurzes Stück landeinwärts, der **Weherehena Tempel,** bekannt für seine kolossale Buddha-Statue und seinen unterirdischen Heiligenschrein, der im Stil der Comics mit Buddha-Geschichten illustriert wurde.

„Stadt der Götter“

Dondra bildet die Südspitze von Sri Lanka. Der Ort liegt etwa 5 km von Matara entfernt. Mit 54 m ist Dondra Head der höchste Leuchtturm Sri Lankas. Dondra ist für seine Cashew-Nüsse (Früchte des Acajoubaumes) bekannt. Der Hauptanziehungspunkt des Ortes ist aber religiöser Natur.

Es waren die Portugiesen, die die weithin berühmte **Maha Vishnu Devale** zerstörten, deren Dach aus glänzendem Kupfer weit ins Meer hinaus leuchtete. Das Heiligtum wurde etwa im 7. Jahrhundert n. Chr. errichtet und war von China bis Marokko bekannt. Die Stadt, zu der es gehörte, war die „Devi Nuwara“, „Stadt der Götter“. Heut sind lediglich ein restaurierter Stupa, ein kleiner, schlichter Reliquienschrein aus Stein sowie eine Reihe geradezu kläglicher Kapellen zu sehen.

Obwohl also nicht allzuviel geboten ist, strömen alljährlich zum Dondra Fair und zur Perahera im Monat Esala (Juli-August) die Pilger zur heiligen Stätte. Man möchte mit diesem Fair (Markt) die Tradition der typischen *devala*-Feste wiederbeleben: Vishnu ist die oberste Gottheit, die Anbetung Buddhas kommt an zweiter Stelle. Die 10tägige *perahera* ähnelt in vielerlei Hinsicht der großen Perahera von Kandy, die gleichzeitig stattfindet.

Es geht weiter durch Dondra hindurch bis **Dikwella,** wo wir die Abzweigung nach Beliatta nehmen. Bis zum **Wewurukannala Vihara** sind es etwa 2 km.

Die Vihara beherbergt die größte

Weherahena-Tempel bei Matara.

Buddha-Statue der Insel. Sie ist 50 Meter hoch und wurde erst 1970 geschaffen. Wie in Weherehena sitzt der Buddha, ist bemalt und von einem achtstöckigen Gebäude umgeben, das seine Größe noch unterstreicht. Die angrenzende *vihara* schmücken noch viele andere Bilder und Fresken mit buddhistischen Themen und Geschichten.

Mawella, das etwa sechs Kilometer hinter Dikwella an der Küstenstraße liegt, hat das – von den wenigen, die auf der Welt bekannt sind – zweitgrößte Blasloch. **Hoo-maniya** heißt es und sprüht 18 m hoch in die Luft, vor allem im Juni, wenn der Südwestmonsun am schlimmsten tobt. Das Wasser wird in einer Spalte aufgefangen, und durch den Druck der Wellen durch einen Kamin in einem flachen Felsen 23 m hoch herausgestoßen. Man erreicht das Blasloch über eine Abzweigung an der 117. Meile.

Tangalla heißt der nächste größere Ort, der mit seiner 6 km breiten Bucht ein Paradies für Schwimmer und Taucher ist. Ein vorgelagertes Riff bricht die Wellen. Am sauberen weißen Sandstrand hat man mittlerweile auch einige große Hotels gebaut.

21 km nördlich von Tangalla erhebt sich der Felsen von **Mulgirigala** 211 Meter aus der Ebene, ebenso unvermittelt wie der von Sigiriya. Das Gebäude auf dem Felsen ist eher eine *dagoba* denn ein Palast. Seine Höhlentempel, die teilweise mehr als 2000 Jahre alt sind, haben große geschichtliche Bedeutung. Hier entdeckte 1826 der britische Kolonialoffizier George Turnour in einer Klosterbibliothek die *olas,* die es der Wissenschaft ermöglichten, die *Mahavamsa*-Chronik aus dem archaischen Pali zu übertragen.

Östlich von Tangalla ändert sich abrupt der Charakter der Landschaft. Hier wechselt man von der „wet zone" (Naßzone), die Regen während des Südwest-Monsuns erhält, in die dry zone (Trokkenzone). Von hier bis Yala führt die Straße an einigen Brackwasser-Lagunen, den *kalupawa,* vorbei.

Hambantota ist mit seinen etwa 9000 Einwohnern der größte Ort an der Küste des Südostens, ein Fischerhafen in geschützter Lage. Das schöne Rest House ist an rötliche Felsen gebaut; von hier schweift der Blick über den weißen Strand, eingerahmt von sattgrünem Dschungel. Vor dem Städtchen gibt es Salzpfannen, in denen das Meerwasser

Strandszene bei Tangalla.

verdunsten soll; dann wird das Salz an Fabriken geliefert.

Hambantota hat den größten Anteil an malaiischen Moslems von allen Städten des Landes. Die Vorfahren der Malaien kamen während der holländischen Kolonialherrschaft in Sampans vom indonesischen Archipel herüber. Weitere Malaien folgten als britische Söldner. Sie sind jetzt Fischer, Salzarbeiter und Bauern.

Wer selbst mit dem Auto unterwegs ist, ist vielleicht erleichtert, wenn er Hambantota erreicht; dort ist nämlich die einzige zuverlässige Werkstatt im Umkreis. In der Stadt bekommt man außerdem den besten Joghurt weit und breit, und viele Verkaufsstände säumen die Straße, die nach Nordosten führt.

Das **Bundala Sanctuary,** ein Tierreservat, sollte man sich nicht entgehen lassen. Während des Nordostmonsuns tauchen hier Flamingos auf, und Elefanten kommen in der Trockenzeit bis zu den Salzpfannen von Bundala. 16 km weiter umfaßt das **Wirawila Sanctuary** zwei *wewas,* Wirawila und Tissa. Viele Wasser- und einige Dschungelvögel (z.B. der Hornvogel) nisten hier.

Verkaufsstand bei Hambantota.

Die Ruinen von Ruhuna

Nun betreten wir ein faszinierendes Gebiet, dessen Geschichte, Glaubensleben und Tierwelt von erstrangiger Bedeutung sind. **Tissamaharama** an den Ufern des Tissa Wewa war die alte Hauptstadt der Provinz Ruhuna, in die singhalesische Patrioten auf der Suche nach Unterstützung gegen die indischen Eindringlinge oftmals flohen. Die archäologischen Stätten von Ruhuna (entdeckte wie unentdeckte) sind noch längst nicht systematisch erforscht.

Die **Maha Thupa** in Tissamaharama ist eine der wenigen freigelegten Bauten. Sie geht auf das 2. Jahrhundert v. Chr. oder noch weiter zurück und ist wahrscheinlich zu damaliger Zeit die größte *dagoba* des Landes gewesen. Ein Palast, der eher wie ein Kapitelhaus eines Klosters aussieht, wurde am Ufer des Tissa Wewa ausgegraben. Hier steht auch die **Yatala Dagoba,** wo eine schöne Elefantenmauer, ein riesiger Mondstein und Steininschriften zutage gefördert wurden. Ein riesiger **Monolith** steht ganz in der Nähe; Einschnitte auf einer Seite rühren wahrscheinlich von Ketten her,

an denen die Elefanten festgebunden waren.

11 km südöstlich von Tissamaharama liegt **Kirinda,** ein Städtchen, bei dem die spätere Königin Viharamahadevi gestrandet sein soll, nachdem sie von Kelaniya zu ihrer gefährlichen Reise aufs Meer hinausgetrieben worden war. Eine weiße *dagoba* steht auf dem Felsen und erinnert an die sichere Landung der Prinzessin.

„Die heiligste Stätte"

Heute übertrifft aber **Kataragama** bei weitem Tissa und Kirinda an Bedeutung. Paul Wirz nannte die Dschungelstätte „den heiligsten Ort in Ceylon". Hindus, Buddhisten und Moslems strömen zu den Heiligtümern (21 km nördlich von Tissa), um zu beten und zu opfern.

Am größten ist der Andrang, wenn im Juli/August das Kataragama Festival gefeiert wird. Doch das ganze Jahr über ist der Tempel von Gläubigen bevölkert.

Die am häufigsten mit Kataragama in Verbindung gebrachte Göttin ist Skanda, die hier die Kataragama Deviyo heißt. Die Buddhisten pilgern hauptsächlich zur **Kirivihara,** einer großen *dagoba* westlich des Hauptheiligtums. Dort soll nämlich Buddha auf seiner dritten und letzten Reise nach Sri Lanka meditiert haben. Die Moslems beten in der **Masjadul-Khizr-Moschee,** wo ein berühmter moslemischer Heiliger begraben sein soll. Trotz dieser verschiedenen Andachtsstätten bringen Anhänger aller Glaubensrichtungen Früchte- und Blumenopfer auch der Kataragama Deviyo dar.

Während unter der Festzeit Selbstkasteiungen an der Tagesordnung sind, mit denen Gelübde den Göttern gegenüber erfüllt werden sollen, geht es sonst weniger aufsehenerregend zu. An der Menik Ganga können die Gläubigen Opfergaben kaufen, ein reinigendes Bad nehmen, um dann zu den heiligen Stätten zu ziehen.

Der **Maha Devala,** das wichtigste Heiligtum von Kataragama, ist ein schlichter weißer Steinbau ohne jede Ornamente; lediglich der Haupteingang im Osten ist sehr sorgfältig behauen. Er enthält kein Bildnis der Kataragama Deviyo. Der Ehrenplatz ist Skandas *vel* (Lanze) vorbehalten, die nicht einmal die obersten Priester je erblickt haben. Außerdem enthält der Maha Devala-Tempel *kovils,* die Ganesha und Vishnu sowie den Göttinnen Kali und Pattini und der *deviyo* Mangara geweiht sind. Die **Sieben Hügel von Kataragama** erheben sich 3 km südlich.

Im Südosten der Insel bietet der **Ruhuna National Park,** besser als Yala National Park bekannt, eine gute Möglichkeit, wilde Tiere, auch Elefanten, zu beobachten. Der Haupteingang liegt bei **Palatupana,** ca. 19 km östlich von Tissa.

Innerhalb des Parks befinden sich zahlreiche Ausgrabungsstätten. Die interessanteste ist **Sithulpahuwa,** ein wildzerklüfteter Ort nahe den Ufern des von Krokodilen bevölkerten **Katagamuwa Wewa.** Mehr als 60 Inschriften beweisen, daß Sithulpahuwa im 2. Jahrhundert v. Chr. das größte und bedeutendste Kloster war.

Yala vorgelagert sind zwei Reihen kleiner Inselchen, die heute je einen Leuchtturm haben. Sie locken die Sporttaucher besonders an. Die als **Große und Kleine Basses** bekannten langen Sandsteinriffe haben schon so manches Schiff ins Verderben gestürzt. Erst 1860 gelang es den Briten, einen Leuchtturm auf den Great Basses aufzustellen.

Opfergaben (links) und Segnung in Kataragama.

NEGOMBO UND DIE WESTKÜSTE

Unter Sri Lankas Westküste wird im allgemeinen das Gebiet nördlich von Colombo bis zum Wilpattu Nationalpark verstanden (160 km).

Die Straße nach Negombo (A3) zweigt gleich hinter der Brücke über die **Kelani Ganga** von Route Al, der Straße nach Kandy, ab. Von hier bis Negombo (29 km) wohnen überwiegend Katholiken. Helle Kirchen säumen die Durchgangsstraße. Ihre hübschen Heiligen- und Madonnenbilder laden zu einem Besuch ein. Ende Juli begeht man in dieser Gegend in karnevalsähnlicher Form das Fest der heiligen Anna.

Nach dem fünften Meilenstein biegt eine Straße nach rechts zum **Pegasus Reef Hotel** ab. Wir sind auf einer faszinierenden, wenig befahrenen Nebenstraße nach Negombo, die neben einem alten **holländischen Kanal** bis zum Südausgang der Lagune von Negombo verläuft, sich dann in einer von katholischen Tamilen bewohnten Landenge verliert; diese Menschen leben vom Fischfang.

Es sind **Karava-**Menschen; sie stammen von einer indischen Kriegerkaste ab, die vor 1000 Jahren nach Sri Lanka einwanderte. Unter den Portugiesen schlossen sie sich fast alle dem Katholizismus an. Es wurden Massentaufen abgehalten, bei denen die Teilnehmer denselben Familiennamen erhielten; kein Wunder, daß unter den **Karavas** die Fernandos, Pereiras, de Silvas, de Mels und Mendis überwiegen.

Der erste Gummi Asiens

An der Hauptstraße nach Negombo liegen einige Sehenswürdigkeiten. Gleich hinter **Ja-Ela,** jenseits der Brücke über die Kala Oya, geht es rechts ab in Richtung Gampaha; nach etwa 10 km kommt man zu den **Henaratgoda Botanical Gardens.** Bei den meisten Rundreisen stehen die Peradeniya Gardens bei Kandy auf dem Programm, und man sieht nichts von den herrlichen Laubbäumen in Henaratgoda; Bäume aus den Tropen, vor allem aus Brasilien, stehen hier in großer Vielfalt.

Der Para-Gummibaum (Hevea brasiliensis) war der wesentlichste Beitrag Brasiliens zur wirtschaftlichen Entwicklung von Sri Lanka. In Henaratgoda wurden 1876 die ersten Setzlinge mit Erfolg herangezüchtet. Es waren die ersten in ganz Asien. Ein Brite hatte 70000 Sämlinge aus dem Amazonas-Dschungel herausgeschmuggelt. Die Kew Gardens in London setzten 2700 davon ein, während etwa 2000 in das feuchtwarme Klima von Henaratgoda verfrachtet wurden, von wo aus die Gummiindustrie sich in Südostasien – Malaysia, Indonesien und Südindien – ausbreiten konnte.

Am Palm Circle des Hauptwegs durch den Park steht eine Gruppe hochgewachsener Bäume, die gekennzeichnet sind. Nr. 6 war der erste Gummibaum in Asien, dessen dicker Milchsaft abgezapft wurde. Nr. 2 gab so reichhaltig weiße Masse ab, daß auch die Skeptiker von der Profitabilität des systematischen Gummianbaus überzeugt wurden. Es gab Zeiten, da dieser Baum in einem Monat 18 Pfund Latex abgab.

Wieder auf der A3, nähert man sich allmählich dem **Katunayake International Airport.** Dieses Gebiet gehört zur neuen Freihandelszone, die 1978 geschaffen wurde. 22000 Sri Lankianer sind hier beschäftigt. Textilfabriken und die Elektroindustrie stellen den größten Anteil unter den 47 Betrieben, die durch

Vorhergehende Seiten: Fischerflotte vor Negombo. Links: ein Fischer entwirrt seine Netze. Rechts: Römisches Symbol des katholischen Glaubens südlich von Negombo.

Auslandsinvestitionen gebaut werden konnten.

Kurz bevor der Weg zum Flughafen abzweigt, steht bei **Kandawala** ein schlichter Wachturm. Zusammen mit einem ähnlichen Turm im Bezirk Hambantota ist dies das einzige Monument, das an den bedeutendsten Kolonialbeamten Sri Lankas erinnert – Major Thomas Skinner. Von 1833 bis 1845 durchstreifte dieser Straßenbauingenieur das Hill Country und ließ die beiden Türme als Ausgangspunkte für die Landvermessung aufstellen.

Der koloniale Reiz Negombos

Negombo ist der größte Badeort an der Küste im Norden von Colombo. Die Atmosphäre der guten alten Zeit des 17. Jahrhunderts mit seinen Kirchen und Festungsanlagen ist erhalten geblieben. Dutzende von Hotels, Gästehäuser und Restaurants sind am Strand gebaut worden. Für jeden Geschmack und Geldbeutel ist etwas dabei. Es gibt auf Sri Lanka bessere Strände als den von Negombo, wegen der Nähe zum Flughafen bietet sich die Stadt für eine erste Übernachtung im Urlaub an.

Negombo, wie manch andere Stadt im Küstenbereich, war ein wichtiger Gewürzhafen, lange bevor die Portugiesen die Insel besetzten. Die Moors schufen eine Art Handelssystem und setzten die Einheimischen als Träger ein, die den Zimt zur Küste schleppen mußten. 1600 nahmen die Portugiesen Negombo ein und bauten ein kleines **Fort.** 1640 ging der Stützpunkt auf die Holländer über, die ihn ausbauten. 1796, als die Briten kamen, lag die Anlage verlassen da. Den größten Teil rissen sie nieder und bauten statt dessen ein großes Gefängnis, das heute noch in Gebrauch ist. Nur das Haupttor und Teile von zwei Bastionen sind erhalten.

An die Holländer erinnern außerdem das Kanalsystem, das sich von Colombo 130 km nach Puttalam erstreckt, das **Rest House** an der Lagune sowie der **holländische Friedhof** links vom Eingang zum Fort.

An der **Lagune von Negombo** lassen sich die *karava* gut beim Angeln beobachten. Ihr wichtigstes Utensil ist das *oruva,* Einbaum-Auslegerboot, das es zu prähistorischer Zeit bereits auf den Comora-Inseln vor Mozambique gab. In Sri Lanka ist es seit langem eingeführt; der römische Historiker Plinius aus dem 1.

Friedhof der *karava* an der Küste südlich von Negombo.

Jahrhundert n. Chr. schreibt, er habe überall am Strand von Taprobane solche Boote gesehen.

Fische, Krebse und Garnelen werden frisch auf den Fischmärkten angeboten. Tagsüber flicken die Fischer am Strand ihre Netze. Viele leben auf der kleinen Insel **Duwa** gegenüber der Lagune von Negombo, zu der eine Straße führt.

Die Katholiken in Duwa sind die einzigen in Sri Lanka, die ein Passionsspiel aufführen. Es dauert von Palmsonntag bis Ostern. Beileibe kein Oberammergau, ist das fromme, schlichte Spiel eine seltsame Mischung aus Marionettentheater und Drama, Dialogen in Prosa und gespreiztem Gesangsdrama, dem *nadagam*. Der größte Teil spielt sich unter freiem Himmel in den Straßen Negombos ab. Höhepunkt ist der Karfreitag, wenn die Kreuzigung Jesu gespielt wird. Auch die Zuschauer sind davon ergriffen.

In den Einkaufsstraßen von Negombo kann man in zahlreichen Geschäften religiöse Medaillons und Kunsthandwerk erstehen. Daneben stehen aber auch die berühmten Toddy- und *Arrak*-Tavernen, die vom fröhlichen Lebensstil der Menschen Zeugnis ablegen.

Kokosnüsse und Batiken

Von Negombo bis zum Lake Mundal erstrecken sich Kokosplantagen. Bei **Lunuwila,** 16 km nördlich von Colombo, eine kurze Strecke inseleinwärts, steht das **Coconut Research Institute** (Forschungsanstalt). Dieses 1929 gegründete staatliche Institut führt Experimente mit neuen Pflanz- und Anbaumethoden, zur Schädlingsbekämpfung und zu den Verarbeitungsmöglichkeiten für Kokosnüsse durch.

Die Kokosnuß spielt eine große Rolle im Leben der Menschen. Sie trinken den Saft. Die geflochtenen Blätter bedecken die Hüttendächer. Aus den Fasern der Nüsse macht man Schnüre. Kokosnüsse gedeihen überall in den Küstenregionen außer im Norden, wo die Palmyrapalme überwiegt. Die besten Kokosnüsse sollen hier zwischen der Küste von Negombo und Kurunegala gedeihen.

Der Anbau der Kokosnuß ist relativ einfach; gedüngt werden muß nur gelegentlich. In einem 50-Tage-Zyklus wird gepflückt, entweder mit einer Stange vom Boden aus oder nach der alten Methode – raufklettern und von Hand.

Die Kokosnuß wird zu Kopra (der getrocknete Kern der Nuß) und zu ge-

Katholische Kirche in Negombo.

trocknetem Fruchtfleisch verarbeitet. Beides wird exportiert. Das sehr fette Kokosnußöl wird in Sri Lanka zum Kochen verwendet.

Die Straße zwischen **Marawila** (30 km nördlich von Negombo) und **Mahawela** ist für ihre Batikfabriken bekannt. Die größte Fabrik ist die **Buddhi Batik Factory,** in der 350 Frauen die einzelnen Arbeitsvorgänge verrichten – durchpausen, wachsen, färben in chemischen Bädern, waschen und im kochenden Wasser spülen. Die Qualität der Batiken von hier ist gut, die Preise liegen eher unter dem Inseldurchschnitt. Beim Kauf auf Farbechtheit achten!

Das reiterlose Pferd

Gleich nach der Brücke, wo der Ort **Madampe** beginnt, steht am Rande eines kleinen Teiches die **Tanniyan-valla Bahu Devala.** Zunächst erschrickt man beim Anblick eines hochaufgerichteten Pferdes. Die Legende erklärt das Bild so: Ein Bürger von Madampe ritt an diesem Tempel vorbei, ohne etwas zu opfern, da scheute die Stute und ging durch. Der Reiter wurde abgeworfen und schwer verletzt. Darauf gelobte er, im Falle seines Überlebens werde er das Bild seines Pferdes im Hof des Devale aufstellen lassen. Wer heute daran vorbeikommt, tut gut daran, ein paar Münzen oder ein Stück Kokosnuß zu opfern!

Der Fischerort **Chilaw** schmiegt sich malerisch an das Ufer des **Chilaw Lake.** Eine bucklige Brücke über die Lagune führt am Gewühl des Fischmarkts vorbei zum **Rest House,** das sich wegen seiner Riesenportionen gebackener Krebse und anderer Fischspezialitäten zur Lunch-Einkehr empfiehlt.

Ein paar Kilometer landeinwärts lohnt der **Munnesvaram-Tempel,** an der Strecke nach Waryapola gelegen, einen Besuch. Er liegt am gleichnamigen *wewa* und gilt als der südlichste der alten shaivitischen *isvarams,* Residenz des höchsten Gottes. Er ist Vishnu geweiht. Angeblich soll der Schrein von Rama in der Inkarnation *(avatar)* des Gottes Vishnu erbaut worden sein. Von den Portugiesen zerstört, wurde er in britischer Zeit wieder aufgebaut. Jedes Jahr im September feiern Gläubige hier zwei Wochen lang ein Tempelfest; u. a. gehen sie über glühende Kohlen.

45 km südöstlich liegen in **Panduvas Nuwara** die Ruinen der singhalesischen Königsstadt aus dem 12. Jahrhundert.

Oruva-Boote vor dem Auslaufen.

In der „Trockenzone"

Wenn man die **Dedura Oya** überquert hat und weiter nach Norden kommt, wird das Land merklich trockener. Die „Naßzone" Sri Lankas liegt hinter uns.

Das Fischerdorf **Udappuwa** rund 6 km im Westen der Hauptstraße an einer schmalen Landenge zwischen Mundal Lake und dem Meer ist eine Siedlung von *karava,* die sich zum Hinduismus bekennen. Der *kovil* des Dorfes, der der Göttin Draupadi geweiht ist, ist Schauplatz eines alljährlichen Festes. 18 Tage lang leben die Menschen rein vegetarisch. Täglich werden Abschnitte aus dem buddhistischen *Jatakas* (!) zur Stärkung verlesen. Am 18. Tag schließlich nehmen Männer, Frauen und Kinder ein rituelles Bad im Meer und gehen dann barfuß über glühende Kohlen. Sie glauben, vom wallenden Haar der Göttin Draupadi beschützt zu werden, die die gemeinsame Gemahlin der fünf Pandy-Prinzen aus dem *Mahabharata* war.

Der **Mundal-See** selbst ist eine von Palmen gesäumte und bis zur Lagune von Puttalam schiffbare Wasserfläche 24 km weiter im Norden. Er ist sehr seicht, der Grund ist schlammig.

Bei Meile 78 geht es bei **Palavi** 3 km vor Puttalam nach links. 39 km sind es, am Westufer der fischreichen **Lagune von Puttalam** entlang, bis zur alten Festungsstadt Kalpitiya.

Nach etwa zwei Dritteln des Weges, also nach etwa 26 km, lohnt ein Zwischenaufenthalt in **Talawila.** Hier ist eine römisch-katholische Kirche Ziel unzähliger Pilger, besonders während des St.-Anna-Festes am 26. Juli. Sogar Moslems kommen, um die Mutter der Jungfrau Maria zu ehren, die bei ihnen Hannah Bibi heißt.

Über die Gründungsgeschichte sind verschiedene Versionen im Umlauf. Es ist aber am wahrscheinlichsten, daß die Kirche im 17. Jahrhundert von einem Portugiesen errichtet worden ist. Dieser gläubige Mann soll an der Stätte, an der er die Kirche errichten ließ, eine göttliche Vision der Heiligen Anna gehabt haben. Kein Wunder also, daß dieser religiösen Stätte der Ruf besonderer Heiligkeit anhaftet. Viele Gläubige schreiben ihr gar die Ausstrahlung heilender Kräfte zu.

Kalpitiya, am westlichen Zugang zur Lagune, ist eine Gründung der Portugiesen aus dem frühen 17. Jahrhundert. Die Holländer errichteten hier 1676 eine ausgebaute Festungsanlage. Sie fiel 1795 in britische Hände; dreißig Jahre diente sie als Garnison und steht seitdem leer. Das Fort hat vier Seiten mit 8 m hohen Grabenböschungen, das Dach fehlt, der Allgemeinzustand ist jedoch gut. **St. Peter's Kerk,** etwa 1 km westlich, verdankt seinen einmaligen Baustil den Briten, die das strohbedeckte Giebeldach der holländischen Kirche 1840 reparierten. Der Verwalter wohnt in Kalpitiya; er zeigt dem Besucher das Fort und die Kirche.

Nur die Lagune von Jaffna ist größer als die von Puttalam. Sie ist tief und fast überall schiffbar. In der **Dutch Bay,** an der dem Meer zugewandten Mündung, liegt die **Insel Ipantivu,** auf der sich während der Saison Kokosnußpflücker und Fischer niederlassen.

Ein paar Kilometer weiter nördlich liegt die wenig besuchte **Insel Karaitivu,** ein 12 km langer und fast 3 km breiter Sandstreifen. Rehe sind die einzigen Dauerbewohner der Insel. Der Monsun zwingt zuweilen die Fischer, *vadis* (Behelfslager) zu errichten.

Um nach Puttalam zu kommen, fährt man zunächst zurück nach Palavi und biegt dann auf die A3 ab, die in **Puttalam** endet. Es ist eine kleine Fischersiedlung.

Fort von Negombo.

die arabischen Händlern bereits im 14. Jahrhundert bekannt war.

Die Hauptstraße führt von Puttalam zur **Kala Oya** und dem Zugang zum **Wilpattu National Park.** Mit einem geländegängigen Wagen kann man den Park durchqueren und bis nach Mannar fahren.

Pomparippu, das 35 km von Puttalam entfernt im Park liegt, ist für seinen Friedhof aus der Steinzeit berühmt. Hier entdeckte man ganze Felder mit Urnen, denen Schädel und Tongegenstände als Grabbeigaben mitgegeben worden waren.

In Puttalam beginnt die A 12, die quer über die Insel über Anuradhapura bis Trincomalee an der Ostküste verläuft. Bei Meile 27 führt eine Abzweigung zum Wilpattu National Park. Besser ist der Park jedoch von Anuradhapura aus zu erreichen. Mit sehr viel Glück kann man im Tierschutzgebiet auch einen Leoparden sehen.

Die Fahrt nach Kandy

Wer von Colombo nach Kandy fahren will, sollte etwa zwei Tage dafür einplanen, denn es liegt sehr viel Sehenswertes an dieser Strecke.

Der Kelaniya-Tempel gleich außerhalb Colombos ist ein Muß. An der Kreuzung von Miriswatta, kaum 40 km von der Hauptstadt entfernt, geht es über Gampaha zum Botanischen Garten von Henaratgoda.

Bei Meile 22 biegt ein Abzweig nach rechts ab, der nach 3 km zu den **Virana Viharas** führt. Diese Gruppe von Höhlentempeln stammt wahrscheinlich aus dem 3. Jahrhundert v. Chr. Einige Höhlen scheinen künstlich zu sein, das heißt, man hat sie aus dem Felsen geschlagen. Dagobas, Fresken und ein ruhender Buddha gehören zu den Schätzen des Tempels, dessen größter Stolz aber die Klosterbibliothek ist.

Fährt man ein paar Kilometer weiter, trifft man bei **Attanagalla** auf die **Attanagalla Vihara,** seit dem 3. Jahrhundert v. Chr. eine heilige Stätte. Vielleicht war es sogar die erste *vatadage* der Insel. Vatadage ist ein runder Säulentempel, der eine *dagoba* umschließt. Heute steht unter dem achteckigen Dach eine kleine Stupa. Ebenfalls zum Tempelgelände gehört eine größere dagoba aus dem 13. Jahrhundert.

Wieder auf der Hauptstraße, liegt bei **Nitambuwa,** etwa 40 km von Colombo entfernt, das Landhaus Horagolla, das dem Vater des ehemaligen Premierministers S. W. R. D. Bandaranaike gehört. Es liegt ein wenig abseits der Hauptstraße. In seinem Garten liegt der Premierminister begraben.

Bei Meile 29 erreicht man **Pasyala,** die „Hauptstadt der Cashew". Ein Spruchband über der Straße kündet von „Cadjugama", was soviel heißt wie Stadt der Cashews. Cashews sind die Früchte des Ajoucabaumes aus der Familie der Mangos. Buntgekleidete Mädchen verkaufen an kleinen Ständen entlang der Straße frischen Cashew-Saft und *thambili,* den Saft der King coconut (Königskokosnuß). Beides schmeckt hervorragend und ist durststillend.

Bataliya (benannt nach *bata,* gespaltenem Bambus) und **Weweldeniya** (nach *veval,* gebrochenes Zuckerrohr) sind Umschlagplätze für Korbwaren und Webarbeiten. Auf dem Basar von **Warakapola** werden ebenfalls Korbwaren angeboten.

In **Ambepussa** sind wir bereits im Bezirk Kegalla. Während die A6 Richtung Norden über Kurunegala nach Trincomalee führt, geht es auf der A1 auf direktem Weg nach Kandy.

Links: farbiger Storch im Wilpattu National Park. Rechts: Schälen der Kokosnüsse.

KANDY: ZENTRUM DES HILL COUNTRY

Um einen von Bäumen gesäumten künstlichen See schmiegt sich Kandy, das Zentrum singhalesischer Kultur, in die Hügel des Vorgebirges. 100000 Menschen leben hier im angenehmen Gebirgsklima. In Kandy wird, wie nirgendwo sonst, die Vergangenheit des Landes lebendig.

Der heilige Zahn Buddhas, das Symbol seiner Oberherrschaft über die Insel, wird hier in einem eigenen Tempel aufbewahrt. Während der Perahera, des wohl größten und farbenprächtigsten Tempelfestes Sri Lankas, wird die Zahnreliquie auf dem Rücken eines märchenhaft geschmückten Elefanten durch die Straßen getragen.

Musik und Tanz der Singhalesen, ihre Kunst und ihr Handwerk, mögen in Colombo in Vergessenheit geraten sein. In Kandy erleben sie nach wie vor eine Blüte.

Die Klöster der beiden wichtigsten buddhistischen Sekten haben hier ihre Studienzentren. Die meisten Funktionen, die früher die antiken Städte Anuradhapura und Polonnaruwa innehatten, sind in Kandy heute noch genauso lebendig wie vor 400 Jahren.

Vorhergehende Seiten: Kandy und sein See. Links: Kandy-Fürst von heute in der Perahera-Prozession. Unten: ein Mönch von Asgiriya zeigt Palmblätter-Inschriften.

Für viele ist Kandy wahrlich die süßeste Stadt der Insel, obwohl der Name mit Candy (Süßigkeiten) nichts zu tun hat. Kanda ist das singhalesische Wort für „Hügel" – ein treffender Name für eine Siedlung in 488m Höhe.

Kandy nannte sich früher nach einem Eremiten, der hier gelebt haben soll, Senkadagala. Im 13. und 14. Jahrhundert wurde es zu einem religiösen Zentrum; politisch rückte es in den Tagen nach dem Fall von Polonnaruwa in den Mittelpunkt. Als die Portugiesen das Tiefland im 16. Jahrhundert fest im Griff hatten, zogen sich die singhalesischen Herrscher von Kotte und Sitawaka ins Landesinnere zurück und machten im Jahre 1590 Kandy zu ihrer Hauptstadt.

225 Jahre verteidigten sie verbissen ihre Unabhängigkeit. Den Portugiesen hielten sie stand, ebenso Holländern und Briten; als ein Pfahl im Fleische der drei Kolonialmächte, gelang es den Briten erst 1815 die Kandyaner unter ihre Kontrolle zu bringen. Bis zur Unabhängigkeit 1948 blieb Kandy in britischer Hand. Für kurze Zeit hatte Lord Mountbatten im Zweiten Weltkrieg sein Hauptquartier in Kandy. Die Singhalesen nennen Kandy *„Maha Nuwara"*, „die große Stadt".

Das Zentrum ist um den Kandy Lake konzentriert und wurde vom letzten unabhängigen König Kandys errichtet. Auf der Südseite des Sees stehen unter dichtbelaubten Bäumen die alten Wohnhäuser, während der Stadtkern um die Straßen nach Westen und Norden gruppiert ist.

Der Tempel des Zahns

Fast jeder Kandy-Besucher beginnt die Stadtbesichtigung am berühmten **Dalada Maligawa.** Der unverwechselbare, rosafarbene Tempel ist von einem Graben umgeben und steht beinahe einsam am Seeufer.

Seit dem 4. Jahrhundert v. Chr., als der Zahn Buddhas, verborgen im Haar einer Prinzessin, nach Sri Lanka kam, ist sein Ruhm und seine Heiligkeit auf der Insel und in der ganzen buddhistischen Welt immer größer geworden. Nicht nur ist er der wertvollste Schatz Sri Lankas, er ist das Siegel seiner Souveränität. Die Hauptstadt sollte für alle Zeiten die Zahnreliquie in ihren Mauern behalten.

Der Zahn kam 1590 nach Kandy. König Wimala Dharma Suriya I. ließ an der Stätte des jetzigen Tempels einen zweistöckigen Reliquienschrein errichten. Drei Generationen später war es König Narendra Sinha, der einen neuen Tempel bauen ließ; es ist der heutige Innere Tempel.

Spätere Könige brachten Verbesserungen an. Anfang des 19. Jahrhunderts baute man unter Sri Wickrama Rajasinha die achteckige Pittirippuva an der dem See zugewandten Seite. Von hier konnte er zu wichtigen Anlässen zu seinen Untergebenen sprechen. Die Briten machten kurzfristig ein Gefängnis aus der Pittirippuva, während jetzt die unschätzbar wertvolle Bibliothek darin untergebracht ist.

Nur wenige Menschen bekommen die Zahnreliquie selbst zu Gesicht. Lediglich die wie eine *dagoba* gestaltete große Karanduwa, ein vergoldeter Reliquienbehälter hinter einer Einfriedung und einer Silberplatte, ist zu sehen. Das ist aber lediglich die äußerste Schatulle von sieben. Sechs weitere immer kleiner werdende Reliquienschreine, alle aus reinem Gold und mit wertvollen Edelsteinen verziert, sollen folgen. Wenn der Zahn jemals gezeigt wird, was selten vorkommt, dann ruht die Schatulle in einer Goldschleife, die sich aus dem Herzen einer goldenen Lotosblüte erhebt.

Es gab Zeiten, da durften allein der König und ausgewählte Mönche das Innere des Sanktuariums betreten. Heute dürfen Besucher während der *puya*-Stunden von der „Halle der glückseligen Erscheinung" aus einen Blick auf den Reliquienschrein werfen. Pujas gibt es dreimal täglich (6.00, 11.00 und etwa 18.30 Uhr). Der Tempel selbst ist ganztägig geöffnet.

Er enthält viele weitere Schätze. Da ist ein Miniatur-Buddha, der aus einem 12 × 8 cm großen Smaragd gefertigt ist, sowie ein sitzender Buddha aus Bergkristall, beide im inneren Sanktuarium. Schöne Holzschnitzereien, bemalte Decken und Türen aus Silber und Elfenbein zieren den Inneren Tempel. In der Bibliothek sind *ola*-Manuskripte aufbewahrt; die Palmblätter, auf denen der Text eingeritzt ist, sind zwischen vergoldeten Silberplatten eingebunden, fein lackiert und mit Elfenbeinschnitzereien geschmückt.

Auf der Südseite des Tempels, zum

Links: Ballonverkäufer in Kandy.

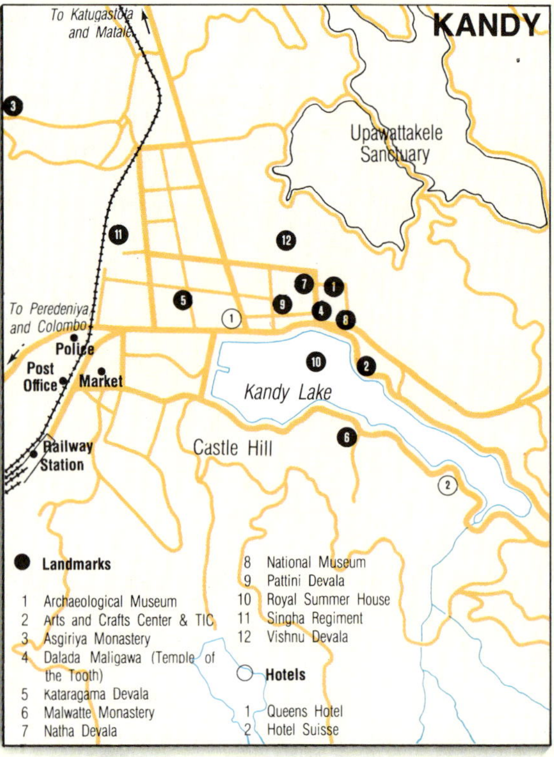

See hin, liegt ein offener Hof, in dem die Elefanten für die Esala Perahera vorbereitet, also geschmückt werden. Dieses Fest sollte man keinesfalls verpassen! (Näheres darüber siehe beim Beitrag über die Feste.) Rechtzeitige Hotelbuchung für diese Zeit ist aber unbedingt erforderlich.

Der Königspalast

Der Dalida Maligawa war früher Teil eines riesigen Gebäudekomplexes, der sich vom Königspalast im Norden des Tempels bis zum Palast der Königin (Queen's Palace) hinter dem Tempel erstreckte. Der königliche **Audienzsaal** gleich dahinter und nördlich des Zahntempels gehörte ebenfalls dazu.

Dieser Saal war ein Musterexemplar der Kandy-Architektur, zu dem 1784 der Grundstein gelegt wurde. Erst als die Briten Kandy eingenommen hatten, wurde er fertiggestellt. Der Audienzsaal war schon in Gebrauch, bevor die sorgfältig bearbeiteten Säulen aus Teakholz und *halmilla* auf dem Steinboden angebracht wurden. 1815 trafen hier die Fürsten von Kandy zusammen und beschlossen, ihr Königreich den Engländern zu übergeben. Der Audienzsaal wird in tadellosem Zustand erhalten und gelegentlich für feierliche Sitzungen des Obersten Gerichtshofes benutzt.

Der einzige noch erhaltene Teil des **Königspalastes** ist der öffentliche Bezirk, in dem auch die britische Regierung residierte. Die Privatgemächer existieren nicht mehr. Vermutlich wurde der Palast von König Wimala Dharma Suriya I. Ende des 16. Jahrhunderts gebaut. Der Einfluß portugiesischer Gefangener ist deutlich zu erkennen. Jetzt ist das **Archäologische Museum** darin untergebracht (geöffnet von 8.00 bis 16.00 außer dienstags).

Interessanter ist das **National Museum** im ehemaligen **Queen's Palace.** Es liegt im Osten des Dalada Maligawa auf einem kleinen Hügel oberhalb des Sees. Die Räume und Arkaden gehen auf den Hof hinaus. Das Museum bietet eine schöne Sammlung von Insignien aus Kandy auf sehr viel Schmuck und Haushaltsgegenständen. Außer freitags ist es täglich von 9.00 bis 17.00 Uhr geöffnet.

Fast genau gegenüber dem Zahntempel steht die **Pattini Devala.** Pattini, die hinduistische Göttin der Keuschheit und Gesundheit, genießt auch bei den Buddhisten Verehrung.

Das Queen's Hotel.

Nördlich an ihren Schrein grenzt die **Natha Devala,** das älteste Gebäude Kandys, an. Die *devala* war im 13. oder 14. Jahrhundert wahrscheinlich das Zentrum des mahayanistischen Kults der Natha. Sie ist im dravidischen Stil gebaut und besteht nur aus einem Vorbau und dem Sanktuarium, das auf einer von Mauern umgebenen Plattform steht. Daß auch Buddhisten daran beteiligt waren, dokumentiert eine *sikhara* in der Form einer *dagoba.*

Der **Maha Vishnu Devale** ist der wichtigste der vier großen Tempel von Kandy. Der Kult von Upulvan, wie Vishnu auf der Insel in seiner Rolle als Beschützer des Buddhismus auch genannt wird, war zunächst auf Dondra konzentriert. Während der Kriege mit den Portugiesen brachte man das Bildnis der Gottheit zuerst nach Alutnuwara in den Vorbergen von Kandy und schließlich in die Stadt selbst. Die *devala* steht an der Raja Vidiya gegenüber dem Natha Devala, ganz in der Nähe des Königspalasts. Sie hat ein Doppeldach und einen durchbrochenen Dachaufsatz sowie einen bunten *makara torana*-Zugang am Ende eines Treppenaufgangs. Vishnu ist u. a. auch der Herr der Elefanten, weshalb der *mahout* (Hüter) eines jeden Elefanten, der im *perahera* mitmacht, an dieser Stelle haltmachen und seinen Gruß entbieten muß.

Christen, Hindus, buddhistische Mönche

An der Straßenecke, die den *devalas* am nächsten ist, steht an der Raja Vidiya die **St. Paul's-Kirche.** Dieser Backsteinbau mit seiner 115 Jahre alten Orgel wird noch immer für anglikanische Gottesdienste benutzt. Pfarrer Neil Van Dogt, ein Burgher, verwendet neben Englisch auch Singhalesisch und bezieht die traditionellen Kandy-Trommeln sowie Reis- und Blumenopfer in seine Gottesdienste mit ein.

Der sogenannte **King's Pavilion** am Fuß der Hügel hat den Hauptzugang von der Raja Vidiya aus, ein Stück westlich der St. Paul's-Kirche. Erbaut wurde er aber nicht von einem König, sondern vom Gouverneur Edward Barnes. Das wunderschöne, 1834 errichtete Gebäude ist jetzt die Residenz des Präsidenten von Sri Lanka in Kandy. (Zwei weitere Villen, die auf Barnes zurückgehen – in Mt. Lavinia und in Nuwara Eliya – sind jetzt

Der Tempel des Zahns um 1864.

Hotels.) Wenn das Haus leersteht, kann man auf dem Anwesen des King's Pavilion spazierengehen.

Wir gehen die Raja Vidiya weiter hinunter und biegen links in die Kotugodalle Vidiya ein, die uns nach etwa einem Block zur **Kataragama Devala** bringt. Er ist der jüngste der vier großen *devalas* und einer der am meisten besuchten Hindutempel der Stadt. Wenn die Glokke läutet, findet gerade eine religiöse Feier statt. Auch Touristen (ohne Kopfbedeckung und Schuhe) können hineingehen und zuschauen.

Wieder ein Block westlich unterhält das **Singha Regiment** an der Yatinuware Vidiya sein Hauptquartier. Wer sich für Militärisches interessiert, sollte sich die Sammlung des Regiments anschauen. Der diensthabende Offizier kann das arrangieren.

Das **Kloster Asgiriya** liegt nur ein kurzes Stück weiter oben. Auf der Yatinuware Vidiya geht man nach Norden, überquert die Eisenbahnlinie, biegt nach rechts ab und kommt nach etwa 400 m zum Gründungstempel der buddhistischen Sekte Siyam Nikaya.

Zusammen mit dem Kloster Malwatta am See übt Asgiriya die geistige Kontrolle über die große Mehrheit der buddhistischen Gemeinden in Sri Lanka aus. Die Gebiete nördlich von Kandy liegen im Einflußbereich von Asgiriya, diejenigen südlich von Kandy in jenem von Malwatta. Die beiden unterscheiden sich wenig. Beide halten sie an der rituellen Verehrung der Zahnreliquie fest. Und beide sind ein klassisches Beispiel dafür, wie sich ein Gebäudekomplex um ein Kloster herum konzentriert.

Asgiriya entstand im 17. Jahrhundert. Massive angellose Türen und schöne Holzarbeiten sind wertvolle Schätze des Klosters. Auch *ola*-Manuskripte sowie ein Königsthron aus dem 18. Jahrhundert aus geschnitztem Elfenbein und bemaltem Holz befinden sich im Besitz des Klosters.

Rund um den See

Ein Spaziergang um den **Kandy-See** ist ein lohnendes und erholsames Vergnügen. Man wendet sich am Queen's Hotel nach Süden und kommt zu einer Bootsanlegestelle. Dort kann man ein kleines Motorboot mieten und ein paar Runden drehen, um näher an die Kormorane und Wassereidechsen heranzukommen.

Der Tempel des Zahns um 1980.

Sri Wickrama Rajasinha ließ den See 1807 anlegen, bevor er acht Jahre darauf sein Reich den Briten überließ. Das Projekt stieß damals auf keine große Begeisterung. Die Kandyaner sahen zwar auch die Schönheiten des Sees, ihnen fehlte jedoch der praktische Nutzen eines solchen Projekts. Unbezahlte Zwangsarbeiter mußten einen See anlegen, der nicht einmal die Felder bewässerte.

Ganz anders die Briten. Ihre Gouverneure sorgten für den Promenadenweg um den See und ließen Geländer anbringen. Rajahinsa hatte einen weiteren Traum verwirklicht, als er auf einer künstlichen Insel auf Höhe des Dalada Maligawa seine Sommerresidenz bauen ließ. Man sagt, daß hier sein Harem lebte. Die unromantischen Briten ersetzten den Sommerpalast durch ein häßliches Pulvermagazin. Es wurde erst 1960 eingerissen.

Ungefähr auf halbem Wege am Südufer des Sees liegt das **Kloster Malwatta,** das noch älter als Asgiriya ist. Seine alte *vihara* könnte aus dem 16. Jahrhundert stammen. Der *sangharaja* von Malwatta galt als der Oberste in der Bruderschaft der Mönche.

Das Kloster wird 1597 zum erstenmal erwähnt, als König Wimala Dharma Suriya I. aus Burma Mönche anwerben ließ, um die ceylonesische Sangha neu zu beleben. Seitdem hielt das Kloster alljährlich eigene Ordinierungen ab. Im Juni findet diese Zeremonie des *upasampada* statt; auch Gäste sind bei dieser Feier willkommen.

Das 1753 im Kandy-Stil erbaute Domkapitel von Malwatta weist nicht nur hohe Säulen, geschnitzte Stürze und eine bemalte Decke auf, sondern wunderschöne Kandy-Truhen, andere Möbelstücke und *olas.*

Im Süden grenzt das **Suisse Hotel** an den See, ein weiteres altes Kolonialhaus, das in ein Hotel umgewandelt wurde.

Am östlichen Ende der Straße, die den See im Norden begrenzt, hat die Buddhist Publication Society ihr Hauptquartier. Eine Buchhandlung und eine riesige Bibliothek sind angeschlossen. Englisch sprechende *bhikkus* beraten die Besucher.

Auf dem Rückweg ins Zentrum, kaum 100 m vom Dalada Maligawa entfernt, sind die **Kandyan Arts and Crafts Association** und das **Tourist Information Center** im selben Gebäude untergebracht.

Kandy-Tänzer, Queen's Hotel.

Vorbei an der Schar der Verkäufer und Schlangenbeschwörer geht man am besten direkt in die Ausstellungsräume der Handwerkskunstvereinigung. Diese wurde bereits 1880 als erste Einrichtung dieser Art in Sri Lanka gegründet; man wollte das einheimische Handwerk schützen und fördern. Sie finden hier Silber-, Bast- und Lackarbeiten, Holz- und Elfenbeinschnitzereien, Töpferwaren und Gewobenes.

Im Norden liegt hinter dem Tempel des Zahns und dem Königspalast das üppige und relativ unberührte **Udawattakele Sanctuary.** Faszinierende Blumen, Vögel und Affen beleben diesen Tropenwald; bei gutem Wetter kann man den Feldweg befahren, ansonsten gibt es mehrere Fußwege.

Einen schönen Blick auf Kandy gewährt der **Castle Hill Park,** auch Wace Park genannt. Von dieser Anhöhe, die über die Hauptstraße von der Südwestecke des Sees aus leicht zu erreichen ist, kann man den größten Teil der Stadt – von Asgiriya bis zum Tempel des Zahns – einsehen. Die D. S. Senanayake Vidiya läuft gerade wie ein abgeschleuderter Speer in Richtung Matale Hills in der Ferne.

Die **Markthallen** (Municipal Market) von Kandy liegen nur zwei Straßen westlich des Seeufers. Bus- und Eisenbahnhof sind nicht weit entfernt. Gegenüber steht das ehemalige Grand Hotel, das heute das **Hauptpostamt** ist. Wie manch anderes Geschäft in diesem Teil der Stadt konnte sich auch das Grand Hotel finanziell nicht über Wasser halten. Man führt das auf einen Fluch zurück, der auf der Gegend lasten soll. Denn hier ließen die Könige von Kandy Menschen foltern und hinrichten. Im 17. und 18. Jahrhundert wurden in Ungnade Gefallene aufgespießt oder von Elefanten zu Tode getrampelt.

Der vielbesuchte **Botanische Garten von Peradeniya** liegt etwa 6,5 km außerhalb Kandys an der Straße nach Colombo. Mit der Anlage wurde 1816 begonnen. Zunächst pflanzte man nur Kaffee und Zimt. Doch bald wurde der Artenreichtum größer, bis er alle inseltypischen Pflanzen umfaßte. Später kamen dann noch Pflanzen anderer Länder dazu.

Die 60 ha große Anlage kann man auch mit dem Auto erforschen; schöner und erlebnisreicher ist es aber, den Garten mehrere Stunden zu Fuß zu durchstrei-

Silber und Bronze in einem Geschäft.

fen. Die Königspalmenallee, der von Bambus gesäumte Riverside Drive und der Bat Drive mit einer großen Population von Fledermäusen, die während des Tages kopfüber herumhängen, sind besondere Attraktionen. In einer Ecke des Parks haben viele bekannte Politiker aus aller Welt einen Baum gepflanzt, als sie auf Besuch in Sri Lanka waren. Die Bäumchen sind alle beschriftet. Berühmt sind auch der Gewürz- und Kräutergarten, das Orchideenhaus, ein Kakteenhaus sowie ein Gewächshaus für Anthurien und Begonien, afrikanische Veilchen und andere Blumen. Im Orchideenhaus blüht auch ein Exemplar „Kiesinger", das nach der Gattin des Bundeskanzlers der Bundesrepublik Deutschland benannt wurde.

Auf der anderen Seite der Mahaweli Ganga und durch eine Hängebrücke mit den Gärten verbunden steht die **Gannoruwa Agricultural Research Station.** Hier werden seit 1890 botanische Probleme, von der Akklimatisierung von Pflanzen bis zur Entomologie erforscht. Die Forschungsanstalt entwickelte sich aus der privaten Kaffeeplantage von Gouverneur Edward Barnes.

Die Mahaweli Ganga beherrscht die Landschaft im Gebiet um Kandy. An drei Seiten begrenzt sie den Botanischen Garten, der in einer großen Flußbiegung liegt. Die Mahaweli ist mit ihren 332 km der bei weitem längste Fluß Sri Lankas. Er entspringt im Hill Country, fließt durch weite Teile der Insel und mündet bei Tricomalee ins Meer. Er wird von 40 Nebenflüssen gespeist.

Die Mahaweli Ganga hatte seit alters her für die Bewässerung des landwirtschaftlich genützten Bodens erstrangige Bedeutung. Das hat sich auch bis heute nicht geändert. Man denke an das gewaltige Projekt, das Mahaweli Diversion Scheme, das die Landwirtschaftsstruktur der halben Insel verbessern soll. Auch der trockene Norden soll dadurch bewässert werden. Überall im Mahaweli-Bekken, östlich und westlich von Kandy, arbeiten Experten aus aller Welt. Die geplante Bauzeit des Projektes beträgt drei Jahrzehnte. Bis jetzt hat man die Hälfte geschafft.

Die **University of Peradeniya,** mit ihren 6500 Studenten die größte des Landes, erstreckt sich im Süden des Botanischen Gartens. Hier kann man Literatur, Medizin und Naturwissenschaften studieren. Die weiträumige grüne Anlage

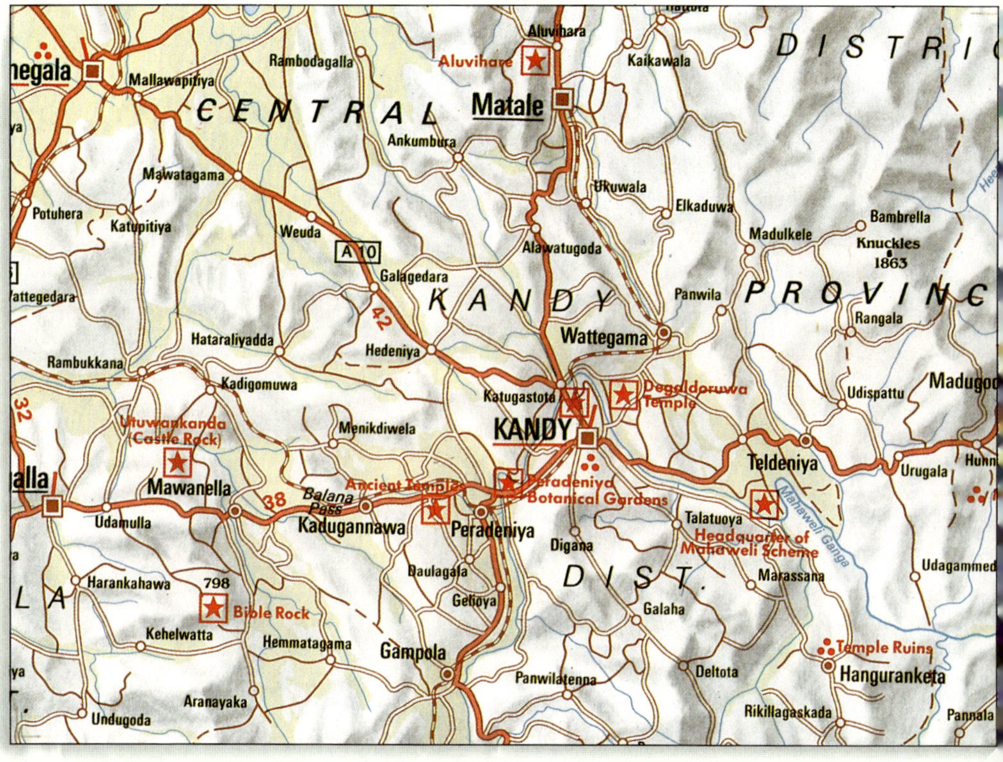

zieht sich am Ufer der Mahaweli Ganga entlang.

Elefanten und Jatakas

Eine weitere sehr beliebte Attraktion der Region Kandy finden wir am Fluß: das **Elefantenbad in Katugastota.** Unter der großen Brücke der Straße nach Norden führen die *mahouts* ihre Tiere ins kühlende Naß, nachdem sie ihr Tagewerk verrichtet haben. Am Nachmittag sind die meisten Tiere da. Wundern Sie sich nicht, wenn ein *mahout* die Hand aufhält, wenn sie ihn mit seinem Elefanten fotografieren wollen.

Eine halbe Tagesreise durch das Dumbara-Tal, östlich von Kandy, führt zu weiteren interessanten Plätzen. Auf der B 38 verläßt man die Stadt in Richtung Teldeniya. Man überquert die Mahaweli, folgt der Hauptstraße nach rechts und biegt bei der nächsten Abzweigung nach links Richtung Medawala ab. Nach etwa einem Kilometer hat man das **Kalapuraya Craftsmen's Village** erreicht. Im Dorf demonstrieren einzelne Handwerker ihre Fertigkeiten. Etwa 400 m rechts steht **Galmaduwa Gedige,** ein unvollendeter buddhistischer Tempel aus dem 17. Jahrhundert. Mit seinem Pyramidenturm aus Stein und Backstein erinnert er sehr an einen hinduistischen *gopuram.*

Nach weiteren drei Kilometern kommt man zum **Höhlentempel von Degaldoruwa,** der Mitte des 18. Jahrhunderts entstand. Er birgt sehr interessante Wandmalereien von seltener Qualität. Themen sind neben den buddhistischen *jatakas* auch zeitgenössische Schilderungen aus Klöstern, des Hofes und des ländlichen Bereiches. Bis in die Einzelheiten der Kleidung und der Utensilien werden hier Sitten und Gebräuche der damaligen Zeit dokumentiert. Der Künstler George Keyt, der in dieser Gegend lebt, hat die Fresken im nahe gelegenen Gotamavihara geschaffen.

Die **Kandy-Tanzschule** in **Gunnepana** ist eine sehr berühmte Tanz-Ausbildungsstätte. Bei Gunnepana, das etwa eine Meile nördlich von Degaldoruwa liegt, kommen wir in das Dorf **Amunugama,** das für seine vielen Trommler berühmt ist. In **Medawala** (3 km weiter) haben sich mehrere Familien auf die traditionelle Kunst der Metallverarbeitung spezialisiert. Von hier aus kann man über Katugastota nach Kandy zurückfahren.

Reisfeld in den Außenbezirken von Kandy.

KURZAUSFLÜGE VON KANDY

Von Kandy aus kann man zahlreiche interessante Ausflüge machen. Sie finden beeindruckende Aussichtspunkte, antike Tempel, Handwerkerdörfer, selbst eine Station für Elefantenwaisen.

Viele dieser Sehenswürdigkeiten liegen abseits (höchstens zwei Fahrstunden) der A1, der wichtigsten Verbindung zwischen Kandy und Colombo. Eine besondere Attraktion sind drei Tempel aus dem 14. Jahrhundert, die kurz hinter Peradeniya stehen.

An der Kreuzung von Embiligama, 4 km hinter dem Botanischen Garten, biegt man nach Süden ab und kommt bald zur **Gadaladeniya Vihara.** Sie wurde 1344 fast ganz aus Stein gebaut und steht auf einem Hügel, der eine schöne Aussicht auf die Umgebung gewährt. Das Gebäude zeigt dravidischen Stil. Am Aufgang tragen große Steinpfeiler das Dach aus riesigen Steinplatten. Im Inneren der *vihara* blickt ein antikes Buddhabildnis aus Stein und Gips auf Milchreisschüsseln herab, in die seit Jahrhunderten eßbare Opfergaben gelegt werden. Die 638 Jahre alten *jak*-Holztüren weisen noch die ursprünglichen Bemalungen auf.

Im Dorf Kiriwavula in unmittelbarer Nachbarschaft arbeitet noch eine alte Messinggießerei. Das Metall wird nach der *cire perdue* (verlorenes Wachs)-Methode bearbeitet; die fertigen Stücke sind ausgestellt. Auch Brillengläser werden hier aus reinem Bergkristall angefertigt.

4 km südlich von Gadaladeniya steht die **Lankatilaka Vihara,** die ebenfalls 1344, allerdings im traditionellen singhalesischen Stil, fertiggestellt wurde. Sie steht auf einem grauen Felsvorsprung inmitten des fruchtbaren, grünen Hochlands und trägt ihren Namen zu Recht: „Schönheitsfleck auf der Braue Sri Lankas." Der Reliquienschrein enthält neben einem alten Buddhabildnis aus Gipsstein *devalas,* die den vier Wachgöttinnen der Insel geweiht sind. Eine Felsinschrift in der Palisprache schreibt die wertvollen Gaben Handwerkern zu, die am Tempel arbeiten mußten. Holzschnitzer sind am Fuß des Felsens, auf dem der Tempel steht, immer noch am Werk.

Die **Kataragama Devala** in Embekke

Lankatilaka Vihara.

folgt etwa 2 km weiter (zu Fuß oder mit dem Auto erreichbar). Die *devala* enthält berühmte Holzschnitzereien; König Wikramabahu III. von Gampola (1357–1374) soll sie gebaut haben. Das Holzdach wird von wunderschön gehauenen Säulen getragen; die Paneele sind reich an Mustern. Da sieht man Schwäne, einen doppelköpfigen Adler, einen Löwen, eine Lotosblume, Ringer, Soldaten, tanzende Mädchen, Musiker und viele andere Figuren, sogar eine stillende Mutter.

Nördlich der Hauptstraße Colombo-Kandy, auf dem Weg nach Murutawala, ist in der **Dodanwela Devala** die Goldkrone und das Stahlschwert des Kandy-Königs Rajasinha II. aufbewahrt. In der Nähe liegt das Dorf **Manikdiwela,** das 1950 von Edith Ludowyk aufgebaut wurde, die hier ein Zentrum der Weberei einrichtete; sehr feine handgewebte Stoffe entstehen hier.

Der Blick von Kadugannawa

10 km von Peradeniya entfernt liegt auf einem steilen Abhang das Städtchen **Kadugannawa.** Ein 38 m hohes leuchtturmähnliches Monument zu Ehren des Straßenbauingenieurs W. F. Dawson erinnert an die Fertigstellung der 115 km langen Strecke Colombo-Kandy im Jahre 1827. 1832 fuhr hier die erste asiatische Postkutsche. Gleich unterhalb von Kadugannawa liegt ein riesiger Steinquader. Dawson ließ ihn untertunneln, um eine alte Prophezeiung wahrzumachen – daß das Königreich niemals fallen werde, „es sei denn, der Feind durchbohre den lebenden Felsen", um hineinzugelangen.

Die Aussicht von der steil abfallenden Straße aus ist ausgezeichnet. Der flache Berg in der Ferne ist der **Bible Rock;** religiöse Kolonialisten fanden, daß er einem aufgeschlagenen Buch ähnlich sehe. Im Norden sieht man den 1033 m hohen **Alagalla,** der nach Südwesten steil abfällt. Die Bahngleise der Colombo-Kandy-Verbindung schlängeln sich um diesen Berg herum.

Utuwankanda bzw. Festungsfelsen heißt ein bewaldeter Hügel im Norden der Hauptstraße bei Mawanella. Die Felsspitze am Gipfel erweckt den Eindruck einer Festung. Im 19. Jahrhundert zog sich hierher Saradiel, ein berüchtigter Verbrecher, zurück. Dieser Straßenräuber und Mörder hat manch einer Legende Stoff geliefert; oft wird er heute

Gadaladeniya Vihara.

als eine Art Robin Hood angesehen. Beweise dafür, daß er „den Reichen etwas wegnahm, um den Armen zu geben“, gibt es allerdings keine. Nur einmal gab er einem alten Mann das Doppelte der gestohlenen Summe zurück, als er erfuhr, daß es die mühsam ersparte Mitgift für seine Tochter war. Er ermordete 18 Menschen, bis man ihn in Mawanella faßte und aufhängte.

Mawanella ist der Ort der Gewürzgärten. Hinweisschilder gibt es hier nicht nur in englischer, sondern auch in deutscher und französischer Sprache. U. a. duftet es hier nach Zimt, Ingwer und Kardamom.

In den Hügeln, Felsen und Höhlen der Gegend stößt man zudem auf viele kaum bekannte alte Tempel. In Alutnuwara z. B. steht die **Maha Vishnu Devala** (ein paar Kilometer südlich der Hauptstraße bei Mawanella). Anfang des 14. Jahrhunderts brachte man ein rotes Upulvan (Vishnu)-Bildnis aus Sandelholz hierher. Als es dann nach Kandy geholt wurde, rückte ein großer Dämon, der Frauen in einen hysterischen Trancezustand versetzen kann, in den Mittelpunkt der Andachten. Alljährlich im Monat Esala wird hier eine *perahera* abgehalten.

Kurz bevor die Straße nach Kegalla einmündet, führt eine Seitenstraße nach **Pinawella,** wo der Staat an den Ufern der Maha Oya eine Station für Elefantenwaisen unterhält. Etwa 15 junge Elefanten, die jüngsten nicht einmal ein Jahr alt, werden hier großgezogen. Sie wurden alle allein oder verwundet irgendwo im Dschungel aufgegriffen. Man richtet sie hier zu Arbeitselefanten ab, um sie dann an Firmen oder Tempel zu verkaufen. Es macht Spaß, ihnen bei der Fütterung und beim Baden zuzuschauen.

Bei Meile 42 windet sich die Straße mehrere Kilometer hinauf nach **Beligala;** das ist einer der Orte, wo die Schalenreliquie des Buddha aufbewahrt sein soll. Die **Beligala Vihara** könnte auf das 2. Jahrhundert n. Chr. zurückgehen. Der Eingang wäre selbst für einen Elefanten groß genug; der Mondstein hat eine selten schöne Form. Im 13. Jahrhundert wurde hier auch eine Zeitlang die Zahnreliquie aufbewahrt.

Nach weiteren zwei Kilometern auf der A1 kommt man nach **Dedigama,** einer faszinierenden Ausgrabungsstätte, dem Geburtsort des großen Königs Parakramabahu I. von Polonnaruwa. Dieser ließ im 12. Jahrhundert die **Kotanehera**

Links: Zimt, Mawanella. Rechts: Ringer an einer Säule der Embekke Kataragama Devala.

Dagoba bauen, um sich selbst ein Denkmal zu setzen. Der alte Bau ist verstümmelt, weist jedoch statt wie üblich einer, 10 Reliquienkammern auf. In der Nähe steht ein **Archäologisches Museum** (dienstags geschlossen), u. a. mit einer bezaubernden „Elefantenlampe", die man in der *dagoba* fand. Der Bronzeelefant dient als Ölgefäß, das in einer flachen Schale steht, in der die Dochte brennen. Wenn der Ölstand eine bestimmte Grenze unterschreitet, füllt der Elefant nach – in der Methode jenes „Manneken Piss" am Brunnen in Brüssel.

In Ambepussa mündet die A1 in die A6 aus Kurunegala und Trincomalee. Colombo liegt etwa 61 km südwestlich von hier.

Der Felsentempel von Aluvihara

Das moderne **Matale** im Norden von Kandy verdankt seine Existenz dem 1803 von den Briten errichteten **Fort MacDowall.** Übrig geblieben ist davon nur ein Tor. Spuren eines Lehmbauwerks fand man an der Stelle, wo jetzt die anglikanische Kirche steht.

Östlich von Matale, jenseits der B36, liegt das Dorf **Palle Hapuvida**, wo ein traditionelles Kunsthandwerk überlebt hat: *miyapotuvada*, eine spezielle Lackarbeit.

Aluvihara liegt nördlich von Matale, etwa 29 km von Kandy entfernt. Hier wurden im 2. Jahrhundert v. Chr. zum erstenmal die buddhistischen Schriften (das Tipitaka) niedergeschrieben, eine Aufgabe, die 500 erfahrene Mönche in Anspruch nahm.

1848, als die Briten einen Anführer der Aufständischen bis in eine Felsenhöhle verfolgten, wurde ein großer Teil des Tempelkomplexes, die Bibliothek vollständig, zerstört. Seitdem sind die Mönche dabei, in mühevoller Arbeit die *ola* (Palmblätter)-Manuskripte neu zu schreiben. Die 550 Erzählungen des *Jataka* (Geschichten von den zahlreichen Geburten des Buddha) sind nun in Singhalesisch aufgezeichnet; der erste von „drei Körben" des *Tipitaka* wurde 1982 fertiggestellt.

Die Felsenhöhlen wurden vor langer Zeit durch riesige Steinquader geformt, die von einem Berg herabfielen. Sie enthalten verschiedene Ikonen und Fresken. Eine große Höhle beschreibt bildhaft einen Sünder in der Hölle.

Die bekanntesten Erhebungen an der

Elefanten-waisen, Pinawella.

Straße östlich von Kandy sind **The Knuckles** („Fingerknöchel"-Berge). Ihre unverwechselbaren Konturen zeichnen sich in 1863 m Höhe über dem Dumbara-Tal ab. Doch die Schönheit dieses Gebirgszuges ist lediglich ein Vorgeschmack dessen, was einen erwartet, wenn man die 73 km zu den großartigen *dagobas* von Mahiyangana fährt. Denn die Strecke auf der B38 ist zweifellos das landschaftlich Großartigste, was die Insel zu bieten hat.

Östlich von Kandy

Etwa 13 km östlich von Kandy sollte man die Linksabbiegung nach **Henewala** nicht verpassen. Hier werden sehr schöne Matten gewoben. Die sogenannten Dumbara-Matten werden nicht aus Palmblättern oder Schilf, sondern aus Gemüsefasern hergestellt und haben eine lange Lebensdauer.

Vor dem Städtchen Teldeniya geht es rechts ab zum Hauptquartier des **Mahaweli Diversion Scheme** (Flußregulierung) in **Polgalla.** Viel zu sehen gibt es nicht; ein 162 m langer Staudamm begrenzt einen kleinen See. Die Angestellten geben bereitwillig Auskunft über das Projekt (während der Arbeitszeit unter der Woche) und zeigen die Anlagen. Die **Victoriafälle** sind weiter flußabwärts. Sie sind zwar nur 10 m hoch, schießen aber eindrucksvoll durch einen kleinen Felskorridor. Britische und schwedische Firmen bauen in der Nähe ein Kraftwerk.

Um das Dorf **Teldeniya** werden Baumwolle, Tabak, Kokospalmen und Gemüse (lange, grüne Schlangenkürbisse) angebaut. Hinter dem Dorf wird die Straße schlechter. Die Siedlungen kleben an steil abfallenden Hängen und Bergkämmen. An den Straßen werden je nach Ort und Jahreszeit Bananen, Mangos, Brotfrüchte, *jak*-Früchte, Grapefruit, Holzäpfel aus dem Dschungel und die Orangenfrucht des Ajoucabaums verkauft.

39 km östlich von Kandy führt die Straße über den Gipfel des **Hunasgiriya Peak.** Vor Jahrhunderten zogen sich die Könige aus Kandy hierher zurück, wenn das Land angegriffen und besetzt war. Mehr als einmal wurde auch die Zahnreliquie heraufgebracht. Die massiven Ruinen von Medamahanuwara, „der großen Stadt in der Mitte", sind hier immer noch zu sehen.

Hinter Madugoda geht es bergab, langsam zunächst, dann immer steiler, bis man in Mahiyangana zum Mahaweli-Fluß kommt. Diese 8 km können durch 18 Haarnadelkurven und durch wilde Affen, die mitten auf der Straße sitzen, zu einem kleinen Abenteuer werden.

Entschädigt wird man durch die herrliche Aussicht. Die Sichtweite beträgt viele Kilometer. Vor dem Betrachter ausgebreitet liegen die Täler und Dschungel des **Bintenna.** Es ist das Land der Veddhas, das letzte Rückzugsgebiet der Ureinwohner Sri Lankas.

Wenige Kilometer vom Fuß des Berges, 800 m südlich der Hauptstraße, steht die antike *dagoba* von **Mahiyangana,** eines der heiligsten Monumente auf der Insel. Die Buddhisten glauben, daß sie noch vor Buddhas Tod über einer Haarlocke von ihm errichtet wurde. Im Mahavamsa heißt es, der Buddha habe sich zu einem Fest der Veddhas hier aufgehalten und sei in der Luft davongeschwebt, womit er die entsetzten Zuschauer zum Glauben bekehrt habe.

Man sagt, daß in einer erweiterten *dagoba* später auch ein Schlüsselbeinknochen Buddhas aufbewahrt wurde. Seit dem 2. Jahrhundert v. Chr. wurde sie von den Herrschern immer wieder vergrößert.

Links: Mahiyangana *dagoba*. Rechts: Obstverkäufer an der Straße.

DAS FRISCHE GRÜN DES HILL COUNTRY

Die glänzend grünen Teeblätter und die buntgekleideten Frauen, die sie pflücken, prägen sich dem Besucher von Sri Lankas Hill Country tief im Gedächtnis ein. Berge und Täler sind wie mit einem grünen Mantel bedeckt. An keinem anderen Fleck der Erde hat der Tee eine so große wirtschaftliche Bedeutung.

Aber im Hill Country gibt es nicht nur Tee zu sehen. Die Berge ragen bis über 2000 m auf, das Klima ist frisch und kühl wie sonst nirgends auf der Insel. Seltene Pflanzen und Tiere leben im Hill Country mit seinen beeindruckenden Naturschönheiten, den Wasserfällen und Höhlen.

Auch so einzigartige Orte wie Nuwara Eliya, die Edelsteinstadt Ratnapura, der heilige Berg Adam's Peak und die großen Steinskulpturen von Buduruvagala liegen hier. A5 ist die Hauptstrecke von Kandy durch das Hill Country. Die Straße folgt ab Peradeniya bis **Gampola** (im 16. Jahrhundert kurze Zeit Hauptstadt der Insel) dem Lauf der Mahaweli und steigt dann bis Nuwara Eliya auf 58 km steil an.

Die Straße schlängelt sich im Zickzackkurs durch die Teeplantagen des **Ramboda Pass,** streift unterwegs die 100 m hohen **Ramboda Falls.** Der **Labookellie Estate** in 1700 m Höhe lädt zur Teepause ein und zeigt dem Besucher, wie Tee entsteht. Die meisten Plantagenarbeiter sind auch hier aus Indien eingewanderte Tamilen, die am Tag für weniger als einen US-Dollar schuften. Allerdings ist für ihre Unterkunft und Verpflegung gesorgt; auch die medizinische Versorgung und die Ausbildung der Kinder ist Sache der Plantagenverwaltung.

Über Hanguranketa

Als Alternative für die Fahrt von Kandy nach Nuwara Eliya bietet sich die gleichfalls schöne, jedoch weniger befahrene B39 über **Hanguranketa** an. Dieser Ort, 28 km südöstlich von Kandy, diente im 17. Jahrhundert dem König Raja Sinha II. als heiliges Refugium. Seine **Potgul Maliga Vihara** ist sehr bedeutend. **Potgul** bedeutet „Bibliothek"; in diesem alten Gebäude befindet sich eine schöne Sammlung von *ola*-Manuskripten mit herrlichen handgefertigten Deckblättern aus ziseliertem Messing und Silber. Daneben gibt es hier noch einen schönen Mondstein und eine *dagoba,* deren Außenwände Fresken tragen, die normalerweise im Reliquienschrein verborgen sind.

Die *potgul* ist einer von mehreren heiligen Bauten, die an einer Grünfläche im Zentrum von Hanguranketa stehen. Gegenüber ist eine Vishnu *devala* mit einem Fries voller Tänzerskulpturen. Eine Pattini *devala* in der Nähe weist ähnliche Figuren auf. Einige wenige am Boden liegende Steine erinnern an den ehemaligen Exilpalast von Raja Sinja II.

Etwa fünf Kilometer südlich von Hanguranketa kreuzt die B39 die B40, die aus Peradeniya kommt. Nach 12 km auf dieser Straße kommt man zur **Loolecondera Estate;** hier wurde der erste Tee des Landes verarbeitet. Der Schotte James Taylor lebte und arbeitete in einem kleinen Bungalow, wo jetzt Wäscher untergebracht sind. Den ersten Loolecondera-Tee stellte er auf seiner Veranda her. Von hier aus hat man eine sehr schöne Aussicht über das Great Valley in Richtung Hunnasgiriya.

Was dann auf der langen, kurvenrei-

Vorhergehende Seiten: Hill Country in der Dämmerung. Links: Teepflücker bei der Arbeit. Rechts: Pflügen im Reisfeld.

chen Strecke bis Nuwara Eliya folgt, sind vor allem Teeplantagen und schöne Hügel. Die **Kurunda Oya-Fälle** stürzen oberhalb der Mulhalkela-Brücke an der B39 189 m tief ins Tal; eine ziemliche Kletterei für den, der sie selbst sehen möchte.

Ein Hauch von England

Die beiden Straßen ins Hochland vereinigen sich in **Nuwara Eliya,** das sich in ein bewaldetes Becken in 1884 m Höhe einschmiegt – am Fuße des Mt. Pidurutalagala, des höchsten Berges Sri Lankas. Obwohl die Engländer Ceylon vor 35 Jahren verlassen haben, fühlt man sich hier in den Lake District von England versetzt. Häuser im Tudor- und viktorianischen Stil stehen an einem hübschen blauen See; in Parkanlagen und Gärten blüht es bunt; Jagd- und Anglertrophäen zieren die Wände der alten Hotels.

Die ersten Westler, die es zufällig hierher verschlug, waren 1819 englische Jäger. Sechs Jahre darauf baute man Nuwara Eliya zum Kurort und Sanatorium der Armee aus. Vom kühlen Klima profitierte 1846 auch der britische Forscher Sir Samuel Baker, bekannt durch seine Nil-Expeditionen, der sich zwei Wochen von der Malaria erholte. Zwei Jahre danach kam er voller Begeisterung für Nuwara Eliya wieder und schuf „ein kleines englisches Dorf".

Um keine Zeit zu verlieren, ließ Baker alles herbeischaffen, was er für seinen Plan benötigte: seine Jagdhunde, das Jagdwaffen-Arsenal, Hausangestellte, Landarbeiter, Handwerker, einen Gutsverwalter, ein paar Schafe und Kühe, Landmaschinen, einen Schmied und eine Pferdekutsche. Das ganze lebende und tote Inventar kam gemeinsam auf Ochsenwagen und Elefanten den Ramboda Pass heraufgezogen. Nur die Kutsche überlebte die Fahrt nicht: hier die Worte des Kutschers:

> Verehrter Herr, leider muß ich Ihnen mitteilen, daß die Ochsen und die Kutsche einen Unfall hatten und einen Abhang hinuntergefallen sind.

Nach acht Jahren wurde Bakers Experiment aufgegeben; einige Handwerker und Bauern blieben und wurden die ersten Siedler. Von Baker stammt das Gemüse (rote Beete, Kohl, Tomaten, Lauch und Kartoffeln gedeihen hier prächtig), die Hereford- und Durham-Zuchtkühe und eine Brauerei, die er damals bauen ließ.

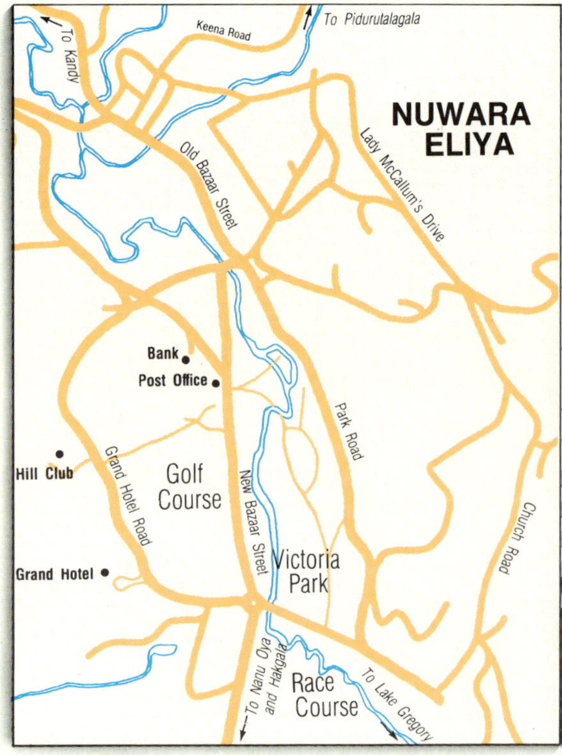

Links: Alter Bungalow im English-style in Nuwara Eliya.

Das eigentlich Sehenswerte an Nuwara Eliya sind heute seine Hotels, hier vor allem der altmodische **Hill Club.** Die graue Steinvilla auf einem sanften Hügel oberhalb eines 18-Loch-Golfplatzes, mutet wie eine Seite aus einem Geschichtsbuch aus dem letzten Jahrhundert an. Die Bibliothek von 1876 enthält noch immer einige der ersten Enzyklopädien sowie andere Bücher von damals, und der Billardtisch ist eine seltene Antiquität. Die ausgestopften Köpfe von Leoparden, Ebern und anderen wilden Tieren blicken den Besucher von den polierten Eichenholzwänden herab an.

Gäste können im Klub speisen, wenn die Herren Krawatte tragen (keine Angst, an der Bar können Sie eine ausleihen). Bürger Sri Lankas sind nur als Gäste von ausländischen Besuchern zugelassen!

Gleich nebenan steht das **Grand Hotel,** ein im elisabethanischen Stil gehaltenes Inn. Das **St. Andrew's Hotel** liegt auf der anderen Seite der Stadt. Das Queen's House, auch ein Kolonialbau, steht heute dem Präsidenten zur Verfügung.

Eigentlich erinnert der ganze Ort an die Engländer. Das Postamt mit seinem reizenden Uhrturm, die anglikanische Kirche, die Privathäuser mit den Giebeldächern und Dachfenstern – sie alle sind Zeugen der Vergangenheit.

Der **Victoria Park** in der Ortsmitte lädt zu einem Spaziergang und zum Picknick ein. Wenn hier zwischen März und Mai und im August und September die Blumen blühen, wird man an die heimatlichen Jahreszeiten erinnert. In diesen Zeiten kommen die Menschen in Scharen nach Nuwara, um der schwülen Hitze im Tal zu entfliehen.

Die **Pferderennbahn** im Süden des Parks erwacht einmal im Jahr beim Ponyrennen wieder zu Leben. Der **Golfplatz** gilt unter Kennern als der schönste, auf jeden Fall der malerischste in ganz Asien. Auf dem **Lake Gregory** kann man Boot fahren, und die Angler erfreuen sich an den vielen Forellen im See und in den Bächen. Forellen wurden erst vor etwa 100 Jahren in den Gewässern des Hill Country ausgesetzt. Ganze zwanzig hatten die Überfahrt von England lebend überstanden. Das war 1882; seit 1896 gibt es in Nuwara Eliya eine Forellenzucht, die der Ceylon Fishing Club ins Leben rief. Die ausgesetzten Forellen erreichen ein beträchtliches Gewicht – die braunen bis zu 14, die Regenbogenforellen bis zu

Postamt in Nuwara Eliya.

12 Pfund (das war der Rekord im Lake Gregory).

Wer gerne wandert, kann den **Mount Pidurualagala** bequem an einem Tag besteigen: Der Mt. Pedro – wie er auch heißt – ist mit 2254 m der höchste Berg der Insel. Man braucht rund zwei Stunden, um zum Gipfel aufzusteigen, wo der erste Fernsehsender Sri Lankas aufgestellt ist. Vom Gipfel aus kann man den Adam's Peak im Südwesten genauso sehen wie die Knuckles im Norden und die Ebene von Bintenna im Osten.

Die Gärten von Hakgala

Südöstlich von Nuwara Eliya kommen wir zu einem weiteren markanten Berggipfel, dem Hakgala. An seinem Fuß liegen die **Hakgala Botanical Gardens** und darüber das Schutzgebiet Hakgala Strict Natural Reserve. Die Gärten sind zwar kleiner und weniger exotisch als die von Peradeniya, doch dafür gedeihen in 1707 m Höhe ganz andere Pflanzenarten. 1860 entstand hier eine Versuchsplantage für Chinarindenbäume (aus dem das Fiebermittel Chinin gewonnen wird); Rosen und Farne sind heute der Stolz der Anlage.

Den Felsen von Hakgala, der sich fast 500 m hoch erhebt, soll Hanuman, der mythische Affengeneral, der die Prinzessin Sita aus den Händen des Dämonenkönigs Rawana gerettet haben soll, in seinem Maul vom Himalaya hierher getragen haben. Der **Sita Amman Kovil** gleich beim Berg soll der Ort gewesen sein, an dem Sita gefangengehalten wurde.

Die **Hakgala Strict Natural Reserve** ist das Rückzugsgebiet einiger sehr seltener Tier- und Vogelarten, z. B. des Bärenaffen „wanderoo", der über einen Meter groß wird. Sein tiefes „hoohoo"-Gebell hallt oft in den Gärten.

Um den Hakgala herum treffen wir auf zahlreiche kleine Gemüsegärten, die an steilen Abhängen terrassenförmig angelegt sind. 24 km westlich (an der A7, via Nanu Oya, der nächstgelegenen Bahnstation von Nuwara Eliya) hat das **Sri Lanka Tea Research Institute** auf der St. Coombs-Plantage bei Talawakele seine Hauptverwaltung. In dieser Modellplantage werden alle mit der Gesundheit und der Züchtung der Teepflanze zusammenhängenden Fragen systematisch erforscht. Die wissenschaftliche Bibliothek enthält 20 000 Bände, und die vierteljährlich erscheinende Zeitschrift wird in der ganzen Welt gelesen.

Links und unten: zwei von vielen Schönheiten von Hakgala.

Ganz in der Nähe stürzen zwei eindrucksvolle Wasserfälle in die Tiefe. Die Devon Falls mit ihren 86 m sind hoch und schmal, während die St. Clair Falls (73 m) eine breite Doppelkaskade bilden.

Die vielleicht verlassenste Region in ganz Sri Lanka sind die **Horton Plains,** eine Hochebene auf einem Bergsattel in 2134 m Höhe, die nur schwer zugänglich ist; doch die Mühe lohnt sich. Bis vor kurzem führte nur ein Fußweg herauf; jetzt gibt es immerhin drei Fahrwege, die sich den steilen Anstieg zu den Horton Plains heraufwinden. Von Westen führt der Weg (für Geländewagen geeignet) über die Agrapatna-Teeplantage herauf, von Norden geht eine Straße mit riesigen Schlaglöchern am Mount Totapola entlang, der beste Weg von Osten beginnt am Bahnknotenpunkt Ohiya.

Die Horton Plains bestehen aus nebelverhüllten Wiesen, dürren Bäumen und eiskalten Bächen, ein kaum bewohntes, verlassenes und doch anregendes Stück Land. Das Department of Wild Life Conservation unterhält hier einen Bungalow namens **Anderson's Lodge** und ein Gästehaus **Farr Inn,** wo hungrige Wanderer etwas zu essen und ein Dach über dem Kopf finden. Vögel, Rhododendren sowie andere Tier- und Pflanzenarten gehören zu den Attraktionen der Horton Plains.

Viele kommen allein wegen der herrlichen Aussicht vom **World's End** aus herauf, die fünf Kilometer oberhalb des Farr Inn zu bewundern ist. Der Steilabbruch fällt unvermittelt senkrecht über 1000 m tief ins Tal! Aber Vorsicht: es ist nichts abgesichert. Frühmorgens begrenzt ein Silberstreif – der Indische Ozean – etwa 80 km im Süden den Horizont. Im Lauf des Tages bildet sich ein Hitzeschleier, der die Sicht trübt. Ab Mittag ist meist nichts mehr zu sehen. Während des Südwestmonsuns sieht man außer großen Wolken überhaupt nichts.

Die Horton Plains begrenzen im Osten das **Peak Wilderness Sanctuary.** Dieser alpenpark-ähnliche Landstrich erstreckt sich vom Adam's Peak aus etwa 40 km nach Westen. Hier leben schwarze Adler, blaue Elstern und andere seltene Vögel; es soll auch Leoparden, Damwild und Schakale geben. Früher lebten hier Herden von Elefanten, doch seit den 30er Jahren hat man keinen einzigen mehr gesehen.

Östlich von Nuwara Eliya liegt an der A5, etwa 53 km von Hakgala entfernt,

Terrassierte Gemüsefelder an der Straße nach Nanu Oya.

Badulla, das Marktzentrum des Hill Country. Idyllische Bergstädtchen wie **Palugama** und **Welimada** sowie Gemüsegärten und Teeplantagen liegen am Weg. Die **Istripura Caverns** wenige Kilometer nördlich von Welimada sind das längste und verworrenste unterirdische Höhlensystem auf der Insel – verschachtelte und übereinander gelagerte Höhlenkammern, die teilweise sehr tief sind. Ihren Namen „Stadt der Frauen“ haben die Höhlen von einem Mythos: jede Höhle soll das Privatgemach einer der Frauen aus dem Harem eines Riesen gewesen sein!

Badulla ist die Endstation der Eisenbahnlinie von Kandy und Nuwara Eliya. Der Bahnkörper verläuft neben der A16. Der Bahnhof **Idalgashinna** liegt auf einem Bergkamm, von dem aus sich ein ähnlich schöner Talblick bietet wie vom World's End aus.

Auch das Städtchen **Haputale** liegt auf einem Bergplateau. Von der Hauptstraße aus kann man bis zum Leuchtturm von Hambantota sehen. **Diyatalawa,** wo die Armee ein Übungsgelände unterhält, ist ein beliebter Erholungsort in den Bergen; dies gilt umso mehr für **Bandarawela,** das mit seinen 1230 m rund 250 m niedriger als Haputale gelegen ist. In diesem reizenden Städtchen gedeihen u. a. Birnen und Erdbeeren. Das Klima ist hier trockener und milder als das von Nuwara Eliya.

Fünf Kilometer von Bandarawela entfernt, lohnt an der Straße nach Badulla der **Dowa-Höhlentempel** mit seinem verzierten Eingangsportal einen Besuch. Der Tempel liegt bei einer alten Holzbrücke an einem Bach am Fuß des Berges; ein 4 m hohes Buddha-Bildnis ist in den Felsen geschlagen, einige interessante Felszeichnungen sind zu sehen.

Der Zug von Bandarawela hält in Ella (wir kommen darauf zurück) und fährt weiter durch den **Demodera Loop,** wo die Strecke steil bergab führt, bis er zur Endstation Badulla kommt.

Elefantenmörder von Badulla

Wenn nicht gerade die Badulla Blanket, eine feuchte Nebeldecke, sich im Bergtal eingenistet hat, lohnt Badulla einen Aufenthalt. Interessant dürfte die **Kachcheri** sein, wo einst die Briten residierten und die da steht, wo früher der Palast des Prinzen von Uva aus Kandy stand; eine **Säuleninschrift** enthält einen Kodex aus dem 10. Jahrhundert, der von

Nebel in Bandarawela.

König Udaya III. von Anuradhapura stammt.

Die **St. Mark's Kirche** mit ihrem überdachten Friedhofstor erinnert an Major Thomas W. Rogers, den Stellvertreter des Verwalters Thomas Skinner. Dieser Mann durchquerte während seiner Dienstjahre zu Fuß den ganzen Südwesten von Sri Lanka; bekannt wurde er dafür, daß er einen Elefanten nach dem anderen zur Strecke brachte; nach dem 1300. Tier gab er das Zählen auf. Es mag wohl eine göttlich inspirierte Rache gewesen sein, daß der Elefantenschlächter auf der Veranda des Gästehauses in Haputale vom Blitz erschlagen wurde.

Die **Mutiyangana Vihara** gehört zu den 16 heiligsten Stätten des Buddhismus auf Sri Lanka. Wie der Tempel entstand und worauf die antiken Stätten im einzelnen zurückgehen, ist nicht bekannt; der Überlieferung nach soll König Devanampiyatissa aus dem 3. Jahrhundert v. Chr. der Bauherr gewesen sein.

Die **Dunhinda-Fälle,** etwa 5 km außerhalb von Badulla (2,5 km davon muß man zu Fuß zurücklegen), werden manchmal als die gewaltigsten Sri Lankas bezeichnet. Der singhalesische Name bedeutet „rauchendes Wasser". Der Wasserschleier des 58 m tief stürzenden Wassers verleiht ihnen dieses Aussehen.

Über Badulla erhebt sich der **Namunukulla** („Neungipfler"). Diesen Berg kann man bereits vom Schiff von der Bucht von Bengalen aus erkennen. Der Gipfel (2036 m) kann über die Spring Valley Plantage ohne Schwierigkeiten bestiegen werden. Die Aussicht reicht von Batticaloa bis zu den Basses-Riffen.

Auf zwei Wegen kann man das Hill Country von Badulla aus verlassen. Nach Osten geht es über **Passara** zur Ostküste und damit zum Indischen Ozean; wer nach Süden will, wählt am besten den Weg über Ella Gap.

Ella heißt das Dorf mit dem wohl schönsten Gästehaus in ganz Sri Lanka; es liegt 19 km südlich von Badulla. Von den Berggärten geht es 900 m tief hinunter zur Küstenebene des Südens. Rechts steht der Ella Rock, links ein bewaldeter Bergzug – dazwischen **Ella Gap,** das die Besucher des Gästehauses in seinen Bann zieht.

Der Ella Rock ist für seine tiefe Höhle, die **Cave of Rawana,** bekannt. In dieser Höhle stieß der singhalesische Paläontologe Deraniyagala auf 10 Skelette des kannibalischen *Homo sapiens balango-*

Ella Gap.

densis. Die Höhle heißt eigentlich Rattaran Guhava; zum Einstieg braucht man eine Strickleiter, da der Boden einige Meter tiefer liegt.

Die neue Straße durch Ella Gap kommt zwischen dem 12. und dem 13. Meilenstein an den **Rawana Ella Falls** vorbei. Obwohl sie nur 8 m hoch sind, sind sie hübsch anzuschauen.

16 km unterhalb von Ella steht ein Schild, das an die militärische Niederlage erinnert, die die portugiesische Armee 1630 gegen die Armee aus Kandy einstecken mußte.

Welaweya ist, wie schon der Name sagt, ein sehr abgelegenes Plätzchen. Es liegt an der Kreuzung der A2 (nach Hambantota) mit der A4 (nach Colombo und Batticaloa), einem wichtigen Knotenpunkt. Nur fünf Kilometer weiter südlich kommen wir bereits zur faszinierendsten und zugleich rätselhaftesten Stätte Sri Lankas – der großartigen Felsskulptur des Mahayana-Buddhismus in **Buduruvagala.**

Der Buddha von Buduruvagala

Über die Geschichte des Mahayana-Buddhismus in Sri Lanka ist uns wenig überliefert, da die Insel sich selbst als das Zentrum der Lehre des Theravada begriffen hat. Und doch ging vom Mahayana-Buddhismus zuweilen erheblicher Einfluß aus. Die sieben kolossalen Figuren, die hier in den Felsen gehauen sind, sind ihrer Entstehung nach heftig umstritten. Meist werden sie ins 9. oder 10. Jahrhundert datiert.

Der Buddha ist die beherrschende Figur der Gruppe; mit seinen 15,5 m Höhe ist er der größte stehende Buddha der Insel. Flankiert wird er von zwei *bodhisattvas* von 12 m Höhe. Zur Rechten Buddhas steht wohl Avalokitesvara, zur Linken entweder Maitreya, der Zukunftsbuddha oder Vajrapani, ein tantristischer *bodhisattva.* Bei Avalokitesvara steht seine Gesinnungsgenossin, die barbusige Göttin Tara – und (wahrscheinlich) seine ständige Begleiterin Sudhanakumara. Die Figuren, die zur anderen Gruppe gehören, konnten noch nicht identifiziert werden: die eine hält das *dorje,* das Donnerkeil-Symbol des tibetischen Tantrismus, in der Hand.

Alle Figuren sind aus dem Fels gehauen. Es sind noch Reste von Stuck und Farbe zu erkennen. Löcher im Fels über den Hauptfiguren (hier waren möglich-

Links: Rawana Ella Falls. Unten: *bodhisattva* Avalokitesvara von Buduruvagala.

erweise Schutzdächer verankert) lassen darauf schließen, daß die Figuren früher sorgfältig instand gehalten wurden.

Abseits des Hauptweges gelegen, kann Buduruvagala entweder mit dem Auto, dem Bus oder auch zu Fuß erreicht werden. Von der A2 biegt ein kleiner Feldweg ab. Er führt durch ein kleines Dorf. Wenn man eine steile Böschung hinuntergekommen ist, kann man, bereits in Sichtweite der Steinskulpturen, das Auto parken.

Früher, als es die Zufahrtsstraße noch nicht gab, war der Weg nach Buduruvagala beinahe abenteuerlich: Man mußte per Boot den Tank überqueren. Drüben angekommen, ließ man sich von Kindern einen Elefantenpfad entlangführen. Und plötzlich tauchten im Dunkel des Dschungels ganz unvermittelt die Steingesichter auf.

Nach Westen bis Ratnapura

Die interessantesten Punkte an der 121 km langen Strecke von Welawaya bis Ratnapura haben etwas mit Wasser zu tun. Bei Koslanda am Meilenstein 124 kommen wir zum **Diyaluma-Fall,** der mit seinen 171 Metern Höhe der höchste Einzelwasserfall der Insel ist. Man kann ihn unmöglich übersehen, denn er scheint förmlich auf die Straße herunterzuspringen. Ein kurzer Abstecher von der Straße nach Beragalla (bei Meilenstein 119) führt zu den Steinteichen oben auf den Fällen.

Entgegen der landläufigen Meinung ist der Diyaluma-Fall nicht der höchste (was die Fallhöhe insgesamt anbetrifft) auf der Insel. Diese Ehre gebührt den **Bambarakanda Falls** bei Kalupahana westlich von Haldummulla (2,5 km von der A4 am Meilenstein 102). Dieser Wasserfall mißt 241 m, die kürzeste Fontäne ist immer noch 141 m hoch. Wasserfälle sind aber immer regenabhängig. Während und nach dem Monsunregen ist der Anblick spektakulär, in der Trockenzeit sieht man höchstens ein dünnes Rinnsal.

In **Belihul Oya** lädt ein Gästehaus am Fluß den müden Fahrer zu einer erfrischenden Ruhepause ein. Ein Bergbach weist einige tiefe Stellen auf, so daß man im sauberen, klaren Bergwasser sogar baden kann.

Wer sich für Höhlen interessiert, der biege bei **Balangoda** ab und folge der Seitenstraße Richtung Uggalkaltota, die nach 23 km zur **Hituwalena-Höhle** bei

Die Skulpturen von Buduruvagala.

Kurugala führt. Für Moslems ist sie Teil einer heiligen Stätte, die sie Daftur Jailani nennen. Die Moslems glauben, daß hier ein heiliger Mann aus dem Irak 12 Jahre lang meditiert hat. Ein tiefer Graben fällt innerhalb der Höhle etwa 30 m steil nach unten; von hier aus soll es unterirdisch bis nach Mekka gehen, was allerdings noch niemand ausprobiert hat. Die Moslems kommen einmal im Jahr hierher gepilgert. Über einer Schlucht ist eine mehr als 2000 Jahre alte buddhistische Höhle zu sehen (Budugala); sie dient heute als Tempel.

„Stadt der Edelsteine"

101 km von Colombo entfernt liegt **Ratnapura,** die berühmteste Fundgrube für Edelsteine in Sri Lanka. Diesen Ruf hat sich Ratnapura wahrlich verdient. Wenn man entlang der A4 zwischen Pelmadulla und Avissawella fährt, fallen die Gruben ins Auge, in denen man nach Edelsteinen sucht. Plötzlich entdeckt man zwischen Reisfeldern Schürfer, denen man jederzeit bei der Arbeit zusehen kann.

In Ratnapura kann man in mehreren Museen und Galerien besichtigen, was alles zutage gefördert wird. Das **National Museum** im Osten der Stadt enthält eine typische Abbaugrube mit den einzelnen Gesteinsschichten; außerdem sind Versteinerungen aus dem Bezirk Balangoda zu sehen, eine wahre Fundgrube für Paläontologen. In der Nähe zeigt das **Gemmological Museum** interessante Sammlungen wertvoller Steine.

Etwas bescheidener ist das **Ratnapura Gem Bureau and Museum** im Bezirk Gatangama, gut zwei Kilometer außerhalb des Zentrums. Purandara Sri Bhadra Marapana, der Besitzer, bildet hier junge Handwerker und Künstler aus, die nicht nur Edelsteine bearbeiten, sondern auch Messing- und Silbergegenstände herstellen. Marapanas besonderes Anliegen ist die harmonische Verbindung von traditionellen und modernen Elementen in der Kunst.

Etwa 1,5 Kilometer nordöstlich der Stadt hat Marapana eine Plantage, auf der das **Hotel Kalawathie** steht; zum Hotel gehört ein seltener Kräuter- und Gemüsegarten. 1982 führte Marapana auf seiner Polhengoda Village Estate auch raffinierte Kräuter- und Ölbäder ein.

Ratnapura ist aber nicht nur die Stadt

Ratnapura, Stadt der Edelsteine.

der Edelsteine, sie ist auch eine heilige Stadt. Eine neue Statue des stehenden Buddha wurde neben der **Viniharama Vihara** auf einem Hügel über der Stadt errichtet. Etwa 3 km außerhalb von Ratnapura ist die antike **Maha Saman Devala** der Schutzgöttin des Adam's Peak geweiht. Parakramabahu II. ließ sie im 13. Jahrhundert erbauen. Ihren glanzvollen Höhepunkt erreichte sie in der Kotte-Periode, 200 Jahre später. Die Portugiesen zerstörten sie um 1620. Später wurde sie unter den Holländern restauriert. Die Devala hatte einst eine eigene Tanztruppe. Tänzer kommen heute nur noch zum jährlichen Fest und zur *perahera* im Monat *esala*. Diese perahera gehört neben der von Kandy zu den größten Sri Lankas. Zu den wichtigsten Figuren, die bei der Prozession mitgeführt werden, gehört *maha baha,* ein riesiges Bildnis, das wie der römische Janus zwei Gesichter hat: ein rotwangig lächelndes und ein verdrießlich düsteres.

Als Pilger zum Adam's Peak

Ratnapura ist der „klassische" Einstieg für die Pilgerreise zum Adam's Peak. Der beschwerliche Aufstieg (25 km, davon kann man 15 km fahren) führt über die Carney-Plantage zum 2243 m hohen Gipfel. Als Alternative bietet sich der Weg von Maskeliya über die Dalhousie-Plantage an, der in viel größerer Höhe beginnt und über 7 km nicht so steil ansteigt.

Die vier wichtigen Glaubensrichtungen auf Sri Lanka beanspruchen den Adam's Peak als ihren heiligen Berg. Für die Buddhisten ist er Sri Pada („die heilige Fußspur"), den Gautama Buddha persönlich aufgesucht hat. Die Hindus nennen den Berg Shivan Adipatham („Schöpfungstanz von Shiva"), der die Fußspur ihres Herrn, Shiva, zeigt. Die Moslems gehen davon aus, daß Adam hier die Erde betreten hat, und viele Katholiken glauben ihrerseits, daß die Fußspuren in jenem Steinquader am Gipfel vom heiligen Thomas stammen, der als Apostel in Südindien gepredigt haben soll.

In früheren Zeiten hieß der Berg Samanda Kanda, „Saman's Berg". Bevor der Buddhismus ins Land kam, war Saman die höchste Gottheit. Die Schwärme gelber Schmetterlinge, die sich jedes Jahr für kurze Zeit am Berg sammeln, nennt man *samanamayo*.

Mindestens seit dem 11. Jahrhundert

Einige der Schätze von Ratnapura.

ist der Berg Ziel von Pilgerreisen. Von König Vijayabahu I. und König Nissanka Malla von Polonnaruwa sind Pilgerreisen überliefert. Die *Mahavamsa*-Chronik berichtet von der Fußspur des Buddha auf dem Berggipfel.

Die Pilgersaison beginnt im Dezember und dauert bis zum Wesak-Fest im Mai. Der Höhepunkt liegt im März. In der übrigen Jahreszeit liegt der Berg kahl da, der Regen macht den Aufstieg gefährlich.

Jahr für Jahr gehen Zehntausende auf die Pilgerreise. Die meisten kommen des Nachts über eine von Lampen erleuchtete Treppe. Zahlreich sind die *ambalanas* (Pilgerrastplätze) und Erfrischungsstände, die den Aufstieg erleichtern. Wer bei Tagesanbruch oben ankommt, wird Zeuge eines fast übernatürlichen Schauspiels: der vergrößerte, dreieckige Schatten des Berges legt sich über das erwachende Land. Nur sehr selten kann man das „Schauspiel des Brocken" sehen – seinen eigenen Schatten, stark vergrößert, wie er in der Ferne im Nebel entsteht, von einem Regenbogen bekränzt, als ob er einen Heiligenschein trüge.

Die Pilger zum Adam's Peak befolgen während des Aufstiegs eine Reihe einzigartiger traditioneller Regeln. Wer zum erstenmal auf den Berg geht, trägt große Turbane aus weißen Tüchern auf dem Kopf. An den beiden Hauptwegen muß man an der Indikatupana („Platz der Nadel") haltmachen und eine Nadel mit Faden in einen Strauch werfen; an dieser Stelle soll nämlich der Buddha innegehalten und ein Loch in seinem Umhang geflickt haben.

Auf dem Gipfel läutet ununterbrochen eine Glocke, die als Zeichen der Beendigung einer Pilgerreise von einem alten Mann geschwungen wird. (Die aktuelle Reise kann nicht gemeint sein, denn die ist erst beendet, wenn man wieder zu Hause ist.) Es gilt als ausgesprochen unfein, unterwegs zu fragen, wie weit es noch ist; stattdessen sollte man die Pilger mit *karunavai* – „Frieden" grüßen.

Wenn Sie nicht den Weg von Ratnapura auf den Gipfel einschlagen, ist **Maskeliya,** am Fuß des Nordaufgangs zum Adam's Peak an der Seitenstraße der A7 zwischen Avissawela und Nuwara Eliya, Ausgangspunkt. Hinter Hatton (bei Meile 82) biegt man ab. Der Weg führt dann etwa 24 km entlang des **Mousakellie Reservoirs;** dieses verschlang im Jahre 1969 das Dorf Maskeliya mit seinen Fluten. Es wurde am Hügel wieder aufgebaut.

Auf der Rückfahrt nach Colombo kommt man durch **Norton Bridge,** wo einige neue Flußregulierungsprojekte des Mahaweliplans konzentriert sind. Leider dürfte das bald fertiggestellte **Laksapana Reservoir** die reizenden **Laksapana Falls** (115 m) an der Straße austrocknen. Die **Aberdeen Falls** (90 m), 5 km nördlich von Norton, wird es weiterhin geben, allerdings werden sie reguliert werden können.

Vom **Ginigathena-Paß** (beim Meilenstein Nr. 70) aus hat man bei klarem Wetter und Sonnenschein eine sehr schöne Sicht auf den Adam's Peak. In zahlreichen Haarnadelkurven windet sich die Straße bis ins Tal hinunter. Man kommt durch **Kitulgala,** ein kleines Dorf am Kelani-Fluß. Hier wurde „Die Brücke über den River Kwai" gedreht.

Auf einem Hügel oberhalb von Kitulgala entdeckte man vor kurzem eine prähistorische Höhle. Dort fand man sehr viele Muscheln, die einer bisher unbekannten Zivilisation zuzurechnen sind. Begierig haben sich die Paläontologen auf diese wichtigen Funde gestürzt.

In **Avissawella** laufen die Straßen nach Ratnapura (A4) und Nuwara Eliya (A7) zusammen; auf dieser Straße fährt man die letzten 72 km nach Colombo. In der Nähe stehen die antiken Ruinen von **Sitawaka,** einer Bastion des singhalesischen Nationalismus im Kampf gegen die Portugiesen im 16. Jahrhundert. Vielfach wird angenommen, die Ruinen seien 2000 Jahre älter. Heute steht hier kein Gebäude mehr, die Überreste der **Palastwände** wurden gefunden und markiert. Die Fundstätte liegt auf der Südseite der Kelani Ganga.

Auf der anderen Flußseite steht der von König Raja Sinha (1578–1597) errichtete hinduistische **Bereni Kovil.** Durch diesen Bau erhoffte er, der Strafe der Götter zu entgehen, die er auf sich geladen hatte, als er seinen Vater und einige buddhistische Mönche ermorden ließ (er ließ sie bis zum Hals in der Erde eingraben und ihnen dann die Köpfe abschlagen).

Steinsäulen mit wunderschönen Mustern liegen verstreut in dem Gebiet herum. Man vermutet jedoch, daß der Tempel nie fertiggestellt wurde, denn nach dem Tod von König Raja Sinha zog der Hof nach Kandy um und der Hinduismus fiel in Ungnade.

Der Gipfel des Adam's Peak.

ANURADHAPURA: ANTIKE KAPITALE

Jahrhunderte vor der Geburt Christi: Das Reich der Griechen erlebte im Mittelmeer gerade seine Blütezeit, und viele andere Weltregionen verließen eben die Entwicklungsstufe der Steinzeit, da war Sri Lanka bereits Lebensraum einer hochentwickelten Kultur-Stufe: wohlgeordnete Städte, ein ausgebautes Straßennetz, ein phantastisches Bewässerungssystem machten die Tropeninsel zu einem der großen Handelszentren der Welt.

Im Gegensatz jedoch zu den antiken Stätten Griechenlands, Roms und anderer Kulturen des Westens sind die antiken Städte Sri Lankas nicht planmäßig angelegt. Nur von einigen Palästen und Tempeln ist etwas übriggeblieben. Da der einzige Lebensbereich, dem eine dauerhafte Existenz zugesprochen wurde, die buddhistische Religion war, wurde lediglich für die zu Ehren Buddhas errichteten Gebäude unverwüstliches Material, nämlich Stein, verwendet. Für den weltlichen Bereich taten es Holz und Lehm.

Anuradhapura war zu dieser Zeit die großartigste der Städte. Die Ruinen bergen unzählige Gegenstände von ausgesuchter Schönheit, Bestandteile einer monumentalen Steinmetzarbeit, die nur von den Pyramiden Ägyptens noch übertroffen werden.

Die Ergebnisse der Ausgrabungen belegen, daß die erste menschliche Besiedlung auf 500 v. Chr. zurückgeht. Folgen wir der *Mahavamsa*-Chronik, dann waren es drei „Anuradhas", die an Gründung und Aufbau der Stadt beteiligt waren. Was Wunder, daß man die Stadt Anuradhapura, „die Stadt des Anuradha", nannte. Der erste war ein General des Fürsten Vijaya, nach der Legende der Urahn der Singhalesen; der zweite war ein Neffe des Königs. Als König Pandukabhaya im 4. Jahrhundert v. Chr. hier seine Hauptstadt errichtete, war es unter dem Sternbild „Anuradha" ein glückverheißender Zeitpunkt.

1400 Jahre lang blieb dann Anuradhapura die Hauptstadt von Sri Lanka. Der Einfluß ihrer Kultur reichte zuweilen vom Tiber bis zum Gelben Meer. Die Stadt breitete sich auf einer Fläche von 52 km² aus, mehrere 10 000 Menschen bewohnten sie. Zwei- und dreistöckige Häuser, viele auch noch unterkellert, waren durchaus üblich. Die Seitenstraßen waren den einzelnen Handwerksständen gewidmet. Die Wirtschaft florierte. Der König lebte in einem 1000-Zimmer-Palast voller Juwelenornamente, die Heiligtümer erhoben sich mit ihren spitzen Türmen hoch in die Luft.

200 Jahre nach dem Fall von Anuradhapura bemühten sich die Könige von Polonnaruwa aus, einige Gebäude wiederherzurichten. Dann jedoch wurde die Stadt für die nächsten 800 Jahre dem Dschungel der Trockenzone überlassen. Nur der heilige Bo-Baum, Sri Maha Bodhi, die einzige lebende Reliquie aus der Glanzzeit, wurde von den nachfolgenden Generationen nach wie vor aufgesucht. Das gilt bis auf den heutigen Tag.

Ralph Backhaus, ein junger britischer Beamter, kam um 1820 mit einer privaten Expedition in die alte Hauptstadt und entdeckte viele Ruinen, die dann allerdings erst 1871 von offizieller Seite zur Kenntnis genommen wurden; doch erst 1890 wurden unter H. C. P. Bell, einem britischen Archäologen, die Ausgrabungen begonnen.

Vorhergehende Seiten: Panorama von Anuradhapura. Links: Wächterstein der Thuparama Dagoba. Rechts: Buddha-Bildnis der Ruwanweli Dagoba.

Anuradhapura
To Asokaramaya, Kiribat Vihara, Vijayaramaya and Stone Bridge
Queen's Pavillion (Moonstone Site)
Kapararama
Kuttam Pokuna
Ratna Prasada
Uttaravihara
Abhayagiri Dagoba
Samadhi Buddha
Lankarama
Mawata
To Western Monasteries
Vata Vandana
Para
Rd.
Jethawanarama
Lankarama Dagoba
Road
Anula
Halpan Ela
Puliyankulama Ruins
Road
Archaeological Reserve
Vata Vandana
Nakha Vihara
Hindu Kovil
The Citadel
Gedige
Mahapali
Daladage
Palace of Vijayabahu I.
Sangamiththa
Mw.
Basawakkulama
Mawata
Jaffna
Road
Para
Bo Kotuwa
Road
Thuparama Dagoba
Mawata
M.O.H.'s Office
Excise Office
Jetavanarama Dagoba
Basawakkulama Tank
Rd.
Abhayawewa
Nandana
Kujjatissa Pabbata
Para
Thuparama
Ruwanweli Seya
Trincomalee
Chetiya
Archaeological Museum
Church
U.C. Office
Library
Toluvila
Ruins
Arippu
Road
Gemunu M.
Swarnamali
Mawata
Sri Sharatteendra Mw.
Nivaththa
Jail Road
Tissa
Mawata
Post Office
Road
Mirisaweti Dagoba
Tissarama
Brazen Palace
Railway Station
Sri Maha Bodhi
Road
Mihindu M.
Sri
Hindu Temple
Maha
New
Puttalam
Road
Road
Para
Market
Market Rd.
New Bazaar
Dakunu Dagoba Mw.
Dakkhina Dagoba
Mawata
Street
Road
Royal Pleasure Gardens
Nuwara Wewa
New Elakattuwa
Old Elakattuwa
Harischandra
Tissa Wewa
Road
Bandaranaike
Central Hotel
Bank of Ceylon
Meteorological Office
Isurumuniya
Post Office
Malavatu Oya
Police
The Secretariat
Mawata
Hospital
Courts
Tissa Wewa Road
Kurunegala
Vessagiriya
Jayanthi
Civil Hospital
Ruins
Rest House
To Kurunegala
0 0.25 0.5 0.75 1 km
0 0.25 0.5 miles
Mawata
Road
Main

Da erwachten plötzlich der singhalesische Nationalismus und der religiöse Eifer der Buddhisten: man hatte beim Anblick der antiken Steine symbolhaft das kulturelle Erbe des Landes vor Augen. Auch die Briten glaubten davon zu profitieren, indem sie in der restaurierten alten Hauptstadt ein Verwaltungszentrum einrichteten. So entstand praktisch inmitten von Palast- und Tempelruinen eine neue Stadt.

Allein für Buddhisten gibt es innerhalb von Anuradhapura acht Plätze von besonderer Heiligkeit, die jeder fromme Pilger aufzusuchen hat. Es sind dies: Sri Maha Bodhi, Ruwanweli Seya, Thuparama Dagoba, Jetavanarama Dagoba, Lankarama Dagoba, Mirisaweti Dagoba und Isurumuniya Vihara.

Die günstigste Zeit, Anuradhapura zu besichtigen, ist während des *poson poya* im Juni. Die Gläubigen feiern dann die Ankunft des Buddhismus auf der Insel Sri Lanka, und durch die Straßen wälzt sich ein unermeßlicher Pilgerstrom.

Der älteste Baum

Es gibt nichts Heiligeres in Anuradhapura als den **Sri Maha Bodhi.** Sage und schreibe seit 23 Jahrhunderten ist dieser Baum, der älteste bekannte Baum auf Erden, Gegenstand religiöser Verehrung. Bekanntlich ist er ein Ableger des *ficus religiosa,* unter dem Gautama Buddha erleuchtet wurde. Dieser Baum spielte eine so zentrale Rolle, daß man 1950, als er von einer Krankheit befallen war und einzugehen drohte, einen Botaniker des Smithsonian Institute nach Anuradhapura holte, damit er den Baum rette; er tat es mit sichtbarem Erfolg.

Gläubige am Sri Maha Bodhi, dem heiligen Bo-Baum.

Eiserne Krücken müssen die ehrwürdigen Äste des heiligen Baumes abstützen, der für sein ungeheures Alter relativ klein geraten ist. Er steht auf einer eigenen Bühne, einer *bodhighara,* die von einer goldbesetzten Umzäunung umgeben ist. Die meisten *Bo*-Bäume in Sri Lanka und auch manche in Burma und Thailand sind Abkömmlinge des Sri Maha Bodhi. Die Form seiner Blätter bilden das Grundmuster, nach dem die *dagobas* von Sri Lanka gestaltet sind.

Der **Loha Prasada** (Kupferpalast) wurde von Dutugemunu im 2. Jahrhundert v. Chr. als Wohnsitz für die Mönche neben dem *Bo*-Baum gebaut. Im *Mahavamsa* steht, er sei neunstöckig und 46 m breit, hoch und lang gewesen. Er besaß 1000 mit Silber und Edelsteinen verzierte Räume und ein Dach aus Kupferplatten, die ihm seinen Namen gaben. Das Gebäude selbst war aus Holz; unter dem Nachfolger Dutugemunus, Sadhista, brannte es nieder. An gleicher Stelle ließ dieser ein siebenstöckiges Gebäude errichten, das jedoch bei einem Angriff der Cholas im 11. Jahrhundert zerstört wurde. Die 160 Steinsäulen, die in 40er Reihen da stehen, sind die Überreste des im 12. Jahrhundert von König Parakramabahu I. restaurierten Baus.

Westlich des Kupferpalastes und des heiligen Bo-Baums steht nahe des Ufers des **Basawakkulama Tank** das schöne **Museum der Archäologie.** Es ist im ehemaligen Haus eines britischen Kolonialbeamten untergebracht und präsentiert viele architektonische Schönheiten der Stadt.

Der Stolz des Dutugemunu

Ruwanweli Seya, die „Große Stupa" (Mahathupa) aus dem 2. Jahrhundert v. Chr., gilt allgemein als großartigste *dagoba* von Anuradhapura. Sie wurde fertig, als Dutugemunu 144 v. Chr. auf dem Totenbett lag. Leider konnte man bei der

Restaurierung im 19. und 20. Jahrhundert die „Wasserblasenform" nicht mehr wiederherstellen, die der Stolz des Königs gewesen war. Die wichtigsten Charakteristika wurden gut getroffen. Das bezieht sich auch auf die historischen Restaurierungen, die im Laufe der langen Geschichte Anuradhapuras die Dagoba veränderten.

Vier Torhäuschen markieren heute die vier Kardinalpunkte der Anlage. Die Außenmauern zeigen skulptierte Elefanten. Diese Elefanten scheinen die Dagoba auf ihren Schultern zu tragen wie in der buddhistischen Lehre Elefanten die Welt tragen. Man sollte im Uhrzeigersinn um die *dagoba* herumgehen. Neben der modernen Statue des Maitreya stehen vier Kalksteinstatuen des Buddha aus dem 8. Jahrhundert. Eine Modell-*dagoba* an der Südwestseite der Stupa demonstriert, wie die Blasen ursprünglich ausgesehen haben. Ein überlebensgroßes Männer-Standbild, wahrscheinlich ist es Dutugemunu selbst, steht ehrfürchtig vor der großartigen *dagoba.*

Auf dem Gelände neben Ruwanweli Seya stehen mehrere **Klostergebäude.** Auf der anderen Seite der Straße sehen wir den Basawakkulama Tank, der wohl älteste Bewässerungsteich Sri Lankas, der mit Sicherheit auf König Pandukabhaya, damit auf das frühe 4. Jahrhundert v. Chr., zurückgeht.

Die **Thuparama Dagoba,** nördlich der Ruwanweli Seya, ist die älteste *dagoba* des Landes, in der die Schlüsselbein-Reliquie aufbewahrt ist, die der Kaiser Ashoka sandte, nachdem Anuradhapura zum Buddhismus bekehrt war. Unter König Devanampiyatissa wurde sie im 3. Jahrhundert v. Chr. gebaut und erhielt den Namen „das Kloster mit der Stupa". Die *dagoba* hatte die Gestalt eines „Reishaufens" und besteht nur aus Erde. Im 2. Jahrhundert v. Chr. ließ sie König Lanjatissa mit Holzpfeilern einfassen; im 7. Jahrhundert verbesserte Agbo II. diese *vatadage* mit Steinpfeilern und setzte ein kegelförmiges Dach obenauf. Einige der alten Pfeiler stehen noch. Die jetzige „Glocken"-Form geht auf eine Restaurierung von 1862 zurück.

Die gigantische Jetavanarama

Eine kleine, hügelförmige *dagoba* südöstlich der Thuparama, die **Kujjatissa Pabbata,** stammt aus dem 8. Jahrhundert. Sie steht womöglich auf dem Grab-

Die Ruinen des Bronze-Palasts.

mal des großen Chola-Königs Elara, den Dutugemunu im 2. Jahrhundert v. Chr. besiegt hatte.

Genau östlich davon steht die **Jetavanarama Dagoba,** die einmal die mächtigste ihrer Art war. Sie war einstmals 122 m hoch. Die Basis hat einen Durchmesser von 113 m und ruht auf einem 8 m dicken Ziegelsteinfundament, das wiederum in einem Betonbett eingelassen ist. Die gesamte Anlage erstreckt sich etwa über 32 000 m². Lediglich zwei Pyramiden übertreffen die Dagoba an Größe.

König Mahasena begann im 3. Jahrhundert mit dem Bau der Jetavanarama, zu einer Zeit, als es Auseinandersetzungen zwischen dem Mahayana- und dem Hinayana-Buddhismus gab. Im Dezember 1982 entdeckte man bei Ausgrabungsarbeiten Goldtafeln aus dem 9. Jahrhundert, auf denen in Sanskrit Worte aus dem Mahayana-*sutra* stehen.

Im Norden dieses Komplexes steht die **Zitadelle,** das Herzstück der antiken Stadt. Die Mauerreste umschließen ein Gelände von mehreren Quadratkilometern.

Nahe der Südwestecke der Zitadelle, links, wenn man auf der Straße von Süden kommt, steht aus dem 11. Jahrhundert der **Palast von Vijayabahu I.** Die Überreste dieses vergleichsweise bescheidenen Gebäudes lassen auch angesichts der Ähnlichkeit mit solchen Gebäuden in Polonnaruwa darauf schließen, daß es in aller Eile zur Krönung des Vijayabahu in der alten Königsstadt gebaut wurde, bevor er wegzog und Polonnaruwa zu seinem Amtssitz machte.

Ein Park östlich der Straße, rund 100 m nördlich des Palastes, birgt die Überreste des **Mahapali Refectory** (ein Armenhaus), den alten **Dalada Maligawa** (Tempel des Zahns) und ein paar Reliquienschreine. Dalada Maligawa, der durch seine großen Steinsäulen ins Auge fällt, war die erste Heimstatt der Zahnreliquie in Sri Lanka, nachdem sie unter abenteuerlichen Umständen im Haar einer Prinzessin aus Kalinga von Südindien auf die Insel gelangt war.

Weiter östlich kommt man hinter den Zitadellenmauern auf einem Pfad zur eigenartigen **Nakka Vihara,** einer viereckigen *dagoba* aus Stein aus der späten Anuradhapura-Periode. An einer Wand sind als Stuckarbeiten eine Vielzahl von Mahayana-Gottheiten aufgereiht.

Folgt man der Straße hinter der Zitadelle über eine Kreuzung hinaus, kommt

Die Thuparama Dagoba.

man zu einer Reihe von Klöstern und *dagobas.* Rechts sieht man als erstes die **Kapararamaya,** ein Kloster aus dem 7. Jahrhundert, dessen Einzelgebäude wie eine symmetrische Fünf auf einer Spielkarte oder einem Würfel angeordnet sind. Daneben folgt die **Asokaramaya,** Monumente aus dem 10. Jahrhundert, darunter zwei *viharas,* ein Badepavillon, dessen Dach von 84 Pfeilern getragen wurde, sowie ein zerbrochenes Bildnis des Buddha, das ihn in der seltenen *abhaya* Mudra-Haltung zeigt, in der er den Menschen Schutz bietet.

Der Abhayagiri-Komplex

Eine der ältesten *dagobas* in Sri Lanka ist die **Kiribat Vihara,** die wohl um 200 v. Chr. entstand. Vielleicht werden hier einige der vom indischen Kaiser Ashoka bereitgestellten Reliquien aufbewahrt. Das Bilderhaus weist eine glänzende Buddha-Skulptur auf. Sie steht einige hundert Meter nördlich der Asokaramaya. Kurz vor dem Ende der Straße führt nach links ein Weg zum Kloster **Vijayarama.** Vermutlich ist es in der späten Anuradhapura-Periode entstanden. Die *dagoba* hat die übliche Rundform. Von den erhaltenen Skulpturen her zu schließen, war es ein Mahayana-Heiligtum.

Wir kehren zur Kreuzung im Norden der Zitadelle zurück und kommen in das Gelände des Nord-Klosters **Uttaravihara,** das sich um die großartige Abhayagiri Dagoba ausbreitet. Im Osten der Kreuzung befinden sich die **Kuttam Pokuna** (Zwillingsbecken). In diesen vollständig erhaltenen kleinen Wasserbecken badeten im 3. Jahrhundert die Mönche. Das Wasser fließt zunächst in ein abgeschlossenes Filterbecken, dann durch einen schönen *makara* Wasserspeier und einen Löwenkopf in das kleinere der beiden Becken. Ein unterirdischer Zufluß speist das größere Becken.

Der **Samadhi-Buddha,** ebenfalls aus dem 3. Jahrhundert n. Chr. stammend, steht westlich der Kreuzung. Die Statue aus Kalkstein gehört zu einer Vierergruppe, die um einen *Bo*-Baum herum saß und zeigt den Buddha als *samadhi,* in tiefe Meditation versunken. Die Nase – ein restauriertes abgebrochenes Stück – stammt offensichtlich aus einer anderen Zeit als die Statue selbst. Man sagt, daß Jawaharlal Nehru in einem Foto dieser

Links: der berühmte Mondstein des Klosters von Abhayagiri. Rechts: der Samadhi-Buddha.

Statue Trost und Stärke fand, als ihn die Engländer gefangenhielten.

Geradeaus weiter gelangen wir zur **Abhayagiri Dagoba,** die 88 v. Chr. von König Vattagamini als Kloster gegründet wurde.

Die *dagoba,* die heute an dieser Stelle zu sehen ist, ließ König Gajabahu um 100 n. Chr. errichten. Mit ihren 113 m Höhe und ihrem Durchmesser von 110 m war es nach der Jetavanarama die zweitgrößte *dagoba* der Welt. Obwohl sie heute nur noch 76 m hoch ist, ist sie noch immer ein beachtliches Bauwerk.

Im Nordwesten der Abhayagiri steht der **Ratna Prasada** (Edelsteinpalast) aus dem 2. Jahrhundert n. Chr. Die riesigen Säulen dieser sehenswerten Ruine umschlossen einmal das Heim eines abtrünnigen Abtes. Am Eingang zum Ratna Prasada steht die wohl schönste und besterhaltene Wächterstele Sri Lankas: Ein Wachgeist, ein Naga-König, hält eine Vase mit einem blühenden Zweig als Zeichen des Wohlstands; über ihm ist eine *makara torana,* hinter ihm eine Kobra, zu seinen Füßen ein Zwerg zu erkennen.

Der **Mondstein** nordöstlich des Ratna Prasada gilt vielen als der schönste des Landes. Um ihn gegen Vandalismus zu schützen, hat man ihn eingezäunt. Die glänzend gearbeitete Skulptur symbolisiert den Übergang von der Begierde (Flammen) zum *nibbana* (veranschaulicht von der Lotosblüte in der Mitte des Steins.) Die Stufen über dem Mondstein werden von Zwergen hochgehalten; oben am Treppenaufgang sind zwei weitere Götter und zwei singhalesische Löwen zu sehen.

Südlich des Ratna Prasada kommen wir zu einer Reihe weniger bedeutender Stätten: einem früheren *Bo*-Baum-Heiligtum, dem Abhayagiri-Refektorium und einem sitzenden Buddha aus dem 7. Jahrhundert in der Haltung des *vitarka* (lehrend). Die **Lankarama Dagoba,** noch weiter südlich, wurde im 1. Jahrhundert v. Chr. von Vattagamini gegründet. Drei konzentrische Kreise von Säulen deuten an, daß sie Bestandteil einer *vatadage* war.

Die West-Klöster

Westlich des Zentrums von Anuradhapura, vom Abhayagiri-Komplex aus leicht zu erreichen, kommt man schnell

Die Abhayagiri *dagoba.*

zu einer Reihe von Eremitagen aus dem 6. bis 9. Jahrhundert, die den Sammelnamen **West-Klöster** erhalten haben.

Die Mönche, die in den 14 Waldereremitagen lebten, galten als strenge Asketen. Das wichtigste Gebäude des Komplexes war die *padhanaghara* bzw. der Meditationssaal. Er setzte sich aus zwei Plattformen auf einem Felsen zusammen, die von einem in den Felsen geschnittenen Graben umgeben waren. Ein Monolith diente als Brücke, die die Plattformen miteinander verband. Die westliche Plattform war überdacht, die östliche offen. Dadurch wirkt das ganze streng und diszipliniert. Lediglich die Urinbekken der Mönche waren verziert; der Grund ist nicht bekannt.

Hinter den Eremitagen führt die Straße zurück zur Stadtmitte. Man kommt am **Tissa Wewa** vorbei, einem Bewässerungsteich aus dem 3. Jahrhundert v. Chr., dessen Anlage König Devanampiyatissa zugeschrieben wird. Er sollte Anuradhapura ständig mit Wasser versorgen. Diese Funktion hat der Tissa Wewa auch heute noch. Im 5. Jahrhundert n. Chr. ließ König Dhatusena vom Kalawewa bis hierher einen großen Kanal bauen, den Jaya Ganga.

Nördlich des Tissa Wewa-Gästehauses steht die **Mirisaweti Dagoba,** die Dutugemunu aus Anlaß seines Triumphes über Elara und seines Machtantritts bauen ließ. Die Mirisaweti, die gerade restauriert wird, weist die besterhaltenen Terrassen am Fuß einer antiken *dagoba* auf, die es irgendwo in Sri Lanka zu sehen gibt. Sie ist 61 m hoch und der Prototyp für die Mahathupa.

Die **Dakkhina Dagoba,** östlich des Gästehauses und südlich des Sri Maha Bodhi, wurde möglicherweise über den eingeäscherten König Dutugemunu gebaut, denn man stieß im Zentrum des runden Steinwalls auf Asche- und Kohlenreste, die auf das 2. Jahrhundert v. Chr. zurückdatiert werden konnten.

Lilien und Liebhaber

Die **Royal Pleasure Gardens,** auch als Ran Masu Uyana bezeichnet, erstrecken sich am östlichen Ufer des Tissa Wewa. Auf dem Gelände verstreut liegen große Steine herum; dort standen früher Sommerhäuser. Am südlichen Ende der Gärten erhebt sich der Felsentempel Isurumuniya, in dessen Nähe drei Teiche liegen. Zwei von ihnen sind mit hübschen Basre-

Links: Kuttam Pokuna, die „Zwillings-Becken“; rechts: „Die Liebenden“ von Isurumuniya.

liefs verziert, die mit Wasserlilien spielende Elefanten zeigen.

Isurumuniya wurde im 3. Jahrhundert v. Chr. als Teil einer Klosteranlage errichtet, zu der auch Vessagiriya im Süden gehörte.

Abgesehen von der religiösen Bedeutung dürfte dies der interessanteste Tempel in ganz Anuradhapura sein. Er liegt malerisch beim Tissa Wewa. Vor dem Tempel wurde ein kleiner Teich angelegt. Im Isurumuniya findet man die berühmtesten Skulpturen der Stadt.

Die bekannteste heißt „Die Liebenden". Die etwas naive Beschreibung dieser im Gupta-Stil gehaltenen Figuren aus dem 6. Jahrhundert lautet: „Frau, auf dem Schoße des Mannes sitzend, mit erhobenem Finger als Zeichen ihrer Keuschheit; der Mann läßt sich davon aber nicht abhalten". Angeblich handelt es sich um Prinz Saliya, den ältesten Sohn König Dutugemunus, und eine bürgerliche Frau, die er liebte.

Oberhalb des Teichs steht eine Elefantengruppe à la Disneyland, die sich im Wasser tummelt; die natürliche Form des Felsens erzeugt den Effekt der Dreidimensionalität. Daneben ist das Hochrelief eines Mannes, der in entspannter, königlicher Pose dasitzt, während der hübsche Kopf seines Pferdes über seine rechte Schulter blickt.

Die Höhlen von **Vessagiriya** ehren die 500 Angehörigen der *vaisya*-Kaste, die von Mahinda ordiniert wurden.

Die meisten antiken Stätten von Anuradhapura sind im Westen und Norden der Neustadt gelegen. Jedoch gibt es auch im Osten einige bedeutende Ruinen. Beim Bahnhof z. B. stehen die **Toluvila**-Ruinen, die mit einem unbekannten Kloster verbunden sind, das im 6. Jahrhundert gebaut wurde. Etwas mehr als 100 Gebäude standen auf beiden Seiten der Hauptstraße, und zwar symmetrisch angeordnet. 3 km weiter nördlich, an der Straße nach Jaffna, stehen die Ruinen des **Pubbarama,** eines tantristischen Klosters, u. a. eine eckige *dagoba.*

2,5 km östlich von Anuradhapura, an der Straße nach Mihintale und Trincomalee, steht die **Paccinatissa Pabbata Vihara.** Es ist ein 236 mal 37 m großer Bau, der von einem Graben umgeben ist.

Nuwara Wewa heißt der größte und modernste Teich von Anuradhapura. Er entstand im 2. Jahrhundert, verfiel jedoch und wurde erst von den Briten um 1890 wieder aufgebaut.

Der Felsentempel von Isurumuniya.

MIHINTALE UND ANDERE STÄTTEN

Anuradhapura ist unbestritten ein großartiges Zentrum des Buddhismus; die Ehre, die erste Stätte zu sein, an der sich die Menschen in Sri Lanka für die buddhistische Religion begeisterten, gebührt einem anderen Ort: wir sprechen von **Mihintale,** einem Felsenhügel etwa 11 km östlich von Anuradhapura. An dieser Stelle nämlich wurde im Jahre 247 v. Chr. König Devanampiyatissa zum Buddhismus bekehrt, hier begegnete er dem ersten Missionar des Dharma.

Mihintale – der Berg Mahinda – wurde rasch zu einer großen Klosterstadt ausgebaut, die vier felsige Hügel umfaßte. Im 10. Jahrhundert erließ man Gesetze zum Schutz von Tieren und Wäldern. Auch heute fühlt man sich in einer abgeschiedenen Welt, obwohl inzwischen im Tal ein Basar steht und Zehntausende von Pilgern, vor allem im Vollmond des *poson* (Mai), herbeiströmen.

Ob Buddhist oder Tourist, jeder, der auf dem Gipfel dieses sehr heiligen Berges die *dagoba* sehen möchte, muß die 1840 Stufen bis dahin erklimmen. Der Treppenaufgang ist eine Bauleistung des Königs Bhathika Abhaya (22 v. bis 7 n. Chr.). Eine etwa 1500 Jahre alte Straße führt zu einer Terrasse auf halber Höhe des 311 m hohen Hügels und halbiert so die Zahl der Treppen.

Am Fuß des Mihintale Kanda (Hügel) steht ein **Hospital;** so wenigstens steht es in einer Inschrift auf einer Steinzisterne, in der Kräuteröle aufbewahrt wurden. Eine **Vihara** in der Nähe, deren Alter unbekannt ist, erhebt sich an der Stelle eines ehemaligen Klosterkomplexes.

Rechts von den Treppen auf halbem Wege in der ersten langen Flucht steht die **Kantaka Chaitiya** aus dem 2. Jahrhundert v. Chr. Erst 1934 wurde sie ausgegraben; sie war sehr gut erhalten und ein sehr feines Beispiel der frühen Baukunst von Anuradhapura. Mit ihren 12 m Höhe und dem Fundament von 130 m Breite weist sie vier *vahalkadas* (Altar-Paneele) mit schönen Fresken auf, die bezaubernde Zwerge darstellen.

Mandapaya bzw. der Pavillon, der auf der Terrasse in halber Höhe zum Mihintale Kanda steht, ist die Stelle, an der die wichtigen Wege aus allen Teilen des Komplexes zusammenlaufen. Westlich davon liegt das **Löwenbad,** eine Steinzisterne, die wie ein Löwe, der gerade Wasser speit, gestaltet ist. Nördlich des Mandapaya-Pavillons steht eine **Vihara** aus dem 10. Jahrhundert mit Inschriften zu Regelungen des Klosterlebens; gleich daneben **Bhojana Salawa,** ein Speisesaal aus dem 6. Jahrhundert.

Auf einer großen Lichtung am Ende des Hauptaufgangs steht die **Ambasthala Dagoba,** eine reizende Stupa, die genau an der Stelle gebaut sein soll, an der Mahinda dem Devanampiyatissa erschienen war, der statt dessen einen Hirsch erwartet hatte. Möglicherweise wurde die Stupa bald nach dem Tod des Königs gebaut. Im 3. Jahrhundert n. Chr. baute man sie im *vatadage*-Stil um. Nicht weit ist auch **Aradhana Gala,** der „Felsen der Versammlung“, von dem aus Mahinda zum erstenmal predigte.

Auf der Spitze des Mihintale Kanda und von allen Punkten der Umgebung aus gut einsehbar, steht die **Maha Seya** aus dem 1. Jahrhundert, eine *dagoba,* die über einem Haar Buddhas errichtet worden sein soll. Von hier hat man eine glänzende Aussicht auf die großen *dagobas* von Anuradhapura.

Ein großer Steinblock östlich der Am-

Mahindas Bett, über der Ambasthala Dagoba, in Mihintale.

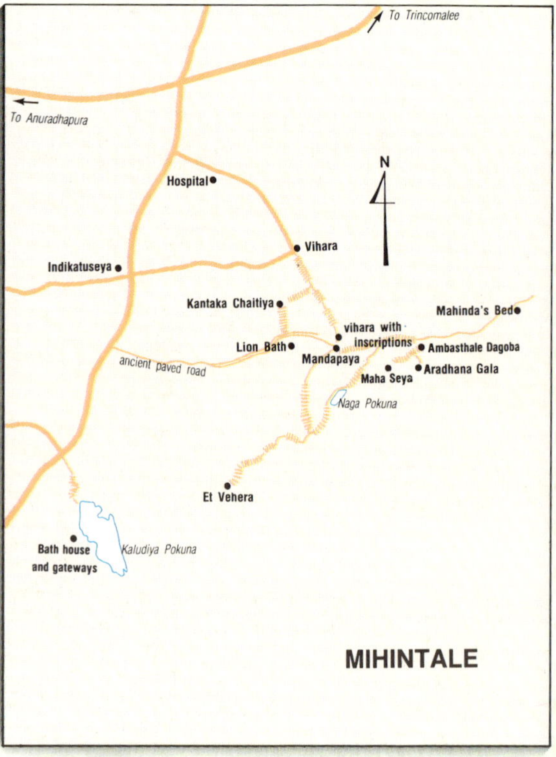

basthala Dagoba trägt den Namen **Mahinda's Bett.** Hier soll der Heilige auf einer fein bearbeiteten Steinplatte, über die sich der Fels wölbte, geschlafen oder meditiert (oder auch beides) haben.

Auf dem höchsten Hügel von Mihintale erhob sich die **Et Vihara,** die „ferne" dagoba, die die sterblichen Überreste Mahindas bergen soll. Mittlerweile ist sie völlig verfallen. Ein Steinteich am Weg vom Mandapaya aus auf diesen Berg heißt **Naga Pokuna,** weil auf der hinteren Mauer eine siebenköpfige Kobra aus dem Felsen geschlagen wurde.

800 m südwestlich des Mihintale Kanda lebte am Fuß des Anaikutti Kanda eine Gemeinschaft von Mönchen, die alle in Höhlen wohnten. Das Zentrum bildete der **Kaludiya Pokuna.**

Am Fuß des vierten und westlichen Hügels, Rajagirilena Kanda, erhebt sich die **Indikatu Seya,** eine Dagoba, die mehrere Kupferplatten mit tantristischen Inschriften birgt.

Der Aukana-Buddha

Zahlreiche antike Stätten von Bedeutung sind von Anuradhapura aus leicht zu erreichen, z.B.

- **Der Aukana-Buddha,** der zweifellos die glänzendste noch erhaltene antike Statue auf der Insel ist. Sie stammt aus dem 5. Jahrhundert, wird König Dhatusena zugeschrieben und ist 12 m hoch. Der Buddha steht unter einem umstrittenen, erst kürzlich gebauten Schutzdach aus Stein, der Nachbildung eines Bilderhauses, unter dem die Buddha-Statue vor 1000 Jahren gestanden haben soll. Das Wort Aukana bedeutet so viel wie „Sonne essend". Bei Sonnenaufgang kann man sich davon eine bildhafte Vorstellung machen. Der Aukana-Buddha steht 51 km südöstlich von Anuradhapura.

- Die **Sessuruwa Vihara,** 11 km westlich des Aukana. Hier stand einst ein Höhlenkloster: fast 100 Höhlen waren vom 3. vor- bis zum 2. nachchristlichen Jahrhundert bewohnt. Am berühmtesten ist die grob behauene Buddha-Statue, die in Größe und Umfang dem Aukana-Buddha gleichkommt, vom Stil her jedoch nicht so fein gearbeitet ist. Es könnte sich entweder um den Prototyp der Buddha-Statue zu damaliger Zeit handeln, oder aber um ein Werk desselben Künstlers oder eines seiner Schüler.

- Die Felsenfestung **Yapahuwa,** im 13. Jahrhundert die Hauptstadt Sri Lankas. Den königlichen Palast, zu dem ein eigenartiger Treppenaufgang führte, schützten zwei halbhohe Mauern und Wallgräben. Erhalten ist der Treppenaufgang, vom Stil her fast kambodschanisch. Ihn und das Eingangstor schmükken schöne Friese mit fröhlichen Musikanten und Tänzern. Nach Yapahuwa gelangt man auf der B63; von Anuradhapura geht es 64 km bis Maho, wo man nach Osten abbiegt und im Süden den gewaltigen Felsen erkennt.

- **Tantirimalai,** 56 km nordwestlich von Anuradhapura, wo Überreste eines antiken Waldklosters zu sehen sind. Zwei Buddhas, ein sitzender und ein ruhender, wurden aus einem massiven Felsen gehauen. Die kleine Stupa auf einem Hügel, die von einem *Bo*-Baum überwuchert ist, stammt aus dem 9. oder 10. Jahrhundert. In den Höhlen fand man prähistorische Malereien.

- **Ritigala** heißt ein bewaldeter Bergzug 40 km südöstlich von Anuradhapura abseits der Straße nach Polonnaruwa. „Meditationspfade" durchziehen den Bergzug und führen immer wieder über Steinbrücken. Hier befand sich im 2. Jahrhundert v. Chr. eine Einsiedelei.

Links: ein Autoveteran auf dem Weg zum 13 m hohen Aukana-Buddha (rechts).

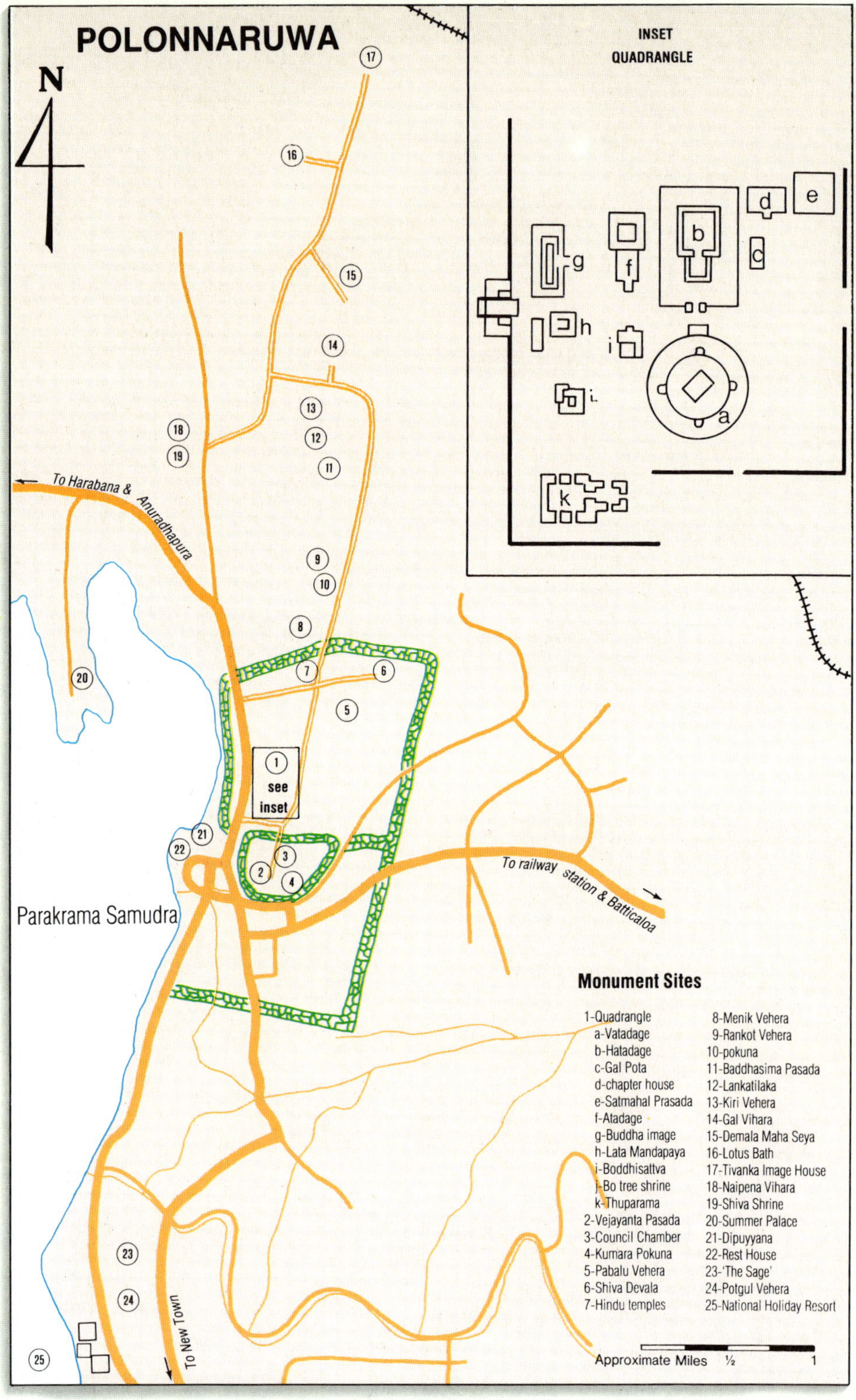

POLONNARUWA
N
INSET
QUADRANGLE
a
b
c
d
e
f
g
h
i
j
k
To Harabana & Anuradhapura
1
see
inset
Parakrama Samudra
To railway station & Batticaloa
To New Town
Monument Sites
1-Quadrangle
a-Vatadage
b-Hatadage
c-Gal Pota
d-chapter house
e-Satmahal Prasada
f-Atadage
g-Buddha image
h-Lata Mandapaya
i-Boddhisattva
j-Bo tree shrine
k-Thuparama
2-Vejayanta Pasada
3-Council Chamber
4-Kumara Pokuna
5-Pabalu Vehera
6-Shiva Devala
7-Hindu temples
8-Menik Vehera
9-Rankot Vehera
10-pokuna
11-Baddhasima Pasada
12-Lankatilaka
13-Kiri Vehera
14-Gal Vihara
15-Demala Maha Seya
16-Lotus Bath
17-Tivanka Image House
18-Naipena Vihara
19-Shiva Shrine
20-Summer Palace
21-Dipuyyana
22-Rest House
23-'The Sage'
24-Potgul Vehera
25-National Holiday Resort
Approximate Miles ½ 1

POLONNARUWA: ERHABENE STADT

Polonnaruwa war vom 11. bis 13. Jahrhundert Hauptstadt. Die Geschichte dieser Stadt ist, verglichen mit Anuradhapura, kurz und ohne Rätsel (2 Jahrhunderte und ein Dutzend Herrscher verglichen mit 1400 Jahren und 123 Königen in Anuradhapura). Die Ruinen Polonnaruwas sind jünger und deshalb auch besser erhalten als die von Anuradhapura.

Das Alter der Grundmauern der Stadt ist nicht mit Sicherheit auszumachen. In frühchristlicher Zeit könnte hier eine Garnison aus Anuradhapura gestanden haben. Im 6. Jahrhundert diente sie an der strategisch wichtigen Stelle an der Mahaweli Ganga, wo es in der Südprovinz laufend zu Aufständen kam, als Militärlager.

Die Cholas verlagerten nach der Einnahme von Anuradhapura im 11. Jahrhundert ihre Hauptstadt nach Polonnaruwa, weil sie von hier aus die vorgelagerten Regionen der Insel besser kontrollieren konnten. Die Singhalesen blieben dennoch Sieger: 1073 schlugen sie unter Vijayabahi I. die Cholas. Der König ließ zwar in Anuradhapura die Weihe vollziehen, beließ es aber bei Polonnaruwa als Hauptstadt. Er widmete sich dem Wiederaufbau, ließ das Bewässerungssystem ausbauen und tat viel für die Verankerung des Buddhismus. Parakramabahu I. setzte sein Werk fort, indem er die großen Festungsanlagen, große Teiche und eine große Anzahl von Gebäuden errichten ließ.

„Der Weise“, vermutlich Parakramabahu I.

Die 100 Jahre, die auf den Tod Nissanka Mallas 1196 folgten, waren von Invasionen und Raubzügen gekennzeichnet, die von Indien und Malaya ausgingen. Als es dann wieder ruhig wurde, verlegte man die Hauptstadt in den Westen des Landes und überließ Polonnaruwa wieder dem Dschungel. Die Portugiesen entdeckten die alte Stadt und plünderten sie; dann fiel sie den Holländern in die Hände. Erst im 19. Jahrhundert entdeckte man sie erneut; die Briten begannen mit den Ausgrabungen.

Der riesige See, an dessen Nordwestufer die Stadt Polonnaruwa liegt, ist ein Binnensee mit Namen **Parakrama Samudra.** Der größte Bewässerungsteich, den Parakamabahu I. anlegen ließ, war der Lebensnerv der antiken Stadt. Auch heute noch versorgt er die Menschen mit Wasser und ermöglicht der Landwirtschaft den Anbau von Nahrungsmitteln, besonders von Reis.

Der See hat eine Fläche von knapp 23 km² und einen Umfang von etwa 14 km. Als er angelegt wurde, wurden fünf kleinere Seen zusammengefaßt. 1000 Arbeiter mußten 12 Jahre lang schuften, um 3,4 Millionen m³ Erde auszuheben.

Das Quadrangle

Im Zentrum von Polonnaruwa steht die **Terrasse der Zahnreliquie** (1), das sogenannte Quadrangle. Auf dieser Plattform im Herzen der alten Stadt stehen 12 großartige Gebäude.

Man kommt von Osten zu einem **Wachhäuschen,** das mindestens zwei Stockwerke hatte. In einer Wasserrinne konnten sich die Gläubigen die Füße waschen.

Die **Vatadage** (a) – der Rundbau zur Linken – ist wahrscheinlich das älteste Bauwerk von Polonnaruwa; es entstand 700 Jahre, bevor hier die Hauptstadt gebaut wurde. Auch alle anderen *vatadage*-Bauten in Sri Lanka entstanden im 7. Jahrhundert; eine Inschrift nennt König

Silva Meghavanna von Anuradhapura als Bauherrn. Die *dagoba,* um die sie errichtet wurde, gehörte offenbar zu einem frühen Kloster. Die überreich verzierten Steinmetzarbeiten gehen auf Nissanka Malla zurück.

Am Nordeingang steht ein Wächterstein (ursprünglich waren es zwei), der das Böse fernhalten sollte. Der Mondstein an der zweiten Treppenflucht ist der besterhaltene in Sri Lanka. Im Zentrum der Vatadage, innerhalb der konzentrisch angeordneten Säulen, die einmal ein kegelförmiges Dach trugen, sitzen vier Buddhastatuen, die in die vier Himmelsrichtungen blicken; mit dem Rücken sind sie an einen Steinwall gelehnt – das ist alles, was von der *dagoba* noch steht.

Der Vatadage gegenüber steht der **Hatadage**-Tempel, der als Zahntempel im 12. Jahrhundert entweder von Nissanka Malla oder von Parakramabahu gebaut wurde. Das untere Stockwerk hat massive Steinwände, das obere war aus Holz gebaut und ist längst zerfallen. Wahrscheinlich wurde im oberen Stock die Zahnreliquie aufbewahrt. Die Mauern des Gebäudes tragen Inschriften, in denen Nissanka Malla selbstgefällig seine Taten preist. Das Eingangsportal ist von Skulpturen, Tänzern und Musikanten gesäumt.

Im Osten der Hatadage kommen wir zum **Gal Pota** (c), dem „Steinbuch", der grandiosesten aller Inschriften des Nissanka Malla. Der riesige Steinquader (8 m lang und 4½ m breit) wurde von Mihintale bis hierher geschleppt. Die Inschrift schildert die Invasion des Königs in Indien und seine Beziehungen zu anderen ausländischen Mächten.

Ein **Stiftshaus** (d) aus dem 7. Jahrhundert steht an der Nordseite des Quadrangles, neben dem faszinierenden **Satmahal Prasada** (e). Weder der Bauherr noch der Name des Gebäudes sind bekannt. Man nennt es schlicht „Gebäude der sieben Stockwerke". Der schlichte Stufenaufbau wurde mit dem der mesopotamischen Ziggurats verglichen; die „eckige Stupa" hier hat jedoch Ähnlichkeit mit einem in Nordthailand entdeckten Bau. Die Technik des Mauerbaus stammt aus dem 12. Jahrhundert. Die Götterfiguren in den Nischen verraten den Einfluß des Mahayana-Buddhismus.

Westlich der Hatadage schließt der **Atadage** (f) an, der ursprüngliche Zahntempel von Polonnaruwa aus dem 11. Jahrhundert. Das Erdgeschoß mit seinen

Die Vatadage im Quadrangle

verzierten Säulen erinnert an ein altes Bilderhaus. Das nicht mehr vorhandene Obergeschoß (aus Holz) muß die Zahnreliquie und andere Schätze enthalten haben, denn Atadage heißt wörtlich „Haus der acht Reliquien".

Lotosstiel-Säulen

Auf einer Plattform in der Nordwestecke des Quadrangles saß einst ein **ruhender Buddha** (g). Nur die Umrisse sind noch zu erkennen. Ein reizender Pavillon – **Lata Mandapaya** (h) – aus dem 12. Jahrhundert schließt sich im Süden an. Mit seinen sich wie Weinlaub hochrankenden Säulen war es die „Blumenhalle" Nissanka Mallas, wo er dem Gesang religiöser Texte lauschte. Die Säulen stellen Lotosstiele dar. Der gesamte Pavillon ist von einer schlichten Umzäunung umgeben, die Eingänge bestehen aus Steinquadern.

Das Abbild eines **bodhisattva** (i) steht mitten auf der Terrasse; vielleicht soll der Betrachter an das letzte Stadium seiner Vervollkommnung gemahnt werden, das vor der Buddha-Werdung steht. Die Überreste eines **Bo-Baum-Heiligtums** (j) erkennt man an einem kleinen Gebäude westlich der Vatadage.

Die **Thuparama** (k) in der Südwestekke des Quadrangles ist das besterhaltene Bauwerk Polonnaruwas. Möglicherweise hat es Parakramabahu bauen lassen. Die Steinmauern sind über 2 m dick und wölben sich oben zu einem kuppelförmigen Dach *(gedige)*. Die meisten Bilder befinden sich in einer viereckigen Kammer, die vom Vestibül aus zugänglich ist. Im inneren Sanktuarium findet man die Reste einer Buddha-Statue, die älter ist als die Thuparama selbst. Wahrscheinlich hat man sie aus einem verlassenen Schrein in der Nähe hierher gebracht. Stuckmodelle an den Außenmauern der Thuparama vermitteln einen ausgezeichneten Eindruck von der zeitgenössischen Architektur der Stadt Polonnaruwa.

Unterhalb der Terrasse, südlich des Quadrangles, steht eine **Shiva Devala** aus der Zeit der Pandya-Herrschaft. Dieses Bauwerk zeigt wunderschöne Steinmetzarbeiten und reiche Verzierungen. Die Konstruktion ist so genial, daß man keinen Mörtel zum Bau verwenden mußte. Kein südindischer Schrein aus dieser Zeit könnte kunstvoller sein. Leider ist das Dach mit seiner *sikhara* aus Ziegeln eingefallen. In der *devala* sind die meisten Bronzen gefunden worden, die im

Thuparama-Bilderhaus.

Nationalmuseum von Colombo zu sehen sind.

Die Zitadelle

Die Straße hinter dem Quadrangle führt uns nach Süden, durch eine Toreinfahrt in die **Zitadelle,** das Innere der Festungsanlage und das Regierungsviertel der Stadt unter Parakramabahu. Das größte Gebäude innerhalb der noch klar erkennbaren Mauern war **Vejayanta Prasada** (2), der Palast von Parakramabahu I. Der König gab ihm den Namen des Gottes Indra. Die Ruinen von drei der ursprünglich sieben Stockwerke sind noch zu sehen; Hohlräume in den großen Mauern deuten an, daß hier die oberen Stockwerke von Balken getragen waren. Das Erdgeschoß nimmt größtenteils ein 31 mal 13 m großer Saal ein. Auch viele kleinere Kammern sowie die Überreste einer Treppe sind noch zu erkennen.

Das Ratszimmer des Königs liegt im Osten des Palasts. Dieser große Saal mit seinen in drei Reihen aufgebauten Steintribünen war offensichtlich durch einen überdachten Säulengang mit dem Palast verbunden. Besonders markant sind die Elefanten im Basrelief, ein glänzendes Beispiel naturalistischer Kunst. Zwei Treppenaufgänge mit je einem Mondstein führen in diesen offiziellen Amtssitz des Königs.

Unterhalb der Mauern der Zitadelle sehen wir im Osten ein großes, aus Stein gehauenes Bad mit sehr schönen Stufen. Es ist **Kumara Pokuna,** das königliche Bad. Unterirdische Steinröhren versorgen es mit Wasser aus dem Parakrama Samudra. Im 12. Jahrhundert stand es inmitten eines reizenden Gartens mit blühenden Büschen und Obstbäumen.

Dagobas und Devalas

Wir kehren um und kommen am Quadrangle vorbei zur ersten Kreuzung, wo wir nach Osten abbiegen. Hier erkennen wir im Vorbeifahren die Überreste der ehemaligen Hauptstraße von Polonnaruwa, die geradewegs nach Osten verlief. Nach rechts geht es zur **Pabula Vihara** (5), einer kleinen *dagoba* aus Stein, die möglicherweise Königin Rupavati bauen ließ. Bilderhäuser mit *bodhisattva*-Statuen sind wohl im 10. und 11. Jahrhundert hierhergebracht worden.

Am Ende des Weges in östlicher Richtung kommt eine weitere **Shiva Devala** (6), ein Bau aus dem 11. Jahrhundert, der den Namen Vanam Madevi Isvaram er-

Gal Vihara.

halten hat. Es ist ein nur aus Stein bestehender Tempel, der einzige seiner Art in Polonnaruwa, der nach der Königin von Rajaraja I. benannt wurde, dem Herrscher der Chola, der hier seine Hauptstadt baute. Das Gebäude ist fast vollständig erhalten.

Man kehrt zur Kreuzung zurück und biegt dort nach rechts ab. Die Ruinen eines weiteren **Hindu-Tempels** (7) stehen nahe dem ehemaligen nördlichen Stadttor von Polonnaruwa. Gleich hinter dem Stadttor beginnt ein Fußweg, der zur **Menik Vihara** (8) führt. Die Ruinen der Dagoba sind wegen der Terrakotta-Löwen an der Basis interessant. In der Nähe findet man ein Bilderhaus mit Statuen von stehenden Buddhas.

Die meisten Klosteranlagen Polonnaruwas standen im Norden der Stadt. Folgt man der Straße in nördlicher Richtung, kommt man zunächst zum **Alahana Parivena,** dessen bemerkenswertester Bau die **Rankot Vihara** (9) ist, erbaut von Nissanka Malla im 12. Jahrhundert. Sie wird gerade restauriert. Mit einer Höhe und einem Durchmesser von 55 m ist sie die größte Dagoba von Polonnaruwa und nach der Jetavanarama von Anuradhapura die zweitgrößte Sri Lankas. Ihr Name bedeutet so viel wie „Goldspitze"; sicher war sie einmal von einer solchen gekrönt. Sie ist wie Ruwanweli in Anuradhapura wie eine Wasserblase geformt. Ein schmaler Pfad führt von hier zu einem **pokuna** (10), in dem die Mönche badeten.

Nördlich der Rankot Vihara findet man in einer Felsklippe vier Höhlen, als **Gopala Pabbata** bekannt; sie sind die ältesten bekannten Stätten Polonnaruwas. Inschriften in den Höhlen konnten bis ins 2. Jahrhundert v. Chr. datiert werden.

Der **Baddhasima Prasada** (11), der Versammlungssaal, ist der höchste Bau des Alahana Pirivena-Komplexes. Hier wurden die feierlichen Riten des Klosters zelebriert, und man lebte streng nach dem Kodex des Sangha-Mönchsordens. Der Sessel des Abtes ist in der Mitte des Gebäudes deutlich erkennbar. Um ihn herum standen die Einzelzellen der Mönche.

Das Verblüffendste an den Ruinen des Alahana Pirivena ist das Bilderhaus **Lankatilaka** (12). Dieser massive Steinbau ist 52 m lang, 18 m breit und 17½ m hoch. Im Inneren des Schiffes, an dessen Wänden noch Spuren der kunstvollen Wandmale-

Links: sitzender Buddha im Gal Vihara. Rechts: Bilderhaus von Lankatilaka.

reien zu sehen sind, lief an drei Seiten eine Galerie entlang. Wer in das Bilderhaus eintrat, um hier seine Andacht zu verrichten, blickte auf einen gigantischen, stehenden Buddha, der den Raum noch immer beherrscht, auch, wenn ihm der Kopf fehlt. Das Kuppelgewölbe, das einst das Sanktuarium überspannte, ist eingestürzt.

Im Norden des Lankatilaka steht die **Kiri Vihara** (13), eine *dagoba,* von der man annimmt, daß sie ein Geschenk der Königin Subhadra, einer der Frauen Parakramabahus, ist. Sie ist die besterhaltene dagoba von Polonnaruwa. Ihr ursprünglicher Verputz ist noch weitgehend erhalten. In den kleinen Steinwällen um die Plattform der Dagoba könnten die Gräber bedeutender Mönche und Mitglieder der königlichen Familie liegen.

1983/84 haben Archäologen im Alahana Pirivena Neues entdeckt: Es handelt sich um einen Friedhof, ein antikes Hospital und um die Toiletten und Duschen des Klosters.

Herrliche Gal Vihara

Von all den brillanten Kunstwerken Polonnaruwas sind die Buddha-Statuen der Gal Vihara am bekanntesten. Der frühere Name „Uttararama" bedeutete „Nördlicher Schrein" des Parakramabahu, der jetzige Name bedeutet schlicht „Felsenschrein". Aus einer Granitwand schlug man Mitte des 12. Jahrhunderts vier Statuen heraus, die zu den Meisterwerken ceylonesischer Kunst gehören.

Die südlichste ist ein sitzender, meditierender Buddha. Sein Sitz ist mit Löwen und Donnerkeilen verziert, hinter seinem Haupt schwebt ein Heiligenschein.

Die zweite Skulptur befindet sich in einer Höhle, die aus dem nackten Felsen gehauen wurde. Brahma, Vishnu und andere Gottheiten umgeben den sitzenden Buddha. Reste schöner Wandmalereien, die einst die Höhlenwände zierten, sind noch zu erkennen.

Die dritte Figur ist ein stehender Buddha mit gekreuzten Armen, was selten zu sehen ist. Sie ist sieben Meter hoch. Einst glaubte man, daß sie Ananda, den Lieblingsjünger Buddhas, darstelle. Der Gesichtsausdruck ist gelöst, die Körperhaltung entspannt.

Die nördlichste Statue schließlich ist ein 14 m langer ruhender Buddha, der gerade ins *parinibbana* eintritt. Man be-

Ein altes Buddha-Bildnis in der Thuparama.

achte die leichte Einbuchtung im Kissen unter seinem Kopf und die Eindrücke in seinen Fußsohlen.

Der Norden der Stadt

Von der Gal Vihara aus führt ein Weg nach Norden zu weiteren Sehenswürdigkeiten. Rechts (östlich) der Straße erhebt sich ein künstlicher Hügel, **Demala Maha Seya** (15), von dem aus man einen schönen Blick nach Süden über Alahana Pirivena hat. Diese enorme Anhäufung von Ziegeln ist ein fehlgeschlagener Versuch Parakramabahus, die größte Dagoba der Welt zu bauen; sie sollte 183 m hoch werden. Pandyas, die Parakramabahu auf seinen Feldzügen in Südindien gefangen genommen hatte, mußten hier zwangsarbeiten.

Fährt man auf dieser Straße weiter, liegt bald darauf linkerhand das **Lotosbad** (16) aus dem späten 12. Jahrhundert. Dieses einzigartige Steinbad ist stufenförmig angelegt, jede Stufe hat die Form eines achtblättrigen Lotos. Das Bad gehörte zum Komplex des **Jetavana-Klosters,** der wahrscheinlich etwa 500 Gebäude umfaßte. Das Kloster war wichtig genug, daß alljährlich eine Prozession, ähnlich der Esala Perahera, für die Zahnreliquie stattfand. Das Gelände ist jetzt als Wildreservat ausgewiesen.

Das heute bedeutendste Gebäude des Klosterkomplexes ist das **Tivanka-Bilderhaus** (17) am Ende der Straße nach Norden. Man nannte es oft den Nordtempel, dessen zentrale Statue die eines stehenden Buddhas in der Position des *tivanka* („dreimal gebeugt") war. Hüfte und Hals sind in entgegengesetzter Richtung abgebogen, so daß der Körper in drei Diagonalen verläuft; eine Haltung, die bei Männern Entspannung, bei Frauen Anmut anzeigt. Verwitterte Wandmalereien im Inneren stellen Szenen aus dem früheren Leben Buddhas dar. An den Außenwänden erkennt man Zwerge und Löwen aus Stuck in sehr lustigen Posen. Die Zwerge aus dem Kelaniya-Tempel bei Colombo sind diesen Figuren nachgebildet.

Wir kehren zurück zur Hauptstraße, die die Gal Vihara von der Kiri Vihara trennt und kommen zu einer T-Kreuzung. Gleich gegenüber stehen zwei Hindu-Tempel; der weiter nördlich stehende ist **Naipena Vihara** (18) („Kobraschrein"), weil die Figur einer vielköpfigen Kobra die eingestürzte *sikhara* ziert. Die Kobra taucht in Verbindung mit

Das Lotosbad aus dem 12. Jhdt.

Vishnu auf, dem „Bewahrer" der Hindu-Trinität. Vielleicht stand einst sein Bild auf einem Steinpodest im inneren Sanktuarium. Gleich daneben steht ein **Shiva-Tempel** (19); seine mittlere Kammer enthält im Gegensatz zum „Kobraschrein" einen sehr fein gearbeiteten *lingam* und sogenannte *yoni* aus Stein; man hält diese für jenes phallische männlich-weibliche Symbol, das mit Shiva und Parvati häufig in Verbindung gebracht worden ist. Ebenfalls zu diesem hinduistischen Tempel scheinen einige sehr schöne Bronzen gehört zu haben, die man auf dem Anwesen verstreut gefunden hat und deren Herkunft nun erforscht wird. Wenden wir uns nun wieder einem weltlichen Gebäude zu, das aus der Zeit Parakramabahus I. stammt und unverkennbar seine Handschrift trägt.

Wenn man von der Hauptstadt aus auf die andere Seite des Sees blickt, konnte man den **Sommerpalast** (20) Parakramabahus sehen. Er hatte ihn auf einer Halbinsel, die weit in den See hineinragte, bauen lassen. Auf den mit Gips bedeckten Mauern des Luxushauses kann man noch Spuren von Gemälden erkennen. Heute bevölkern Wasservögel aller Art den Palast. Man erreicht ihn, wenn man von der Hauptstraße, die nach Habarana führt, einen knappen Kilometer nordwestlich der Hauptzufahrt von Polonnaruwa nach Süden abbiegt.

Kinder auf Stelzen in Polonnaruwa (links); rechts: die *vatadage* in Medirigiriya.

Nissanka Mallas „Inselgarten"

Nissanka Malla war ein eitler Mensch. Er ließ einen Wohnsitz und ein Monument nach dem anderen errichten und verschmähte alles, was andere vor ihm gebaut hatten. Als er König wurde, mied er den Palast und die Amtsräume Parakramabahus und zog in seinen eigenen **Dipuyyana** (21), einen „Inselgarten" auf einem Hügel am See. Zu besichtigen gleich nördlich des **Rest House** (22).

Parakramabahu wollte die Gärten allein zu seinem privaten königlichen Vergnügen. Die **Bäder,** kaum einen Steinwurf vom Rest House entfernt, gehörten auch dazu. Die runden und viereckigen Becken wurden über Zisternen und Wasserspeier aus dem großen See mit Wasser versorgt. Was von Nissanka Mallas Palast übrig ist, lohnt kaum einen Blick. Der Palast wies riesige Holzsäulen auf und ist angeblich in sieben Monaten gebaut worden. Die Ruinen der **Audienzhalle** und ein fensterloser Steinbau **(„das Mausoleum")** sind im Norden der Bäder zu erkennen.

Das **Ratszimmer** Nissanka Mallas jedoch, wo er seinen Hofstaat um sich versammelte, gehört zu den interessantesten Ruinen in ganz Sri Lanka. Hier wird etwas vom Pomp eines singhalesischen Hofstaats vermittelt. Auf jeder einzelnen Säule dieses Gebäudes stehen die Namen der Minister und anderer Beamter, die diese Plätze einnahmen. Der König nahm auf einem Löwenthron am Kopfende des Raumes Platz. Rechter Hand standen in Reih und Glied der Thronfolger, die anderen Prinzen, die Armeegeneräle, der Premierminister und sein Kabinett, die Finanzbeamten und die Buchhalter. Links vom König nahmen die Provinzgouverneure Aufstellung, dahinter die Distriktverwalter, dann Geschäftsleute und der Kleinadel.

In der Nähe des Rest House wird ein neues **Archäologisches Museum** gebaut; hier sollen Fundgegenstände aus Polonnaruwa, die jetzt in anderen Museen zu sehen sind, zusammengetragen werden.

Das Südkloster

Die Straße folgt dem Ufer des Parakrama Samudra, südlich des Rest House, bis wir zur **Potgul Vihara** (24), dem Süd-

Kloster kommen. Bei diesem Kloster steht eine Statue aus dem 12. Jahrhundert, die vielfach **„Der Weise“** (23) genannt wird. Es gibt in Sri Lanka nur wenige solcher nicht-religiöser Statuen, und keine ist so umstritten gewesen wie diese. Die meisten halten sie für ein Abbild Parakramabahus I., der etwas ähnliches wie das Joch seiner Königswürde in Händen hält. Es könnte aber auch ein buddhistischer Weiser sein, der *ola*-Manuskripte hält, sagen andere.

Das Kloster hat eine einmalige Form – der Hauptbau ist rund und war einmal überkuppelt; er wird von vier kleinen *dagobas* gesäumt. An der Außenseite sieht man Farbreste; die Akustik des Raumes ist ausgezeichnet. Vielleicht war es eine Bibliothek *(potgul)* oder ein Rezitierraum.

Fast gegenüber der Potgul Vihara ist der **National Holiday Resort**-Hotelkomplex gelegen, drei moderne Hotels mit Aussicht auf den *samudra.*

Medirigiriya und andere Stätten

39 km nördlich von Polonnaruwa geht es auf Seitenstraßen über Hingukgoda zu den bedeutenden Ruinen von **Meditigiriya.** Die *vatadage,* die oben auf einer niederen Felsspitze steht, soll bereits im 7. Jahrhundert von König Agbo IV. gebaut worden sein. Zweifellos ist es eines der herausragenden Beispiele für diese Architekturform. Man beachte die konzentrisch angeordneten Säulenreihen – insgesamt sind es 68 Säulen –, die vier große Buddhas umgeben. Die Statuen blicken in die vier Himmelsrichtungen. Über einen Treppenaufgang aus Granit gelangt man hinauf. Ein Bilderhaus aus dem 3. Jahrhundert steht ganz in der Nähe. Eine sehr alte, gehauene Steinformation an der Basis der heutigen Stupa hat in wissenschaftlichen Kreisen die Vermutung aufkommen lassen, es könne sich um eine religiöse Stätte handeln, die bereits im ersten Jahrhundert in Gebrauch war.

Südöstlich von Polonnaruwa schließlich ragt der Steinturm von **Dimbulagala,** auch als Gunner's Quoin bekannt, aus dem Dschungel empor. Bereits seit der Frühzeit des Buddhismus war Dimbulagala eine Einsiedelei für meditierende Mönche. Rund 500 Steinhöhlen hat man in den Berg gehauen; seit dem 3. Jahrhundert v. Chr. waren sie fast ständig bewohnt.

DIE ZITADELLE VON SIGIRIYA

Ein massiver Monolith erhebt sich unvermittelt 200 m aus dem grünen Dschungel in den strahlend blauen Himmel. Ein Anblick, der uns noch heute in seinen Bann schlägt. Um wieviel überwältigender muß die Steinfestung von Sigiriya erst vor 1500 Jahren ausgesehen haben, als oben noch der Palast stand.

Sigiriya war beileibe keine düstere, abstoßende Festungsanlage wie manch andere Zitadelle. In der kurzen Zeit ihrer Blüte – 18 Jahre im 5. Jahrhundert – war es eine der lieblichsten Königsresidenzen, die die Welt je gesehen hatte.

Auf dem Gipfel des „Lion Rock" (Löwenfelsen) liegen verstreut die Überreste des sagenhaften Palastes. Der Name stammt übrigens von einer riesigen Löwenskulptur, die aus dem Fels gehauen war. Auf halber Höhe lagen die Pranken des Tieres, weiter oben öffnete sich der Schlund *(giriya)*. Jeder, der in den Palast wollte, mußte beides passieren. Erhalten sind nur noch die gewaltigen Pfoten. In einer Grotte an der Westseite lächeln noch immer die barbusigen Mädchen von der Fresko-Wand herab. Am Fuße des Felsens breiten sich über mehrere hundert Meter die ältesten asiatischen Landschaftsgärten aus; liebliche Teiche gruppieren sich um herabgefallene Steinquader.

Der vatermordende König

Die Existenz von Sigiriya ist seit ewigen Zeiten überliefert: Schon ganz früh, so entnehmen wir den Steininschriften, diente es als Zuflucht für buddhistische Mönche. Königssitz war es lediglich in der kurzen Zeitspanne Ende des 5. Jahrhunderts; der Herrscher, der das Genie eines Verrückten hatte und unter Verfolgungswahn litt, hieß Kasyapa.

Er war der älteste Sohn Dhatusenas, des Königs von Anuradhapura, der die großartigen Bewässerungsteiche schuf. Aus Furcht, er könne als Nachfolger von seinem Halbbruder Mogallana ausgebootet werden, dessen Mutter königlicher Herkunft war, während er ein Gemeiner war, sperrte Kasyapa seinen Vater ein und riß den Thron an sich. Mogallana floh nach Indien.

Kasyapa verlangte von seinem Vater, sämtliche Reichtümer herauszurücken, die er seiner Meinung nach versteckt hatte. Dhatusena führte den Umstürzler zum Ufer des Kalawewa, seiner größten Bewässerungsanlage, wo ein altehrwürdiger Mönch lebte, der ihn als Lehrer und Freund viele Jahre lang begleitet hatte. „Da", sagte Dhatusena, und zeigte auf den Mönch, „sind alle Schätze, die ich besitze".

„Erschlagt meinen Vater!" brüllte wutentbrannt Kasyapa. Der ehemalige König wurde bei lebendigem Leib begraben.

Angst, Arroganz und der Wahn, gottähnlich zu sein, trieb Kasyapa dazu, seinen Palast auf dem Felsen von Sigiriya zu errichten. Sieben Jahre nach seinem Machtantritt – 477 n. Chr. – konnte er seinen neuen Palast beziehen. Elf Jahre später kam er von seinem uneinnehmbaren Stützpunkt herunter, um sich Mogallana, der mit einer Armee von Chola- und Singhalesentruppen von Südindien herübergekommen war, zum Kampf zu stellen.

Mitten im Kampfgetümmel, das Schlachtfeld lag beim heutigen Habarana, drehte sich Kasyapas Elefant, der vor sich ein Sumpfgebiet spürte, zur Seite. Daraufhin löste sich Kasyapas Ar-

Links: Sigiriya, der „Löwenfelsen". Rechts: die Gärten am Fuße des Monolithen.

mee, die glaubte, er wolle fliehen, kopflos auf. Schutzlos blieb der König zurück. Ein Hitzkopf bis zuletzt, zückte er seinen Dolch, schnitt sich die Kehle durch, streckte die Klinge hoch in die Luft und dann zurück in die Scheide, bis er endlich fiel.

Die Fresken von Sigiriya

Mogallana machte sofort wieder Anuradhapura zu seiner Residenz; Sigiriya geriet deswegen jedoch noch lange nicht in Vergessenheit. 500 Jahre lang zog der rote Felsen die Besucher an, die die Jungfrauen von Sigiriya und die schöne Aussicht bewundern wollten. Beweis: mit winzigkleinen Schriftzeichen wurden vor mehr als 1000 Jahren in die sogenannte **Spiegelmauer** gegenüber den Fresken Prosatexte und Gedichte geschrieben.

Der größte Teil der drei Meter hohen Mauer ist eingefallen, und man erkennt sofort, welcher Teil von Archäologen rekonstruiert wurde. Die echte Mauer erkennt man an der außergewöhnlichen Beschichtung mit poliertem Kalk, der selbst nach 1500 Jahren seinen Glanz nicht verloren hat und wie ein Spiegel reflektiert.

Zwischen Spiegel- und Felswand verläuft die sogenannte **Galerie,** ein an den Felsen geschmiegter Fußweg. Man betritt ihn, wenn man die abgesicherte Wendeltreppe vom Fuße des Felsens aus erklommen hat. Am Felsen entlang sieht man dann die berühmten Fresken der **Wolkenmädchen von Sigiriya.**

Niemand kann genau sagen, wen die verführerische Temperamalerei in leuchtenden Farben auf der Felswand festhält. Es könnten *apsaras* sein, Nymphen, die im Himmel wohnten und dem Reich strahlenden Lichtes entstammten, über sich den „Gott-König" in seinem Felsenpalast. Vielleicht waren es lediglich Hofdamen auf dem Weg zum Tempel, wo sie Blumenopfer darbrachten. Die Überlieferung spricht von 500 „damsels"; wir sehen aber nur 22, die in der schützenden Grotte gegen Sonne, Wind und Regen abgeschirmt sind. 1967 vernichtete ein Vandale einige dieser kostbaren Schätze.

Der Weg zum Gipfel des Felsens führt von den Fresken aus entlang der Spiegelmauer, vorbei an einer Aussichtsstelle, an der eine *galdunna* (Steinschleuder) noch immer auf Angreifer wartet, hinauf zur **Löwenterrasse.** Das wunderschöne Fleckchen wird auf drei Seiten von einem niedrigen Geländer, auf der vierten (Sü-

Links: eine der 22 Jungfrauen von Sigiriya.

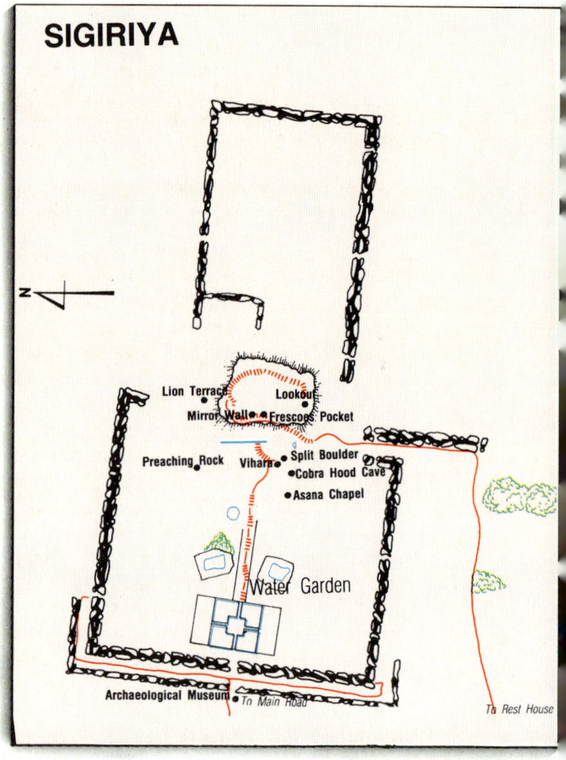

den) vom nackten Felsen begrenzt. Der riesige Löwe, der hier einst saß, halb aus seiner Höhle herausschauend, war ein außergewöhnliches architektonisches Konzept. Allein die Vorstellung, daß der einzige Zugang zu dieser Stadt auf dem Gipfel durch die Klauen eines drohenden Raubtiers führt, schüchterte ein und bedeutete einen militärischen Vorteil. Erhalten sind zwei Pranken, zwischen denen man hindurch geht, um die steilen Treppen zu erreichen, die auf den Gipfel führen; sie sind durch ein Geländer abgesichert.

Oben war die gesamte Fläche verbaut. Fließendes Wasser plätscherte in den Kanälen unter der mit Wallgraben umgebenen **Königlichen Sommerresidenz.** Badebecken hob man im Wohnzimmer aus. Ein mit einem Baldachin versehener Diwan bzw. „Thron" wurde aus dem nackten Felsen geschlagen.

Am Fuße des Felsens erstrecken sich die faszinierenden Felsen- und Wassergärten. Besonders markant ist ein **gespaltener Steinblock.** In die Hälfte, die noch steht, hat man eine Wasserzisterne gehauen. Auf der abgefallenen Hälfte erkennt man einen Felsenthron, der vor einer ebenen Fläche steht, die einmal der Ratssaal gewesen sein könnte.

Unter anderen Felsen sind verschiedene religiöse Stätten der Buddhisten auszumachen. In der **Kobrahalshöhle,** die deswegen so heißt, weil der Felsen darüber drohend aufragt, findet sich eine Inschrift aus dem 2. Jahrhundert v. Chr.

Eine **Höhlen-Vihara** birgt die undatierbaren Bruchstücke einer Buddha-Statue. An der Decke der **Asana-Kapelle** finden sich Spuren von Malereien; die leere Steinplatte war als Thron eines abwesenden Buddha gedacht, auf dem die Mönche früher meditierten.

Im Norden befanden sich auf dem sogenannten **Predigerfelsen** reihenweise kleine Tribünen, von denen aus die Mönche Reden hielten. Eine große Zahl winziger Nischen sind in den Felsen gehauen. An den *poya*-Tagen brannten hier 100 flackernde Öllampen.

Am westlichen Zugang zum Sigiriya-Komplex locken die kühlen **Wassergärten.** Die symmetrisch angelegten Becken könnten auch nur zu Dekorationszwekken gebaut sein.

Nachdem Sigiriya über viele Jahrhunderte im Dschungel buchstäblich versunken war, wurde es von einem ungläubigen britischen Jäger Mitte des 19. Jahr-

Aufgang zum Gipfel über die Löwenterrasse.

hunderts wieder entdeckt. Seit 1982 wird das Gelände unter der Federführung der UNESCO und des Cultural Triangle Project erschlossen und restauriert. Die Arbeit soll bis 1987 abgeschlossen sein. Die Funde werden in einem kleinen **Archäologischen Museum** westlich der Wassergärten, vor den Hauptmauern der Festung, ausgestellt werden.

Der Höhlentempel von Dambulla

Der bei weitem eindrucksvollste unter den vielen Höhlentempeln Sri Lankas ist der **Maha Raja Vihara** beim Dorf Dambulla, der insgesamt 5 Höhlen umfaßt. Dambulla liegt 19 km südwestlich von Sigiriya.

Die größte Höhle, es ist die vierte hinter dem Toreingang, ist die interessanteste. Die Decke dieser Höhle ist mit Malereien illustriert, die sich so natürlich der Struktur des Felsens anpassen, daß viele Besucher glauben, es sei auf Tuch gemalt worden! Allein 48 Buddha-Statuen sind hier zu sehen, außerdem Skulpturen von Upulvan (Vishnu) und Saman. Sie stammen aus dem 12. Jahrhundert und sind wohl die ersten *devala*-Statuen, die in einem buddhistischen Bilderhaus zu sehen waren. König Valagam Bahu suchte hier im 2. Jahrhundert v. Chr. Zuflucht vor einer Invasionsarmee, die ihn aus Anuradhapura vertrieben hatte.

Wenn man eine Taschenlampe hat, kann man sich die Malereien in den Tempeln genauer anschauen. Nicht vergessen: Da es in der Tat ein Tempel ist, sind die Besuchszeiten auf 8.00 bis 11.00 und 14.00 bis 19.00 Uhr festgelegt.

Weitere antike Stätten

Im Süden und Westen von Dambulla liegen außerdem:

● **Nalanda Gedige,** der erste reine Steinbau auf Sri Lanka (um 700) und ein bemerkenswertes Beispiel für die Vermischung von buddhistischer und hinduistischer Architektur. Es war sicherlich ein Mahayana-Heiligtum, dessen Steine seltene tantristische Arbeiten mit sexuellen Motiven zeigen. Es liegt am Rand eines Wasserreservoirs im Osten der A9, 19 km südlich von Dambulla.

● **Ridigama** ist ein 2000 Jahre alter Höhlentempel, 18 km östlich von Kurunegala. In seiner Maha Vihara befinden sich ein vergoldeter sitzender und ein langer ruhender Buddha sowie ein fein gearbeiteter Türrahmen mit Elfenbeinpaneelen.

● **Arankele,** eine Walderemitage, 24 km nördlich von Kurunegala.

● **Kurunegala** ist heute eine blühende Kreisstadt, vor Jahrhunderten war sie kurzzeitig Hauptstadt. Verstreut liegen hier Ruinen mit Steintreppen und Türpfosten; *Ibabagala* ist einer von mehreren riesigen Granitblöcken, die als „Tierfelsen" bekannt sind.

● **Dambadeniya,** 31 km westlich von Kurunegala an der B27 gelegen, wurde im 13. Jahrhundert, nach dem Fall Polonnaruwas, Hauptstadt des Landes. Interessant sind die Ruinen eines zweistöckigen Dalada Maligawas (Tempel des Zahns), und einer *dagoba* innerhalb einer *vatadage;* Buddhisten verehren sie, weil sie glauben, daß sie 60 Relikte Buddhas enthält.

● **Panduvas Nuwara** war im 12. Jahrhundert eine wichtige Stadt. Sie liegt auf halbem Weg zwischen Kurunegala und Chilaw, abseits der B33. Hier findet man eine sehr gut erhaltene Zitadelle. Eine Seite ist etwa 305 m hoch. Innerhalb der Festungsmauern erheben sich ein riesiger Palast und eine Audienzhalle, die von einem tiefen Graben umgeben sind. Diese Festung ließ Parakramabahu I. bauen, noch bevor er Polonnaruwa eroberte.

Links: die bemalte Decke des Maha Vihara von Dambulla. Rechts: Außenansicht der Höhlentempel von Dambulla.

DER OSTEN UND SEINE SANDSTRÄNDE

Die Ostprovinz Sri Lankas (Eastern Province) erstreckt sich über 320 km an der Meeresküste von der Kokkilai-Lagune im Norden bis zum Ruhuna-(Yala-) Nationalpark im Süden.

Zu Recht ist dieser Landesteil für seine Strände berühmt. In den letzten Jahren entstanden Touristenzentren um Nilaveli, 16 km nördlich von Trincomalee, und um Kalkudah, 32 km nördlich von Batticaloa. Doch die ganze Küste entlang findet man schöne Strände, die lediglich weniger bekannt sind.

Die Ostküste ist jedoch nicht mit den luxuriösen Touristenzentren der Westküste zu vergleichen. Außer zur Zeit des Nordostmonsuns (zwischen Oktober und Januar) ist das Land ausgedörrt und trocken. Der magere Boden muß ständig bearbeitet und bewässert werden. Hier leben hauptsächlich Hindus und Moslems, die meisten von ihnen als Bauern oder Fischer.

Die zwei wichtigen Städte der Ostküste sind Trincomalee, dessen Hafen als einer der geschütztesten der Welt gilt, und Batticaloa, das wie Trincomalee ein wichtiger Stützpunkt der Holländer und Briten war.

„Trinco" und sein Hafen

Es war 1775, da landete ein junger Leutnant zur See namens Horatio Nelson an Bord der *H. M. S. Seahorse* im **Hafen von Trincomalee.** Als er dann Admiral der britischen Marine war, meinte er, es sei „der beste Hafen der Welt". Wer wollte das angesichts der 53 km langen Küstenlinie bestreiten, die auf drei Seiten von Bergen und auf der vierten von Inseln geschützt ist. Der Größe nach ist Trincomalee der fünftgrößte Naturhafen der Welt; dennoch spielte er wirtschaftlich neben Colombo immer nur die zweite Geige; Trincomalee soll nach Plänen der Regierung zum zweitgrößten Containerhafen des Landes ausgebaut werden und erhält vielleicht auch eine Freihandelszone.

„Trinco" hatte bereits vor vielen Jahrhunderten bei den Einwohnern von Sri Lanka einen guten Namen. Hier landete möglicherweise Mahinda auf seinem Weg nach Mihintale, von wo er das Reich von Anuradhapura zum Buddhismus bekehren wollte.

Vorhergehende Seiten: der Tirukonesvaram Kovil in Trincomalee. Links: Fischerboote bei Kuchchaveli. Rechts: lover's leap am Swami Rock.

Die ersten Europäer, es waren Dänen auf einem holländischen Schiff, kamen 1617. Dann wechselte der Hafen oftmals den Besitzer: Portugiesen, Holländer und selbst die Franzosen stritten sich darum, bis sich 1795 die Briten Trincomalee als ihr erstes Besitztum an der Küste von Ceylon sicherten.

Am 8. April 1942 flogen die Japaner einen großangelegten Luftangriff auf den Hafen. Die Alliierten waren vorher gewarnt worden und konnten ihre Schiffe aufs offene Meer hinaus in Sicherheit bringen. Daher wurden nur zwei Schiffe, darunter ein Handelsschiff, Opfer der japanischen Bombenangriffe. Etwa acht Kilometer vor der Küste wurde der Flugzeugträger *Hermes* versenkt. (Vor zehn Jahren fand der Taucher Rodney Jonklaas das Wrack, in dem sich zahlreiche Meerestiere tummelten.) Bekanntlich gelang es den Briten, den japanischen Angriff damals zurückzuschlagen.

Trinco ist heute ein verschlafener Marktflecken. Er nimmt eine Landzunge ein, die den Hafen gegen das offene Meer schützt.

Als Tourist geht man in Trinco zuerst einmal zum **Fort Frederick,** das auf einem vorgelagerten Berg an der Ostseite

des Städtchens liegt. Die Anlage geht auf die Portugiesen zurück (1624), dann kamen die Holländer (1676). Den heutigen Namen erhielt das Fort 1803 von den Briten, die es nach dem Duke of York benannten. Um die ehemalige Festungsanlage herum findet man noch heute allerhand Spuren von früher: Gewölbe, Kanonenstellungen u. a.

Eine Reihe gefleckter Hirsche lebt immer noch auf dem alten Festungsgelände. Schattige Banyanbäume breiten ihre Äste über die *kachcheri* (früher Amtssitz der Regierung) und das sich anschließende **Wellington House,** das nach Arthur Wellesley, dem 1. Duke of Wellington, benannt wurde. Nach einer erfolgreichen Schlacht in Südindien erholte sich Wellington in diesem Haus von der Malaria und verpaßte sein Schiff *Susannah,* das ihn zum erneuten Einsatz nach Ägypten bringen sollte. Die *Susannah* ging im Golf von Aden mit Mann und Maus unter. Nur weil er das Schiff verpaßt hatte, blieb der Duke am Leben und konnte in Waterloo die Schlacht gegen Napoleon schlagen.

An der Nordostspitze des dem Fort Frederick vorgelagerten Berges fällt der **Swami Rock** 110 m steil ins Meer hinab. Ganz oben steht **Tirukonesvaram Kovil,** der an der Stelle gebaut wurde, wo einst die sagenhafte „Große Pagode" – Dakshana Kailayam, stand. Dieser Tempel der 1000 Säulen wurde von den Portugiesen zerstört. Er war und ist eine großartige *isvara* der Shaiviten, die schon weithin bekannt war, als König Mahasena von Anuradhapura an dieser Stelle im 3. Jahrhundert v. Chr. ein buddhistisches Kloster errichten ließ.

Die Restaurierung des *kovil* wurde 1963 abgeschlossen. Drei antike Bronzebilder und ein *lingam,* den Taucher am Grunde des Meeres unterhalb des Tempels gefunden hatten, wurden integriert. *Puja*-Andachten sind an Freitagen, während der Dämmerung, besonders lebhaft.

Möglicherweise leitet sich der Ortsname von trincomalee vom Namen dieses Tempels her. „tiru kona malai" ist Tamil und bedeutet so viel wie „Konesvara (Shiva) geweihter Berg".

Oben auf dem Swami Rock steht noch eine einzige Säule der einstigen Großen Pagode. Eine Inschrift berichtet vom **Sprung der Liebenden** (lover's leap). Eine junge Holländerin namens Francina van Rhede soll sich hier vom Felsen gestürzt haben, als sie mit ansehen mußte, wie ihr Geliebter in See stach. Die Legende ist offensichtlich unbegründet, denn es ist bekannt, daß die junge Dame 8 Jahre später glücklich verheiratet war.

Gegenüber von Fort Frederick bietet das **Fort Ostenburg** die Aussicht auf den Hafen. Die Holländer bauten es, doch heute sieht man nur noch britische Verschanzungen. Der **British Dockyard** (Werft) wird jetzt von der Marine Sri Lankas unterhalten. Die Halbinsel ist daher vollständig „off-limits" für Besucher, es sei denn, man kann eine Sondergenehmigung vorweisen. Auch das **Admiralty House** und die **Pepperpot Cottage,** ein großartiges Haus und der dazugehörige Bungalow, die von malerischen Gärten gesäumt sind, kann man nicht ohne weiteres aufsuchen. Der Banyanbaum hier ist angeblich der größte der Insel.

Das **Archäologische Museum** besitzt eine bemerkenswerte Sammlung von Buddhas und anderen Antiquitäten von der Ostküste.

Der Strand von Nilaveli

Nördlich von Trincomalee erstreckt sich ein Sandstrand, 36 km weit, bis

hinter Kuchchaveli. Mittelpunkt dieses führenden Beach resorts ist Nilaveli, ein Touristenzentrum ersten Ranges an der Ostküste. Wenn der Südwestmonsun der Westküste Sri Lankas mehrere Monate lang (meist ab April) Regen bringt, ist hier an der Ostküste Hochsaison. Die meisten Strandhotels und Gästehäuser haben sich zwischen dem 9. und 13. Meilenstein der Straße angesiedelt. Einzige Ausnahme ist der Club Oceanic in **Uppuveli,** der etwa 6 km außerhalb von Trincomalee liegt. Sonnenanbeter werden sich an der Ostküste wohlfühlen. Man kann Hochseefischen, tauchen und Muscheln sammeln. Aber Vorsicht: Seeigel und Rochen tummeln sich hier das ganze Jahr über, stechende Quallen kommen hauptsächlich im Juli und August.

Der Küste, und damit fast allen Hotels, ist die **Pigeon Island** vorgelagert. Wer gerne schnorchelt, kann einen Ausflug auf die Insel machen (mit dem Motorboot sind es 15 Minuten). Sand, Muscheln und Felsen – ist das alles, fragen sich viele, die dann auf der Insel stehen; interessanter ist das, was sich unter Wasser abspielt; am besten man fährt noch ein Stück weiter raus zu den Korallenriffen. Pigeon Island (Taubeninsel) verdankt ihren Namen der blauen Felsentaube, die hier ihre Brutplätze hat. Auch Giftschlangen brüten hier; tagsüber verschlafen sie die Hitze und kommen nachts aus ihren Höhlen gekrochen.

Die **Red Rocks Bay** bei Meile 16 lädt zum Baden ein und bietet eine Unzahl von Muscheln. **Kuchchaveli** folgt acht Kilometer weiter; man muß mit einer Autofähre eine Lagune überqueren. Auch hier kann man gut schwimmen und fischen. Bei der Landspitze ist jedoch die Strömung unberechenbar.

Die wichtigste antike Stätte dieser Gegend ist die *vatadage* von **Tiriya.** Dieses moderne Dorf liegt jenseits des Meilensteins 28 im Inselinneren (nach einer zweiten Überfahrt mit einer Fähre). Der runde Säulentempel oben auf dem Felsen bietet einen Ausblick aufs Meer. Inschriften aus dem 7. oder 8. Jahrhundert weisen ihn als Girihandika Cetiya aus, wo Haarreliquien des Buddha aufbewahrt sein sollen. Daß es ein Mahyana-Tempel war, läßt sich daran ablesen, daß hier der **bodhisattva** Avalokitesvara residierte. Die *vatadage* wurde von Archäologen und Mönchen restauriert.

Pulmoddai liegt weiter nördlich, etwa

Szenen aus Trincomalee: Zahnpuder-Verkäufer, links. Portal des Fort Frederick, rechts.

55 km von Trinco entfernt. Eine dritte Überfahrt per Fähre hat man hinter sich. (Je weiter man nach Norden kommt, desto langsamer und altmodischer werden die Fähren.) In Pulmoddai gewinnt man Mineralien aus dem Sand, indem man Magnete und eine Flutungstechnik einsetzt. So produziert man jährlich über 75 000 Tonnen Mineralien.

Kokkilai bietet dem Besucher in einer breiten seichten Lagune ein Vogelparadies. Wildenten, Pelikane und Flamingos sowie eine Reihe von Zugvögeln haben sich in dieses Schutzgebiet zurückgezogen. Mit einem Gummifloß kann man sich vorsichtig nähern.

Bei Meile 105 an der Straße von Trinco nach Anuradhapura steht ein bedeutender alter buddhistischer Tempel, die **Velgam Vihara.** Für Hindus ist es der Natanar Kovil. Er wurde etwa vor 2000 Jahren von König Bhatika (22 v. Chr. – 7 n. Chr.) im ehemaligen Velagama gebaut; im 11. Jahrhundert renovierten und vergrößerten ihn die Cholas. Vor dem Tempel stehen Wächtersteine und in einem zerstörten Bilderhaus ein Buddha. Dieser stellt eine sehr interessante Mischform von Hinduismus und Buddhismus dar.

Man kann auch direkt von Nilaveli aus zum *vihara* bzw. *kovil* gelangen, muß dann aber hinter dem malerischen Teich **Periya Kulam** noch zu Fuß gehen. Zwischen Februar und Mai blühen hier die übelriechenden *mi*-Bäume.

Etwa 11 km westlich von Trinco, südlich der Straße nach Anuradhapura, sprudeln die **Kanniyai Hot Springs** (heiße Quellen), die für die Hindus von Vishnu geschaffen wurden. In der Nähe steht ein kleiner Schrein. Jede der sieben Quellen hat eine andere Temperatur (zwischen 29 und 46° C) und ist von einer Mauer umgeben. Man schöpft das Wasser zum Waschen mit einem Eimer aus den Brunnen; hin und wieder erwischt man einen kleinen Fisch!

Von Trinco nach Batticaloa

Die Hauptstraße von Trincomalee nach Batticaloa, die A15, wird sechsmal von Überfahrten per Fähre unterbrochen; allein auf den 16 km, in denen die **Mahaweli Ganga** in die **Koddiyar Bay** mündet, sind es vier. Man braucht Geduld und kann dafür dann auch in Ruhe die Landschaft genießen, den Austernfischern bei der Arbeit zusehen und bei Ebbe kleine Fische im Schlick beobachten.

Club Oceanic, Uppuveli.

Bei **Muttur,** zwischen der dritten und vierten Überfahrt, erinnert eine Tafel beim **„White Man's Tree"** an die Gefangennahme des damals 18jährigen Robert Knox und seiner zehn Begleiter durch König Raja Sinha II. im Jahre 1660. Nachdem Knox 20 Jahre lang unter „Hausarrest" gehalten war, gelang ihm mit einem Gefährten schließlich die Flucht in ein Fort der Holländer und von da zurück nach England. Sein Buch *An Historical Relation of Ceylon,* das 1681 erschien, gilt noch immer als das Scharfsinnigste, was je ein Ausländer über Sri Lanka geschrieben hat. Das Buch von Knox sowie Alexander Selkirks Bericht über den Schiffbruch, der ihn auf eine der winzigen Juan Fernandez-Inseln westlich von Chile verschlagen hatte, standen beim berühmten *Robinson Crusoe* von Daniel Defoe Pate.

Nach weiteren 12 km und zwei Fähren östlich von Muttur kommen wir zum Leuchtturm **Foul Point.** An der äußersten Spitze eines wilden und verlassenen Küstenstreifens gelegen, hat man von seiner Aussichtsplattform einen wunderschönen Blick aufs Meer hinaus. Für Wassersportler ist es eine eher ungünstige Stelle, denn die Wellen sind unberechenbar; Scharen von Seeigeln lauern hier.

Eine zweite Reiseroute

Wer gerne etwas weiter fahren und die zeitraubenden Übersetzungen per Fähre meiden möchte, kann von Trincomalee aus in südwestlicher Richtung nach Kantalai fahren (40 km). Von da führt eine Seitenstraße weitere 40 km zur A15, in der Nähe des Allai Tank und der Alioluwa-Kreuzung.

Der **Kantalai Tank** gehört zu den wichtigsten Binnengewässern Sri Lankas; der auf das 7. Jahrhundert zurückgehende Teich versorgt die Felder, Trincomalee und die Hotels am Strand mit Wasser. Bei Kantalai gedeiht Reis und Zuckerrohr, das in einer großen Raffinerie und Destillieranlage verarbeitet wird.

Die Straße von Kantalai bis zur Alioluwa Junction bildet die nördliche Grenze des **Tierreservats Somawathie Chaitiya.** Wer Glück hat, sieht vielleicht wilde Elefanten.

Ein Umweg (gute 6 km) von Alioluwa zur *Seruwawila Dagoba,* entlang des Ostufers des Allai Tank, lohnt sich. Tank und Dagoba werden König Kavantissa (3. Jahrhundert v. Chr.) zugeschrieben.

Windsurfer bei ruhiger See in Nilaveli, links. Bad in den heißen Quellen von Kanniyai, rechts.

Als kluger buddhistischer Politiker sicherte er sich die Gefolgstreue des Pufferstaates Seru – zu einer Zeit, als sein Ruhuna-Reich im Norden von den Tamilen angegriffen wurde. Kavantissa überreichte den Seru-Herrschern einen Stirnknochen des Buddha, um ihn in der alten Hauptstadt der Seru als Heiligtum in einer *dagoba* aufzubewahren.

Auf der A15 geht es weiter nach Süden. Bei **Verugal** muß man einen Ausläufer der Mahaweli Ganga mit der Fähre überqueren. In diesem Flußgebiet lebte noch 1982 ein menschenfressendes Krokodil. Man sollte also keinesfalls von der Fähre aus ins Wasser springen. In **Panichchankeni,** 55 km nördlich von Batticaloa, überspannt die längste Brücke des Landes die Mündung der Upaar-Lagune. Der **Strand von Chenaikkuda** wird zwar von einer vorgelagerten kleinen Insel geschützt und bietet reizende Ferienbungalows, doch leider gibt es hier sehr viele Meeresschlangen.

32 km nördlich von Batticaloa liegt **Valachchenai,** ein großer Marktflecken mit der größten Papierfabrik des Landes. Die A11 im Westen des Städtchens führt nach Polonnaruwa. Etwa an der 70. Meile sollte man besonders auf wilde Elefanten (es ist ein Übergang im **Nelugala Corridor)** und vielleicht auch auf einen Leoparden achtgeben. Von 1921 bis 1923 tötete ein solches Tier 20 Menschen, bis man es bei **Punani** endlich erlegen konnte.

Kalkudah und Passekudah

Valachchenai ist das Tor zu den nach Meinung vieler Touristen schönsten Stränden des Landes. Die **Kalkudah Bay** nach Osten hin ist von einer Landspitze aus roten und gelbbraunen Steinblöcken sogar gegen den Nordostmonsun geschützt. Die **Passekudah Bay,** die nach Norden hin offen ist, besitzt ein vorgelagertes Riff, das den Sandstrand abschirmt und das Wasser ruhig, klar und seicht hält. Kinder fühlen sich hier sehr wohl, auch Surfer und Wasserskifahrer kommen voll auf ihre Kosten.

Dieser Teil der Ostküste wurde während des Wirbelsturms von 1978 stark heimgesucht; auch der Bau neuer Touristenhotels verzögerte sich dadurch erheblich. Die teueren Hotels stehen im allgemeinen in Passekudah, billigere Unterkünfte findet man in Kalkudah, wo man über die Landzunge zu Fuß hingelangt. Die Preise klettern schlagartig,

An den Sandstränden von Kalkudah.

wenn im April die „Saison" beginnt; dasselbe gilt auch für die Süd- und Westküste, nur zu anderen Jahreszeiten.

Ab hier ist das Land dicht besiedelt. Die A4 verläuft von Batticaloa bis Pottuvil immer entlang der Küste, ein Dorf folgt auf das andere, allenfalls sind sie durch Lagunen voneinander getrennt.

Batticaloa, kurz „Batti" genannt, ist ein wichtiger Marktort an der Ostküste. Hier errichteten die Holländer 1602 ihren ersten Stützpunkt auf Sri Lanka und begaben sich dann zum König nach Kandy. 1627 bauten dann die Portugiesen eine Festungsanlage, die 1638 die Holländer an sich rissen und 1643 an Kandy übergaben, bis sie sie 1665 wieder selbst besetzten. 1795 ergab sich Batticaloa drei Wochen nach der Einnahme von Trincomalee kampflos den Briten. Nach 1836 wurde das Fort in ein Verwaltungszentrum umgewandelt.

Das **Fort der Holländer** von 1665 steht immer noch an den Gestaden der seichten und verschlammten **Lagune von Batticaloa.** Außen ist sie noch tadellos in Schuß; die Mauern stehen noch, jede Ecke der Anlage hat eine Bastion, der Burggraben führt auch heute noch Wasser. Im Inneren kann man die Amtsstuben des 20. Jahrhunderts besichtigen. Das Interessanteste an Batticaloa ist aber nicht sein Fort, sondern seine **„singenden Fische".** Wenn der Vollmond scheint, dringt aus der Lagune von der Ferne her ein schwaches Geräusch, so, als würde ein Streichorchester instrumentieren. An der einen Stelle ist es lauter, an der anderen leiser. Am besten ist es von einem Boot aus am Ausgang des Ortes bei der **Kalladi-Brücke** zu hören, wenn man ein Ohr an das im Wasser hängende Ruder hält, wodurch die Tonqualität merklich besser wird.

Um die Herkunft der Töne rankt sich so manche Theorie, die alle noch des wissenschaftlichen Beweises bedürfen. Die meisten Fischer halten die „Sänger" für Mollusken, die am Grund der Lagune leben. Taucher wiederum behaupten, es seien Schwärme von Katzenfischen, die in großer Zahl die Lagune bevölkern. Die weniger romantisch Veranlagten glauben dagegen, es handle sich um das Geräusch von Wasser, das an den Löchern im Korallenfelsen vorbeifließt; bei Vollmond und wenn die Flut einsetzt, fließt das Wasser am schnellsten.

Die Lagune von Batticaloa ist 56 km lang, von Chenkaladi bis Kalmunai,

Das *ma-dela*-Fischernetz wird eingeholt.

schiffbar. Es ist ein fischreiches Gewässer und ein Gebiet mit einer reichen Vogelwelt. Zum Schwimmen eignet sich die Lagune nicht, weil es gleich beim Rasthaus von Batticaloa die gefährlichen „Rasierklingenmuscheln" gibt. Wenn die Molluske einmal die Haut geritzt hat, spritzt sie noch ein Anti-Gerinnungsmittel hinterher, das gefährliche Verletzungen hervorruft.

Man kann nun ins Innere der Insel ins Hill Country zurückfahren (A5 von Chenkaladi, wenige Kilometer nördlich von Batticaloa). Auf dieser Strecke kommt man nach etwa 40 km zur heißen Quelle **Maha Oya,** die vom Rasthaus aus mit einem Jeep zu erreichen ist (3 km). Der **Rungam Tank,** nördlich dieser Quelle, ist ein bevorzugtes Wasserloch für wilde Elefanten. Über das heilige Mahiyangana führt von hier die Straße nach Kandy, über Bibile, im Herzen des Veddha-Landes, nach Badulla.

Eine zweite Möglichkeit wäre bei **Karativu,** 45 km südlich von Batti, die Straße ins Inselinnere. Sie windet sich hinauf zum Gal Oya National Park, vorbei an Amparai und anderen Sehenswürdigkeiten auf der Strecke.

Die erste ist die **Digavapi Dagoba,** die zu den 16 heiligsten Stätten des Buddhismus auf Sri Lanka gehört. Die *Mahavamsa*-Chronik berichtet, Buddha habe hier meditiert, nachdem er seine Fußspur auf dem Adam's Peak hinterlassen hatte. Überliefert ist außerdem, daß Saddhatissa, der jüngere Sohn des Königs Kavantissa von Ruhuna, die *dagoba* im 3. Jahrhundert erbauen ließ, um darin Fingernägel Buddhas aufzubewahren. Das antike Heiligtum ist südlich der Gal Oya gelegen, rund 16 km abseits der Hauptstraße, die zum Nationalpark führt.

In **Amparai,** der größten Ortschaft im Gal Oya-Tal, steht ein Archäologisches Museum mit Fundgegenständen aus dem Tal (u.a. alte Terracotta-Figuren).

Im **Gal Oya-Tal** begann man nach der Unabhängigkeit mit dem ersten Bewässerungsprojekt des Landes. Die guten Erfahrungen, die man mit diesem Projekt machte, gab den Kräften gewaltigen Auftrieb, die sich für eine Regulierung der Mahaweli Ganga engagiert einsetzten. Der Grundstein für dieses moderne Projekt wurde dann auch bald darauf gelegt. Der Senanayake Samudra, der Hauptbewässerungsteich, bildet heute das Herz des **Gal Oya National Park** und ist nach wie vor das weitaus größte Bin-

Bullenkarren bei Chenkaladi.

nengewässer der ganzen Insel. Um sich eine Vorstellung von den Ausmaßen des Projektes zu machen: Nach der Fertigstellung der Bewässerungsanlagen konnte man nicht weniger als 906 km² landwirtschaftlichen nutzbaren Bodens bewässern und damit die Nahrungsmittelproduktion erheblich steigern. Außerdem konnten neue Industriebetriebe angesiedelt und mit Wasser versorgt werden. In **Hingurana** zum Beispiel steht heute sowohl eine Zuckerraffinerie als auch eine Destillieranlage für die Produktion von Alkohol; beide Anlagen sind die größten ihrer Art auf der Insel. Oft genug tauchen personelle Probleme auf, wenn die Erntezeit naht und das Zuckerrohr eingebracht werden muß. Oft müssen Soldaten angefordert werden, die mit ihren Bajonetten das Zukkerrohr schneiden.

Im Land der Veddhas

Eine der größten Schwierigkeiten bei der Verwirklichung des Gal Oya-Projektes war die Tatsache, daß ein großer Teil des Dschungels, den es erschließen sollte, traditionelles Veddha-Territorium war. Sechs Veddha-Dörfer mußten im Verlauf der Arbeiten überflutet werden. Man versuchte, die Ureinwohner in andere Gebiete umzusiedeln, was aber nur teilweise gelang. Viele hatten Angst vor dem neuen Leben und zogen sich lieber in die verbleibenden Dschungelgebiete von Bintenna zurück.

Wohl keine Siedlung der Veddhas wurde so bekannt wie der abgelegene Flecken **Rathugala,** 36 km von **Ininiyagala,** dem wichtigsten Ort des Gal Oya National Park, entfernt, nur über einen wilden Dschungelpfad zu erreichen. Sogar hier wurden die traditionellen Höhlen durch Holzhütten ersetzt, Pfeil und Bogen geraten in Vergessenheit. Aber ein Klan basiert noch immer auf der weiblichen Erblinie und die Veddha-Sprache, ein Sinhala-Dialekt, wird gepflegt.

Der 606 km² große Gal Oya Nationalpark wird laufend ausgebaut. Die größten Attraktionen sind Elefanten und Wasservögel, die man während einer Bootsfahrt auf dem Senanayake Samudra beobachten kann. Auch der Blick vom Rand des Stausees aus ist sehr eindrucksvoll. Das gilt vor allem für die Zeit nach dem großen Regen, wenn das

Büffel suhlen sich bei Amparai im Schlamm.

blaue Wasser mit dem Purpur der zerklüfteten Hügel des Uva-Berglandes und der hochaufragenden Spitze im Süden, Westminster Abbey genannt, kontrastiert. Der Stausee, der eine Fläche von 78 km² umfaßt, entstand nach den Plänen der Tennessee Valley Authority in den Vereinigten Staaten. Er wurde nach D. S. Senanayake benannt, der sich als Landwirtschaftsminister unter britischer Verwaltung und Ministerpräsident des unabhängigen Ceylon am meisten für das Projekt eingesetzt hatte.

Die Straße nach Süden endet in **Siyambalanduwa,** wo sie in die A4 mündet. Eine Rechtsabbiegung führt nach 35 km nach **Monaragala** und von dort zurück ins Hill Country oder weiter nach Colombo. 23 km südlich von Monaragala liegt **Maligawila,** eine der bemerkenswertesten Ruinen aus der Ruhuna-Periode. Der große Buddha (10,5 m hoch und an den Schultern 3 m breit) wurde aus einem einzigen Stein geformt und dann hier auf einem Lotossockel aufgestellt, der noch herumliegt. Maligawila geht auf das frühe 7. Jahrhundert zurück. Man glaubt, daß es die große Mönchssiedlung Ariyakari Vihara war, das in der Mahavamsa-Chronik erwähnt wird.

Elefanten und Surfer

Östlich der Kreuzung von Siyambalanduwa erreicht man auf der A4 nach etwa 18 km das **Lahagula Sanctuary.** Hier ist vielleicht der beste Platz auf ganz Sri Lanka, um wilde Elefanten zu beobachten. Der Lahugala Tank (auch Mahawewa genannt) liegt genau auf einem Trampelpfad der Elefanten. Manchmal kommen ganze Herden hierher, um sich am üppigen *beru*-Gras gütlich zu tun. Im nahe gelegenen kleineren Kitulana Tank leben viele kleine Flußbarsche. Während der Trockenzeit im August und September kann man sie auf dem Weg zum größeren Wasser über trockenen Boden, auch über Straßen, zappeln sehen.

Etwa 4 km östlich, ein wenig südlich der Hauptstraße (Fahrweg), liegen die Ruinen der **Magul Maha Vihara,** die zu den interessantesten der Insel zählen. Auf engstem Raum finden sich Bauten, die sich stilistisch klar unterscheiden und aus verschiedenen Epochen stammen. Wächter- und Mondsteine sind besonders zahlreich vertreten. Teile dieses Komplexes könnten bis zu 2000 Jahre alt sein, andere sind nicht mal 1000 Jahre alt. Da steht eine *dagoba,* eine guterhaltene vatadage, einige große Pavillons und eine erst kürzlich entdeckte Buddha-Figur. Kaum einen Kilometer weiter südlich stehen die Überreste eines Rundbaus, der einmal als Elefantenstall gedient haben könnte.

Die A4 führt zunächst ans Meer und biegt bei Pottuvil (Meile 202) nach Norden, Richtung Batticaloa, ab. Hier stehen die Ruinen einer antiken Dagoba; von einem Rest House aus kann man über das tobende Meer schauen. Die meisten Besucher werden auch noch die 2,5 km bis **Arugam Bay** fahren wollen; die Bucht soll der beste Surfstrand Sri Lankas sein. Jedoch sind die heftigen Wellen der sandigen Bucht nicht ungefährlich. Ein wahrer Genuß sind die Garnelen, für die der Fischerort bekannt ist.

Etwa 18 km weiter südlich, an der Küstenstraße, liegt das Dorf Panama. Ab hier werden die Straßenverhältnisse schlechter. Wer noch weiter fahren will, muß in einen Jeep umsteigen. Dann allerdings kann man noch bis **Okanda** und zum **Kumuna Bird Sanctuary** fahren, einem Schutzgebiet für seltene Vögel am nordöstlichen Rand des Yala National Park.

Links: Schutzinstinkt in Lahugala. Rechts: Verkehrsgewühl an der Ostküste.

சேவை
HULK
JAMES BOND

JAFFNA UND DER NORDEN

Die Halbinsel Jaffna und die ausgedehnte Nordprovinz Sri Lankas sind das trockenste Gebiet auf der Insel. Der Fleiß seiner Bewohner und eine Reihe landwirtschaftlicher Entwicklungsprojekte konnten verhindern, daß die Landschaft verödete.

Im Altertum hatte der Landesteil große strategische Bedeutung. Die Insel Mannar, Sri Lankas „Eingangstor" zum indischen Festland, war der erste Landbesitz Vijayas, jenes legendären Begründers der Inselzivilisation. Jaffna, ein Zentrum der Kultur von Hindus und Tamilen, war die Hauptstadt eines unabhängigen mittelalterlichen Königreichs und in der Kolonialzeit ein wichtiger Stützpunkt für Portugiesen und Holländer.

Eine dreiviertel Million Menschen lebt heute auf der Halbinsel Jaffna. Sie umfaßt 2587 km^2 und ist lediglich durch einen schmalen Sandstreifen an ihrem südöstlichen Ausgang mit dem Festland verbunden. Das flache, trockene Land ist von seichten Lagunen unterbrochen; eine Reihe interessanter Inseln vor der Küste vervollständigen die geographische Struktur.

Die Legende erzählt, daß ein wandernder Musikant mit ausgeprägtem Spürsinn Jaffna gründete. Er kam nach Sri Lanka, um einem boshaften Weib zu entfliehen. Als er, seine *yal* (Lyra) spielend, vor den König trat, wollte dieser mit einer Reihe von Fragen seine geistigen Fähigkeiten testen. Der Test fiel so erfolgreich aus, daß der König dem Musikanten die unfruchtbare Halbinsel Jaffna zum Geschenk machte. Die yal ist das Symbol von Jaffna, das zuweilen auch „Yalpanam", „Stadt der Lyra", genannt wird.

Das Fort von Jaffna

Bei archäologischen Ausgrabungen auf der Halbinsel hat man jede Menge Beweisstücke von Kulturen zutage gefördert, die älter als 2000 Jahre sind. Vom 13. Jahrhundert, dem Fall von Polonnaruwa an, bis 1619, als die Portugiesen hier Fuß faßten, war Jaffna ein unabhängiges Tamilenreich. Nach dreimonatiger Belagerung nahmen 1658 die Holländer die Stadt ein. 1796 ging das Fort kampflos in die Hände der British East India Company über.

Umseitig: Tempelfest in Nallur. Links: Schüler in Jaffna. Rechts: Shiva-Anhänger.

Das großartige Fort ist auch heute noch Mittelpunkt der Stadt Jaffna. Im klassischen militärischen Stil der Holländer errichtet, dürfte es die besterhaltene Festungsanlage auf Sri Lanka sein. Sie dient jetzt als Gefängnis und Polizeihauptquartier.

Die holländische Anlage wurde auf einem früheren Stützpunkt der Portugiesen errichtet. Der Grundriß ist ein fünfeckiger Stern mit einer Bastion in jeder Ecke. Die Außenanlage, ebenfalls sternförmig angelegt, stellte man erst 1792 fertig. Da sie ans Meer grenzt, sind lediglich drei der fünf Sternenenden ausgebaut. Zwischen innerem und äußerem Fort liegt ein breiter Wallgraben.

Die Zugbrücke ist von bewaffneter Polizei bewacht. Der Besucher bekommt auf der Polizeistation eine Eintrittskarte; manche Polizisten lassen die Touristen auch dann hinein, wenn sie als Gegenleistung fotografiert werden.

Das Innere der Anlage ist begrünt; zu sehen sind die **Groote Kerk,** eine holländische Kirche von 1796; das **King's House,** die ehemalige Residenz der jeweiligen Statthalter sowie ein kleines

Haus, in dem der Schriftsteller Leonard Woolf untergebracht war.

Die viergieblige kreuzförmige Kirche diente als Modell für die größere und anspruchsvollere Wolvendal Kerk in Colombo. Die staatlichen Behörden für Archäologie haben die Kirche übernommen; wenn geschlossen ist, kann der Pförtner des Museums von Jaffna aufschließen. Die eindrucksvolle Kanzel steht der Stelle gegenüber, an der der Gouverneur Platz nahm. Am Boden und an den Wänden sind Grabsteine und Familieninsignien zu sehen. Eines der schönsten Stücke sind die eingelassenen Worte an einem Grab:

Fui quod es
Sum quod eris

Was soviel bedeutet wie „Was du bist, war ich; was ich bin, wirst du sein."

Hinter der Groote Kerk steht auf der Festungsmauer ein hohes Gerüst. Ehemalige Polizisten, die sich gerne als Führer zur Verfügung stellen, erklären, daß es ein ehemaliger Galgen sei, an dem früher öffentliche Hinrichtungen stattgefunden hätten. In Wirklichkeit ist es aber der alte Glockenturm, der die Christen zum Gottesdienst rief.

Das King's House ist auch aus der holländischen Zeit. Es ist uneinheitlich im Stil, die Räume sind sehr groß, die Veranda mit ihren hohen Säulen ist rund 70 m lang, und die Türen sind so hoch, daß man eine Leiter brauchte, um sie oben zu verriegeln.

Wir durchstreifen die Stadt

Der **Jaffna Park,** der oberhalb der Main Street zwei Straßenzüge einnimmt, ist Schauplatz des öffentlichen Lebens. Um die Grünanlage herum stehen eine Reihe von Amtsgebäuden, das Postamt und die im Moghul-Stil erbaute Bibliothek.

Zwei Straßenzüge östlich der Main Street findet man eine Reihe sehr schöner alter Häuser. In einem davon, hinter dem Rest House gelegen, wurde das **Archäologische Museum** untergebracht. Die Sammlungen umfassen eine Vielzahl von Gegenständen des singhalesischen Buddhismus, die bei Ausgrabungen in Kantharodai gefunden wurden, sowie sehr schöne Stücke, die Leben und Kultur der hinduistischen Tamilen dokumentieren.

Wir gehen die First Cross Street entlang, biegen an der Hospital Road nach

Kandaswamy Kovil in Nallur.

links ab und kommen zum Geschäftszentrum der Stadt. Am **Marktplatz** sollten Sie gleich zum Stand des Mangoverkäufers gehen, denn die Mangofrüchte Jaffnas sind im ganzen Land wegen ihres besonderen süßen Geschmacks berühmt. Mangosaison ist von Juni bis September. Matten aus Palmyrablättern, Körbe sowie handgerollte Zigarren werden ebenfalls gern gekauft.

Wenn man um die Ecke biegt und die Kannathiddy Road hinaufgeht, kommt man zum **Juwelier-Bezirk.** Wenn man das viele Gold hier sieht, wird man an das Märchen von 1001 Nacht erinnert. Die ganze Straße entlang reihen sich auf beiden Seiten die Geschäfte. Früher war Jaffna für seine besonderen Filigranarbeiten in der ganzen Welt bekannt. Heute allerdings wird das Gold nur noch nach Gewicht verkauft.

Beim Streifzug durch die engen Straßen und Seitenwege Jaffnas werden einem unwillkürlich die *cadjan*-Zäune ins Auge fallen, die um fast jedes Haus der Halbinsel gezogen sind. Aus Palmyrablättern und Kokosnußfasern geflochten, sollten sie die Privatsphäre der Bewohner schützen. Ziehen Sie daraus nicht den Schluß, die Menschen seien verschlossen; sicherlich wird Ihnen überall ein freundliches Gesicht entgegenlächeln.

3 km nördlich des Fort von Jaffna (über die Point Pedro Road) liegt Nallur, heute der Stadt Jaffna eingemeindet. Nallur war die letzte Hauptstadt eines unabhängigen Königreiches von Jaffna. Sempaha Perumal gründete es Mitte des 15. Jahrhunderts. Bis 1619, als die Portugiesen Sangili Kumara in der Schlacht von Vanarponnai besiegten, war es der Mittelpunkt des Königreiches.

Nallur: Tempel und Toppu

Alles, was vom ehemaligen Königspalast noch übrig geblieben ist, ist ein Torbogen, **Sangili Toppu,** durch den man wohl zur Residenz gelangte. Gleich dahinter liegt ein kleiner Teich, Jumnari genannt, der einst mit heiligem Wasser der Jumna Ganga in Indien gefüllt gewesen sein soll.

Interessanter ist der **Kandaswamy-Tempel,** in dem alljährlich ein großes Fest gefeiert wird. Der ursprüngliche Tempel stand im Palastgelände und war Murugam, dem hinduistischen Kriegsgott, geweiht. Er wurde mitsamt der

Abendandacht in einer katholischen Kirche.

Stadt bei der Eroberung durch die Portugiesen ein Raub der Flammen. 1807 wurde er an seinem jetzigen Platz wieder aufgebaut und seitdem mehrmals renoviert und erweitert.

Mehrmals täglich, immer zur gleichen Zeit, werden *pujas* geopfert und in der Liturgie werden nicht nur Murugam, der älteste Sohn Shivas angerufen, sondern auch König Bhuvanaika Bahu, der wohl den ersten Tempel gebaut hat.
In der sogenannten „Nallur-Saison" (Juli und August)bietet der Tempel ein überaus buntes Bild. 26 Tage lang breitet sich im Tempelbereich eine Aura tiefer Spiritualität aus. Sie können einem *puja* am Abend beiwohnen, wenn Sie am Eingang die Schuhe (Herren auch das Hemd) ablegen. Dann wird man Zeuge des traditionellen Rituals: durchdringende Trommeln, Glocken und Oboen mischen sich mit den mystischen Düften von Jasmin, Sandelholz und Gelbwurz.

Nachts, die Spannung wird immer größer, erscheint dann der Tempel-*ratham*. Der *ratham* ist ein hoher, phantastisch geschmückter „Wagen", der auf den schrecklichen Moloch zurückgeht, der die britischen Kolonialisten so sehr erschreckte. Die Gläubigen werfen sich im ekstatischen Rausch unter die Räder des Wagens.

Von Nallur aus führt die Straße nach Kachcheri. An der Kreuzung mit der Kandy Road (2 km), im Chundikuli-Distrikt, steht das **Kachcheri** – das Sekretariat der ehemaligen Kolonialverwaltung in einem Gebäudekomplex, der heute Old Park genannt wird.

Percival Acland Dyke, ein Beamter aus dem 19. Jahrhundert, der wegen seiner autokratischen Methoden der „Rajah des Nordens" genannt wurde, ließ diesen jetzt verlassenen Komplex in Form einer großen Ellipse errichten. Auf der einen Seite steht der Palast, während die *kachcheri* sowie die anderen Verwaltungsräume und die Ställe auf der anderen Seite stehen.

Dyke „herrschte" über Jaffna von 1829 bis 1867. Unter ihm wurden die Mahagonibäume aus Honduras in Jaffna gepflanzt, die den Generationen darauf Schatten spendeten.

Die Colombutturai Road führt östlich davon zur **Colombutturai Jetty** an der Lagune von Jaffna. Die Fischer hier führen ein kärgliches Dasein. Manche fahren mit bunt bemalten Motorbooten hinaus, doch immer noch sind die *kat-*

tumaram verbreitet, kleine Boote mit einem Rumpf, die mit den im Westen bekannten Doppelrumpf-„Katamaranen“ wenig gemein haben. In der Sprache der Tamilen heißt *kattu-maram* wörtlich „zusammengebundene Stämme“, womit diese kunstvollen Flöße genau beschrieben sind: sie werden ohne jedes Metall gebaut.

Rund um die Halbinsel

Außerhalb der Stadt ist die Halbinsel trocken und flach. Dennoch wird sie landwirtschaftlich intensiv genutzt. Um die Bewässerung sicherzustellen, hat man tiefe Brunnen gebohrt. Das Wasser muß in Eimern geholt und auf die Felder gebracht werden. Zwiebeln, Chilies, Reis und Tabak sind die Hauptanbauprodukte. Daneben werden viele andere Gemüse-, Obst- und Getreidesorten dem kargen Boden abgerungen.

Will man eine Rundfahrt durch die Halbinsel Jaffna machen, verläßt man die Stadt am besten in nordwestlicher Richtung. **Vaddukoddai** ist für seine Kolonialkirche bekannt, die zunächst von den Portugiesen, dann von den Holländern und später von amerikanischen Missionaren betrieben wurde. Das in der Nähe liegende Jaffna College wurde von den amerikanischen Missionaren gegründet.

Ein Damm führt über die Lagune, die die Halbinsel von der **Insel Karaitivu** trennt. Die Insel ist dicht besiedelt und landwirtschaftlich intensiv genutzt. Touristen wird der **Kasuarina-Strand** an der Nordküste am meisten interessieren. Das Wasser ist seicht und voller Korallen, der Strand breit und sauber. Kasuarinen-Bäume, die hier auch unter dem Namen Eisenholz bekannt sind, spenden Schatten.

Die Straße östlich des Damms führt durch **Chankanai,** einen Flecken, in dem noch heute eine ansehnliche portugiesische Kirche steht. Die Wände und der Altarraum sind erhalten, das gewölbte Steindach ist einzigartig.

Die Ruinen von **Kantharodai** sind für jeden Besucher ein faszinierendes Erlebnis. Sie stehen bei Chunnakam westlich der Hauptverbindung Jaffna-Kankesanturai. Am besten, man fragt nach dem Weg. 1916 stieß man auf die Ruinen, und erst 1966 begann man unter der Aufsicht des Ceylon Archaeological Department mit systematischen Ausgrabungen.

Ackerland bei Chankanai.

Es gibt so viele kleine *dagobas* hier, daß auf engstem Raum fast 100 davon ausgegraben wurden. Die größte Stupa hat kaum 4 m Durchmesser; die *dagobas* dürften daher Gedenkzwecken gedient haben. Da sie mindestens 2000 Jahre alt sind, sind sie Beweis für den starken singhalesisch-buddhistischen Einfluß in Jaffna vor dem 8. Jahrhundert v. Chr. Einige Funde von Kantharodai sind heute im Archäologischen Museum in Jaffna ausgestellt.

Die Küste im Norden

Von der Hauptstraße biegt man nach links ab und nähert sich nach Norden zu der Meerenge von Palk, die Sri Lanka von Indien trennt. Etwa eine Meile hinter Tellipalai kommen wir zum **Maviddapuram Kandasamy Kovil,** zu dem im Juli die Pilger aus Indien und noch entfernteren Gegenden strömen. Maviddapuram heißt „die Stadt, in der das Pferdegesicht verschwand". Der Name geht auf eine Legende aus dem 8. Jahrhundert zurück. Damals hatte eine Prinzessin der Cholas nicht nur unter einem unaussprechlichen Namen zu leiden (Marutapirayikavalli), sondern auch unter einem pferdekopfähnlichen Gesicht. Sie suchte bei einem shaivitischen Weisen Hilfe. Dieser gab ihr den Rat, in den Süßwasserquellen von Keerimalai in der Nähe des *kovil* zu baden. Das befolgte sie Tag für Tag und wurde tatsächlich geheilt; aus Dankbarkeit ließ sie zu Ehren von Skanda diesen Tempel errichten.

An den **Quellen von Keerimalai,** wo das Wunder sich zutrug, stehen Standbilder der Prinzessin mit dem Pferdekopf am Strand. Das Quellwasser sammelt sich in einem künstlich angelegten Teich unter dem kleinen **Naguleswarm Shiva-Tempel,** der direkt an der Straße steht. Seit alters her stand an dieser Stelle ein *kovil;* Hindus betrachten ihn als eine der ersten *isvarams* (göttliche Residenz) des Shaivismus.

Hinter **Kankesanturai,** das wegen seiner staatlichen Zementfabrik und des Flughafens Pulaly (tägliche Flüge nach Colombo) Erwähnung verdient, führt die Straße an der Nordküste der Halbinsel entlang zum Point Pedro. Im Süden der Küstenstraße beim Flugplatz sind bei Myliddy Ruinen der reizenden **portugiesischen Kirche** zu sehen. Sie ist im romanischen Stil gebaut; der Grundriß hat die Form eines lateinischen Kreuzes. Das

Die Ruinen von Kantharodai.

Fischerdorf **Valvedditurai** macht einen sehr wohlhabenden Eindruck; wie man hört, soll die Gemeinde vom Warenschmuggel aus Indien profitieren.

Point Pedro ist ein lebhaftes Fischerdorf, dessen Leuchtturm ziemlich genau den nördlichsten Punkt Sri Lankas bildet.

Nur wenig weiter südöstlich von Point Pedro erstrecken sich die Wanderdünen der **Wüste Manalkadu.** In dieser Mini-Sahara stößt man bisweilen auf oasenähnliche kleine Siedlungen, die grüne Flecken zwischen dem Meer (bzw. der Lagune) und der Dünen bilden. Das Dorf **Vallipuram,** 6 km von Point Pedro entfernt, ist in die Dünen eingebettet. Unter dem Namen Singai Nagar soll Vallipuram einst Hauptstadt des tamilischen Königreiches gewesen sein, bevor sie nach Nallur verlegt wurde. Im **Vallipura Alvar Kovil,** einem der wichtigsten Vishnu-Tempel, wird Vishnu in der Inkarnation des Erhalters, als Krishna, verehrt.

Wenn man in südwestlicher Richtung von Point Pedro nach Jaffna zurückfährt, kommt man nach Achchuveli mit seiner zerfallenen **holländischen Kirche.** Interessanter dürfte der **Gezeitenbrunnen von Nilavarai** sein. Diese geographische Besonderheit verdanken wir dem Kalksockel von Jaffna. Das Wasser dieses Brunnens erreicht bis zu 45 m Tiefe. Offensichtlich gibt es eine unterirdische Verbindung mit dem Meer, denn das untere Drittel des Wassers ist sehr salzhaltig.

Besser als das Wasser des Brunnens schmeckt der Wein, den der **Rosarian Ashram** produziert. Die Reben sind selbst gezogen. Die Mönche verwenden den Wein für die heilige Kommunion; Weinkenner werden nichts Besonderes an ihm finden können. Ein Teil wird an Besucher verkauft. Geschmackvoller und erfrischender sind dagegen die selbstgemachten Fruchtsäfte des autarken Klosters, die für Mönche und für Gäste hergestellt werden. Das Kloster wurde erst Anfang dieses Jahrhunderts gegründet.

Eine Fahrt zu den Inseln

Hin und wieder wird die These vertreten, der Name Sri Lanka gehe auf *laksadvipa* („hunderttausend Inseln") zurück. Das klingt übertrieben poetisch; immerhin aber sind der Halbinsel Jaffna knapp 100 Inseln vorgelagert. Wie ein Halsband hängen sie in einer langen Südwestschleife um die Halbinsel.

Links: Trockenfisch in Point Pedro. Rechts: Rosenkranzbruder in Tholagatty.

Die größte dieser Inseln heißt **Velanai,** die oft nach dem größten Ort auch Kayts genannt wird. Über einen Damm kommt man in einer halben Stunde mit dem Bus von Jaffna aus hinüber; die Insel hat sich die Atmosphäre der Vergangenheit bewahrt; hübsche Blumenwiesen und riesige katholische Kirchen, Festungsanlagen und Fischer geben der Insel das Gepräge.

Das **Urundi Fort** in Kayts ist ein Paradebeispiel portugiesischer Handwerkskunst; die Holländer ließen es verfallen. Eine Straße führt durch die hufeisenförmig angelegte Festung mit zwei scheinbar unverbundenen Hälften.

Weit beeindruckender ist das **Fort Hammenhiel.** Dieser Insel-Stützpunkt beschützte den westlichen Zugang zur Lagune von Jaffna. Es wurde als Fortaleza Real (Königliches Fort) von den Portugiesen im 17. Jahrhundert gebaut und von den Holländern in Hammenhiel umbenannt. Die Festungsanlage ist aus gebrochenem Korallengestein gebaut und steht auf einer Sandbank. Die Holländer nahmen umfangreiche Veränderungen vor, und die Briten nutzten die Anlage als Gefängnis und Krankenhaus. Im Zweiten Weltkrieg machte man eine Bergungsstation von Luftwaffe und Marine daraus. Jetzt ist das Fort Eigentum des Archaeological Department. Man kann im Boot des Aufsichtsbeamten, der in Kayts lebt, hinüberfahren (täglich von 8.00 bis 18.00 Uhr).

Der **Hafen von Kayts** ist die älteste Anlegestelle im Gebiet um Jaffna. Möglicherweise legten hier die Schiffe des Königs Salomon an und erhandelten Affen und Pfauen; einige hebräische Wörter sind mit den tamilischen Ausdrücken identisch.

Die Insel **Nainativu,** die per Boot von Kayts aus leicht zu erreichen ist, kann sich der wohl kürzesten Strecke rühmen, die je von einem öffentlichen Nahverkehr bedient wurde: ganze 3 km fährt der Bus! Diese Strecke ist allerdings für buddhistische und hinduistische Pilger gleichermaßen von Bedeutung.

Buddhistische Pilger strömen das ganze Jahr über zur **Nagadipa Vihara.** Sie soll eine der drei Stätten sein, die Buddha auf Sri Lanka besucht hat. Diese Geschichte ist so bekannt, daß die *dagoba* und das Bilderhaus den Namen Nagadipa für sich allein beanspruchen; die Mahavamsa-Chronik hatte diesen Namen der ganzen Halbinsel von Jaffna verliehen.

Die Hindus zieht es zum **Naga Poosha-**

Die Wüste von Manalkadu.

ni Ammal Kovil in Nainativu. Die Tamilen bringen ihre Neugeborenen hierher, um die Naga-Göttin Meenakshi um ihren Segen zu bitten. Zum Tempelfest (Juni/Juli) kommen rund 60000 Pilger.

Die Fischer eines kleinen Dorfes an der Südküste von Nainative haben sich auf den Fang von chanks *(turbanella rapa)* spezialisiert. Dieses der Schnekkenmuschel ähnliche Tier spielt in hinduistischen und einigen buddhistischen rituellen Zeremonien eine Rolle. Chanks werden auch in geringem Umfang von der Industrie benötigt.

Die **Insel Delft** (auch Neduntivu) liegt am weitesten von der Halbinsel entfernt. Mit 52 km^2 ist sie die zweitgrößte der Insel, knapp 10000 Menschen leben hier. Delft ist von rauher Schönheit: spärliche grüne Flecken in einer ausgetrockneten Ebene, dürre Bäume in der glühenden Sonne, zerklüfteter Kalkstein, von unzähligen Höhlen durchzogen. Wilde Ponies durchstreifen die Insel; ihre Vorfahren brachten die Portugiesen mit.

Sehenswürdigkeiten auf Delft sind u.a. ein zweistöckiges **portugiesisches Schloß** mit einer seltsamen Kammer, die wohl als Kerker diente, und **Nolan's Bungalow.** Das kleine Haus mit einem schönen gemauerten Verschlag für Brieftauben war zu Beginn des 19. Jahrhunderts Wohnsitz des britischen Lieutenants Nolan. Ställe und Wassertröge, die wahrscheinlich Nolan bauen ließ, boten 60 bis 80 Zuchtpferden Platz.

Auch die Ruine einer alten *dagoba,* **Vediresan Koddai,** kann man besichtigen.

Zur benachbarten Insel Punkutudivu fahren von Delft aus morgens und nachmittags Boote; die Anlegestelle heißt Kurikadduvan Jetty. Punkutudivu ist durch einen Damm mit Velanai auf der Nachbarinsel Kayts verbunden.

Noch abgelegener als Delft sind zwei winzige unbewohnte Inseln, die einmal im Jahr Wallfahrtsziel für katholische Pilger sind. **Kachchai** feiert jeweils im März ein großes Fest, das Inder und Sri Lankianer anzieht. **Palaitivu,** näher an Sri Lanka gelegen, feiert drei Tage im Februar; die Fischer kommen zur Kirche St. Anthony.

Wer von Jaffna aus nach Anuradhapura fahren will, muß 193 km lang das häßliche Ödland von The Vanni durchqueren.

Man verläßt Jaffna über die Kandy Road. Die Fahrt geht durch weiße Sand-

Leuchtturm von Talaimannar.

dünen und schwarze Palmyrapalmhaine bis zum 37 km östlich gelegenen **Naga Thambiran Kovil** bei Pallai. Hier feiert man im Oktober zehn Tage lang das Kappal Thiruvila-Fest (Fest des Schiffes). Damit gedenkt man des Triumphes der *naga* (Schlangengöttin) über die Portugiesen, die den Tempel geschändet hatten.

Das **Vogelschutzgebiet Chundikkulam** im Südosten ist ein Paradies für Wasservögel aller Art, vor allem der Flamingos, die sich im September/Oktober zu großen Schwärmen hier sammeln. Die Hauptstraße meidet dieses Gebiet, überquert statt dessen den **Elephant Pass,** eine Lagune, die früher die Elefanten durchwateten.

In Parantham biegt nach Westen eine schlechte Straße nach **Poonervn** ab. Das kleine **holländische Fort** ist vor allem wegen seines unsichtbaren Reitergeistes bekannt geworden. Man erzählt sich, daß das Phantom in vollem Ornat die Wände hoch galloppiert und über die nicht vorhandene Zugbrücke donnert und verschwindet. Angeblich hört man sogar die Hufe klappern. Von der Küste hat man täglich eine Bootsverbindung mit der Stadt Jaffna.

Die ausgedehnte Region von The Vanni, die den größten Teil der Nordprovinz umfaßt, besteht aus dürrem Gestrüpp. Nur um ein paar alte Wasserspeicher herum, zum Beispiel den **Iranaimadu Wewa,** wird Landwirtschaft betrieben. Bewässerungskanäle führen auf die Reisfelder um die Wasserspeicher. Auf höher gelegenen, und damit trockenen Feldern baut man Kürbisse und Getreide an. Verwaltungskapitale dieser Gegend ist **Vavuniya,** etwa 48 km nördlich von Anuradhapura.

Etwa 33 km westlich von Vavuniya, abseits der Straße nach Mannar, liegt das Heiligtum von **Madhu.** Eine „wundertätige“ Statue in der Kirche Our Lady of the Holy Rosary ist das populärste Pilgerziel der Katholiken Sri Lankas. Höhepunkt ist der 2. Juli, wenn das Fest der Heimsuchung Mariae gefeiert wird, das etwa 100000 Gläubige anzieht.

Die Region Mannar

Nähert man sich dem Damm, der auf die Insel Mannar führt, liegt zur rechten der riesige **Giant's Tank.** Er hat eine Fläche von 18,5 km^2. Parakramabahu I. ließ ihn im 12. Jahrhundert anlegen. 1897 wurde er restauriert. Wenn er mit Wasser gefüllt ist, kann man hier gut picknicken und Vögel beobachten. Wegen der langen Dürreperiode war er jedoch in letzter Zeit völlig ausgetrocknet.

Nördlich der Straße nach Mannar liegt an der Küste die antike Stadt **Mantai** (Mahatittha). Viele vertreten die Meinung, daß an dieser Stelle Vijaya, der legendäre Vorfahre der Singhalesen, an Land gegangen ist. **Tiruket Isvaram,** eines der berühmtesten Heiligtümer der Shaiviten aus vorchristlicher Zeit, steht ganz in der Nähe. Bei Ausgrabungen fand man alte Bilder der Shaiviten und zahlreiche römische Münzen; sie belegen das Alter und die Bedeutung des Hafens von Mantai.

Die **Insel Mannar,** die größte Sri Lankas, hat etwa eine Fläche von 130 km^2 und wird von 20000 Menschen bewohnt. Über Straße und Schiene ist sie mit dem Festland verbunden.

Die größte Attraktion Mannars dürften die Baobab- oder Flaschenbäume sein. Neben vereinzelten Exemplaren in Jaffna und Delft sind es die einzigen in Sri Lanka. Angeblich haben arabische Händler diesen ostafrikanischen Baum auf die Insel gebracht. Sein Stamm ist riesig, sieht knollenartig aus und ist meist hohl. Sein Umfang kann bis zu 10 m betragen, die dicke Rinde und die spitz zulaufenden, kaum Laub tragenden Äste nicht mitgerechnet. Der Legende nach wurde dieser Baum von Gott dazu verurteilt, umgekehrt zu wachsen, so daß er statt Äste Wurzeln bekam. Immerhin enthält der seltsame Baum einen Wasservorrat und kann über 1000 Jahre alt werden.

Das **Mannar Fort** wurde 1560 von den Portugiesen errichtet und hieß damals Sao Jorge. Die Holländer bauten die Anlage aus, ließen sie aber unverändert. In der alten portugiesischen Kapelle innerhalb der Anlage werden auch heute noch anglikanische Gottesdienste abgehalten.

Südlich der Insel Mannar erstrecken sich über mehrere Kilometer die bekannten **Pearl Banks** (Perlenbänke), an denen die echten Perlenaustern ihre Brutplätze haben. Seit vielen Jahren werden die Bänke nicht mehr ausgebeutet. Nun plant man jedoch, die Perlen zu kommerziellen Zwecken wieder abzubauen.

Am äußersten westlichen Ende der Insel Mannar liegt das Städtchen **Talaimannar** – wörtlich „Haupt von Mannar“.

Tod in The Vanni: die Dürre trocknet den Ma Villa tank aus.

SRI LANKA FEIERT: PROZESSIONEN, ZEREMONIEN

Die Bevölkerung Sri Lankas hat seit jeher eine Vorliebe für Rituale und Zeremonien. Für fast alles, sei es häuslich oder beruflich bedingt, braucht man irgendein Ritual. Der Aufbruch zu einer langen Reise, der erste Schultag, ein neuer Arbeitsplatz, die Grundsteinlegung für ein neues Gebäude, der Um- oder Einzug, das Pflanzen von Reis, das Einbringen des Getreides – das alles sind nur Beispiele für die Vielzahl von Anlässen für Zeremonien; dem Pomp sind dabei keine Grenzen gesetzt.

Im religiösen Leben spielt das Zeremoniell natürlich die größte Rolle. Religiöse Zeremonien haben sich in bestimmten Fällen zu regelrechten Feierlichkeiten entwickelt, die im Laufe der Zeit immer größere Dimensionen annahmen. Kein Tag vergeht, an dem nicht irgendwo in Sri Lanka gefeiert wird.

Das Paradebeispiel für die Feste auf Sri Lanka ist ohne Zweifel die Esala Perahera in Kandy, die zwei Wochen lang im August gefeiert wird.

Perahera in Kandy

Ursprünglich war es eine kleine, schlichte Feier. König Megavanna (er regierte von 301 bis 331 n. Chr.) verfügte, daß die Zahnreliquie des Buddha, die zugleich Symbol der Landeshoheit war, aus ihrem Heiligenschrein hervorgeholt und in einer Prozession *(Perahera)* einmal jährlich durch die Straßen getragen werden soll, wo jedermann ihr huldigen könne. Aus dieser Zeremonie hat sich ein Fest entwickelt, das in seiner Großartigkeit und seinem Prunk in Südostasien, vielleicht sogar in der ganzen Welt, seinesgleichen sucht.

Die eigentliche Perahera von Kandy gibt es erst seit dem 18. Jahrhundert, als König Kirthi Sri Rajasinha über Kandy regierte. Er holte eine Reihe buddhistischer Mönche aus Siam nach Sri Lanka, die die Klöster der Insel restaurieren und die Theraveda-Orthodoxie wieder einsetzen sollten, die damals aufgrund von Kriegen und Disziplinlosigkeit im Inneren gelitten hatte. Diese Mönche erklärten dem König, es stehe einer buddhistischen Residenzstadt schlecht an, wenn, wie in Kandy, die *devalas* der Hindus das Bild beherrschten. Darauf veranlaßte der König die alljährliche Prozession mit der Zahnreliquie; die vier *devalas* von Kandy sollten zugleich in die Huldigungen integriert werden.

Die *devalas* führen den großen Zug an. Als erste kommt die Natha Devala; Natha, die Schutzgöttin von Kandy, wird mit Maitreya, dem zukünftigen Buddha, identifiziert. Die nächste Prozession setzt am Vishnu-Tempel ein; er ist der Gott, dem die Pflege des Buddhismus anvertraut ist. Gleich dahinter kommen die Säulen aus den *devalas* des Skanda, des singhalesischen Kriegsgottes von Kataragame, sowie Pattines, der Göttin von Gesundheit und Keuschheit. Am Ende jedes Zuges gehen bunt geschmückte Elefanten.

Es folgt die Säule aus dem Dalada Maligawa (Tempel des Zahns). Der Tempelelefant mit seinen herrlichen weißen Stoßzähnen ist mit bunten Tüchern bedeckt, an denen Lichterketten hängen. Auf seinem Rücken trägt er den m beleuchteten Sitz mit der goldenen *karanduwa,* einer Nachbildung jener Schatulle, in der die heilige Zahnreliquie aufbewahrt wird. Die Reliquie selbst wurde früher in der Prozession mitgetragen; dies gilt heute als zu unsicher und zudem als unheilbringend.

Vorhergehende Seiten: Esala Perahera um die Jahrhundertwende. Geschmückte Elefanten. Tänzer bei Tag und bei Nacht. Links: Elefant mit Stoßzähnen. Rechts: Ein *mahout.*

Es folgen Dutzende von Elefanten. Hinter ihnen schreitet im traditionellen Amtsgewand der Diyawadana Nilame, der höchste Kurator des Tempels und Inhaber des höchsten Laienamtes, das auf der Insel vergeben wird. In seinem Gefolge kommen die anderen Tempeloffiziellen.

An der Perahera nehmen außerdem teil: die Tänzer der Stadt, die Teufelstänzer, Peitschenknaller, Stocktänzer, die Schulkinder in Reih und Glied, kostümierte Tänzer und allerlei Akrobaten und Feuertänzer.

Glanz der Randoli

Was sich in den ersten sechs Nächten abspielt, nennt sich die Kumbal Perahera; es ist nur ein Abglanz dessen, was der Höhepunkt bringt. In der siebenten Nacht setzt die Randoli Perahera ein. Die *randolis* („goldene Palankine" – Sänften), auf denen die Lebensgefährten der Götter getragen werden, reihen sich in die Prozession ein; sie werden jeweils hinter den Elefanten getragen, die das Emblem der einzelnen Götter tragen. Die Kreise werden immer weiter, die Ausschmückungen immer reichhaltiger, bis schließlich nach fünf Nächten des Randoli die Prozession ihrem großartigen, farbenfrohen Höhepunkt zusteuert. Dann sind gewiß an die hundert Elefanten beteiligt, der majestätische Bulle neben dem halb erwachsenen Kalb.

Zum Abschluß der Perahera wird eine letzte *devala*-Zeremonie inszeniert. Sie heißt die Feier des Wasserschneidens, die rituelle Reinigung des Schwertes der Gottheit von Kataragama. Nach der letzten nächtlichen Prozession wird die heilige Schatulle mit der symbolischen *karanduwa* bis zum nächsten Morgen in der Asgiriya Vihara deponiert, eine Ehrenbezeigung gegenüber der Mutter des Königs Kirthi Sri Rajasinha. Im Morgengrauen zieht eine kleine Prozession zum Fluß in Getambe, einem Vorort von Kandy. Hier wird das Flußwasser mit einem Streich des heiligen Schwerts zertrennt, und vier Lehmtöpfe – je einer aus den vier *devalas* – werden mit Wasser aus dem abgetrennten Kreis gefüllt. Man bewahrt dieses Wasser bis zum nächsten Jahr auf. Sollte einer der Töpfe vorher austrocknen, gilt es als Zeichen für bevorstehendes Unglück. Am Mittag desselben Tages beginnt die letzte Perahera, die einzige, die tagsüber stattfindet.

Fast alle buddhistischen Tempel in Sri Lanka haben ihre eigene Prozession. Nur die Bewohner der jeweiligen Dörfer und Siedlungen nehmen daran teil. Alle tragen etwas zu diesen kleinen Umzügen bei. Es ist ein hübscher Anblick, die buntgekleideten Schulkinder, Trommler und Tänzer zur Abenddämmerung durch die Reisfelder ziehen zu sehen.

Im Januar beginnt im Tempel von Kelaniya, etwa 10 km östlich von Colombo, das

Oben: *kavadi*-tragende Tänzer beim Fest von Kataragama. Rechts: Ein gläubiger Hindu durchbohrt sich die Wangen.

Duruthu-Fest. Etwa eine Woche lang finden religiöse Feierlichkeiten statt, die im Duruthu Perahera gipfeln, einer Prozession, die nur noch von der Esala Perahera in Kandy übertroffen wird. Dieser Umzug erinnert an Buddhas Besuch in Kelaniya.

Wesak: Vollmond im Mai

Die Tempelglocken der ganzen Insel künden die Morgendämmerung des Wesak an. Die Pilger im schlichten Weiß machen sich in Städten und Dörfern auf den Weg zum Tempel; sie halten *sila* – das heißt, sie verbringen den Tag meditierend, lesen religiöse Bücher und lauschen den Worten des Meisters, die von einem Mönch verlesen werden. Die bei-

den Wesak-Tage zur Zeit des Vollmonds im Mai sind die beiden heiligsten Tage im buddhistischen Kalender; hier feiern die Buddhisten die Geburt, die Erleuchtung und den Tod Buddhas.

Die größeren Ortschaften verwandeln sich zur Wesak-Zeit in Stätten der Fröhlichkeit; die Feiern in Colombo sind unerreicht. An den Straßen errichtet man große *pandalas* (Bambusgerüste), von denen Bilder aus dem Leben Buddhas oder aus einer Geschichte des Jakata herabhängen und die von zahlreichen bunten Glühbirnen erhellt sind. Jedes buddhistische Haus ist irgendwie erleuchtet; Laternen in allen Formen und Größen werden aufgestellt. Das schönste Licht aber geht von der flackernden Flamme der winzigen *pol-thel pahana* aus, der Kokosöllampen, die an den Auffahrten zu einzelnen Häusern und in den Tempelhöfen angebracht sind. Der sanfte Reiz des Alten, der von ihnen ausgeht, ist unübertroffen.

Pantomimen spielen auf kleinen Bühnen am Gehsteig buddhistische Geschichten. Auf den Straßen wird Musik gemacht, der Verkehr bleibt stecken, da alle bei heißen Rockrhythmen dabei sein wollen.

Eine Besonderheit des Wesak-Festes sind auch die *dansela* (Almosenhütten). Am Straßenrand werden kleine Stände aufgebaut, an denen die Einheimischen etwas zu essen ausgeben, Reis, Curry oder süßes Fleisch ist dabei; jeder, der müde ist und sich die Füße wundgelaufen hat, bekommt etwas. Diese *danselas* werden von einer kleinen Gruppe vorbereitet, die Nachbarn steuern dann etwas bei.

Alle größeren Ortschaften in Sri Lanka feiern ihr eigenes Wesak-Fest; um den vollen Glanz dieser Festtage zu erleben, sollte man aber in Colombo bleiben.

Poson: der Buddhismus hält Einzug

Es war vor mehr als 2000 Jahren, da wollte König Devanampiyatissa, der damals über Anuradhapura herrschte, gerade in den Wäldern von Mihintale einen Hirsch erlegen, als er einen Schrei hörte: „Tissa!" Der mächtige König stutzte einen Moment. Wer in seinem Reiche würde es wagen, ihn beim Namen zu rufen? Als er aufblickte, sah er auf einem Felsen einen Mann in gelber Robe mit sechs Begleitern; einer trug Laienkleidung. Der Bettelmönch war kein anderer als Arahat Mahinda, der Sohn des Kaisers Asoka aus Indien. Mahinda bekehrte den König zum Buddhismus, der damit in Sri Lanka Einzug hielt. Es war am Tag des Juni-Vollmondes, dem Poson, ein Tag, den man in Sri Lanka wie sonst nur noch den Wesak feierlich begeht.

Poson wird zwar überall auf der Insel gefeiert, am ausgiebigsten jedoch in Anuradhapura und Mihintale. Die Tempel sind überfüllt, die Straßen erleuchtet und festlich geschmückt. In langen Reihen steigen die Menschen zur Hochebene von Mihintale, zum Tempel und dann zu den *dagobas* hinauf, die oben auf den kleinen Hügeln stehen. Die meisten schaffen es bis zum Gipfel des Felsens, um genau an der Stelle zu stehen, auf der Arahat Mahinda seine erste Rede gehalten hat.

Die tiefe Bedeutung des Poson-Fests wird einem erst in Mihintale voll bewußt. Trotz der

Menschenmassen sollte man also diesen Ort aufsuchen.

Festtage in Kataragama

Fast zur gleichen Zeit wie die Esala Perahera in Kandy findet im Juli und August zwei Wochen lang das Festival von Kataragama statt. Die Stadt war ganz früher ein berühmter Pilgerort, war dann aber lange in Vergessenheit geraten. Als man entlang der Menik Ganga den Dschungel rodete, entdeckte man es wieder. Seitdem ist es nicht nur für Hindus ein Pilgerziel, sondern auch für Buddhisten, Moslems und Christen. Hindus stellen aber den Hauptanteil der Gläubigen, die aktiv am Fest beteiligt sind; ist doch der hinduistische Skanda (auch Murugan) die Hauptgottheit von Kataragama.

Das auffallendste Charakteristikum des Kataragama-Festes ist die Selbstkasteiung vieler Gläubiger, die damit ein Gelübde einlösen wollen. Dazu gehört z. B., daß man sich nackt im glühend heißen Sand um die *devala* wälzt. Es gibt Pilger, die den *kavadi* (ein Gerüst mit Bogen) über 160 km weit tragen.

Wieder andere durchbohren sich mit kleinen Spießen Wangen und Zunge. Dann gibt es welche, die mit ihrem ganzen Körpergewicht, an einem Haken befestigt, von einem Gestell baumeln.

Mit am spektakulärsten ist der Gang auf glühenden Kohlen. Alte Männer, Frauen und kleine Kinder gleichermaßen gehen ohne sich den Schmerz anmerken zu lassen, über ein Gefäß mit glühenden Kohlen.

Diese Selbstkasteiungen beschränken sich aber auf wenige Pilger. Die meisten verrichten ihre Andacht in den Tempeln, erfüllen die Gelübde, geben den Bettlern ein Almosen oder beten in der *dagoba* Kirivihara. Da dies für Kataragama alltägliche Dinge sind, versucht man während der Festtage, etwas Pomp hinzuzufügen. Man hängt überall bunte Flaggen auf, zündet Lampen an; überall hört man „Muschelmusik", Trommeln, die insbrünstigen Gesänge der Pilger erfüllen die Luft.

Höhepunkt des Festes ist eine große Prozession; sie ist zwar kleiner als die von Kandy und Kelaniya, jedoch fehlt es ihr keineswegs an Glanz und Feierlichkeit. Den Abschluß bildet wie in Kandy die Zeremonie des Wasserschneidens.

Die Vel-Prozession

Vel ist die Bezeichnung für den Dreizack des Kriegsgottes Skanda. Einer der größten und reichsten Hindu-Tempel in der Sea Street in Colombo ist Kathiresan, einer Inkarnation Skandas, geweiht. Ein paar Kilometer südlich stehen in Bambalapitiya und in Wellawatte zwei *kovils*, Pillaiyar (ein anderer Name für den elefantenköpfigen Ganesha) geweiht.

Hindus in Jaffna ziehen an großen Seilen den Tempel-Wagen, während rechts der Vel-Wagen durch die Straßen von Colombo getragen wird.

Jedes Jahr wird das *vel* Skandas zu einem der beiden *kovils* getragen und anschließend wieder in die Sea Street zurückgebracht. Das ist der Inhalt des Vel-Festes. Der Tempel, der das heilige Symbol empfangen durfte, feiert drei Tage lang. Karussells und Souvenirstände werden aufgebaut (am interessantesten sind die, die billige Armringe aus farbigem Glas oder Plastik verkaufen). Straßenverkäufer säumen die Wege zum Tempel und bieten Süßigkeiten und große Zuckerrohrstücke an.

Vor allem die Umzüge zu und von den Tempeln zu Beginn und am Ende des Festes sind eine farbenfrohe Angelegenheit. Ein vergoldeter Tempelwagen wird von Hunderten von Gläubigen gezogen, darunter selbst die wohlhabendsten Bürger des Landes, die man allerdings wegen des weißen Einheitsgewands, den Schals und der Asche im Gesicht nicht erkennt. Zwei große weiße Stiere helfen beim Ziehen.

Der Hinweg wird bei Tageslicht zurückgelegt. Im Schneckentempo geht es voran, oft genug muß sogar angehalten werden, weil an bestimmten Stellen eine Zeremonie vorgeschrieben ist oder irgendwelche Begrüßungskomitees am Wege stehen. Für die sechs Kilometer braucht man fast einen ganzen Tag. Der Heimweg wird schneller zurückgelegt und findet nachts statt; den Prozessionsweg zieren Hunderte von elektrischen Birnen und anderer Schmuck.

Von der Galle Road, an irgendeiner Stelle zwischen Fort und dem angesteuerten Tempel, kann man den Zug am besten sehen. Um sich ein vollständiges Bild von diesem Fest machen zu können, sollte man sowohl die Tag- als auch die Nachtperahera nicht versäumen.

Weitere hinduistische Feste

Thai Bongal wird im Januar zu Ehren des Sonnengottes der Hindus abgehalten. Jeder muß am Gottesdienst im *kovil* teilnehmen; auch zu Hause gibt es bestimmte Rituale. An erster Stelle steht dabei die Herstellung und der feierliche Verzehr des traditionellen gewürzten und gesüßten Reises, den man *pongaal* nennt – ein heiliges Festmahl.

In ländlichen Gebieten der Hindus wird das reizende Madu Pongal-Fest gefeiert (das Pongal des Viehs). Sämtliche Haustiere, angefangen von der heiligen Kuh über die Zugochsen zur Herde der Hausziegen, ja selbst die ganz kleinen Tiere, werden gewaschen und besonders gut gefüttert, an der Stirn rot gekennzeichnet und mit Ringelblumen verziert.

Der Maha Sivarathri-Tag im Februar ist wohl das bedeutendste rein religiöse Fest bei den Shaiviten, die die meisten Hindus von Sri Lanka stellen. Dabei geht es um einen tief symbolischen Akt, die Vereinigung der großen Göttin Shiva mit ihrem Gemahl Paravathi. Die ganze Nacht über werden in den Tempeln *puja*-Opfer dargebracht, und in jedem Haus wird Nachtwache gehalten.

Das Fest der Lichter (Deepavali) ist auch reich an Symbolik, jedoch eine weit fröhlichere Angelegenheit. Es findet Ende Oktober/ Anfang Dezember statt. Die Häuser der Hindus werden neu ausgestattet, man zieht neue Kleider an, überall brennen Lampen zur Begrüßung von Lakshmi, der Göttin des Wohlstands. Für die Geschäftsleute der Hindus beginnt mit diesem Fest das Geschäftsjahr.

Im August überschlagen sich die Feste auf der Halbinsel Jaffna. Die eindrucksvollsten werden im Kandaswamy Kovil in Nallur, in Vallipuram und im Sellasaunathi Kovil in Thondamannar gefeiert. In Thondamannar gehen Gläubige über glühende Kohlen.

Wo die Moslems feiern

Von den Feierlichkeiten der Moslems bekommen Außenstehende meistens nur wenig mit. Allenfalls trifft man sich zum gemeinsamen Gebet und zum Glaubensbekenntnis. In den Wohnungen wird gebetet und aus dem Koran vorgelesen.

Im November wird anläßlich des Milad-un-Nabi-Festes der Geburtstag des Propheten

Mohammed gefeiert. 1985 wird dies am 25. November der Fall sein.

Id-ul-Fitre (wir kennen es als Ramadan) beschließt den Fastenmonat Ramadan, der auf Juni oder Juli fällt. Die Gläubigen fasten vier Wochen lang streng, das heißt, einmal täglich, bevor die Sonne aufgeht, dürfen sie etwas essen; orthodoxe Moslems schlucken nicht einmal den eigenen Speichel. 1985 wird dieses Fest am 20. Juni gefeiert.

Id-ul-Azha (das Hajj-Fest) findet aus Anlaß der erfolgreichen Glaubensprüfung des Abraham statt, der bereit war, seinen eigenen Sohn zu opfern. Alle Moslems, die nach Mekka gepilgert sind, heißen Hajjs. Das Fest findet 1985 am 27. August statt.

Christliche Feiertage

Hier können wir uns kurz fassen, denn die christlichen Feiertage sind in der ganzen Welt dieselben. Doch Sri Lanka hat auch hier seine Besonderheiten; da ist z. B. das Fest Unserer Frau von Madhu und das Fest der heiligen Anna in Talawila. Die Farbenfreude und den Prunk der Buddhisten- und Hindufeste trifft man hier nicht; man konzentriert sich mehr auf den religiösen Inhalt.

Das Madhu-Fest dauert zwei Wochen lang. Zahlreiche Katholiken schlagen in dieser Zeit auf den Campingplätzen bei der Kirche, die bei Mannar an der Nordwestküste der Insel liegt, ihr Zelt auf. Höhepunkt ist das Fest der Heimsuchung Mariae am 2. Juli. Ziel der Pilgerreise ist eine wundertätige Statue, die aus einer portugiesischen Kirche, die früher im benachbarten Mantai stand, nach Madhu gebracht wurde.

Das Fest der Heiligen Anna, Mutter der Jungfrau Maria, wird alljährlich am 26. Juli in der kleinen Siedlung Talawila begangen. Talawila liegt etwa in der Mitte der Halbinsel Kalpitiya, westlich von Puttalam. Zu Festzeiten ist die Kirche überfüllt. Da man ihr Heilkräfte zuschreibt, wird sie das ganze Jahr über aufgesucht.

Das singhalesische Neujahr

Hervorheben möchten wir noch das Sinhala Avururdu oder singhalesisches Neujahr im April. Auch die Tamilen feiern dann Neujahr; die Religion spielt bei diesem Fest, das von allen gefeiert wird, keine Rolle; wer es allein mit dem singhalesischen Buddhismus in Verbindung bringt, liegt völlig falsch.

Sinhala Avurudu wird gefeiert, wenn ein Sonnenkreislauf vollendet ist. Das neue Jahr fängt nicht unbedingt um Mitternacht des festgelegten Tages statt, sondern zu einer Stunde, die Astrologen bestimmen. Ebenso wird das Ende des alten Jahres astrologisch ermittelt. Ende des alten und Beginn des neuen Jahres sind nicht unbedingt identisch. Liegen einige Stunden dazwischen, sind es *nona gathe,* eine „neutrale Zeit". Diese Zeit wird für religiöse Aktivitäten genutzt.

Auf dem Land wird das Fest noch im alten Stil gefeiert, und wenn man wirklich alte Riten beobachten will, sollte man in den Tagen vor und nach Avurudu in ein weit entlegenes Dorf gehen. Am letzten Tag des alten Jahres werden die Wohnungen geputzt; zur festgelegten Zeit werden im Garten Lampen angezündet. Sobald die neutrale Zeitspanne einsetzt, werden alle Aktivitäten eingestellt – auch Essen und Trinken. Die Orthodoxen verzichten selbst auf Besuche.

Mit dem Beginn des neuen Jahres wird in der Küche ein Feuer angemacht; man kleidet sich frisch ein – in einer Farbe, die der Almanach bestimmt – und das Leben geht wie gewohnt weiter. Das sieht dann so aus, daß jemand zu „arbeiten" anfängt, indem er symbolisch ein paar Sekunden lang sein Arbeitsinstrument berührt.

Anschließend heißt es *gana-denu,* wörtlich „gib und nimm". Bevor man eine neue Transaktion vornimmt, tauscht man mit einer nahestehenden Person oder einem guten Kunden Geld aus. Eine orthodoxe Familie würde es niemals wagen, einem Fischhändler oder einem Bettler Geld zu geben, selbst wenn sie vor dem Eintritt ins *gana-denu* äußerst großzügig und mildtätig gewesen war.

Ihren Höhepunkt erreichen die Feierlichkeiten zum Eintritt in das neue Jahr mit der Einleitung der Salbungszeremonie. Dabei wird zunächst einmal Öl mit einer Kräutermischung vermengt. Wenn ein besonders positiver, Glück verheißender Augenblick gekommen ist, reibt der von allen geachtete Familienälteste jedem Mitglied der Familie einen kleinen Ölfleck auf den Kopf. Die auf diese Weise Gesalbten sitzen auf Stühlen und blikken in eine entsprechend dem Almanach festgelegte Himmelsrichtung. Mit den Füßen stampfen sie auf ein weißes Tuch, während über ihnen eine Markise hängt, von der verschiedene Blätterarten herabbaumeln.

Übrigens finden am Neujahrsfest der Singhalesen auch zahlreiche Sportveranstaltungen und Spiele statt.

Eine Singhalesin, die zur Feier des Neujahrstages die traditionelle Öllampe entzündet.

BEGEISTERUNG BEI TANZ UND SPIEL

Verschwenderisch sind die Kostüme, von innerem Feuer getragen die akrobatischen Bewegungen; die Füße stampfen nach einem Muster auf den Boden, das den komplizierten Rhythmen der Trommeln nachempfunden ist. Alles ist in Bewegung, Hände, Hüften und Schultern; und der Kopf? Beladen mit schweren Masken, gezeichnet von der farbigen Bemalung, ist er nach vorne gebeugt; den reich verzierten Rumpf der Tänzer durchpulst die Lust an der Bewegung.

Kann man mit solchen Worten das Wesen von Tanz und Spiel in Sri Lanka erfassen? Die Begeisterung, von der sie getragen wird, feuert die Sinne an. Ganz entfernt wird man an zwei Ausprägungen des klassischen indischen Tanzes erinnert – Bharata Natyam und Kathakali. Und doch: Die Tänze von Sri Lanka sind unnachahmliche Schöpfungen der singhalesischen Seele, einmalig in ihrer Art.

Tänze der Singhalesen

Die berühmte Abhandlung über Tanz und Musik aus dem Sanskrit, den Bharata etwa im 3. Jahrhundert verfaßte, unterscheidet zwischen Formen des reinen Tanzes *(nritta)*, dem Ausdruckstanz *(nritiya)* und dem Tanzspiel *(natya)*. Folgt man diesen Begriffen, wäre der Tanz der Singhalesen eine Form des *nritta*. Er unterscheidet sich von Kathakali und Bharata Natyam, die unter die Kategorie des *nritya* fallen.

Die beiden indischen Tänze dienen vor allem als Medium, Geschichten zu erzählen und mit symbolischen Gesten eine breite Skala von Gefühlen auszudrücken, die den Zuhörern vertraut sind. Der Tanz der Singhalesen basiert dagegen auf symbolischen Bewegungen des Körpers, der Arbeit der Füße und sehr anstrengenden akrobatischen Einlagen.

Bharata kennt überdies die Unterscheidung in zwei weitere Kategorien: *tandava,* die kraftvolle maskuline Ausdrucksform, und *lasya,* die anmutig weibliche. Singhalesische Tänze entsprechen eher dem *tandava;* meistens tanzen nämlich Männer, die der expressiven Dynamik Ausdruck verleihen können.

Zwei Stilrichtungen sind klar voneinander zu unterscheiden: Der „Flachland-Tanz" bezeichnet die Formen, die im gesamten Küstengürtel südlich von Colombo vorherrschen; wegen seines exorzistischen Charakters heißt er auch „Teufelstanz"; dann der „Tanz des Oberlandes", die sogenannte Kandy-Schule, die wir in den Provinzen des einstigen Kandy-Reiches antreffen.

Beiden Formen gemeinsam sind die kraftvollen Bewegungen, die wir überall sehen, wo in Sri Lanka getanzt wird. Die Tanzform von Kandy wird jedoch Buben und Mädchen beigebracht und heute vor allem für Touristen auch von Frauengruppen vorgeführt; eine Entwicklung, die einige der maskulinen Züge abschwächt, die zu einer guten Aufführung gehören.

Die Tänze der Singhalesen gehen auf die Rituale der Volkstänze auf der Insel zurück. Die Tänze aus Kandy erinnern noch heute an

das Ritual für den Gott Kohomba, das eine ganze Nacht in Anspruch nahm und den Gott beschwichtigen sollte.

Kohomba Kankariya

Die Ästhetik der Tänze von Kandy, die Bedeutung der einzelnen Bewegungen lassen sich am besten da studieren, wo der Tanz herkommt: beim Kohomba Kankariya, einer Serie von zeremoniellen Tänzen zu Ehren Kohombas; in einem wunderschön hergerich-

Vorhergehende Seiten: Anmutig sind die Bewegungen der Kandy-Tänzer; links ein leidenschaftlicher Trommler; oben kündigt ein Muschelbläser eine Zeremonie an.

teten Pavillon agieren 50 Tänzer; ihre Kostüme sind bunt und ausladend – Perlenschnüre, Brustharnische glänzen, Fußspangen und der Kopfschmuck glitzern im Schein der Fackeln – die Tänzer drehen sich, springen, wirbeln durch die Luft, angefeuert von zehn Trommeln, Akrobaten, die zu fliegen scheinen. Dann der Höhepunkt der Aufführung: eine Unterwerfungsgeste, die mit gefalteten Händen vor dem Altar des Gottes ausgeführt wird. Dabei ist der Tänzer Schamane und Priester zugleich, der im Rhythmus und mit bestimmten Bewegungen die Ergebenheit gegen seinen Gott bekundet.

In Anlehnung an diesen rituellen Tanz ist das weltliche Tanzvergnügen des *vannama* entstanden. Wie schon der Name sagt, handelt es sich um Tänze, in denen die Bewegungen einzelner Tiere nachgeahmt werden. Theoretisch scheint es sich um einen Sprung von *nritta* zu *nritya* zu handeln. In Wirklichkeit ist es nach wie vor reiner Tanz und kein Ausdruckstanz.

Man versucht im *vannama,* sehr oberflächlich die Bewegungen eines Tieres nachzuzeichnen, das dem Tanz den Namen gegeben hat. Der Gajaga Vannama (Tanz des Elefanten) z. B. setzt ein mit dem „Lied des Elefanten", in dem ein Fabeltier mit acht langen Stoßzähnen und sechzehn verschiedenen Leibern und Leben im Himmel besungen wird. Während des Gesangs schwingt der Tänzer die Arme, wie wir es vom Kandy-Tanz her kennen. Der langsame, fast bewegungslose, würdevolle Rhythmus beschreibt den majestätischen Schritt eines Elefanten. Kaum ist das Lied zu Ende, da setzt ein toller Rhythmus ein, und der Tänzer springt und wirbelt wie wild im Kreis herum; der gemächliche Schritt des Elefanten ist vergessen.

Nach demselben Muster werden die anderen 17 *vannamas* getanzt. Zu Beginn wird der Trott bzw. der Galopp z. B. des Pferdes oder das Herabstoßen eines Falken etc. imitiert, bis die wilden ekstatischen Bewegungen die Tierbewegungen vergessen lassen. Solche delirischen *vannama*-Tänze bilden oft das Beiprogramm zum traditionellen Kohamba Kankariya. Da treffen manchmal Tänzer verschiedener Schulen aufeinander, die den *vannama* im Wettstreit tanzen.

Die Kunstfertigkeit der Kandy-Tänze können Sie am besten anläßlich der Esala Perahera studieren. Die Perfektion, mit der hier getanzt wird, ist zum Teil den Königen und Adeligen zuzuschreiben, die die Tanzkunst förderten. Der Einfluß des klassischen Bharata Natyam beflügelte die Tänzer von Kandy ebenfalls. Wir wissen, daß die Singhalesen-Herrscher des 15. Jahrhunderts Liebhaber des Bharata Natyam waren. In Yapahuwa wurden aus dem 13. Jahrhundert Friese gefunden, auf denen Frauen abgebildet sind, die nach Art des Bharata Natyam tanzen.

Straßentänzer beim Vel-Fest in Colombo (oben); rechts: ein altes Bogenhorn führt ein weibliches Trommler-Korps in Anuradhapura.

Die Teufelstänze im Süden

Sri Lanka ist eigentlich ein buddhistisches Land. Im Buddhismus muß der Mensch durch sein eigenes Bemühen die Erlösung erlangen; kein Gott kann ihm dabei helfen. Man sollte daher annehmen, daß Rituale, die böse Geister zu beschwichtigen und Dämonen auszutreiben haben, in Sri Lanka keinen Platz hätten. Nun ist es aber so, daß sich in Sri Lanka im Lauf der Jahrhunderte der Buddhismus mit Kultformen vermischt hat, in denen übernatürliche Wesen gute bzw. schlechte Einflüsse haben.

Die Singhalesen teilten sie in solche Dämonen ein, die Krankheit und Verderben bringen, und solche, die gutmütig sind, wenn man sie beschwichtigt. Es ergaben sich daraus zwei Formen von Zeremonien, für die verschiedene Priester zuständig waren: die Gott-Priester *(kapurala)* und die den unteren Kasten angehörenden Dämonenpriester, die *kattadiya* bzw. *yakadura.*

Es entwickelten sich daraus die sogenannten „Teufelstänze" des südlichen Sri Lanka. Wie die Tänze der Kandy-Schule, die sich im Bergland herausbildeten, so entstanden die Tänze des Flachlands ebenfalls aus volkstümlichen Ritualen. Diese sollten die Dämonen davon abhalten, Menschen zu verletzen und die Götter um die Segnungen des Wohlstands anflehen. Doch selbst der Laie kann leicht die Unterschiede zwischen Kandy- und „Flachlandtanz" erkennen.

Die Tänze des Südens sind ausgesprochen theatralisch. Neben den reinen Tanzbewegungen gibt es Gebärden, Dramendialoge sowie Personifikationen. Meistens spielt der Oberpriester den König der Dämonen – Vesamuni – und die anderen Priester die weiteren Dämonen.

Exorzismus in Sri Lanka

Wenn im Süden ein Ritual inszeniert wird, geht es wie im Theater zu. Da ist die runde Arena, in der die Tänzer agieren und der Altar, der mit seinen Einzelnischen für Opfergaben eine Art Hintergrund der Handlung darstellt. Die Masken der Tänzer nehmen im Schein der flackernden Kokosöllampen zuweilen groteske Züge an. Zum Schluß erfüllen ekstatische Rhythmen die Luft – das ist der *yak bere* („Dämonentrommel"), der sich vom *gata bere,* dem Trommler von Kandy, unterscheidet.

Ein Trommelwirbel leitet den Auftritt der einzelnen Dämonen ein. Die Zeremonie beginnt mit der Aufforderung an die Dämonen, zu erscheinen. Die Tänzer singen zum Klang der Trommeln. Ab und zu macht sich eine schrille Flöte bemerkbar.

Der Priester spricht jeden Dämonen bei seinem Namen an und beschwört ihn, die Person, der die Zeremonie gilt, nicht länger zu behelligen. Seine Worte sind einschmeichelnd – er redet von *massina* oder *malliya* – Neffe und Bruder – womit er die Dämonen für sich einnehmen möchte. Danach wird er im Ton bescheidener, beschwörender, bis er schließlich im Namen des Buddha und des König Vesamuni die Dämonen bedroht. Der Dämon begibt sich nun in den Leib des Betroffenen und spricht aus ihm. Zwischen Priester und der besessenen Person entwikkelt sich ein Gespräch.

Priester: Sag mir, von welchem Dämon du besessen bist?

Dämon: Es ist Maha Schona. Ich bin Maha Schona.

Priester: Warum fügst du diesem Menschen Schaden zu?

Dämon: Er hat eine besondere Speise zu sich genommen und mir meinen Anteil vorenthalten.

Priester: Wir bringen dir ein Opfer dar, wenn du diesen Menschen in Ruhe läßt.

Dämon: Ich verlange ein Menschenopfer.

Priester: Das ist unmöglich. Wir können dir nicht das geben, was du forderst, denn dir sind von unserem Herrn Buddha und von König Vesamuni bestimmte Dinge aufgetragen worden. Haben sie dir erlaubt, Menschenopfer anzunehmen?

Dämon: Nein. Dann bringt mir eben ein vierbeiniges Opfer dar.

Priester: Auch das geht nicht.

Dämon: Dann möchte ich ein zweibeiniges Opfer.

Priester: Gut. Nimm diesen Hahn und geh von dannen. Wie sollen wir übrigens merken, daß du wirklich weg bist?

Dämon: Ich werde den Zweig da hinten brechen zum Zeichen, daß ich gegangen bin. Oder aber ich rufe „hoo“, wenn ich gehe.

Der Priester gibt dem Patienten einen lebendigen Hahn. Es kommt sogar vor, daß er ihm den Hals umdreht und sein Blut trinkt. Die Dämonen mögen zwar Blut und Fleisch, dürfen es jedoch nicht zu sich nehmen – hier wirkt sich der mäßigende Einfluß des Buddhismus auf primitive Rituale aus.

Das Ritual der 18 Dämonen

Wer Zeuge eines typischen Exorzismus im Flachland sein möchte, sollte sich ein *sanni yakuma* ansehen, das ist die Zeremonie, die bei Krankheitsdämonen Anwendung findet. Es gibt ihrer 18, und doch sind alle nur Ausdrucksformen eines einzigen mächtigen Wesens, des Maha Kola Sanni Yaka.

Natürlich bleiben die Dämonen von Sri Lanka den Menschen unsichtbar. Und doch wurden sie von den Choreographen, Dramenschreibern und Maskenbildern von einst als schwarzhäutige Monster mit hervortretenden Augen und den Zungen und Fangzähnen von Schlangen gezeichnet. Sie können Menschen- und Tiergestalt annehmen und alle möglichen Krankheiten und Anfälle auslösen, Menschen taubstumm machen, ja, selbst Wahnsinn und Tod bringen. Sie schlüpfen in die Gestalt bestimmter Erscheinungen, um die Menschen zu erschrecken; meistens kommen sie morgens, um die Mittagszeit oder abends.

Die Zeremonie findet in einer kreisförmigen Arena statt. Dahinter steht die *sanni vidiya,* ein Altar, an dem die Gläubigen Opfergaben plazieren. Der jeweilige Patient, für den das Zeremoniell inszeniert wird, liegt auf einer Matte, von der er das Ganze überblicken kann.

Eine Zeremonie dieser Art nimmt bei den Singhalesen 30 Stunden in Anspruch; sie beginnt frühmorgens und dauert bis zur Abenddämmerung des folgenden Tages. Während der ersten Stunden wird gesungen, und rituelle Vorbereitungen werden getroffen. Die Exorzisten legen ihre Gewänder an. Ihr Oberster trägt das Amtskleid des Vesamuni, so daß er den anderen Dämonen Befehle erteilen kann. Die Priester entzünden Feuer und „schlucken“ die Flammen, indem sie die reinigenden Weihrauch dürfte inhalieren.

Die Atmosphäre verdichtet sich immer mehr; es wird getrommelt, Weihrauchduft verbreitet sich. Wenn es schon fast betäubend laut wird, springt ein Dämon aus dem *sanni vidiya* und beginnt zu tanzen. Er windet sich

Links: die bunten Masken der Teufelstänzer in einem Geschäft in Ambalangoda; rechts: eine Maske auf der Bühne.

im Kreis herum, springt hoch in die Luft, vollführt die *adauwas* – Bewegungen, bei denen er auf dem Boden steht und den Oberkörper oberhalb der Hüfte im Kreis bewegt, und zwar so schnell, daß das Auge nicht mehr folgen kann. Dann hockt er sich vor die Musiker nieder und beginnt mit einem der Trommler zu reden.

Diskussion mit dem Teufel

Bei den echten *sanni yakuma*-Vorführungen treten 18 Tänzer auf, die je einen der Gehilfen des Dämonen repräsentieren. Sie halten alle einen bestimmten Gegenstand in der Hand – eine Pfanne mit brennenden Kohlen, eine brennende Flamme, einen Topf mit Safranwasser, eine Schale, eine gelblichgrüne Kokosnuß, eine Kautabakschachtel usw. Die Gewänder dieser Begleiter übertreffen sich an Skurrilität, jedes steht für einen besonderen Wesenszug. Der eine benimmt sich wie ein Clown im Zirkus, der nächste unterhält die Zuschauer mit ordinären Witzen, wieder andere lachen unaufhörlich.

Die *sanni*-Dämonen, die dann auf die Bühne kommen, sind nur an den Masken zu erkennen, denn auch sie tragen ausgefallene Gewänder – einen Lendenschurz aus *burulla*-Blättern, einen Überwurf aus Pelz, eine schwarze Perücke und einen Bart. Die ungleichmäßigen, fast abstrakten Bewegungen der Tänzer sollen symbolisch die Krankheiten beschreiben, die die einzelnen Dämonen auf die Menschen übertragen können. Kana Sanniya z.B. ist blind, Golu Sanniya taub und Muru Sanniyas Gesten sind die eines Wahnsinnigen.

Letzterer ist der monströseste und gefürchtetste aller Dämonen. Maru Sanniya brüllt bei seinem Auftritt, rüttelt an der *vidiya* und klettert auf den Querbalken über der Bühnentür und starrt die Zuschauer an.

Schließlich wendet sich der Priester an ihn; der Dialog, der sich dann entspinnt, ist voller Humor, so daß sich die große Spannung löst.

Dämon: Mein lieber Gurunnanse (Lehrer), als ich über die Tugenden des Buddha und die Macht Vesamunis nachdachte, hörte ich, wie jemand sagte: „Mein guter Neffe, guter Freund, so komm doch von den Bergen im Osten herunter. Du bekommst von uns Kürbisse, wir schenken dir Melasse, du wirst ein zweibeiniges Beutetier bekommen, einen Hahn, und kein vierbeiniges Opfertier." Als ich das hörte, konnte ich nicht umhin zu kommen.

Exorzist: Wir waren es, die dich riefen.

Dämon: Wieso habt ihr mich eingeladen?

Exorzist: Du hast eine bestimmte Krankheit auf einen Menschen übertragen, weshalb wir dich herbeiholten.

Dämon: Wo ist dieser Kranke?

Exorzist: Hier. Du kannst ihn befragen.

Dämon: Also gut. (Wendet sich an den Patienten.) Hast du Schmerzen, kranker Mann?

Exorzist: (antwortet an Stelle des Kranken) Ja, ich habe Schmerzen.

Dämon: Kannst du deine Glieder bewegen?

Exorzist: Das ist nichts Ungewöhnliches. An jedem Gelenk meines Körpers tut es weh.

Dämon: Kannst du den Kopf bewegen?

Exorzist: Natürlich.

Dämon: Und dein Magen? Ist er so weich wie eine reife *jak*-Frucht?

Exorzist: Die Menschen haben alle einen weichen Magen. Meiner aber ist hart.

So geht die Unterhaltung noch eine Weile weiter. Schließlich, nachdem der Exorzist ihm gedroht hat, ihn zu verbrennen, willigt der Dämon ein, den Kranken gegen eine Opfergabe zu heilen. Die Teufelstänzer halten dann diese Opfergabe in den Rauch eines Feuers, murmeln Zaubersprüche vor sich hin und versprechen die Gesundung des Patienten.

Volkstheater

Natürlich geht es bei den exorzistischen Ritualen sehr theatralisch zu; und doch soll damit keineswegs nur das Publikum unterhalten werden. Es soll vielmehr der Heilungsprozeß erleichtert werden. Fromme Singhalesen glauben allen Ernstes, daß ein Abgehen von diesem Ziel die Macht des Exorzisten über die Dämonen abrupt beschneiden würde.

Das volkstümliche Theater in Sri Lanka geht auf solche Rituale zurück. Unverkennbar sind die Ähnlichkeiten zwischen dem Maskendrama des Kolam und dem Ritual des *sanni yakuma*.

Vier Formen eines Volkstheaters haben sich herausgebildet, die jeweils die Besonderheiten eines Landesteils widerspiegeln. Sokari kommt von einem Ritual, das einst zur Sicherung einer guten Reisernte abgehalten wurde. Diese primitive Form ist selten geworden und nur noch in den Bergen um Leggala, Hanguranketa, Uda Peradeniya, Hewaheta, Meeruppe, Talatu Oya und Matale anzutreffen. Thematisch dreht sich alles um die Göttin Pattini, Schutzpatronin der Reinheit und Ehrlichkeit.

Dramatische Szene im „Maname Katava", einer modernen singhalesischen Oper nach einem Stoff aus dem *Jataka*.

Auch zwei andere Stilrichtungen, Nadagam und Kavi Nadagam, sind fast vollständig aus dem Repertoire der modernen Theater in Sri Lanka verschwunden; Anklänge daran finden sich in modernen Stücken.

Am ehesten lebendig ist noch das *Kolam Natima*. In Ambalangoda, 80 km südlich von Colombo, finden regelmäßig Aufführungen statt, auch in Mirissa weiter unten an der Küste. In Kolam haben sich Rituale, Tänze und die Theatertradition Sri Lankas zu einem Schauspiel vereint, das mit einem Filmepos zu vergleichen ist. Die Tänzer haben höchst originelle Masken, manche sind so riesengroß, daß der Zuschauer erschrickt. Sie stellen Götter dar, Dämonen und andere mythische Figuren aus der Volkskunst des Landes. Die Charaktermasken sind feiner gearbeitet, oft sehr lustig und künstlerisch gestaltet.

Die *Kolam*-Aufführungen finden nachts im Schein von Kokosnußlampen statt. Die kreisrunde Arena ähnelt denen, die bei den exorzistischen Ritualen verwendet werden. Aus Palmblättern baut man zunächst eine Art Gerüst auf einer Seite der Arena, das sowohl als Hintergrund wie als Eingang zur Bühne dient. Ein Erzähler sowie zwei Trommler stehen auf einer Seite des Eingangs. Ab und zu mischt sich der schrille Pfeifenton der *horana* unter den Gesang des Erzählers.

Der Ursprung des Kolam-Spiels liegt in der Legende; wahrscheinlich handelte es sich um die Geschichte einer mythischen Königin, die unbedingt ein Kind wollte. Die einzelnen Tänze des Spiels sind also exotisch und symbolhaft erotisch. Letztlich dreht sich das ganze Stück um diese Masken. Da ist z.B. die Maske des Fünf-Frauen-Kopfes. Sie besteht aus der Maske einer Frau unten, auf der weitere fünf Frauen in der Gestalt eines Schlosses angebracht sind. Das Schnitzen dieser Masken allein ist in Sri Lanka eine entwickelte Kunst.

Die Geschichten, die auf die Vorstellung all der vielen maskierten Charaktere folgen, präsentieren das ganze Spektrum von Tanz, Mimik und Spiel des Landes. Die Themen sind aus den Meisterwerken der buddhistischen wie der weltlichen Literatur Sri Lankas entnommen.

Vidane Arachchi und die Illusion der Macht

Jeder einzelne Darsteller und jede Gruppe wird mit einem Vierzeiler vom Erzähler eingeführt. Darauf treten die Schauspieler in die Mitte der Bühne und machen eine Reihe von Bewegungen, die für den jeweiligen Charakter als typisch gelten. In einer Szene wird das Dorfoberhaupt Vidane Arachchi dargestellt, der meint, er sei ein mächtiger Mann. Als erste kommen eine Reihe aufgeregter Polizisten auf die Bühne getanzt, die über ihren Masken eine rote Mütze tragen. Vidane erscheint als einer, der sofort weiß, was los ist. Er ist wie ein Dorfoberhaupt im 19. Jahrhundert gekleidet (langer Sarong und langer Mantel, der bis zum Hals zugeknöpft ist). Seine Haare sind in einem Knoten am Hinterkopf festgemacht und von einem hufeisenförmigen Kamm zusammengehalten. Begleitet wird er von seinem Buchhalter mit Schreibstift und einem Regenschirm aus Palmblättern, den er über Vidane hält, keineswegs als Zeichen der Ehrerbietung, sondern in gespielter Unterwürfigkeit. Jedes Mal wenn sich Vidane abwendet, bewegt sich der Buchhalter frei und streift seine Vasallenrolle ab. Sein Tanz stellt in spöttischer Form die Unterwerfung unter Vidane dar, eine dankbare Rolle, die beim Publikum Gelächter auslöst.

Dann ist da Nonchi Akka, die betagte Ehefrau des königlichen Ausrufers. Lüstern blickt sie sich im Kreis der Hofleute um im Glauben, daß sie noch immer begehrt sei. Die Figur wird allein mit dem Mittel der Mimik und mit Bewegungen vorgestellt; dazu kommen Ausdrucksmittel einer kunstvoll den Masken einverleibten Komik.

Aufführungen des exorzistischen *sanni yakuma* (links) mit ihren finsteren Dämonen heben sich deutlich ab vom *Kolam* Volkstheater (rechts), einer Art Burleske.

KUNSTHANDWERK MIT TRADITION

Sri Lankas Monarchen hatten seit alters her viel für die Künste übrig. Ihre großartigen Paläste und die ausgedehnten Lustgärten legen davon Zeugnis ab. Wer heute die Tempel und Stupas und die kostbaren Ornamente, die sie schmücken, bewundert, sieht sofort, daß hier Meister ihres Fachs am Werk waren; dasselbe gilt für die Kleidung der Menschen, die die Tempel zur Andacht aufsuchten.

Nicht nur am Hofe und im Tempelbereich blühten die Künste; sie bereicherten ebenso Wohnungen und Haushalte der Menschen. Die schön geformten Töpfe, reich ziselierten Löffel, die geflochtenen Körbe und gewebten Matten, Pfeil und Bogen der Lackkünstler – sie alle rechnen wir zur Kunst, und doch waren es einfache Gebrauchsgegenstände.

Die Tradition des Kunsthandwerks lebt weiter; vielleicht muß man sich heute durch Berge von Touristenkitsch zu den qualitätvollen Exemplaren durcharbeiten, aber sie sind da.

Zu den ältesten handwerklichen Fertigkeiten gehört die Holzschnitzerei. Die klassischen Handwerker hatten eine Vorliebe für Flachreliefs, die sich für dekorative Holzpaneele, Tische und Schatullen besonders eignen. Man verziert heute Wandpaneele mit uralten Mustern und stellt damit die Verbindung zur Vergangenheit her. Kandy und Umgebung ist die Hochburg der Kunsthandwerker. Beim Tempel von Lankatilaka und der Devala von Embekke bemühen sich Holzschnitzer um die Neugestaltung der berühmten Embekke-Schnitzereien; daneben pflegen sie ihre eigenständigen künstlerischen Versuche.

Die Maskenbildner bearbeiten leichte Hölzer; um ihren Dämonen und Charaktergestalten „Leben" einzuhauchen, arbeiten sie einzelne Züge scharf heraus. Die Masken der Teufelstänzer wurden früher von den Tänzern höchstpersönlich geschnitzt und bemalt. Die Meister gestalteten auch die Masken für das volkstümliche Kolam-Spiel; es gelangen ihnen Klauen, rollende Augen und dicke, buschige Bärte. Die Maskenbildnerei ist im Bezirk Ambalangoda konzentriert, wo man einzelne Werkstätten aufsuchen kann. Die meisten Masken gehen in den Souvenirhandel, und man verwendet dafür einfache Emailglasuren. Neben sehr feinen Arbeiten entsteht der geschmackloseste Kitsch.

Mit dem Tourismus setzte sich die dreidimensionale Schnitzerei immer mehr durch. Holzelefanten und religiöse Bildnisse, vor allem Buddhafiguren, sind heute überall zu sehen.

Die Lackkünstler in Sri Lanka verwenden Lackharz zur Herstellung von Holzartikeln. Dieses Material wird von bestimmten Bäumen abgezapft, nachdem ihre Rinde von einem „Lack"-Insekt durchbohrt wurde. Wenn das Harz der Rinde entnommen und geschmolzen ist, wird es durch einen Baumwollstoff passiert und wie beim „Ausziehen" des Zuckers bearbeitet. Solange das Harz

noch weich ist, mengt man Farbstoff darunter, um den gewünschten Ton zu bekommen. Dann wird das Lackharz getrocknet.

Die Lackkünstler arbeiten mit zwei verschiedenen Techniken: Biraluvada bzw. die Spulmethode nimmt man, um Holzgegenstände auszuschmücken, die auf einer Art Töpferscheibe gedreht werden. Die Reibungshitze brennt den Lack ins Holz ein, teilweise auch in die Maserung. Bei der anderen Technik wird der Lack weichgemacht und zu feinen Fäden ausgezogen. Dann

Vorhergehende Seiten: Ein Sigiriya-Wolkenmädchen wird in Holz modelliert. links: Messingwaren, Sigiriya. Rechts: Töpferin in Kelaniya, die letzte Hand anlegt.

kommt er auf eine Vorlage, die bereits mit einer Grundfarbe versehen ist. Man nennt diese Methode *niyapotuvada* bzw. Nagelmethode, weil man den Nagel des Daumens braucht, um die Lackharzfädchen zu führen und abzubrechen. Heute werden auch vielfach bemalte Gegenstände einfach mit einer Schicht farblosen Lacks überzogen.

In Angalmaduwa bei Tangalla arbeitet man nach der *biraluvada*-Methode, während Palle Hapuvida bei Matale eine Hochburg des *niyapotuvada* ist. In den Laksala-Läden in Colombo und Kandy sowie bei der Arts and Crafts Association in Kandy finden Sie eine Auswahl von Arbeiten beider Stilrichtungen.

Die Elfenbeinschnitzerei ist eine alte singhalesische Kunst. Doch Elefanten sind vom Aussterben bedroht und daher unter besonderen Schutz gestellt. Elfenbein kann also nur von gewilderten Tieren stammen. Sri Lanka und zahlreiche westliche Länder haben daher ein Einfuhrverbot erlassen. Man sollte die Bemühungen unterstützen und auf keinen Fall Gegenstände kaufen, die aus Elfenbein hergestellt sind.

Dasselbe gilt für Gegenstände aus Schildpatt. Auch die Schildkröten sind vom Aussterben bedroht und gehören zu den geschützten Tieren.

Edelmetalle

Die Bearbeitung der Edelmetalle Gold, Silber, Kupfer, Zinn, Blei, Eisen und der verschiedenen Legierungen hat in Sri Lanka eine lange Tradition. Gold und Silber blieben den Goldschmieden und dem Zierat der „drei Rs" – *royalty* (Hof), *religion* und *ruling class* (herrschende Klasse) – vorbehalten. Gebrauchsgegenstände aus einfachen Metallen waren allgemein verbreitet. Im Nationalmuseum von Colombo ist eine Sammlung von Metallgegenständen zu sehen, die mindestens 2000 Jahre alt sind: Äxte, Skulpturen, Münzen und Lampen stehen neben feinsten Filigranarbeiten und einem königlichen Schrank mit eingelegten Edelsteinen.

Fast alle Frauen in Sri Lanka besitzen ihr Schmuckstück aus Gold. Es dient als Versicherung, Bankkonto und Zeichen eines gewissen Wohlstands. In guten Zeiten legt man sich Gold zu: Ringe, Ohrringe, Ketten, Nasenschmuck etc. Man trägt das Gold, weil es die sicherste Art der Aufbewahrung ist. In schlechten Zeiten wird es je nach Bedarf verkauft. Was wunder, daß man landauf, landab auf Goldschmiede stößt.

Natürlich gibt es sowohl nach Qualität als auch nach Preis große Unterschiede. Es gibt Spezialisten für das Fassen von Edelsteinen und andere, die sich auf reine Goldfiligranarbeiten konzentrieren. In größeren Orten und in Hotels kann man überall Schmuck erwerben. In Galle laden einige Werkstätten zur Besichtigung ein. Bei einem größeren Ein-

Oben: das handgewebte Wollgarn hat Sri Lankas Textilfabrikation neue Dimensionen erschlossen. Rechts: die Maske eines Teufelstänzers wird bemalt.

kauf sollte man vorher die Preise vergleichen und zu einem seriösen Händler gehen.

Silber und Bronze

Da Silber ein gut formbares Metall ist, wird es vorwiegend für Filigranarbeiten verwendet: Hals- und Armbänder, die denen aus Indien ähneln, sind meist nach alten Vorlagen gestaltet. Auch für Leuchter, Löffel, Tabletts, Teegeschirr u. a. bevorzugt man Silber. Neben den klassischen singhalesischen Mustern werden heute auch moderne europäische verwendet. Die Preise richten sich nach der Silbermenge und dem Schwierigkeitsgrad des Musters. Stücke, die ebenso schön, aber nur versilbert sind, kosten erheblich weniger.

Wenn es um Verzierungen und nicht um Schmuck geht, nehmen die Handwerker Messing. Die Legierungen von Sri Lanka sind von höchster Qualität und eignen sich hervorragend für Gußformen, für geschnittene wie für getriebene Arbeiten.

Messing gießt man gewöhnlich nach der *Cire perdue*-Methode: Ein Modell in Originalgröße wird aus Wachs geformt, mit einer harten Lehmschicht bedeckt und gebrannt. So erhält man die Gußform. In diese wird dann das flüssige Messing gegossen; man erhält die Form, die man ursprünglich aus Wachs geformt hatte. Nach dieser Methode lassen sich große wie kleine Gegenstände herstellen. Am beliebtesten sind Elefanten, Buddhas, Vasen, Schüsseln u. a.

Bei der Schnittmethode wird das gewünschte Muster direkt aus dem Blech geschnitten. Gravuren, Schraffuren oder getriebene Verzierungen verschönern das Endprodukt.

Repoussé – getriebenes Messing, Kupfer, Silber bzw. alle drei zusammen – ist am weitesten verbreitet, und der Formen- und Musterreichtum ist hier am größten. Der Metallgegenstand, meistens ist es etwas Flaches (Tablett, Plakette), wird auf eine elastische Unterlage gelegt und von der anderen Seite sorgfältig mit stempelähnlichen Würfeln bearbeitet. Auf der Vorderseite entsteht das gehämmerte Muster, das sich vom tieferen Hintergrund abhebt.

Getriebene Arbeiten entstehen auch in Verbindung mit Applikationen. Dabei werden dünne Kupfer- bzw. Silberscheiben auf der Vorderseite in Rillen eingelegt. Sobald die Treibarbeit verrichtet ist, wird das Muster von der anderen Seite eingehämmert. Die Säume werden sorgfältig geglättet, wodurch ein interessantes Relief- und Farbenmuster entsteht.

Die Töpferkunst

Die Töpferkunst ist Bestandteil des Lebens in Sri Lanka. Ihr verdanken die Menschen alles, was sie zum Leben auf dem Lande benötigen – die kleinen Votivlampen für den Gottesdienst, die anmutigen Wasserkrüge und die verschiedenen Kochutensilien.

Der Staat hat mit dem Aufbau von Zentren der Töpferkunst dem Handwerk – zu neuen Ideen und Fertigungsmethoden verholfen. Daneben gibt es auf der ganzen Insel Dörfer, in denen nach den alten Methoden getöpfert wird. Meistens bedient der Töpfer ein Schwungrad, das die Töpferscheibe in Bewegung hält. Aus einem Lehmklumpen wird auf der rotierenden Scheibe ein Gefäß geformt. Es werden größtenteils einfache, undekorierte Stücke gefertigt, doch die Nachfrage nach dekorierter Ware wird immer größer.

Zur Dekorierung verwendet man ein Holzmesser, mit dem das noch feuchte Material bearbeitet wird. Manchmal wird auch vor dem Brennen eine Glasur aufgetragen. Gebrannt wird in einfachen Öfen, meist aus Ziegeln oder Stein gebaut, mit Brennholz beheizt. Nach dem Brennen kann man weitere Verzierungen vornehmen, z. B. können die ausgehöhlten Stellen mit andersfarbigem Ton gefüllt werden, oder man bemalt sie einfach. Meist aber bleiben die Sachen so, wie sie aus dem Ofen kommen.

Sri Lanka verfügt im Textilbereich über eine breite Palette handwerklicher Produkte:

Batiken, Weberei, Stickerei, geklöppelte Spitzen.

Das Batiken ist wohl am meisten verbreitet. Galerien und Fertigungsbetriebe sieht man überall an den Straßen, und jedes Hotel bietet gebatikte Ware an. Oft sind es sehr kunstvolle Arbeiten. Neben schlichten, einfarbigen Tüchern gibt es vielfarbige Meisterwerke.

Batiken entstehen in einem Wachs- und Färbeverfahren. Zuerst zeichnet man das Muster auf dem Stoff vor. Dann gießt man flüssiges Wachs durch ein winziges, trichterähnliches Gerät auf den Stoff und verteilt es an die Stellen, die nicht gefärbt werden sollen. Nach dem Wachsen wird der Stoff gefärbt. Anschließend muß das Wachs ausgekocht werden. Soll es ein buntes Stück Stoff werden, müssen Wachs- und Färbevorgang für jede gewünschte Farbe wiederholt werden.

Früher bearbeitete derselbe Künstler die Batiken bis zu Ende, während man in den großen Fabriken von heute arbeitsteilig vorgeht. Das Endprodukt ist zwar immer noch handgemacht, doch es geht durch zahlreiche Frauenhände, bis es fertig ist. Nur noch wenige Künstler bestehen darauf, alles alleine zu machen; ihre Arbeiten sind teilweise von höchster Qualität.

Von Hand gearbeitete Stoffe sind längst von den Produkten der Textilindustrie verdrängt, doch in Sri Lanka trifft man zuweilen noch handgewebte Stoffe an. Der alte Webstuhl hat ausgedient; die modernen Webanlagen sind in der Lage, längere und breitere Stoffbahnen herzustellen – im Normalfall aus Baumwolle.

1950 war es Edith Ludowyk, die im Webzentrum von Menikdiwela bei Colombo zum erstenmal Muster webte. Das Zentrum in Nayakakanda bei Colombo ist bekannt für seine glänzende Färbetechnik. Barbara Sansoni, führend in der Herstellung von Handgewebtem, hat eine Reihe von Filialen gegründet, in denen ausschließlich handgewebte Produkte verkauft werden; die „Barefoot Gallery" in Colombo bietet die größte Auswahl.

Die Spitzenherstellung – wohl von den Portugiesen ins Land gebracht – ist in Galle, Colombo und Jaffna konzentriert. Klöppeleien herzustellen, ist eine mühsame Angelegenheit. Es dauert Stunden, bis aus einem Gewirr von Nadeln, zwischen denen Handspindeln immer wieder neu angeordnet werden, ein Muster entsteht. Bei komplizierten Arbeiten dauert es Monate, bis ein paar Zentimeter fertig sind; es überrascht also nicht, wenn mit der Einführung der maschinell produzierten Spitzen die Spitzenklöpplerinnen, die Handarbeiten herstellen, selten geworden sind. In Galle stößt man vielleicht noch auf die eine oder andere Siebzig- oder Achtzigjährige, die die berühmte Galle-Spitze noch selbst klöppeln kann. Normalerweise aber versuchen die Enkel, die alten Spitzen aus dem Haushalt der Großmutter zu verkaufen.

Matten und Körbe

Auch das Korbflechten und Mattenweben hat eine lange Tradition. Früher waren Matten ein selbstverständlicher Bestandteil des Haushalts; man legte mit ihnen den Fußboden aus und man schlief auf ihnen. Auf dem Land hat sich daran bis heute nichts geändert.

Da Matten größtenteils für den Privatgebrauch gewebt werden, sind sie im Handel nur selten zu bekommen. Die Dorfbewohner weben aber einen Vorrat, wenn ein Feiertag naht und viele Pilger zu einem Tempel kommen. Dann nehmen sie ihre Matten, um sie dort an den Mann zu bringen. Während der Perahera in Kandy werden Hunderte von Matten mit verschiedenen Mustern auf den Gehsteigen ausgerollt und zum Verkauf angeboten. Manchmal kann man Matten auch auf Märkten erstehen. Zahlreiche Korbgeschäfte findet man an der Straße von Colombo nach Kandy, bei Warakapola.

Die berühmtesten sind die Dumbara-Matten, die in Henàwela, einem Dorf bei Kandy, hergestellt werden. Diese Matten aus der Provinz Dumbara werden auf einem primitiven Webstuhl aus den Fasern des Bogensehnenhanfs hergestellt. Viele sind mit Streifen und gemusterten Bändern, Tier- und Blumenmotiven verziert; die Methoden, nach denen man vorgeht, sind seit Jahrhunderten dieselben.

Auch die Korbflechterei produziert Gebrauchsgegenstände. Schwere Körbe aus gespaltenem Bambus oder Zuckerrohr (Rattan) braucht man zum Transport von Waren, Hühnern, Getreide und vielen anderen Gütern. Es gibt eine besondere Webart für Körbe, in denen Reis gewogen wird; wieder andere dienen dazu, die Spreu vom Weizen zu trennen.

Es gibt aber auch feinere und kunstvoll gemachte Korbwaren. Kalutara ist ein Zentrum der Korbflechterei; hier gibt es sogar eine „Korbhalle", wo man die Korbflechter bei der Arbeit beobachten kann.

Körbe gefällig? Diese Exemplare aus Bambus bzw. Zuckerrohr werden an der Straße Colombo-Kandy feilgeboten.

LAND DER SAPHIRE UND RUBINE

Schon immer gilt Sri Lanka als Land der Edelsteine. König Salomon hat angeblich aus Ceylon der Königin von Sheba einen großen Rubin mitgebracht. Marco Polo schwärmte von wunderschönen Edelsteinen und hob den großartigen Rubin, der einst in Anuradhapura die Ruwaweli Seya Dagoba zierte, besonders hervor – „ein tadelloser Rubin, eine Armspanne lang und dick wie ein Männerarm". Wenn er auch ein bißchen übertrieben haben mag, die Edelsteine Sri Lankas waren jedenfalls in der ganzen Welt gefragt.

Rubine sind selten geworden, während der blaue Saphir, sein königlicher Bruder, der König unter den Edelsteinen von Sri Lanka geworden ist. Der 400karätige blaue Saphir namens „Blue Belle" in der britischen Krone stammt aus Sri Lanka. Auch der schöne „Star of India"-Saphir, der im Museum of Natural History von New York ausgestellt ist, wurde in Sri Lanka gefunden.

Außer Rubinen und Saphiren birgt der *illama*-Boden noch Katzenaugen, Alexandriten, Aquamarine. Turmaline, Spinelle, Topase, Granate, Amethyste, Zirkone und zahlreiche andere Steine.

Edelsteinmine

Die meisten Edelsteine werden in Minen abgebaut. Dabei ist die Besonderheit in Sri Lanka, daß man in derselben Grube oft ganz verschiedene Steine findet. Seit Jahrtausenden spült die Natur die Mineralien aus ihren Lagerstätten in den Bergen in die Tiefebenen und Täler hinunter. Diese kostbare Fracht hat sich im Kiesgestein abgelagert *(illam)*, das einst von Flüssen unter einer Schicht Schwemmerde begraben wurde.

Diese alluvialen Ablagerungen machten den Bezirk Ratnapura (wörtlich: „Stadt der Edelsteine") zur bedeutendsten Fundstätte für Edelsteine in ganz Sri Lanka.

Um an die *illam*-Schicht heranzukommen, müssen die Arbeiter durch das Schwemmland graben. Die Grube, die bis zu 10 m tief werden kann, wird ausgehoben und mit einem Holzgerüst abgesichert. Mit Hilfe von langen Stangen, die am Gerüst befestigt sind, wird der Kies aus der Grube geholt.

Das *illam*-Gestein kommt dann in ein korbähnliches Sieb, wo es im Wasser rundherumgewirbelt wird, bis die Erde und das leichtere Material ausgewaschen sind. Was übrigbleibt, muß mit der Hand verlesen werden.

Die Edelsteinsuche ist in Sri Lanka in Kooperativen organisiert und keine Arbeit für Individualisten. Die Beteiligten werden anteilsmäßig für alle verkauften Steine ausbezahlt. Da ist der Grundbesitzer und ein Geldgeber für die Anlage einer Grube. Der Staat verlangt seinen Anteil für die Grabungslizenz. Die Grubenarbeiter müssen vertrauenswürdige Leute sein; es kam vor, daß Steine verschluckt wurden, damit der Nebenmann sie nicht zu Gesicht bekam. Man braucht zusätzliches Personal, das im Wasser stehend die Erde vom Gestein wäscht. Einer ist allein zuständig für die Bedienung und Wartung der Pumpe, die das Wasser von der Grube fern-

hält. Und schließlich natürlich der „Gemmer", der die Kiesel- von den Edelsteinen unterscheiden kann.

Dieser bringt den Ertrag der Grube zum Händler, mit dem er einen Preis aushandelt. Nach dem Kauf muß der Händler entscheiden, ob er einen schönen Juwelen durch einen Schnitt oder durch Polieren ganz freisetzt. Beide Techniken werden seit jeher auf primitiven Rädern ausgeführt, die mit einer Schleifpaste bezogen sind und wie ein Bogenbohrer von Hand bedient werden. Bei der

Vorhergehende Seiten: Sammlung wertvoller Saphire und Rubine in Ratnapura; links: Armband, mit Edelsteinen besetzt. Oben: so wird im Schlamm der Edelsteingruben geschuftet.

Poliermethode wird ein horizontales Rad aus Messing oder Kupfer benutzt, während beim Schneiden ein vertikales Bleirad verwendet wird.

Der fertige Stein wird dann entweder ungefaßt verkauft oder aber einem Künstler zur Weiterverarbeitung in einem Schmuckstück übergeben.

Der Wert eines Edelsteins

Die wichtigsten Kriterien für die Beurteilung eines Steins sind: Farbe, Transparenz, Glanz; er darf keinen Riß aufweisen. Je tiefer und reiner die Farbe eines Steins, desto höher seine Qualität. Andererseits kommt eine tiefe, reine Farbe selten vor und kann sogar einen Makel verbergen.

Um perfekt genannt zu werden, muß ein Stein vollkommen transparent sein. Dann gibt er auch seine Fehler preis. Noch wichtiger ist der Glanz, den man nur richtig bewerten kann, wenn man mit der Konsistenz der jeweiligen Edelsteinsorte vertraut ist. (Amateure, bitte zurückhalten.)

Viele Edelsteine weisen einen Makel auf; die Pigmentierung stimmt nicht, die Farbe ist nicht richtig verteilt; ein Gegenstand, ein Flüssigkeits- oder Gaspartikel sind eingeschlossen; ein Riß oder ein Spalt sind häufige Mängel. Meistens mindern sie den Wert des Steins, zuweilen können sie auch zu seinem Vorteil sein, wenn es ein sehr selten auftretender Makel ist. Die begehrte „Seide" der Star-Saphire und Star-Rubine ist in Wirklichkeit das uniforme Muster von gehäuften Fehlern – mikroskopisch kleinen Röhrchen innerhalb des Steins.

Sri Lanka gehört mit Burma, Brasilien, Südafrika und Thailand zu den fünf Staaten mit den bedeutendsten Edelsteinvorkommen.

Die Korunde sind die wichtigsten Mineralien des Landes. An Härte kommen sie gleich hinter den Diamanten (die in Sri Lanka nicht vorkommen). Die Steine mit blauer, grüner oder gelber Schattierung heißen Saphire; ihre Verwandten sind die Rubine, die es in violetter, roter und der „taubenblutroten" Gestalt gibt. Die wertvollsten Saphire sind die königs- und kornblumenblauen Steine. Ein makelloser Stein mit tiefdunkler Farbe kann pro Karat bis zu US $ 5000 erzielen.

Die „Stern"-Wirkung einiger Korunden ist auf die „Seiden"-Einlagen zurückzuführen, auf die Licht von außen fällt. Die sternförmige Lichtbrechung wird sichtbar, wenn der Stein unter dem Licht leicht bewegt wird, ein für viele Betrachter faszinierender Anblick.

Der bekannteste Vertreter der Familie der Beryllen, der Smaragd, ist in Sri Lanka nicht vorhanden. Dafür jede Menge verwandter Edelsteine: der Aquamarin ist weicher als die Korunden und variiert farblich von meergrün bis ozeanblau.

Die Chrysoberyllen tauchen in gelber, grüner und bräunlicher Farbe sowie in allen Zwischentönen auf. Das Katzenauge und der Alexandrit sind die bekanntesten Vertreter dieser Familie. Das Katzenauge ist als Talisman in Sri Lanka hoch im Kurs und erzielt hohe Preise. Ein Chrysoberyll, von dem ein klarer irisierender Strahl ausgeht, ähnelt dem Auge einer Katze – daher der Name.

Die Alexandriten verändern ihre Farbe und gelten daher als sehr wertvoll. Bei Tageslicht sehen sie grün aus, und bei künstlichem Licht werden sie rot. Nur in Sri Lanka und im Ural in der Sowjetunion findet man solche Steine.

Nach dem Diamanten und dem Korunden ist der Chrysoberyll der dritthärteste Stein, den es gibt. Der gelbe Topas ist ebenfalls sehr hart, weist eine sehr glatte Oberfläche auf und ist daher sehr geschmeidig. Seine Farbe variiert zwischen sehr hell und dunkelgelb; da der Stein zu erschwinglichen Preisen zu haben ist, wird er gern gekauft. Vorsicht beim Kauf ist geboten: einen „smoky topaz" gibt es nirgendwo in Sri Lanka. Wer Ihnen den verkau-

Ein Rohling wird bald in voller Schönheit erstrahlen (oben); vielleicht steht er bald in einem Juwelierladen (rechts).

fen möchte, versucht Ihnen einen Quarz als Topas unterzujubeln.

Quarze findet man in verschiedenen Farben; sie sind entweder transparent, lichtdurchlässig oder auch lichtundurchlässig. Amethyste sind purpurrote Quarze, die wegen ihrer Schönheit für Schmuckstücke beliebt sind. Der erwähnte Rauchquarz („smoky quartz“) ist ganz hell bis dunkelbraun zu haben und wird oft in „Cocktail“-Ringe eingesetzt.

Granate sind weitverbreitete, relativ billige Steine von häufig sehr kräftiger Farbe. Es gibt sie schwach zimtfarben und auch dunkelrotbraun. Sie sind weicher und heller als die Rubine und weisen nicht den Glanz der Korunden auf.

Turmaline gibt es in Sri Lanka in den folgenden Farben: gelb, grün, rot und blau. Man stuft sie willkürlich als Halbedelsteine ein, weil sie gefragt sind und zahlreich vorkommen; sie sind daher auch relativ günstig im Preis.

Der Zirkon glänzt und brilliert fast wie ein Diamant, ist jedoch viel weicher. Wegen seiner doppelten Brechung und seines lebhaften Glanzes konnten farblose Zirkone an Unwissende auch schon als „Diamanten“ verkauft werden. Auch gelbliche, orangefarbene und braune Zirkone sind zu haben.

Die Spinelle sind ebenfalls beliebte Halbedelsteine; ihre Farben: blau, grün, rot und orange. In manchen Gegenden werden die Spinelle „gebacken“, wobei sie ihre natürliche Farbe verändern.

Am preisgünstigsten ist zweifelsohne der Mondstein, ein milchig aussehender Stein aus der Familie der Feldspate. Mondsteine, die einen blauen Glanz haben, sind teurer.

Bei welchem Händler kaufen?

Auf keinem Gebiet ist der Laie so benachteiligt wie beim Handel mit Edelsteinen: Es ist ein Leichtes, Steine aus synthetischen Materialien nachzumachen, die wunderschön aussehen und als echte Steine ihre Käufer finden. Man kann fehlerhafte Stellen von Steinen geschickt kaschieren, ihre Farbe verändern und fälschen.

Der beste Schutz gegen solche unlauteren Methoden ist Wachsamkeit: Preise vergleichen, mehrere Geschäfte aufsuchen, bei vertrauenswürdigen Händlern kaufen. „Sonderangebote“ (bargains) und Straßenhändler sollte man ganz meiden. Zieht ein Straßenverkäufer einen Saphir von vollkommener Farbe und Schönheit aus der Tasche, kann etwas nicht stimmen, sonst hätte ihn längst ein Händler gekauft.

Früher war der Handel mit Edelsteinen das Monopol des Königshofs, das die Monarchen zäh verteidigten. Von dieser Besitzmentalität ist auch heute noch etwas zu spüren: Steine, die noch im Boden liegen, gelten als Staatseigentum.

Die staatliche State Gem Corporation organisiert den offiziellen Handel mit Edelsteinen. Die Gesellschaft untersucht kostenlos alle Steine auf ihre Echtheit, unabhängig davon, wo sie gekauft wurden.

DER GLANZ DER KLASSIK

Die über viele Jahrhunderte in Sri Lanka angehäuften Kunstschätze haben die Insel zu einem Traumland der Tempel, Paläste und Reliquienschreine gemacht. Die phantasievollen Skulpturen und Malereien erhöhen noch den Reiz dieser faszinierenden Kunstlandschaft.

Auch Besucher, die hauptsächlich wegen der schönen Strände und der Tierreservate nach Sri Lanka kommen, können ganz einfach nicht übersehen, daß die Insel ein wahres Museum klassischer Kunst ist. Die Schätze reichen von den großen dagobas und Mondsteinen bis zu den kolossalen Buddha-Statuen von Buduruvagala, Aukana und Polonnaruwa.

Es gibt Kunstwerke, die den Betrachter allein aufgrund ihrer Größe und Dimensionen in Erstaunen versetzen; andere wieder sprechen durch ihre subtile Einfachkeit an. Bei allen aber spürt man, daß die Künstler um Perfektion rangen.

Kosmische Berge

Die sichtbarsten und herausragendsten Monumente der klassischen Kunst in Sri Lanka ragen verstreut, wie zum Himmel ausgestreckte Arme, aus den Hügeln und Ebenen der Insel auf. Genau das aber heißt *dagoba* – es sind Bauwerke, die sich zum Himmel erheben als Zeichen der Hingabe der Singhalesen an ihren buddhistischen Glauben.

Die primitive Urform war die Stupa (in ihrer entwickelten singhalesischen Form heißt sie *dagoba)* ein Erdhügel, der einen Holzmast in der Mitte einschloß. Der Kunsthistoriker Benjamin Rowland sah in ihm das Modell des Mount Meru, jenes kosmischen Berges im Zentrum des südostasiatischen Universums. Der Mast bildete die Achse dieses Universums.

Der Erdhügel von Meru wurde bald eine berühmte Begräbnisstätte. Ein Sonnenschirm, im Osten einst das Symbol der Royalität, wurde oben auf dem Mast angebracht; ein zweiter stand seitlich neben dem Gebäude und spendete Schatten. Ein Steinring um das Fundament der *dagoba* verhinderte das Auswaschen des Erdwalls, und eine viereckige Palisade am Gipfel umschloß den Obelisken.

In den ersten *dagobas* wurden Gegenstände abgelegt, die man religiös verehrte, weil sie mit Buddha persönlich in Verbindung standen – seine Bettlerschale und sein Zahn zum Beispiel. Man nahm sie bald wichtiger als den Bodhi-Baum, unter dem Buddha erleuchtet wurde; sie boten mehr Möglichkeiten für die Entfaltung des religiösen Pomps als die *bodhi-ghara,* die man entwickelt hatte, um Ableger des Original-Bo-Baumes darin unterzubringen. Nirgendwo im weltweiten Reich des Buddha haben die *dagobas* die erhabene Größe, Eleganz und die Symbolkraft der Bauten von Sri Lanka erreicht.

Mischung von Instinkt und Dogma

Von den allerersten *dagobas* gibt es in Sri Lanka keine Zeugnisse mehr. Die Baumeister der verschiedenen Höfe haben die ersten Bauten immer wieder vergrößert und ausgeschmückt. Ihre Verzierungen sind eine Mischung aus architektonischem Instinkt und dogmatischer Intuition. Die Erdhügel der alten Zeit umhüllten sie immer wieder mit Mauern, die wie Zwiebelschalen übereinander geschichtet sind.

Im 2. Jahrhundert v. Chr. ließ Dutugemunu die großen *dagobas* von Mirisaweti und Ruwanweli aus Ziegelsteinen errichten. Man baute damals bereits sehr stabil, weil man die Fundamente weit in den Boden hineintrieb. Die *Mahavamsa*-Chronik berichtet von Elefanten, die sie in mühevoller Arbeit zusammenfügten und denen man Lederschuhe überstülpte. Die großartigen Schöpfungen der Dutugemunu-Zeit leiteten die Zeit der großen *dagobas* ein. Allein nach ihrer Größe waren es für Sri Lanka einmalige Bauten; Jetavanarama, die unter König Mahasena gebaut wurde, bildete den Höhepunkt. Dieser Bau ist mit seinen 120 m Durchmesser und seiner Höhe von über fünfzig Metern größer als die St. Paul's Cathedral von London und erreicht fast die Ausmaße der großen Cheops-Pyramide.

Als Jetavanarama im 19. Jahrhundert renoviert wurde, schätzte James Emerson Tennant, „man könnte in das Innere der Anlage leicht achttausend Häuser von 7 m Breite bauen, einen 30 km langen Tunnel daraus

Vorhergehende Seiten: Zwerge aller Arten, aufgereiht an den Mauern des Kelaniya-Tempels vor Colombo. Links: die blasenförmige Rankot Vihara in Polonnaruwa wird restauriert.

machen und eine Mauer daraus formen, die 30 cm dick und über drei Meter hoch wäre und von London bis Edinburgh verlaufen würde."

Unsichtbare Kunstwerke

Die *dagobas* machen nicht nur wegen ihrer Größe einen starken Eindruck, auch die Anmut, mit der Formgebung und Masse ausgeglichen werden, besticht. Das Bauwerk gab es in 6 verschiedenen Formen: die „Reishaufen"-Form (z. B. Kelaniya), die „Blasen"-Form (z. B. Ruwanweli und Ririvihara) die „Glocken"-Form (z. B. Thuparama), die „Wassertopf"-, „Lotos"- und *amalaka*-Formen (keine Beispiele mehr vorhanden).

Die bemerkenswerteste architektonische Entwicklung war die Einführung des *kotkarella,* eines Turmes. Die ersten dieser Türme sind aus dem 2. Jahrhundert n. Chr. überliefert (z. B. Ruwanweli).

Nichts zeigt die Entwicklung von der einfachen Stupa zur großartigen Dagoba deutlicher als das Verschwinden der Steinsäule. Das Bauwerk insgesamt wird Gegenstand der Verehrung. Im Herzen einer jeden Dagoba, die für alle Ewigkeiten gebaut ist, werden in einer Kammer, die mit Malereien und Skulpturen geschmückt ist, die heiligen Reliquien aufbewahrt, die kein menschliches Auge je zu sehen bekommt.

Die heutige Dagoba ist das Ergebnis einer langen architektonischen und religiösen Entwicklung. Die Singhalesen umgaben sie mit einem Hof, mit weißem Sand bedeckt, und einer Mauer mit vier Eingangstoren umgeben. Diese Tore nennt man *vali-kangana.* Auf den Treppen gegenüber den Eingängen findet man Wassertröge für die rituelle Reinigung. Die Stufen führen sehr häufig zu einer Steinplattform, die wie bei der Ruwanweli Seya von einer „Elefanten-Mauer" getragen wird. Auf dieser Plattform erhebt sich die Kuppel der Dagoba, umrankt von drei konzentrischen Simsen, Steinmetzarbeiten, die man *pesavalalu* nennt.

Der unterste der drei Simse war mit 16 Darstellungen von Buddhas Fußabdruck verziert. Die Gläubigen, die die Dagoba im Uhrzeigersinn umrundeten, machten an jedem Fußabdruck Halt. Die beiden anderen Simse lagen voller Blumenopfer. An jeder der vier Himmelsrichtungen steht eine Wand, *vahalkadas* genannt, die den Gläubigen, der die Plattform betritt, anschaut. Auch dort werden Blumen geopfert.

Formen der Dagoba

In Indien baute man früher um die kleinen *dagobas* einen Rundbau, dessen Dach von konzentrischen Säulenkreisen getragen wurde. Der Turm der Stupa erhob sich in eine zentrale Kuppel. Die einzigen in Sri Lanka

Die verehrte *dagoba* von Nagadipa auf der Insel Nainativu vor Jaffna ist ein schönes Beispiel einer alten glockenförmigen Stupa.

erhalten gebliebenen Beispiele dieser Art von Stupa sind aus Felsen herausgehauene Schreine. Basreliefs in Sanchi (Indien) vermitteln einen Eindruck von den freistehenden runden Reliquienhäusern, die man *vatadage* nennt. Die erste baute König Vasabha 67 v. Chr., die letzten stammen aus dem 15. Jahrhundert.

Die ersten *vatadages* waren aus Holz und verfielen daher rasch. Die Ruinen von Steinbauten aus dem 7. Jahrhundert kann man in Medirigiriya und Tiriyai sehen. Die bekannteste *vatadage* steht in Polonnaruwa, wo von den beiden inneren Säulenringen noch je eine Säule erhalten ist. Der Eingang stammt aus dem 12. Jahrhundert. König Nissanka Malla fügte eigenhändig weitere Verzierungen hinzu.

Zu den Stupas, die sich von den traditionellen *dagobas* stilistisch abheben, zählt die viereckige Nakha Vihara in Anuradhapura und das früher achteckige Satmahal Prasada in Polonnaruwa. Außerdem gab es vor allem im Umkreis von Kandy die sogenannte Fünfergruppe: Vier kleine Dagobas umgeben eine große in der Mitte.

Alles in allem sind die *dagobas* als die bedeutendste Errungenschaft der Baukunst der Singhalesen anzusehen. Man braucht bloß nach Anuradhapura, Mihintale oder Polonnaruwa oder in das Museum von Dedigama zu gehen, um sich davon zu überzeugen.

Tempel als Bilderhäuser

Die *dagobas* sind die wichtigsten Zeugnisse der buddhistischen Religion; und doch sind es heute die Bilderhäuser, zu denen die Gläubigen strömen, um ihre Blumen- und Weihrauchopfer darzubringen. Abbildungen des Buddha sind uns aus frühester Zeit überliefert. Diese Skulpturen wurden wahrscheinlich gar nicht als Bildnisse verehrt, sondern weil sie angeblich kostbare Reliquien enthielten. Buddha selbst lehnte die Bilderverehrung ab.

Erst unter der Herrschaft von Vasabha im 1. Jahrhundert n. Chr. ist im *Mahavamsa* von der Errichtung eines „Tempels für Bilder" die Rede. Die deistischen Einstellungen, die auf einen frühen Mahayana-Einfluß zurückgehen, förderten sicherlich den Wunsch, Buddha-Bildern zu huldigen.

Man umgab diese Statuen sowohl mit einfachen Dächern als auch mit prächtigen Palästen. Sie wurden unter dem Namen *patimagharas* bekannt. Frühe Beispiele, und zwar zweier verschiedener Typen, fand man in Anuradhapura. Der erste Typ, dessen Fundamente man in der Nähe der Kiribat Vihara fand, hatte eine kleine Vorkammer, durch die man zum Sanktuarium gelangte. Manchmal war sie von einem Arkadengang umgeben, der nur von ihr aus zugänglich war. Südlich der Thuparama Dagoba fand man Reste des zweiten Typs. Der Bau war rechteckig und von einer Tür an der längeren Seite aus zugänglich. Möglicherweise war dieser zweite Typ der zentrale Teil einer fünfeckigen Anlage, die von einer Mauer umgeben war.

Die jüngsten Beispiele für die klassische *patimagharas* stehen in den Tempeln von Gadaladeniya und Lankatillaka bei Kandy. Sie sind komplexer gestaltet, und in beiden sind eine oder mehrere *devalas* integriert.

Höhepunkte dieser einzigartigen Architekturform sind ohne Zweifel die Bilderhäuser von Tivanka, Thuparama und Lankatillaka in Polonnaruwa, gewöhnlich *gedige* genannt; sie sind teilweise erhalten. Sie waren ganz aus Ziegeln gebaut, in Form eines Gewölbes, gekrönt von einem Torbogen. Jede der Steinschichten war etwas geschwungener, eine Technik, die lange, sich leicht neigende Wände hervorbrachte. Von außen betrachtet hatte eine *gedige* eine harmonische Proportion. Die massiven Wände erschienen so wuchtig wie Berge.

In Jetavanarama und in Galmaduwa bei Kandy finden wir einfache *gediges*. Letztere ist von einer Steinarkade umgeben. Auch viele Höhlentempel weisen einen solchen verschwenderischen und doch rätselhaften Glanz auf: Dambulla, Degaldoruwa und Mukirigala. Wann man diese Höhlen zu Bilderhäusern machte, ist nicht bekannt.

Eklektische Devalas

Die Periode nach Polonnaruwa war eine Zeit des Niedergangs; das schlug sich auch im Glanz und in der Größe der *patimaghara* nieder. Die Sanktuarien wurden damals wie in Ambulagala hoch oben auf Säulen errichtet. Selbst als in der Kandy-Zeit zermürbende Kämpfe tobten, hielt man am Bau der winzigen Bilderhäuser fest, wie z. B. in Medawala. Sie belegen das Fortbestehen der Souveränität der Singhalesen und des Buddhismus trotz der Invasionen aus dem Westen. Was damals entstand, war den Kornspeichern des Landes nachempfunden, kleinen Hütten aus Geflecht, die mit Lehm bedeckt wurden und auf großen Pfählen standen, damit sie vor den Termiten sicher waren. Es waren ansehnliche Bauten, im Inneren mit feinen Bildhauereien und schönen Wandbildern verziert.

Direkter läßt sich der fremde Einfluß auf

die klassische singhalesische Architektur an der Entstehung der *devalas* nachweisen, die stark hinduistisch beeinflußt sind. Die ersten *devalas* waren auch kleine Hindu-Tempel, die aber mehr Ähnlichkeit mit der buddhistischen *patimaghara* hatten als mit einem hinduistischen *kovil.*

Dazu gehören die Shiva-*devalas* Nr. 1 und Nr. 2 in Polonnaruwa, die unter der südindischen Chola-Dynastie gebaut wurden, die im 10. Jahrhundert die Stadt besetzt hielt. Tempel, die zu Ehren des Buddha errichtet und doch so eklektisch wie im Hinduismus gebaut sind, gibt es auch noch im Velgam Vihara bei Trincomalee.

Devalas mit Buddha-Statuen und Reliquienschreinen für Götter, die dem Buddha zu Diensten waren, hatten im 14. Jahrhundert ihre Blütezeit. Das klassische Beispiel einer solchen *devala* steht in Embekke. Sie wies drei Innenräume auf. Die innerste *(garbhagra)* bildete das Sanktuarium mit dem jeweiligen Gott, der durch seine Insignien oder die *abharana* vertreten war. In einem anderen Raum *(digge)* sangen die Priester zu Ehren des Gottes.

Die religiösen Klöster *(pirivena)*, die Meditationseinheiten *(padhanaghara)*, diverse Paläste und säkulare Gebäude gehörten ebenfalls zu den klassischen Gebäudearten, ebenso die *ambalamas,* Rasthäuser für Reisende.

Der weise Mahinda benutzte als erster Höhlen als *pirivena.* Das erste von Menschenhand erbaute Kloster war Maha Vihara in Anuradhapura. Auch das kleinste Kloster hatte ein *avasa* (einzelne kleine Zellen) für die Mönche. Weitere Bestandteile jedes Klosters waren: die rechteckige *Poya-Halle,* wo die poya-Zeremonien stattfanden; die *bodhimaluwa,* eine erhöhte Terrasse mit dem heiligen Bodhi-Baum; die *banamaduwa,* ein Gebetspavillon; eine *dagoba* und ein *Bilderhaus.* Die bedeutendsten Klöster hatten auch Bäder, wie die wunderschönen Puttam Pokuna in Anuradhapura und das Lotosbad in Polonnaruwa.

Padhanagharas, Meditationseinheiten, gab es im allgemeinen nur in Siedlungen von Asketen und in Waldklöstern. Es handelte sich um zwei Steinplattformen, die von Mauern umgeben waren. Die westliche lag auf einem Vorsprung eines natürlichen Felsens und war von einem Graben umgeben. Offensichtlich das Dschungelrefugium eines Einsiedlers. Über den Graben führte eine Brücke aus einem einzigen Stein, die diese Plattform mit einer zweiten am Haupteingang zum Gelände verband.

Das Haupttor war immer am Ostausgang und wies meist ein hübsches Portal mit einem Steindach auf. Auch Badebecken waren vorhanden. In Ritigala kann man ein solches *padhanaghara* bewundern.

Eine Elefantenmauer (oben in Mahiyangana) ist typisch für alte *dagobas*. Die Buddhabilder im Kandystil von Dambulla (rechts) unterscheiden sich von früheren Statuen.

Paläste: „Verdienste des Königs“

Die wenigen säkularen Bauten aus der klassischen Zeit, die heute noch unter den Ruinen der Königsreiche von Sri Lanka auszumachen sind, sind vor allem Königspaläste, einige Militäranlagen und eine Reihe ziviler Bauten. Ziegeldächer und Kalkwände waren ausdrücklich religiösen und königlichen Gebäuden vorbehalten. Wer sie in anderen Bauten verwendete, konnte des Verrats bezichtigt werden.

Der älteste datierbare Palast ist der von Kasyapa, den er im 5. Jahrhundert auf dem Gipfel des Felsens von Sigiriya erbauen ließ. Der einzige Palast, den man in Anuradhapura noch erkennen kann, stammt aus der Polon-

naruwa-Periode, was am Baustil eindeutig festzustellen ist.

Die Königsresidenzen aus dem 12. Jahrhundert tragen den Stempel der jeweils herrschenden Familien. Besonders markante Beispiele: die unter König Parakramabahu I. in Panduvas Nuwara und in Polonnaruwa fertiggestellten Anlagen. Der Palast von Polonnaruwa bestand aus einem Trakt mit Privatgemächern mit 3 m dicken Ziegelmauern, auf denen mehrere Stockwerke hoch gebaut werden sollte. Löcher für Tragbalken auf zwei Höhen zeigen noch heute, wo die Fußböden lagen. Der massive Mauerbau wurde von einem im *Mahavamsa* beschriebenen kostbaren Gemach gekrönt:

„Den großartigen Höhepunkt bildete das königliche Schlafgemach, in dem es zu allen Zeiten nur so funkelte, denn in den vier Ecken hatte man Perlenbündel aufgehängt, die hell wie das Mondlicht glänzten und die göttliche Ganga leicht in den Schatten stellten. Außerdem hing da ein Kranz von großen goldenen Lampen, denen unablässig feinster Blumen- und Weihrauchduft entströmte. Ein ganzes Netz goldener Glöckchen war aufgehängt, deren Läuten wie die Musik von fünf Instrumenten klang; dieser Palast tat auf diese Weise kund, wie groß die Verdienste des Königs waren.“

Das Erdgeschoß bestand fast ausschließlich aus dem großen Foyer, durch das man in einen kleinen Vorraum und das Vestibül gelangte. Der Bau war von einer großen Säulenhalle und einem großen offenen Hof umgeben, der seinerseits innerhalb des Vestibüls und umgeben von vier Korridoren lag, an denen die Wohnräume des Hofstaats und des Personals lagen. Ganz außen stand noch eine Mauer. Hinzu kamen die Dienstgebäude zum offiziellen wie zum privaten Gebrauch des Königs. Unter Parakramabahu II. wurde im 12. Jahrhundert auch noch der Zahntempel in den Palastkomplex integriert.

Am Palast von Kandy, der erhalten ist, kann man bereits westliche Einflüsse feststellen, die mit den Portugiesen und Holländern nach Sri Lanka kamen. 1595 wurde er unter König Wimala Dharma Surya I. errichtet. Nach dem Besuch des holländischen Admirals van Spilbergen 1602 wurde er umgebaut. Der Audienzsaal ist der bemerkenswerteste Teil des Palastes, der erst entstand, als die Briten Colombo bereits eingenommen hatten. Auch der Queen's Palace wurde erst später dazugebaut.

Rückblickend könnte man sagen, daß die Königspaläste sich aus den *valavvas*, den Gutshäusern des Landadels, entwickelt haben. Eines der wenigen noch erhaltenen Beispiele aus der Zeit vor dem 17. Jahrhundert ist die Maduwanwela Valavva in Panamure.

Die *ambalama*-Bauten aus dem alten Sri Lanka sind dagegen weniger spektakulär. Es waren Unterstände, die allen Reisenden offenstanden und auch dann noch in Gebrauch waren, als die ersten Autos fuhren. Die jetzt noch stehen, dienen Landstreichern als Unterschlupf. Man vergleiche damit die folgende Schilderung eines *ambalama* aus einem Gedicht des 15. Jahrhunderts: „Hier finden Menschen aller Art eine Unterkunft. Die einen tragen Gedichte vor, andere unterhalten sich; während wieder andere einen Partner für Rätselspiele suchen, vertiefen sich ausländische Gäste in die Lehren des Buddha . . ."

Formen des Buddha

Die Bildhauerei war im antiken Sri Lanka ebenfalls ein zentrales Gebiet künstlerischer Betätigung. Häufig ergänzten Skulpturen ein Meisterwerk der Baukunst. Am verbreitetsten von allen Figuren sind Nachbildungen des Buddha.

Diese Buddhafiguren gibt es aus den verschiedensten Materialien. Im Chinesischen gibt es eine Stelle aus dem 5. Jahrhundert v. Chr., in der ein großartiges Abbild des Buddha aus Jade beschrieben wird, das aufs höchste bewundert wurde. Fa Hsien, ein Chinese, der um die gleiche Zeit Sri Lanka bereiste, hat angeblich einen Buddha aus Jaspis gesehen, der in Anuradhapura stand und mehr als sieben Meter hoch gewesen sein soll.

Es wurden zwar nicht immer Steine von der Insel verwendet, die ersten Statuen wurden jedoch aus Kalkstein gefertigt, den es in großen Mengen auf der Insel gab. Leider ist dieses Material nicht wetterfest, so daß die meisten der ganz alten Zeugnisse nicht mehr erhalten sind.

Ein Buddha aus Marmor steht in Maha Illupalama; der Buddha im Tempel des Heiligen Zahns in Kandy ist aus Bergkristall und Smaragd; der von Panavitiya aus gelblich grünem Quarz. Daneben benutzte man Elfenbein, Korallen und sogar Holz als Material, aber Buddhas aus Lehm waren selten.

Gneis wurde erst in späteren Jahren verwendet, um Buddhas zu formen, zum erstenmal wohl beim Aukana Buddha aus der Zeit des Königs Datusena im 5. Jahrhundert. Auch der gigantische liegende, der stehende und sitzende Buddha von Gal Vihara gehören zu dieser Gruppe.

Metallbildnisse sind weniger markant. Am besten ist noch die Reliquie aus dem 5. oder 6. Jahrhundert, die man in Badulla fand und die im Nationalmuseum in Colombo zu sehen ist.

Aus der Kandy-Zeit stammen zahlreiche Figuren aus Ziegelstein und Stuck. Die mittelmäßigen Alabaster-Buddhas, die heute überall zu sehen sind, stammen größtenteils aus Burma.

Die Körperhaltungen Buddhas

Die Haltungen der Buddha-Bildnisse in Sri Lanka lassen sich in drei wichtige Kategorien einteilen. Die sitzende Figur war zweifellos von der Vorstellung inspiriert, daß der Buddha unter dem Bo-Baum auf dem Siegesthron sitzt und gerade seine Erleuchtung empfängt. Zum erstenmal ist im 3. Jahrhundert v. Chr. von einer Buddha-Skulptur die Rede. Vielleicht stand sie gar in der Nähe des *Bo*-Baums von Thuparama. Das früheste Bildnis eines sitzenden Buddha – die Füße sind fest ineinander verschlungen und der Fußspann liegt jeweils auf dem anderen Oberschenkel – fand man am *Bo*-Baum-Heiligtum von Abhayagiriya; heute ist die Figur im Museum von Anuradhapura zu sehen. Auch die Figuren in Yapahuwa und Seruwila, wo man den *Bo*-Baum im Hintergrund erkennt, gehören dazu; eine kolossale Ausgabe dieses Typs finden wir in der Gal Vihara (Polonnaruwa) und in

Tantrimalai.

Im Laufe der Jahre rückten die Buddha-Figuren immer mehr in den Mittelpunkt. Waren sie zunächst bloße Anhängsel an den *Bo*-Baum, wurden sie mehr und mehr eigenständige Objekte religiöser Verehrung. Dieser Bedeutungswandel fiel vielleicht mit dem Auftauchen der ersten stehenden Buddha-Figuren zusammen. Die ersten stehenden Buddhas entdeckte man im Hof der Ruwanweli Seya in Anuradhapura, und der Stil, in

Oben: Hindugöttin, in Stein gehauen, im Nationalmuseum in Colombo. Rechts: Wächter- und Mondsteine sieht man überall an den Tempeln des Landes.

dem sie geformt sind, machte fast 1000 Jahre lang Schule. Weniger bekannt sind die Figuren von Medirigiriya und in der Thuparama in Polunnarùwa.

Eine Variante der in der Gal Vihara gefundenen Skulptur wurde als Tivanka-Haltung bekannt. Der Buddha steht mit verschränkten Armen fast entspannt da, eine Haltung, die vor allem in Indien verbreitet ist. Die Forschung führte sie darauf zurück, daß die antiken Künstler das göttliche Wesen Buddhas in den Hintergrund drängen und seine gütige Seite betonen wollten.

Schließlich die Buddhas in ruhender Haltung. Abgesehen von den neueren Ausführungen in Bronze handelt es sich um riesige Figuren. Je nach der Anordnung der Füße kann man diese Buddhas als ruhend (Zehen beisammen) oder im fortschreitenden Zustand des *parinibbana* (Zehen leicht auseinanderstehend) betrachten. Ruhende Buddha-Figuren aus Stein gibt es in Ataragollawa, Dambulla und Polonnaruwa, Ziegel- und Stuckversionen liegen in anderen Teilen der Insel.

Die Buddha-Bildnisse unterscheiden sich auch durch die verschiedenen Handgesten, die *mudra. Dhyana mudra* bedeutet, daß die Hände eine leichte Faust machen und ganz natürlich auf dem Schoß ruhen. Die Füße weisen die Yogi-Haltung auf. *Abhaya mudra* demonstriert eine beruhigende Haltung, von der etwas Schützendes ausgeht. Die rechte Hand ist ab dem Ellbogen erhoben, die Finger sind geschlossen, der Handrücken nach außen gekehrt. Die *vitarka mudra* ist selten; sie ist an den erhobenen Fingern auszumachen (der Zeigefinger berührt den Daumen), eine Geste des Redens und der Belehrung. Ebenso selten ist *bumisparasa mudra;* hier sind die Finger der Rechten zum Boden hin ausgestreckt.

Haare und Bekleidung der Buddhafiguren unterlagen im Lauf der Zeit einem steten Wandel; schließlich arbeiteten die verschiedensten Künstler mit verschiedenen Mitteln zu ganz unterschiedlichen Zeiten daran. Bei aller Variabilität: Sowohl in Sri Lanka als auch in Indien hielt man sich jahrhundertelang streng an Sariputra, ein System von Maßen und Proportionen.

Die Bemalung der Skulpturen war ein letzter, wichtiger künstlerischer Akt. Wenn die Augen bei einem Augenfest *(netra mangalya)* gemalt waren, wurde jede Arbeit aus Stein, Lehm oder Metall zu einem heiligen und göttlichen Wesen. Niemand, auch der Künstler selbst nicht, durfte als erster einen Blick aus solchen heiligen Augen empfangen. Man mußte sie durch einen Spiegel ansehen, währenddessen zum Schutz beständig Zauberformeln gesprochen wurden.

Götter und Symbole der Hindus

Buddha war beileibe nicht der einzige, dessen Abbild in den Skulpturen in Sri Lanka festgehalten wurde. Viele andere Götter, die auf der Insel verehrt wurden, seien es Hindu-Götter oder solche, die nur in einem bestimmten Teil des Landes bekannt waren, sind uns in Stein überliefert.

Vishnu, der über die ganze Insel wachte, ist als bemalte Figur mit dunkler Hautfarbe überliefert. In der Hand hält er einen Bogen, *(chakra)*, ein *pasa* (Lasso) und eine Muschelschale, die als Kriegstrompete diente. Er reitet auf dem *gurula (garuda)*, dem mythischen Adler.

Ähnlich steht Gott Saman, auf dem *minnihalanga*, dem mächtigen Thron, auf dem sonst Buddha sitzt. Begleitet wird er von einem weißen Elefanten. Auch Pfeil und Bogen gehören zu ihm.

Vibeheshana, den man im Westen der Insel verehrte, ist der Mittelpunkt des Hauptheiligtums von Kelaniya. Er führt zwei einzigartige Vögel mit sich. Deviyo von Kataragama bzw. der Gott Skanda hat viele Hände, Zeichen seiner Machtfülle. In jeder hält er Kriegswaffen – die *chakra*, einen Spieß, ein Schwert, einen Dreizack, Pfeil und Bogen sowie eine Fahne. Sein Reittier ist der Pfau.

Der Mondstein und das Lotosblatt

Die sorgfältig bearbeiteten Mondsteine sind für sich genommen ein eigenständiges Element der alten Bildhauerei auf der Insel. Die halbrunden Granit- oder Gneisblöcke wurden im Lauf der Zeit immer reicher verziert. Da sehen wir nahezu abstrakte Gegenstände – Feuerzungen und Weinranken – neben symbolischen Interpretationen der vier Gefahren für das Leben. Da ist zunächst der Elefant, Symbol der Geburt; der Stier als Symbol der Schwäche, der Löwe, der die Krankheit vertritt, sowie das Pferd als Todessymbol. Einige weisen auch einen Schwarm von Gänsen auf, die die Unterscheidung zwischen Gut und Böse symbolisieren. Für manche repräsentiert der Mondstein das Überwinden weltlicher Versuchungen und das Erreichen des *nibbane*.

In der Mitte mancher Mondsteine sieht man ein Lotosblatt. Der Lotos ist für Buddhisten eine heilige Blume. Er ist Symbol für männliche und weibliche schöpferische Kräfte, das man in allen Kunstwerken der Insel, ob Architektur oder Literatur, findet. Auch in der Legende von der Geburt Buddhas spielt die Lotosblume eine Rolle. Man sagt, daß sieben Lotosblumen anfingen zu blühen, als Buddha die ersten sieben Schritte seines Lebens machte. Dann blühte der Lotos erneut in aller Üppigkeit, als er erleuchtet wurde. Auf den Mondsteinen stellt der Lotos gewöhnlich den krönenden Erfolg in der Mitte dar. Symbolhaft steht der Mondstein am Fuß der Treppe, die der Gläubige zum

Ein bemalter Menschenelefant ziert die Decke des Zahntempels in Kandy (oben). Die edelsteinbesetzte Truhe des letzten Königs von Kandy steht im Museum von Colombo.

Heiligtum der Weisheit und der tiefen Einsicht hinaufgehen muß; er bereitet ihn darauf vor, daß er nun der Welt den Rücken kehrt.

In einer Passage des Mahavamsa, die von einer *vatadage* handelt, wird eine „Stufe in der Form eines Halbmondes" beschrieben.

Bei einer Ausschachtung fand man 1983 bei der Alahana Pirivena in Polonnaruwa den ersten rechteckigen Mondstein.

Goldfarbene Damen und andere Bilder

Die alten Treppenaufgänge zieren häufig auch mit Figuren reich ausgeschmückte Wächterstelen. Da sehen wir z. B. den *naga*-König in lässiger Haltung, als wolle er die

Besucher einzeln begrüßen. Die zwergenhaften Begleiter Vuveras, des Gottes des Wohlstands, finden wir genauso wie die Wächterstele des *nagaraja* (des Schlangenkönigs). Der Drachen *(makara)* ziert die Balustrade. Das Tier setzt sich zusammen aus dem Rumpf des Elefanten, den Füßen eines Löwen, Schweinsohren, nach oben gerichteten Zähnen und einem herrlichen Schwanz.

Wie die alten Buddhisten die Malkunst sahen, entnehmen wir einer volkstümlichen Geschichte: Auf Sri Lanka soll ein Heiliger gelebt haben, der in einer Höhle voll religiöser Bilder hauste. Doch erst 60 Jahre nach seinem Einzug soll er diese Bilder wahrgenommen haben – als ihn Leute einer geistig unterlegenen Kaste darauf aufmerksam machten. Die einfacheren Schichten sind im allgemeinen, was ästhetische Dinge betrifft, viel sensibler.

Natürlich soll damit nicht das Urteil über die Malerei auf der Insel gesprochen sein. Es geht allein darum, daß im orthodoxen Buddhismus jede Kunst, die die Sinne ansprach, mit Skepsis betrachtet wurde. Die Künstler bekamen damals von den Königen den Auftrag, solche Arbeiten zu schaffen, die der Allgemeinheit zugutekamen. Daher konzentrierten sie sich ganz darauf, die Glaubensvorstellungen des Buddhismus in Stein und Schiefer zu verewigen. Die im *silipasastras* kodifizierten Texte wurden verfaßt, um als Richtschnur ihrer Arbeit zu dienen. Der einzelne Künstler hatte natürlich die Freiheit, diese Vorschriften nach seinem Geschmack auszulegen.

Angesichts solcher Einschränkungen für die künstlerische Arbeit ist vor allem in der Malerei eine erstaunliche schöpferische Tätigkeit entstanden. Die singhalesischen Werke erinnern, wenn auch nur entfernt, an die indische Kunst und stehen daher im Gegensatz zum „Naturalismus" der westlichen Schulen. Am deutlichsten sieht man das an den bekanntesten in Sri Lanka gemalten Bildern an den Wänden der Festung des Königs Kasyapa auf dem Gipfel von Sigiriya.

Die Wandinschriften, die zur Bildergalerie führen, sprechen von 500 Gemälden „goldfarbener Damen", von denen man 29 gefunden hat.

Bilder aus späterer Zeit sind in der Höhle von Pulligoda rund 2 km von Dimbulagala zu sehen. Rote und grüne Männer sind hier auf weißem Hintergrund an die Wände gemalt worden. Sie verrichten gerade ihre Andacht und verraten ein gutes Gefühl für Körperproportionen. Experten haben sie ins 9. Jahrhundert n. Chr. datiert.

Aus derselben Zeit stammen die Bilder auf den Schriftrollen des *vahalkada* von Ruwanweli und die Bilder an den Wänden der inneren Reliquienkammer der *dagoba* von Mihintale. Die Erleuchtung des Buddha und die Vishnu-Figur, die an den Wänden der *dagoba* in Mahiyangana zu sehen sind, bestätigen die Aufzeichnungen der *Mahavamsa*-Chronik, nach denen die inneren Reliquienkammern mit Bildern aus dem Leben Buddhas bemalt wurden.

Die Maler zogen mit dem König damals nach Polonnaruwa um, wo der Nordtempel eine Fülle von Fresken aufweist. Nach dem Fall von Polonnaruwa verfiel zusammen mit der blühenden singhalesischen Kultur auch die Malerei.

DER LEGENDÄRE CEYLON-TEE

Auch diejenigen, die noch nie etwas von Sri Lanka gehört haben, kennen den Ceylon-Tee. Kein Wunder, denn auf dieser gerade 65 000 km² großen Insel in der Form einer Mango-Frucht wächst mehr Tee als in irgendeinem anderen Land der Erde, ausgenommen Indien.

Wirtschaftlich gesehen ist Tee Sri Lankas Hauptstütze. Und das Land ist stolz auf diese Produktion. Die Statistik liefert Zahlen: 1983 produzierte Sri Lanka über 197 Millionen Kilogramm Tee. 96 % davon wurden exportiert, was dem Inselstaat Devisen im Wert von 309 Millionen US $ brachte.

Tee folgt auf Kaffee

Die Geschichte des Tees von Sri Lanka setzt im Jahre 1867 ein. Ein Schotte namens James Tylor rodete damals im Bezirk Hewaheta einige Hektar Wald und setzte die ersten Teepflanzen in das heute als Nr. 7 geführte Feld der Loolecondera Plantage. Bis 1875 hatte sich diese Plantage um das Fünffache vergrößert, andere Teefelder waren auf der Insel entstanden. Die meisten waren sehr klein; es wurde jedoch rasch klar, daß die Teeproduktion auf Sri Lanka Zukunft hatte.

Nur wenige Jahre zuvor waren die ersten Gerüchte im Umlauf, wonach die Kaffeeproduktion zurückgegangen sei. Kaffee war damals wichtigster Exportartikel. Der sehr aktive Blattpilz *(hemeleis vastarix)* hatte die Kaffeeplantagen befallen; die Blätter der Kaffeebäume fielen ab, die Ernten wurden schlecht. Das endgültige Todesurteil für den Kaffee bedeutete dann der Sturz der Kaffeepreise auf dem Weltmarkt in den dreißiger Jahren.

Seitdem James Taylor die erste Tasse Tee auf seiner Veranda braute, hat sich einiges auf Sri Lanka getan. Der Tee wird heute auf drei verschiedenen Ebenen angebaut: bis 600 m, zwischen 600 und 1200 m und dann über 1200 m. Die Flachanbaugebiete sind Balangoda, Ratnapura, das Kelani Valley und Galle. Die mittleren und oberen Sorten (man nennt sie „Western" oder „Eastern" je nach geographischer Lage der Plantagen) liegen in Dimbula, Dikoya, Maskeliya und Bogowanthalawa (Westen) bzw. in Haputale, Bandarawela und Badulla (Osten); letztere Sorten sind auch als Uva bzw. Uda Pussellawa bekannt. Zwei weitere Teeanbaugebiete, die zu den mittleren und oberen zählen, sind die von Kandy und von Nuwara Eliya; die Tees aus dieser Provinz sind für ihr feines Aroma berühmt.

Die Teesorten, die in den einzelnen Bezirken gedeihen, haben alle ihre Besonderheiten. Die Tees aus den tiefen Anbaugebieten nimmt man vor allem wegen der Blätter, während sie von den Eigenschaften der Teebrühe her mit den mittleren und oberen Sorten nicht mithalten können. Die Tieflandtees werden vornehmlich in den Nahen Osten exportiert.

Die West-Tees erkennt man an der Farbe

und ihrem reichen Geschmack, während die Ost-Tees eine nicht so kräftige Farbe haben, dafür aber jenen eigenartigen Geschmack, den die Teekenner als „pungent" (pikant) einstufen.

Es gibt zwei Arten, die Teeblätter zu pflükken. Wenn man sorgfältig pflückt, eine Voraussetzung für gute Teequalität und gutes Blattbild, wird neben dem Teeblatt auch eine Knospe gepflückt; das gilt unter Teepflükkern als Grundregel. Bei der Grobpflückung werden zwei Blätter auf einmal gepflückt, was

Vorhergehende Seiten: Tamilische Pflückerinnen demonstrieren, wie perfekter Tee geerntet wird: zwei Blätter, eine Knospe. Links: der Tee wird gewogen.

die Qualität der Tees mindert. Bei der Verarbeitung entsteht aus den gesunden und auf korrekte Weise gepflückten Teeblättern Tee von guter Qualität, während die schlecht gepflückten Blätter Tee von minderer Qualität ergeben.

Die Verarbeitung von Teeblättern erfolgt in fünf Phasen: Trocknen, Rollen, Fermentieren, Erhitzen und Sieben bzw. Sortieren.

Getrocknet wird der Tee, indem man ihn nach der Ernte auf Regale mit Nylon – oder Sackstoffnetzen ausbreitet („tats"). 18 Stunden lang bleibt der Tee so liegen und trocknet auf natürliche Weise aus. Dieses zeitraubende Verfahren wird heute durch das künstliche Trocknen ersetzt; dabei werden die Blätter auf einem Nylonnetz über einen ziemlich tiefen Trog gespannt, und von unten wird Warmluft geblasen. Auf diese Weise kann die Trockenzeit um zwei Drittel verkürzt werden. Um festzustellen, ob ein Blatt optimal getrocknet ist, faltet man es in der Mitte (man bringt die Blattspitze und den Stengel zusammen), ohne die mittlere Rippe zu zerbrechen.

Nach dem Trocknen kommen die Blätter zum Rollen. Ein Teeroller besteht aus einem runden Tisch mit gebogenen Holzleisten, die von der Mitte des Tischs, wo ein umgekehrter Kegel hängt, strahlenförmig verlaufen. Ein Metallgehäuse, der Mangel, dreht sich über dem Tisch und schlägt die Blätter gegen die Leisten und den Kegel. Man entzieht auf diese Weise den Blättern den Saft, indem die Zellen zum Platzen gebracht werden. Nur dann nämlich können die Substanzen oxydieren, die dem Tee den besonderen Geschmack verleihen.

Dann folgt das sogenannte Rollenbrechen, ein Vorgang, bei dem die zusammengeklebten Bätter wieder getrennt und die heißen gelüftet und gekühlt werden. Der Rollenbrecher ist ein mechanisches Sieb, das vibriert; dadurch werden die Blätter auf den Maschen hin- und hergeschüttelt. Blätter, die durch die Maschen fallen, kommen in den nächsten Verarbeitungsvorgang, während die anderen noch einmal zum Rollen kommen. Das Ganze wird zweimal wiederholt.

Die Fermentierung, die nun folgt, findet in einem kühlen, luftigen und feuchten Raum statt. Dieser Vorgang ist ganz entscheidend. Tee fermentiert dadurch, daß die Gerbsäure in den Blättern aufgrund von Enzymen oxydiert. Man breitet die gerollten Blätter einfach auf dem Boden aus. Die Fermentierung hängt von Art und Beschaffenheit der Blätter ab und nimmt im Normalfall eine bis anderthalb Stunden in Anspruch.

Die Fermentierung entscheidet über die geschmacklichen Qualitäten des Tees. Dabei wird die natürliche Bitterkeit und der rauhe Geschmack abgeschwächt. Dauert die Fermentierung nicht lange genug, wird der Tee zu kräftig und bitter. Dauert sie zu lange, wird er leicht süßlich und zu mild. Nur ein richtig

Die grünen Blätter werden zum Trocknen ausgebreitet (oben links); nach dem Rollen, der Fermentierung und dem Erhitzen, werden sie (oben rechts) sortiert. Rechts außen: das Endprodukt.

fermentierter Tee wird Kenner zufriedenstellen.

Erhitzen und Sortieren

Beim Erhitzen wird der Tee in einem Trockner auf 88° C aufgeheizt. Stufenweise kommt der Tee auf Tabletts in immer heißere Kammern, ein Ventilator zieht die Heißluft ab. Hierdurch wird die Fermentierung gestoppt, der Flüssigkeitsgehalt der Blätter wird von 65 % auf 2 % verringert. Nach 20 bis 25 Minuten ist dieser Vorgang beendet, und der Tee muß genau inspiziert werden: Zu wenig erhitzter Tee wäre immer noch feucht und würde in wenigen Wochen in der Packung schimmelig werden; ein überhitzter Tee würde anbrennen und an Geschmack verlieren.

Bevor nun der Tee verpackt und versandt wird, muß er sortiert werden. Die Blattrippen und die Fasern erstarren bei der Verarbeitung und stehen nun wie kranke Finger von den Blättern ab. Man muß sie entfernen; das besorgen entweder Frauen oder eine spezielle Sortiermaschine. Beim Auslesen wird der Tee in verschiedene Qualitätsstufen eingeteilt. Für die meisten ist Broken Orange (BOP) die oberste Kategorie; BOP Fannings, Broken Pekoe und Dust heißen andere Kategorien.

Manche Firmen verlegen sich auf „fancy grades", besonders ausgefallene Sorten wie Flowery Fannings und Orange Pekoe, die vor allem im Nahen Osten sehr beliebt sind. Unter bestimmten Voraussetzungen verfärben sich die Knospen in den Teeblättern während der Verarbeitung hellsilbrig oder golden, was man „tips" nennt. Jede Sorte mit vielen solchen Tips bekommt die Bezeichnung „flowery". Orange Pekoe heißt ein Tee, dessen Blätter im Endzustand dünn und langgezogen sind. Diese Qualitätsstufen werden nur von wenigen Tees erreicht; sie erzielen daher Höchstpreise. Das meiste, was je auf einer Teeauktion für einen „flowery" Tee bezahlt wurde, waren US $ 144 für ein Kilo.

Der Teehandel

Der Handel mit Tee in Sri Lanka ist bestens durchorganisiert. Im Handelsministerium ist das Tea Board die zuständige Behörde. An ihrer Spitze stehen zwei hochrangige Beamte, der Commissioner of Tea Export und der Tea Controller. Ersterer kümmert sich um alles, was mit dem Tee-Export zu tun hat, während der Controller für die Plantagen und die Produktion selbst zuständig ist. Dann gibt es noch die Verkäufer (das sind Agenturfirmen oder die Plantagen direkt), die Zwischenhändler und die Käufer.

Seit der Landreform von 1975 haben sich die meisten ausländischen Handelshäuser zurückgezogen, nur noch wenige private Plantagen sind in Betrieb. Der größte Teeverkäufer im Lande ist der Staat. Der größte Teil der staatlich betriebenen Plantagen steht unter der Verwaltung der Sri Lanka State Plantations Corporation bzw. des Janatha Estates Development Board. Beide Staatsfirmen arbeiten nach dem Vorbild der alten Handelshäuser. Andere staatliche Organisationen, die einige Plantagen verwalten, sind: Tea Small Holders Development Authority, Estate Management Services Land Reform Commission; daneben gibt es auf Ortsebene Kooperativen.

Die Vermarktung des Tees ist an genaue Vorschriften gebunden. So ist zum Beispiel gesetzlich festgelegt, daß alle Tees, die nicht privat, sondern zum Zwecke des Gelderwerbs auf industrieller Basis produziert wurden, nicht direkt dem Kunden verkauft werden können. Dafür sind die „Brokers" zuständig, Zwischenhändler, die in Colombo ihren Sitz haben, wo die großen Teeauktionen stattfinden. Allerdings gibt es Ausnahmen von dieser Regel. Das Tea Board Sri Lankas kann Sondergenehmigungen ausstellen für diejenigen Plantagenbesitzer, die ihren Tee direkt nach London verschicken möchten. Sie haben dort einen Händler sitzen, der das Produkt direkt auf den Auktionen an der Mincing Lane an den Mann bringt.

Die Auktionen in Colombo finden jeden Montag und Dienstag im Handelsministerium statt. Drei Wochen im voraus verteilen die Händler an ihre Kunden Listen mit den angebotenen Tees und Proben der einzelnen Sorten. Die Zuschläge auf den Auktionen folgen „Schlag auf Schlag" – pro Minute dreimal.

Die Zwischenhändler können eine Zusatzprovision einstreichen, wenn sie einen besonders qualitätsvollen Tee verkauft haben. Dazu wird ein zweiter Händler eingeschaltet, der sich vor der Versteigerung vom hohen Wert des jeweiligen Tees überzeugen muß, bevor er dann einem Exporteur verkauft werden kann. Dieses Verfahren wird beibehalten, damit ein Exporteur den Tee möglichst bald nach der Herstellung bekommen kann. Von der Herstellung des Tees bis zum Verkauf vergehen etwa vier Wochen.

Teeprobe und der Export

Bei der Teeprobe kommen etwa drei Gramm Teeblätter in einen kleinen Topf und werden mit kochendem Wasser überbrüht; man läßt den Tee sechs Minuten ziehen, gießt ihn ab und prüft die Blätter erneut; entscheidend ist der Geschmack des Tees sowie die Beschaffenheit der Blätter vor und nach dem Wasseraufguß.

Alle am Teehandel Beteiligten nehmen an der Teeprobe teil. Der Vertreter des Herstellers probiert den Tee, um die Qualität seines Produktes zu kennen. Einige der großen Organisationen haben eigene „tasters" (Teeprüfer), die den Plantagen Ratschläge geben können.

Die wichtigste Probe ist die des Zwischenhändlers, der sowohl mit dem Verkäufer als auch mit dem potentiellen Käufer Verbindung hält. Nachdem er die angebotenen Sorten durchprobiert hat, informiert er die Aufkäufer über die Teeangebote der kommenden Wochen und Monate; gleichzeitig gibt er den Herstellern Hinweise darauf, was in einem bestimmten Zeitraum gefragt sein wird. Sie können sich dann auf die Erfordernisse des Marktes einstellen.

Ein guter Prüfer wird sofort erkennen, welche Fehler bei der Teeverarbeitung gemacht wurden. Die Zwischenhändler taxieren bei der Probe gleich die Preisforderungen für die anstehenden Versteigerungen. Ihre Bewertungen orientieren sich an den Angeboten der Vorwoche und den jeweiligen Markttrends.

Die Käufer überprüfen bei der Probe die Angebote der Zwischenhändler, bevor sie zuschlagen und den Tee verpackungsreif mischen und exportieren. Tees aus Sri Lanka werden in viele Länder versandt. Die wichtigsten Importeure sind England, die USA, die Sowjetunion, Kanada, Südafrika, der Irak, Ägypten, Pakistan, Japan, der Iran und Libyen. Sri Lanka exportiert sowohl verpackten als auch unverpackten Tee sowie Teebeutel. Der unverpackte Tee wird sowohl als Mischung als auch unvermischt versandt, während der abgepackte stets eine Mischung ist.

Tee ist empfindlich, weil er Feuchtigkeit stark anzieht. Er muß daher sorgfältig, kühl und trocken gelagert werden. Der Behälter muß fest verschlossen sein. Wer diese Regeln beachtet, wird stets viel Freude bei einer guten Tasse Tee haben.

Es war die fröhliche Tasse, die den Tee bald nach seiner Einführung durch James Taylor in Ceylon praktisch zum Synonym für Sri Lanka hat werden lassen. Noch im 19. Jahrhundert wurde der Ceylon-Tee weithin berühmt. Als Mark Twain 1896 nach Ceylon kam, blühte das Teegeschäft bereits. In seinem Tagebuch, das den Titel trägt *Following the Equator: A Journal Around the World,* schrieb Twain: „Teepflanzungen sind in Ceylon das große Geschäft. Ein Passagier meinte, eine Investition werfe 40 % Gewinn ab. Welch ein Boom."

Der Manager einer Plantage bei Watagoda testet sorgfältig seine Ware, um sie bestmöglich verkaufen zu können.

ES DUFTET NACH REIS UND CURRY

Die landesübliche Kost auf Sri Lanka ist schlicht: Reis und Curry. Allerdings hat sich der westliche Einfluß auch auf die Eßgewohnheiten der Bewohner Colombos und der anderen größeren Städte ausgewirkt; in den abgelegenen Dörfern dagegen kommen nach wie vor die üblichen drei Teller Reis pro Tag auf den Tisch – sie verleihen Gesundheit, Stärke und Energie. Der Volksglaube, wer auch nur eine der drei Mahlzeiten auslasse, müsse schwach und lethargisch werden, ist noch lebendig.

Insgesamt wird in der Küche Sri Lankas, wie in den Küchen anderer südostasiatischer Länder auch, der Einfluß fremder Händler und Eroberer deutlich. Das reiche Erbe an althergebrachten Gerichten haben Holländer, Portugiesen, Briten, Malaien, Araber und Südinder bereichert; sie haben die Rezepte, Gewürze und Kräuter sowie die Kochmethoden aus ihrer Heimat auf die Insel gebracht.

Der portugiesische *bolo fiado* (Kuchen), der holländische *broeder* (Weihnachtskuchen) und die *boroa* (Grießbiskuits) gelten heute als Bestandteile der Sri Lanka-Küche. Eine vollständige Sri Lankanische Mahlzeit besteht aber in den meisten Familien auch heute noch aus einem Teller Reis mit ein paar Löffeln Curry darüber. Currys gibt es in vielerlei Geschmacksrichtungen; es werden dazu Fisch, Fleisch, Geflügel und viele Arten von Gemüse verwendet.

Currys werden mit Kokosmilch gekocht. Der weiße Kern der Kokosnuß wird mit einem *hiramante* (eine Metallscheibe, die auf einer Holzbank befestigt ist) gemahlen, mit Wasser verdünnt und ausgepreßt; die erste Pressung heißt *mitikiri* (dicke Milch), die beiden nächsten Pressungen *diyakiri* (dünne Milch). Die Mengen an dicker oder dünner Milch, die bei einer Mahlzeit verwendet werden, kommen je nach Curryart zustande, die man anstrebt: mild, cremig, dick, dünn oder trocken. Es gibt die cremigen weißen Currys (nicht scharf), die braunen (rohes Curry-Pulver), hellrote Currys (sehr scharf wegen der zerstoßenen und getrockneten roten Chilischoten) sowie schwarze Currys.

Die Hausfrauen in Sri Lanka machen das Currypulver selbst, denn die fertigen in den Supermärkten sind oft nicht echt. Currypulver entsteht, wenn man folgende Zutaten röstet und zermahlt: Fenchelsamen, Koriander, Kümmel, Gelbwurz, Kardamom, Gewürznelken, Lorbeerblätter, schwarzer und roter Pfeffer, Senf, Zimt und ein bißchen roher Reis.

Früher kochte man in einem Lehmgefäß auf glühender Holzkohle. Curry erhält bei dieser Methode den reichen, feinen erdigen Geschmack. Das Lehmgefäß *(chutty)* muß nun der Metallpfanne weichen.

Mit den Currys zusammen ißt man *mallung,* eine milde und nahrhafte Zutat. Sie wird aus feingehacktem grünem Gemüse und (in einigen Gegenden) aus getrockneten Krabben gewonnen, die mit geraspelter Kokosnuß und Gewürzen vermengt werden.

Die scharfen Sambols

Sambol heißt ein Gericht, das die Einheimischen sehr schätzen, während es für fremde Zungen zu scharf sein dürfte. *Pol sambol (sambol* aus Kokosnuß) mit das beliebteste *sambol,* kann man einfach herstellen, indem man geraspelte Kokosnuß und viel roten Pfeffer, Zwiebeln, Zitrone, Salz und Scheiben des Maldive-Fischs vermengt. Dieser Fisch ist hartes, getrocknetes Thunfischfilet, durch das *pol sambol* an Geschmack gewinnt. Diese Beilage ist teuer und wird nicht jeden Tag auf den Tisch gebracht.

Papadams (knusprige Waffeln), saure Gurken und Chutneys gehören ebenfalls zu einer Reis- und Curry-Mahlzeit. Mango- und Amberella-Chutney sowie Datteln- und Zitronen-Eingelegtes sind weitere Leckerbissen.

Auf Sri Lanka gedeihen 15 verschiedene Reissorten, die sich nach Geschmack, Form und Farbe unterscheiden. Es gibt den Kurz- und den Langkornreis, kleine runde wie große dicke Körner, deren Farbe von ganz weiß bis burgunderfarben variiert. Die gängigste Zubereitungsart ist das Kochen. Zu bestimmten Anlässen gibt es gelben Reis, der in Kokosmilch gekocht und reich gewürzt wird.

Gelbwurz kommt in den Reis, damit er hellgelb aussieht; er wird mit cashew-Früchten, Rosinen und hartgekochten Eiern garniert.

Lamprais (das Wort stammt vom holländischen *lomprijst* ab) sieht man viel auf Parties.

Eine vereinzelte rote Chilischote in einem Meer von grünen. Chilies sind von den Currygerichten in Sri Lanka nicht wegzudenken.

Zunächst wird der Reis gekocht. Currys, *sambols,* Koteletts, eine spezielle Garnelenpaste und Auberginencurry werden um den Reis herum angeordnet, der, in ein Bananenblatt gewickelt, gebraten wird. Lamprais hat ein einmaliges Aroma und ist sehr appetitanregend.

Auch was das Frühstück betrifft, hat die Küche von Sri Lanka einiges zu bieten. Am beliebtesten sind die *appa* (hoppers), dünne runde Pfannkuchen, die aus einem gegorenen Teig aus Reismehl gemacht sind, aus Kokosmilch und einem Schuß Palmsaft.

Die *appa*-Pfanne ist dickbauchig, hat zwei Griffe und sieht wie ein kleiner chinesischer *wok* aus. Man gibt einen Löffel voll Teig in die heiße Pfanne, die über dem Feuer hin- und hergewendet wird, bis die obere Hälfte der Pfanne mit Teig bedeckt ist. Dann wird die Pfanne zugedeckt und die hoppers ein paar Minuten gebacken.

Ein *appa*-Pfannkuchen ist außen knusprig und innen weich und saftig; man ißt ihn zu Currys und *sambols,* solange er noch heiß ist. Es gibt viele Unterarten dieses Pfannkuchens, süße und scharfe.

Ebenfalls zum Frühstück gibt es aus Reis die *indiappa* (string hoppers). Das ist ein kleines, langgezogenes Gebäck aus Reismehl, das durch ein Sieb gepreßt und auf ein geflochtenes Tablett gelegt wird. Die einzelnen Stücke werden übereinander plaziert und auf kleiner Flamme ausgebacken. 10 String Hoppers kann man leicht auf einmal essen.

Hier das Rezept für *pittu:* Reismehl, Kokosnuß und Wasser werden zu kleinen trockenen Klößen vermengt, in eine Bambusform gelegt und gebacken. Man serviert sie heiß mit Kokosmilch und Curry.

Roti ist ein Reisersatz; die flachen Brote macht man aus einem Teig aus Mehl, Kokosnuß, Wasser und einer Prise Salz. Man bäckt sie in einer trockenen Pfanne gar und verzehrt sie mit Curry.

Aus der singhalesischen Kochtradition stammt das einfache Reisgericht *kiribath* (Milchreis), d.i. in Kokosmilch gekochter Reis. Zu Neujahr und an jedem ersten Tag des Monats kommt automatisch *kiribath* zum Frühstück auf den Tisch. Man ißt dazu ein heißes *sambol,* manchmal auch ein *pani pol* – eine Süßigkeit aus gemahlenem Jagrezucker (grober, brauner Zucker aus Palmsaft), Kokosnuß und einer Prise Vanillepulver.

In Sri Lanka ißt man Reis, Pfannkuchen, *pittu* und *roti* am besten mit den Fingern, die man in die verschiedenen Currys tunkt.

Obst und Süßigkeiten

Zum Nachtisch gibt es meistens frisches Obst. In Sri Lanka gedeihen verschiedene

Acht Beilagen werden bei einem Curry-Essen zum Reis serviert – fast stets nimmt man die Finger zum Essen (oben). Um gute Hoppers zu backen, braucht man die richtigen Pfannen (rechts).

tropische Früchte; die saftigen Ananas, Mangos sowie die verschiedenen Bananensorten sind mit die bekanntesten Vertreter. Einige Früchte wie die pelzigen Rambutans, Sapodillas, Mangosteens und die berüchtigte Durian gibt es nur zu bestimmten Jahreszeiten. Avocados, reife Jaks und alle Arten von Mangos gibt es mehrmals im Jahr. Andere Früchte der Insel sind Orangen, Grapefruits, Zitronen, Mandarinen, Guavas, Jambus, Passionsfrüchte und Woodapples.

Zu besonderen Anlässen werden Süßigkeiten (rasakevilis) bereitet, von denen es viele gibt. Die meisten sind sehr süß und kalorienreich. Man macht sie aus Reismehl und Kokosmilch, die Zubereitung ist meist schwierig und zeitraubend und will gelernt sein.

Sesambällchen *(thalaguli)* sind vor allem in

Jinadasa eine Delikatesse. Man erkennt die kleine Verkaufsstelle in Warakapola auf halber Strecke zwischen Colombo und Kandy sofort an den rauchenden Kaminen und den vielen Autos derer, die gerade einkaufen.

Dann gibt es noch *halapes,* eine Mischung aus Kokosnuß, Jagrezucker und *kurakkan*-Mehl; *dodols* und *aluwas,* weiches Zuckerwerk; *puhul dosi,* eingekochte Kürbisse.

An der Straße zwischen Colombo und Kandy verkaufen zahlreiche Geschäfte auch Süßigkeiten aus Indien. Zum Beispiel *panivalalu* (Honigringe), *muscat* (ölige weiße Krapfen), *gulab* (indische Marmelade) und *rasagullas* (Milchbällchen in Zuckersirup).

Ein traditioneller singhalesischer Kuchen ist der *bibikan.* Die Zutaten sind Reismehl, Jagrezucker, Kokosnuß, Cashews und getrocknete Früchte. *Wattalam* ist ein mächtiger Pudding aus Kokosmilch, Jagrezucker, cashew-Nüssen, Eiern und vielen Gewürzen, unter anderem mit Zimt, Nelken und Muskat.

Dessert Nummer 1 ist aber immer noch curd (Sauermilchprodukt, ähnlich dem Joghurt) mit Sirup. Der von Weligama soll der beste sein. Dort kann man curd an Straßenständen kaufen. Dicker Büffeljoghurt wird mit Sirup aus *kitul* oder Kokospalme übergossen.

Gegen den Durst

Das erfrischendste Getränk, das man auf der Insel bekommen kann, ist *thambili,* der Saft der King Coconut (Königs-Kokospalme). Die orangfarbene Kokosnuß ist mit süßem Saft gefüllt. Man kann ihn gleich so aus der Nuß (meist ohne Strohhalm) trinken oder ihn mit Zucker, Zitronensaft und einer Prise Salz mixen.

Von den Alkoholika ist der aus dem Saft der Kokosnuß gewonnene „toddy" am beliebtesten. In den Dörfern trinkt man ihn sogar undestilliert, nur mit Hefe vergoren. Vor dem Gären ist es ein Erfrischungsgetränk ohne Alkohol *(thelijja).* Destillierter Arrak wird in Alkoholgeschäften, Bars und anderen Verkaufsstellen angeboten.

Die Biere des Landes sind von ausgezeichneter Qualität. Die Bierproduktion ist in Nuwara Eliya konzentriert, wo die Europäer während der britischen Kolonialherrschaft die Braukunst einführten. Natürlich gibt es in Hotels und Restaurants auch ausländische Alkoholika.

Zu den Mahlzeiten trinkt man Wasser, obwohl das Getränk Nummer eins natürlich der Tee ist; in Verbindung mit Ingwer bzw. grobem Zucker schmeckt er köstlich; Kräutertees trinkt man bei bestimmten Krankheiten – u. a. Knoblauchtee!

An der Spitze der alkoholfreien, kalten Getränke stehen in Sri Lanka die Elephant House-Produkte, die es in verschiedenen Geschmackssorten und in großen 0,4 Literflaschen gibt.

In Sri Lanka wie anderswo lebt die Kochkunst von einst noch am ehesten in den Dörfern weiter. An Rezepte kommt man nicht heran, da alle Frauen anders kochen und keine Meßgeräte verwenden. Auf jeden Fall: die Vielfalt der Küche des Inselstaats macht das Essen für jeden Besucher zum Vergnügen.

WUNDERLAND DER RIFFE UND WRACKS

Die Gewässer von Sri Lanka – Salz-, Brack- und Süßwasser gleichermaßen – weisen ein reichhaltiges Unterwasserleben auf. Eine einfache Tauchermaske genügt, um in den glasklaren Flüssen der Tropenwälder auf Entdeckungsreise zu gehen. Man kann Lagunen erkunden, wo sich das kristallklare Meer in Buchten verliert und sich plötzlich eine Welt von Mangroven, mit Austern bedeckten Felsen und riesigen eßbaren Krebsen auftut.

Doch das eigentliche Taucherparadies sind die blauen Fluten des Indischen Ozeans. Korallenriffe und Schiffswracks vor der Küste erschließen eine neue Welt von atemberaubender Schönheit. Faszinierende Fische und Sandsteinformationen bergen die Großen und die Kleinen Basses-Riffe. Und ein Streifzug im Meer vor Negombo wird Sie in unmittelbare Nachbarschaft bringen mit respektablen und aufregend interessanten Fischen.

Man sollte sich nach den günstigsten Zeiten des Jahres erkundigen, wenn das Wasser am klarsten ist; das richtet sich nach dem Monsun und anderen Wetterbedingungen. Eine Tauchexpedition in Sri Lanka muß sorgfältig geplant sein und erfordert Geduld und Einfühlungsvermögen. Am Ende werden alle – ob Fotograf, Sammler, Angler oder bloß Neugieriger – auf ein schönes Erlebnis zurückblicken können.

Rundfahrt mit dem Schiff

Von Negombo aus, das gleich am Internationalen Flughafen liegt, fahren wir mit dem Schiff gegen den Uhrzeigersinn die Küste entlang, und unterwegs wird getaucht.

In Negombo kann man von November bis März ausgezeichnet tauchen. Natürlich ist während dieser fünf Monate das Wasser nicht immer völlig klar. Die starken Strömungen, die heftigen Regenfälle und die Nähe einer Lagune voller Schlick und Plankton führen gelegentlich zu Turbulenzen. Negombo bietet aus diesem Grund die größte Auswahl an Fischen auf der ganzen Insel. Die jungen, kräftigen Männer gehen mit Spießen auf die Jagd nach dem Pfeilhecht, dem Umberfisch, der Stachelmakrele oder dem schweren Flußpricke. Nachts kann man mit Handschuhen und einer Lampe auf Hummerjagd gehen. Um zu fotografieren, sollte man weiter aufs Meer hinausfahren, wenn die Riffe zu trübe sind. Andererseits gibt es eine ganze Menge lohnender Schnappschüsse auf dem Riff selbst zu machen.

Vorhergehende Seiten: ein Schwarm von Silbersardinen. Oben, von links nach rechts: bunte Korallenwelt – Dendrophyllia, Staghorn Acropora, Goniopora und Kohlkoralle.

Einige Kilometer weiter abwärts an der Küste (mit dem Motorboot etwa zwei Stunden) liegen im seichten Wasser zwei Schiffswracks, ein idealer Tummelplatz für wirbellose Tiere, Hummer und Schnappbarsche. Man kann ruhig versuchen, einen hungrigen Barracude an die Angel zu bekommen; in dieser Gegend sind sie zu klein, um gefährlich zu werden.

Als in Sri Lanka Tauchermasken, Schnorchel und Schwimmflosse in Mode kamen, sah man sie nur um Colombo herum. Das hat sich gründlich geändert; wer etwas auf sich hält,

taucht jetzt auf hoher See, wo die starke Strömung klares Wasser mit sich bringt. Ein Riff südlich von Colombo ist ein ausgezeichnetes Gewässer zum Tauchen; zahlreiche Fische tummeln sich hier, ebenso an einem Riff etwa 2 km vor der Küste, wo gelegentlich sogar ein (absolut harmloser) Grauhai auftaucht.

Wenn das Meer sehr ruhig ist, kann man vor dem berühmten Strand von Mount Lavinia tauchen gehen, wo besonders fotogene Fische zu sehen sind; am häufigsten und zugleich am schönsten ist der blaue Engelbarsch.

Weiter südlich kommen wir nach Beruwala. Die felsige Insel, die dem Hotel Bentota vorgelagert ist, empfehlen wir als Ausgangspunkt für Taucher (Papageienfische, Schnappfische und andere Riffbewohner).

Zur Abwechslung begeben wir uns nun ins Innere der Insel und gehen in Badurelaiva sowie in Atweltota in einem klaren grünen Teich mitten im Dschungel auf Tauchstation. Hier versank vor Urzeiten ein Felsen; Wasserpflanzen sowie einige reizende Süßwasserfische konnten sich halten. Und das alles inmitten des schönen Tropenwaldes und bei freundlichen Menschen; eine Atmosphäre, die das Strandhotel vergessen läßt.

Zurück zur Küste: Ambalangoda hat meistens kein klares Wasser, weil in der Nähe ein Fluß ins Meer mündet. Im Januar und Februar gibt es einige ruhige Tage; einen knappen Kilometer im Meer kommt man an einer Landzunge mit angrenzendem Korallenriff vorbei (Akurala); hier sind ideale Felsen und Riffs zum Tauchen, zwei gesunkene Schiffe und jede Menge Fische.

Hikkaduwa gilt als Taucherparadies des Südwestens und ist leider sehr überlaufen; kein Wunder, daß die Fische nervös und verwirrt sind; am besten man geht gleich von Hikkaduwa aus nach Dodanduwa und taucht hier an den herrlichen Felsenriffen von Gintota, Medagala und Ralagala. Melagala ist der ruhigste Platz, allerdings nicht so leicht zu finden.

Wenn man auch nur mit dem Schnorchel vieles unter Wasser sehen kann, ist vor allem für passionierte Unterwasserfotografen ein Tauchgang zum Malabar-Schiffswrack, 18–24 m tief auf einem Felsriff gelegen, ein willkommenes Abenteuer.

Der Hafen von Galle ist der ideale Ausgangspunkt für das Tauchen nördlich von Alugala, wo man ein neues Wrack erkunden kann. Vor der Küste von Koggala sollten nur gute Schwimmer tauchen; dagegen laden Weligama und Umgebung mit ihren Felsen- und Korallenriffen zur Tauchtour ein; Mirissa mit seinen vielen Fischern und Booten ist besonders zu erwähnen.

Matara liegt bei Dondra, dem südlichsten Punkt von Sri Lanka; hier kann man nur im Februar und März tauchen, wenn der Niwala-Fluß wegen der Trockenzeit nicht so stürmisch ist und man oberhalb des Riffs sehr schöne Fische beobachten kann. Tangalla liegt sehr schön und eignet sich gut zum Tauchen, wenn das Meer nicht gerade allzu rauh ist. Auch Kupatha, eine kleine, felsige Insel, die man vom Rasthaus in Tangalla aus sehen kann, eignet sich zum Tauchen bestens; hierher kommen riesige Schwärme von Papageifischen und Schnappbarschen.

Die tollen Basses-Riffe

Das Schönste, was Sri Lanka Tauchern zu bieten hat, sind die großen und kleinen Basses, die dem Ruhuna-Nationalpark bei Yala vorgelagert sind; jeder einzelne Felsen hat einen Leuchtturm, die Riffe sind aus Sandstein; durch seismische Vorgänge in frühgeschichtlicher Zeit und durch die Wellen und Strömungen haben sich die tollsten Gesteinsformationen ergeben. Dazu kommen mindestens vier gesunkene Schiffe – das älteste liegt seit 300 Jahren hier, das letzte ging erst vor ein paar Jahren unter.

Und dann die Fische: es sind Hunderte und Tausende in dem stets klaren Wasser: Schnabelfische, Haie (harmlose wohlgemerkt), Thunfische, Barsche, riesige Schnappfische. Außerdem tummeln sich hier Tausende von kleinen Knurrfischen, Engelsfische, Süßlippen und Rochen.

Der Nachteil ist, daß das Meer hier meist sehr rauh ist. Knapp 50 Tage im Jahr kann man hier gut tauchen, und zwar von Anfang März bis Ende April, manchmal auch noch einmal 14 Tage im Oktober, wenn der Monsun wechselt.

Sie könnten jetzt zur Arugam Bay fahren, der Ausgangsstelle für ein echtes Tauchabenteuer. Weniger gefährlich ist es weiter nördlich an der Ostküste, wo man bei Tirrukovil zu einem Wrack hinausfahren kann. Sämtliche Riffe von hier bis Batticaloa eignen sich zum Tauchen, obwohl man ohne gute Ausrüstung nur schwer hinauskommt. Südlich von Kalkudah dürfen keine großen Hotels gebaut werden, so daß man in dieser Gegend schwer unterkommt. Auch Taucherausrüstungen kann man nirgends mieten. In Batticaloa können Sie ein Fischerboot bzw. ein kleines Motorboot mit Fiberglasboden mieten, mit denen man durch die Mündung der Lagune zu herrlichen Riffen und Wracks hinausfahren kann.

Das Hermes-Wrack

In Passekudah gibt es Unterkünfte für jeden Geldbeutel. Die Wracks rund um die

Bucht eignen sich vorzüglich für Taucher. Weiter nördlich liegen schöne Korallenriffs. Und hier kann man in 55 m Tiefe das Wrack des britischen Schiffes *Hermes* finden. Daß man kaum 8 km vor einer Küste ein Schiff dieser Größe sehen kann, ist einmalig – ebenso der Fischreichtum um das Schiff. Hier sollten nur ganz erfahrene Taucher ins Wasser gehen; ganz bekannte Leute wie Peter Gimbel, Stan Waterman, Ron und Valerie Taylor und Reg Vallintine haben sich auf Erkundungstour zur *Hermes* hinabbegeben.

Nicht immer kommt man mit den Fähren zurecht, die auf der Straße nördlich von

Buntes Treiben der Fische an den Riffen um Sri Lanka. Das Bild entstand vor der Küste im Süden.

Trincomalee an der Küste verkehren. Es ist sicherer, zunächst ins Inland und über Habarana nach Trincomalee, einem Zentrum des Tauchsports, zu fahren. Neben Dutzenden von Buchten, felsigen Inseln und Korallenriffen treffen wir hier auf spektakuläre Klippen über und unter Wasser.

Vor dem Fort Frederick kann man unter Wasser Steininschriften bewundern; bei Rokky Point gibt es gute Tauchplätze, die Reste einer portugiesischen Galeone, großartige Muscheln auf Sand und Felsen, Korallen fast überall, wo man ins Wasser geht und schöne Fische in den sturmsicheren Gewässern um die Felsen der Chapel Rocks. Trincomalee ist ab Mitte März bis September zu empfehlen; im Juni und Juli muß man mit Quallen und einer kalten Strömung rechnen. Der April

eignet sich zum Tauchen an der Ostküste am besten.

Gute Tauchgründe im Norden gibt es nicht, abgesehen vielleicht von Vankalai im Süden der Insel Mannar, wo man allerdings keine Hotelzimmer findet und nur eine schlechte Straße von Mannar aus verläuft.

Südlich des Giant's Tank liegt Silavaturai und von da ein paar Kilometer westlich die berühmten Pearl Banks (Perlenbänke). Unter Führung eines kundigen Tauchers lohnt es sich auch heute noch, zu den Austern hinabzutauchen und sich auch die großen Panzerkrebse anzusehen.

Am Ende des Weges kommen wir nach Marichchukadi, wo die Perlenfischerei der britischen Kolonie untergebracht war, an die ein Bungalow der Briten auf den Dünen noch heute erinnert. Ende Januar bis März kommen hier die *beche de mer* und die Muscheltaucher zusammen.

Das Bar-Riff

Um vor Kapitiya, das im Süden auf einer Halbinsel gelegen ist, zu tauchen, muß man von Negombo aus hinauffahren und im Ort ein Motorboot auftreiben, mit dem man nach Norden und dann nach Westen durch einen schmalen Spalt ins offene Meer hinausgelangt; wir kommen so zum schönen Bar-Riff, einem Korallenparadies. Wer zum Fischerdorf Kandakuliya südlich von Kalpitiya weiterfährt, kann von einem kleinen Hotel aus zu zwei schönen Riffen im Norden und Westen aufbrechen. Man sollte das nur im Oktober und im Februar tun, denn ansonsten sind die Gewässer hier während des Monsuns ziemlich stürmisch.

Weiter südlich findet man Sandsteinriffe, nicht immer klar, aber den Fischern bekannt. Vor Katuneriya ist auf jeden Fall ein Flugzeug abgestürzt; auch ein oder zwei kleine Schiffe sollen hier untergegangen sein.

Schließlich wird man wieder auf das Riff von Negombo vor der Mündung des Maha Oya stoßen, dem Ausgangspunkt unserer Tauchtouren.

Im „Kurzführer" dieses Bandes ist eine Reihe von Vorschlägen für Taucher aufgelistet.

LEBEN IN DER DSCHUNGELWILDNIS

. . . über Trommeln ließ er verkünden, daß im Umkreis von sieben Gau von der Stadt keine Tiere getötet werden durften. Nicht nur den Tieren, auch den Fischen in den 12 großen Wasserspeichern sicherte er das Leben; er beschenkte die Bewohner der Region mit Gold, Tüchern und anderen reichen Gaben und verlangte dafür von ihnen, daß sie keine Vögel fingen und so ihr Überleben sicherten . . .

Wir finden diese Inschrift auf einem Stein bei der großartigen *dagoba* von Ruwanweli in Anuradhapura. Es ist der Text eines Dekrets des Königs Kirthi Nissanka Malla von Polonnaruwa aus dem 12. Jahrhundert – ein Zeugnis, wie sehr man sich seit jeher in Sri Lanka um den Schutz der zahlreichen Tiere bemühte.

Auch im *Mahavamsa,* der Chronik des singhalesischen Volkes, findet man immer wieder Stellen, an denen von königlichen Schutzbestimmungen für Tiere die Rede ist. Vielleicht war es der religiöse Eifer der ehemaligen Könige, der sie dazu veranlaßte. Wie auch immer, bis zum heutigen Tag ist der Tierschutz ein wichtiges Thema geblieben.

Sri Lanka kann eine artenreiche Tierwelt und einen weiten Dschungel sein eigen nennen. Etwa ein Zehntel der Gesamtfläche der Insel steht unter Aufsicht des Department of Wild Life Conservation, das für alle Probleme des Dschungels und der Tierwelt zuständig ist.

Alle Flächen mit Wildwuchs heißen in Sri Lanka Dschungel. Dazu gehören die halbtrockenen Dornbuschgebiete, die Mangroven an der Küste, die dicht bewaldete Trokkenzone im Norden, die Moskito-verseuchten Sümpfe des Mahaweli-Beckens, die trokkenen Hügel von Kantalai und die farnreichen Regenwälder des Hill Country. In dieser landschaftlichen Vielfalt leben viele einzigartige Tiere und Pflanzen.

Die Nationalparks

Die meisten Wildtiere leben in den Nationalparks, vor allem in Ruhuna und Wilpattu. Ruhuna, besser bekannt unter dem Namen Yala, liegt im Südosten der Insel. Die Hauptvegetation dort ist Dorngestrüpp. Hier hat

Vorhergehende Seiten: gähnender Leopard in Wilpattu; Elefant bei Yala setzt zum Angriff an; die giftige Kobra sträubt ihren Schopf. Oben: auf Tuchfühlung im Ruhuna National Park.

man am ehesten die Gelegenheit, Elefanten zu sehen. Noch vor einigen Jahren waren Leoparden und Bären eine Seltenheit; inzwischen haben sie sich wieder vermehrt und können auch öfter beobachtet werden.

Die beste Zeit für einen Besuch sind die Monate zwischen Dezember und Mai. Anfang des Jahres regnet es zwar häufig, dafür kann man dann auch ganze Elefantenherden mit ihrem Nachwuchs beobachten. Zudem kann man dann Zeuge des Paarungstanzes des Pfaus sein – das allein ist schon die Reise wert.

Der Wilpattu-Nationalpark liegt an der Westküste und besteht größtenteils aus dichten Wäldern. Einmalig sind die zahlreichen *villus,* beckenähnliche Speicherseen, ein Paradies für Wasservögel und Tränke für ganze Herden von Tieren. In den *villus* leben auch Krokodile.

Anders als im halbariden Yala-Park ist der Pflanzenwuchs hier üppig; die Vegetation weist in den einzelnen Teilen des Parks immer wieder andere Züge auf. Die Wege sind ziemlich schlecht, weshalb wir zu einem Wagen mit Vierradantrieb raten, wenn man zu den schönsten Stellen kommen möchte.

Wilpattu ist berühmt wegen seiner Leoparden und Bären; Elefanten dagegen sind seltener. In den letzten Jahren sind sie wieder häufiger gesehen worden. Offensichtlich haben die Dickhäuter wieder in größerer Zahl in das Schutzgebiet zurückgefunden, nachdem die umgebenden Wälder zur landwirtschaftlichen Nutzung freigegeben wurden. Hirsche und *sambhur* (Elche) sieht man in Gruppen zu zweit oder dritt fast immer; die beste Zeit für diesen Park sind die Monate Februar bis Oktober.

Bitte die unterschiedlichen Öffnungszeiten der einzelnen Parks beachten, damit die Besichtigungsfahrten in die Urlaubsplanung hineinpassen: der Wilpattu-Nationalpark ist den ganzen September über geschlossen, während der Ruhuna-Park seine Tore vom 1. August bis Mitte Oktober schließt.

Leben im Bungalow

Die beiden großen Parks haben zahlreiche Bungalows, von denen die meisten allerdings für Einheimische reserviert sind. Für ausländische Touristen stehen jeweils zwei zur Verfügung. Vorausbuchung ist daher ratsam und drei Monate vorher bereits möglich (beim Department of Wild Life Conservation). In Yala ist es der Patanangala Bungalow am Strand und der Heenwewa Bungalow in der Nähe eines Speichersees. In Wilpattu liegen der Panikkar Villu und der Mana Villu beide an *villus* und in wildreichen Gebieten.

Die Bungalows sind eine Mischung aus einfachem Landleben mit ein wenig Komfort. Bettwäsche, Besteck und Geschirr werden gestellt, Nahrungsmittel muß jeder selbst mitbringen. Die Angestellten, in der Regel ausgezeichnete Köche, zaubern daraus vorzügliche Reis- und Currygerichte.

Elektrischen Strom gibt es hier nicht, dafür Kerosinlampen, deren Licht weit besser in die Dschungellandschaft paßt als elektrisches Licht. Man kann bis spät in die Nacht aufbleiben und dem Dschungel und seinen Bewohnern lauschen – ein faszinierendes und mit Worten schwer zu beschreibendes Erlebnis. Es kommt vor, daß Hirsche, Wildschweine, selbst Elefanten ganz in der Nähe vorbeiziehen. In Wilpattu kommt vielleicht gar ein Leopard oder ein Bär in Sichtweite des Dschungelbungalows.

Der Park kann nur unter Führung der sogenannten „trackers“ durchstreift werden, die sich sehr gut auskennen und interessante Reisebegleiter sind.

Wer tagsüber in die Parks geht, kommt entweder morgens oder abends. Um 6.00 und um 15.30 Uhr fahren an den Parkeingängen täglich Busse ab. Zweieinhalb Stunden dauert die Fahrt mit dem Reisebus durch einen der Nationalparks. Für viele ist diese Fahrt schon zu einem denkwürdigen Erlebnis geworden. Oder ist es nicht ein erhebender Anblick, einem wilden Elefanten oder gar einem der scheuen Leoparden zu begegnen? Für Tierliebhaber könnte dies der Höhepunkt ihres Sri Lanka-Aufenthalts sein.

Futterplätze der Elefanten

Drei weitere Nationalparks der Insel sind Gal Oya, Uda Walawe und Lahugala. Gao Oya liegt in der Nähe von Amaparai, im Osten der Insel und lohnt wegen schöner Bootsfahrten auf dem Senanayake Samudra Tank; in den Abendstunden kommen große Elefantenherden hierher, um zu trinken und zu baden. Mit viel Glück kann man die Dickhäuter auch zu den kleinen Inseln hinüberschwimmen sehen, wo sie sich am fetten Gras laben.

Uda Walawe ist der jüngste Nationalpark der Insel, erst kürzlich geschaffen. Er liegt um das gleichnamige Wasserreservoir herum. Die Tiere sind noch scheu und lassen sich kaum blicken.

Lahugala ist ein großer Wasserspeicher, 20 km von Pottuvil entfernt, also in der südöstlichen Küstenregion. Ein Trampelpfad von Elefanten führt mittendurch; er verbindet das Gebiet des Gal Oya mit dem Park im Süden (Yala). Fast das gesamte ehemalige Gewässer ist mit *beru,* dem Elefantengras bedeckt, das diese Tiere so gern mögen; in Lahugala vergeht daher kaum ein Tag, an

dem man nicht Elefanten zu Gesicht bekommt. Die Parkverwaltung versucht aber, den Besucherstrom an dieser so wichtigen Durchgangsstelle zwischen zwei Parks in Grenzen zu halten, um die Tiere nicht allzusehr zu stören.

Neben den Nationalparks gibt es noch die Naturschutzgebiete, in die nur Wissenschaftler Zugang haben; dann die Schutzgebiete und Reservate, wo alle Tiere geschützt sind, deren Bewohner jedoch nicht ausgesiedelt werden; neue Häuser dürfen aber nicht gebaut werden.

Die Elefanten Sri Lankas gehören zur selben Rasse wie alle anderen Elefanten in Asien. Man trifft sie überall auf der Insel. Um die Mahaweli Ganga herum lebt der Sumpfelefant, der viel größer als sein Artgenosse auf der Insel ist.

Der Amerikaner Henry Steel Olcott, der im 19. Jahrhundert auf Ceylon lebte, beschrieb in seinem Tagebuch von 1878 ein Zusammentreffen mit Elefanten:

„Als ich durch dieses Dorf ging, stieß ich auf eine Gruppe zahmer Elefanten mit ihren Treibern. Ich hielt an, redete ihnen freundlich zu und gab ihnen Kokosnüsse, die ich an einem Stand gekauft hatte. Ich streichelte ihren Rüssel und sprach nach Art der Weisen freundlich zu ihnen."

Um die Jahrhundertwende gab es auf Sri Lanka immer noch eine Menge wilder Elefanten mit Stoßzähnen. Wegen der hemmungslosen Jagd auf das Elfenbein sind diese Tiere heute selten geworden. Um 1960 galt der Elefant sogar als vom Aussterben bedroht. Durch strenge Gesetze und eine bessere Verwaltung der Reservate konnte man inzwischen einige Fortschritte machen.

Der wunderschön gefleckte Leopard ist auf der Insel weitverbreitet; man sieht ihn allerdings nur selten, da er nachts umherstreift und sich von menschlichen Siedlungen fernhält. Manchmal jedoch schleicht er um ein Dorf im Dschungel, in der Hoffnung, einen Hund zu finden, der ein Leckerbissen für einen Leoparden ist. Am ehesten kann man Leoparden im Wilpattu National Park und zwar zwischen Februar und Mai sehen. Dort sind sie schon an Autos gewöhnt und räkeln sich vielleicht vor Ihnen spielend im Sand. Glücklich kann sich schätzen, wer eine Leopardin mit Jungen zu Gesicht bekommt.

Offiziell hat man zwei menschenfressende Leoparden in Sri Lanka registriert; eine Berühmtheit wurde der Menschenfresser von Punani, einem kleinen Dorf an der Straße von Polonnaruwa nach Valachchenai. 1923 konnte er erlegt werden, nachdem er mindestens 20 Menschen getötet hatte. Das ausgestopfte Tier ist heute im Nationalmuseum von Colombo zu sehen. Der Menschenfresser von Kataragama, ebenfalls ein Leopard, hatte es zu Beginn dieses Jahrhunderts vor allem auf Pilger abgesehen.

Und doch gibt es noch ein Tier, das bei den Menschen, die in den Dschungeldörfern leben, noch mehr gefürchtet ist als der Leopard: der Lippenbär, der einzige Bär, der auf Sri Lanka lebt. Es ist ein unberechenbares Tier. Der große, schwarze, zottelige Räuber hat einen ungewöhnlich groben Pelz aus langen Haaren und eine hellfarbene knochige

Links: der graue Langur mit dem schwarzen Gesicht auf einem Zaunpfahl; rechts: gefleckter Hirsch, der sich in Wilpattu davonmacht.

Schnauze. Die braucht er dazu, um wie mit einem Staubsauger die Termiten aus ihren Löchern zu holen. Eigentlich ist der Lippenbär Vegetarier; wenn er jedoch zufällig auf Aas stößt, wird er es auch nicht verschmähen. Von Natur aus ein friedliches Tier, reagiert der Lippenbär äußerst gereizt, wenn man ihn provoziert und wenn er seine Jungen verteidigt. Man muß schon Glück haben, um einem solchen Bären in freier Wildbahn zu begegnen; am ehesten passiert dies noch in Wilpattu.

Weitere Dschungelbewohner

Vier verschiedene Arten von Rotwild leben auf Sri Lanka: der Sambhur (Elch), der Axishirsch, Bellhirsch und das Zwergböckchen. Der dunkelbraune Sambhur ist mit seinen rund 1,50 m Schulterhöhe das größte und ansehnlichste Tier. Der Axishirsch ist kleiner, heller und kommt am häufigsten im Dschungel vor. Das ganze Jahr über begegnet er dem Besucher in großen Herden vor allem in den Nationalparks. Die beiden restlichen Arten sieht man selten, da sie scheu sind. Wer an einer Wasserstelle geduldig ein paar Stunden auf der Lauer liegt, kann Glück haben.

Dann die Wildschweine und die wilden Büffel; diese starken Tiere genießen den Respekt des Menschen wie auch den der übrigen wildlebenden Tiere. Selbst ein so erfahrener Jäger wie der Leopard nimmt es selten mit einem ausgewachsenen Eber oder einem Büffel auf. Verschiedene Wildkatzen, Schakale und drei Arten von Eichhörnchen gehören zu den kleineren Säugetieren, ebenso das fliegende Eichhörnchen, das seinen Namen den großen Hautlappen zwischen Vorder- und Hinterbeinen verdankt, die ihm große Sprünge von einem Baum zum anderen ermöglichen.

Zwei Affen, die man immer wieder im Dschungel sehen kann, sind der große Schlankaffe und der Makak oder auch Rotaffe. Ersterer ist scheu und friedlich. Die grauen Tiere mit dem pechschwarzen Gesicht leben in großen Gruppen auf Bäumen und kommen zur Nahrungssuche herunter. Der Makak ist bräunlich gefärbt, das Gesicht ist rosafarben. Er ist weit aggressiver als der Schlankaffe. Er hat auch schon Parkbesucher angefallen; also diese Tiere bitte nicht provozieren.

Der hübsche Blätteraffe mit dem purpurfarbenen Gesicht kommt nur in den Bergen vor. Zum roten Gesicht gehört ein weißer Kinn- und Backenbart. Nur selten läuft er einem über den Weg; bei World's End im Gebiet um die Horton Plains taucht er manchmal in größeren Gruppen auf.

Das Krokodil ist das größte Reptil in Sri Lanka, das wir überall in Flüssen und Teichen antreffen. Diese Tiere sind sehr scheu und tun niemandem etwas zuleide; hin und wieder hört man von einem, das Menschen anfällt. Jetzt gerade ist ein menschenfressendes Krokodil in einem Seitenfluß der Mahaweli in Verugal vor der Ostküste ausgemacht worden. Der Wasserwaran, der in den Bergen um

Kandy und den Ufergebieten der Trockenzone lebt, sowie der weitverbreitete Leguan, ein Insektenfresser, der auf Bäume klettert, kommen ebenfalls in Sri Lanka vor.

Von den zahlreichen Schlangenarten sind die wenigsten giftig. Zu den Giftschlangen gehören die Kobra, Paraguda, die Viper und die rötliche *boiga forsteni.* Alle vier sind sehr aggressiv, der Biß der ersten drei ist tödlich. Giftig oder nicht – Schlangen sind nur schwer im Dschungel auszumachen, da sie sich gut in den Büschen verstecken, mehr im kühlen Unterholz sich aufhalten als bei offener Hitze. Die größte Schlange auf der Insel ist die Pythonschlange, eine nichtgiftige Riesenschlange. Im Wilpattu-Nationalpark gibt es viele Pythons.

Obwohl es hin und wieder Meldungen von Schlangenbissen aus entlegenen Dörfern gibt, sollte man in den Parks keine Angst haben und die Wege am besten nicht verlassen. Wenn jemandem der Sinn nach einem Abenteuer steht und er quer durch die Wälder aufbrechen möchte, sollte er wenigstens den folgenden Ratschlag befolgen: trockene Blätterhaufen und Ballen getrockneten Grases besonders beachten, es sind Lieblingsverstecke der Schlangen.

Ein Paradies für Vogelliebhaber

Wer auch nur einige Kilometer in Sri Lanka herumgefahren ist, der wird bestätigen können, daß es für Vogelliebhaber ein wahres Paradies ist. Mehr als 400 Arten sind hier zu Hause, seßhafte Vögel und Zugvögel.

In den Städten und den dichter besiedelten Gebieten ist es mit Sicherheit die Krähe, die als allererste mit ihrem lauten Gekrächze den Neuankömmling grüßt. Wie überall, so ist auch in Sri Lanka der Haussperling allgegenwärtig; manche betrachten ihn als Glücksvogel und sind froh, wenn er irgendwo unter dem Dach oder in kleinen Töpfen sein Nest baut. Der schokoladefarbene Star, ein intelligenter und aufdringlicher Vogel, sowie die schwarzweiße Elster, die so schön singt, sind ebenfalls vornehmlich Stadtbewohner.

Zu den Vögeln, die sich sowohl in menschlichen Siedlungen wie im einsamen Dschungel wohl fühlen, gehören: Koel, Krähenfasan, die breitschnabelige Blauracke, die Goldamsel, der Bartvogel, viele Papageienarten, Sittiche und Loris und (falls man einen Teich hat) der Eisvogel, der Kiebitz sowie der Fischreiher.

Die allermeisten Vögel leben in den bewaldeten Gebieten, die sich von den Tälern zu den Vorbergen bis hinauf zu den Gipfeln erstrecken. Der schöne Pfau und die grellbunten Dschungelvögel, die nicht weit fliegen können, bleiben im Tal und im Vorgebirge.

Hier findet man auch den Goldregenpfeifer, den Drongo, Ceylon-Iora, den Nonnen-

Das große Krokodil im Dschungel von Wilpattu starrt den Besucher an (oben). Von allen Lebewesen auf Sri Lanka vermehren sich die Teichfliegen am schnellsten.

webervogel sowie den klassischen Sänger Shama mit seinem schwarz-orangefarbenen langen Schwanz. Zu den Raubvögeln zählen der Brahiminy-Falke, der Schlangenadler und der majestätitsche Seeadler.

Manche Vögel wie der hübsche kleine Steinschmätzer, der Fliegenfänger und der Falkenadler, der edelste unter den Raubvögeln auf Sri Lanka, bevorzugen die Berge.

Die beste Zeit für Vogelbeobachter ist zwischen September und April, wenn Abertausende von Zugvögeln ihre Nester bauen. Viele Zugvögel sind Wasservögel, wie Flamingo, Regenbrachvogel, Pfuhlschnepfe, Regenpfeifer und Strandläufer, Enten und Reiher. Typische Landvögel sind der Bienenfresser mit dem Kastanienkopf, der schöne Paradies-Fliegenfänger, der Wanderfalke und der Shahinfalke.

In der Literaturliste findet der Vogelliebhaber eine Reihe von Büchern aus dem Bereich der Ornithologie. Eine besonders ergiebige Quelle speziell über die Vögel auf der Insel Sri Lanka ist das ausgezeichnete Buch von G. M. Henry, Guide to the Birds of Ceylon.

Der Kampf gegen Wilderer

Eine strenge Gesetzgebung verbietet nicht nur die Jagd auf sämtliche Tiere (Ausnahme das Wildschwein), sondern auch den Transport von Tierkörpern sowie den Besitz von Fellen und anderen „Trophäen“ ohne amtliche Erlaubnis. Dennoch wird erschreckend viel gewildert. Der Handel mit Wildfleisch wurde sogar zu einem blühenden Geschäftszweig; zusammen mit dem unerlaubten Fällen von Bäumen in großem Maßstab haben organisierte Wilderer von Sri Lanka und seinen Bewohnern große Opfer gefordert. Am meisten leidet der Bestand an Leoparden; oft wird dieses unglückselige Tier mit vergiftetem Fleisch gefangen, damit sein Fell keinen Schaden nimmt.

Das Department of Wild Life hat nicht genügend Mittel und Fahrzeuge, um überall aufzupassen. Und doch verdient der Idealismus und der Einsatz der Beamten Respekt; in den letzten Jahren wurden mehrere Parkwachen erschossen, andere beim Versuch, an den Grenzen zu den Nationalparks Wilderer zu stellen, schwer verletzt.

Von staatlicher Seite versucht man einiges, um der Bedrohung der Tierwelt und der Wälder Einhalt zu gebieten. Man hat zusätzliche Gebiete als Nationalparks ausgewiesen, um sie besser als die offenen Wälder kontrollieren zu können. Elefantenpfade wurden ausgehauen, um diese großen Tiere in besonders geschützte Gebiete treiben zu können. Der Tierschutz in Sri Lanka bekam zusätzlichen Auftrieb durch den Besuch des Präsidenten des World Wildlife Fund, H. R. H. Prinz Philip, Duke of Edinburgh, im Jahre 1982. Er rief einen „Save the Elephant Fund“ ins Leben, eine gemeinnützige Organisation, die Spendenbeiträge aus der ganzen Welt entgegennimmt.

Viele private Initiativen zum Vogel- und Naturschutz sind in letzter Zeit entstanden, auch im Schulunterricht wird das Thema Naturschutz behandelt. Die älteste und aktivste Organisation des Naturschutzes des Landes, die Wild Life and Nature Protection Society of Ceylon, hat ihre Anstrengungen zum Schutz der Tiere und der Umwelt verstärkt.

Die größte Errungenschaft der Gesellschaft ist der Aufbau von Brutstationen für Schildkröten in den Küstengebieten. Die Zuchtstation in Kosgoda an der Südküste hat innerhalb kürzester Zeit erstaunliche Erfolge erzielen können. Zehntausende von winzigkleinen Schildkröten hat man über einen kleinen Sandstreifen den Weg ins relativ sichere offene Meer gebahnt.

Die Tiere von Sri Lanka stehen mitten im Überlebenskampf: Wilderer, Großprojekte und andere sogenannte Symbole des „Fortschritts“ bedrohen ihr Leben. Vielleicht ist es noch nicht zu spät; es bleibt die Hoffnung, daß das geschärfte öffentliche Bewußtsein der Zerstörung des Dschungels und seiner Bewohner Einhalt gebieten wird.

Meerschwalbe ▲

▼ Grüner Bienenfresser

Gemeiner Sandpfeifer ▼

▲ Kleiner Mennigvogel

Schlangenadler ▲

Bunter Hornschnabel ▲

▼ Löffelreiher

Pfuhlschnepfe ▲

▼ Rotbärtiger Kiebitz

KURZFÜHRER: AUF EINEN BLICK

Anreise nach Sri Lanka

Sri Lanka ist eine Insel und ist daher nur per Flugzeug und im Schiff anzusteuern.

Per Flugzeug:

Die meisten Gäste kommen am Colombo International Airport an. Dieser Katunayake International Airport ist 34 km nördlich vom Zentrum Colombos bei Katunayake gelegen. Es ist der einzige internationale Flughafen von Bedeutung.

Air Lanka (UL), die staatliche Fluggesellschaft, fliegt Europa an (Frankfurt, London, Paris, Rom, Zürich, Wien), den Nahen Osten (Abu Dhabi, Kuwait, Bahrain), Indien (Bombay, Madras, Thiruchirapalli, Trivandrum) sowie Südostasien (Hongkong, Bangkok, Jakarta, Singapur). Die Malediven werden täglich angeflogen.

Folgende Gesellschaften bieten Flüge nach Sri Lanka an: Aeroflot (SU); Air Lanka (UL); Condor Airways (DF), Chartermaschinen; Gulf Air (GF); Indian Airlines (IC); Korean Airlines (KE); KLM Royal Dutch Airlines (KL); Kuwait Airways (KU); LTU (LT), Chartermaschinen; Malaysian Airlines System (MAS); Maledives International Airlines (RO); Pakistan International Airlines (PK); Royal Nepal Airlines (RA); Singapore Airlines (SQ); Swissair (SR); Thai Airways International (TG); UTA French Airlines (UT). Im Anhang finden Sie einige Adressen.

Per Schiff:

Eine Fähre verkehrt normalerweise zwischen Rameswaram in Südindien und Talaimannar in Sri Lanka. Während des Monsuns – etwa zwischen November und Dezember – wird der Betrieb unterbrochen. Wegen der augenblicklichen Rassenunruhen zwischen Tamilen und Singhalesen ist diese Schiffsverbindung aber bis auf weiteres eingestellt.

Kreuzfahrtschiffe laufen nur noch selten Sri Lankas Häfen an. Die Fahrpläne und Anlegezeiten ändern sich je nach Bedarf von Jahr zu Jahr. Am besten wendet man sich an die Reisebüros, um herauszufinden, welches Schiff die für Sie geeignetste Route im Programm hat. Einige Schiffe auf Weltreise steuern Sri Lanka nur kurzzeitig an (die PO-Schiffe und die Queen Elizabeth II. z.B.), andere bieten regionale Kreuzfahrten an (CTC).

Neben den offiziellen, von den Reisebüros angebotenen Fahrten mit Passagierschiffen gibt es wie bei vielen anderen Reiseländern auch bei Sri Lanka die Möglichkeit, mit einem Frachtschiff die Insel anzusteuern. Allerdings sind es jeweils nur wenige Kabinen, die zur Verfügung stehen. Einzelheiten erfahren Sie bei den Schiffahrtsgesellschaften.

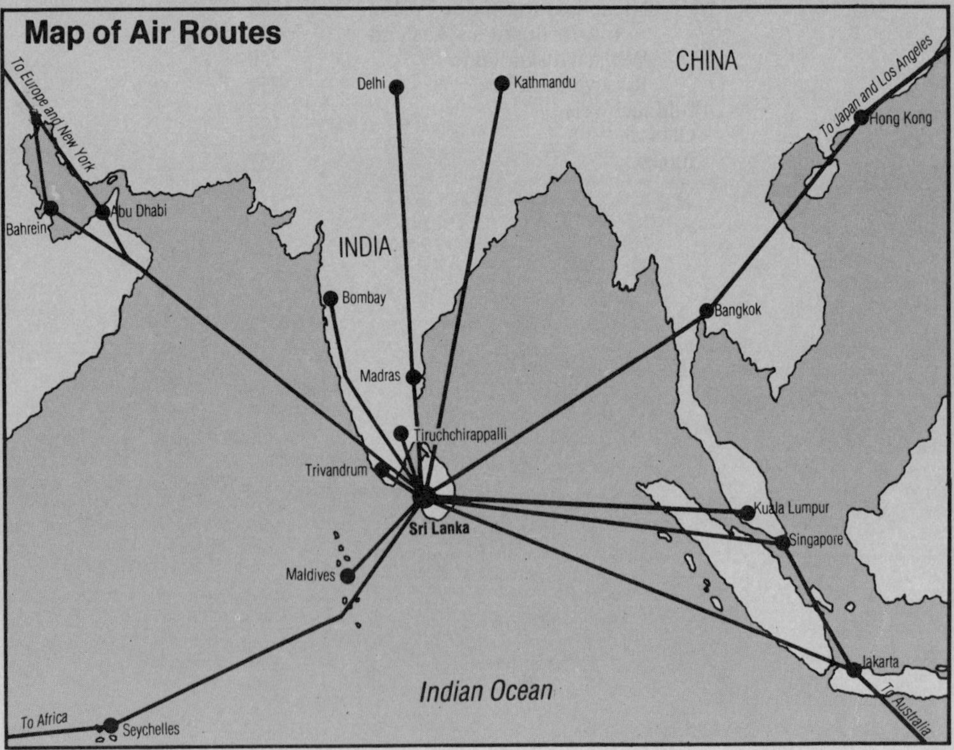

Reiseformalitäten

Visa:

Bei der Einreise benötigt man einen gültigen Paß. Bürger aus Großbritannien, aus Kanada, der Republik Irland, aus Malaysia, aus Pakistan und Singapur brauchen für die ersten drei Monate kein Visum. Ohne ausdrückliche Anfrage bekommt man aber bei der Einreise nur noch ein 30-Tage-Visum. Die Bürger folgender Länder können ohne Visum bis zu 30 Tage bleiben: Australien, Belgien, Bundesrepublik Deutschland, Dänemark, Finnland, Frankreich, Indonesien, Italien, Japan, Jugoslawien, Katar, Südkorea, Kuwait, Liechtenstein, Luxemburg, Neuseeland, Niederlande, Norwegen, Österreich, Philippinen, Saudi-Arabien, Schweden, Schweiz, Spanien, Thailand, USA, Vereinigte Arabische Emirate. Alle anderen müssen bei der Einreise ein Visum vorweisen.

Visa sind bei den konsularischen Vertretungen Sri Lankas erhältlich. Sollte in Ihrem Land keines eingerichtet sein, sind die britischen Vertretungen dafür zuständig. Es empfiehlt sich, das Visum rechtzeitig vor Antritt der Reise zu beantragen (drei bis vier Wochen Bearbeitungszeit zuzüglich der Zustellung mit der Post).

Bei folgender Behörde kann man das Visum in Sri Lanka verlängern lassen: **Department of Immigration and Emigration,** Unit 6, Galle Buck Road, Colombo 1 (Tel. 29851); man folge dem Wegweiser zu *„Registration for Indian Nations (People of Indian Origin)"*, auch wenn Sie kein Inder sind. Das Verfahren nimmt bestimmt einen halben Tag in Anspruch.

Wer nicht aus einem Commonwealth-Land kommt, muß sich außerdem beim **Aliens Bureau,** 5. Stock, New Secretariat Building, Colombo 1 (Tel. 21111) melden, bevor er das Visum verlängern läßt.

Unabhängig von Ihrer Staatsangehörigkeit müssen Sie „ausreichend" Geldmittel für Ihren Aufenthalt vorweisen sowie ein Rückflugticket bzw. Geld, ein solches zu kaufen.

Impfbescheinigungen:

Die Gesundheitsbehörden verzichten auf Impfbescheinigungen, es sei denn, Sie sind in den zwei Wochen vor der Einreise durch infiziertes Gebiet gekommen. In diesem Fall muß man Impfbescheinigungen gegen Pocken, Cholera und/oder Gelbfieber vorweisen.

Auch wenn die Choleraimpfung nicht mehr verlangt wird, sollte man sie unbedingt machen lassen. 1982 wurden mehrere Cholerafälle bekannt; Vorsicht ist besser als Nachsicht.

Wie alle Tropenländer kennt auch Sri Lanka Moskitos und in ihrem Gefolge Malaria. Medikamente dagegen (verschreibungspflichtig) sollte man wenigstens eine Woche vor der Reise einnehmen und frühestens zwei Wochen nach der Rückkehr wieder absetzen. Außerdem empfiehlt es sich, ein Insektenschutzmittel, Sonnenschutz mit hohem Schutzfaktor, Salztabletten und ein Mittel gegen Durchfall mitzunehmen. Näheres unter **„Für den Notfall"**.

Transit und Abreise:

Bei der Abreise wird das Reisegepäck kontrolliert. Etwa 3 kg Tee kann man zollfrei ausführen. Auf jedes weitere Pfund wird eine Zollgebühr von Rs 8.50 erhoben. Edelsteine kann man ausführen, falls sie von dem Geld gekauft wurden, das auf der Devisenbescheinigung aufgeführt ist. Die Quittungen für den Einkauf wie für den Geldumtausch müssen vorgelegt werden. Geschenkte Edelsteine können mit Genehmigung des **Controller of Exchange,** Central Bank, Colombo, und des **Controller of Imports and Exports,** National Mutual Building, Chatham Street, Colombo 1, ausgeführt werden.

Der Export von Antiquitäten, die älter als 50 Jahre sind, ist verboten; ebenso die Ausfuhr wilder Tiere, von Vögeln oder Reptilien bzw. Teilen davon, es sei denn, man kann die entsprechenden Lizenzen vorlegen.

Rupien müssen vor der Ausreise auf der Bank oder am Exchange Schalter im Flughafen umgetauscht werden.

Eine Abfluggebühr wird beim Verlassen Sri Lankas erhoben; am Flughafen Katunayake sind das pro Person Rs 100. Am Hafen von Colombo müssen vor der Abfahrt ebenfalls in Landeswährung Rs 2.50 entrichtet werden. Wenn Sie die Zollkontrolle hinter sich haben und bereits eingecheckt sind, können Sie im sogenannten Transit/Departure Lounge in aller Ruhe auf den Abflug warten. In diesem Bereich sind eine ganze Reihe von Geschäften angesiedelt, die ihre Waren dutyfree anbieten: Tee, allerhand Handarbeiten sowie Bücher. Eingekauft werden kann natürlich nur in ausländischer Währung. Auch ein Restaurant finden Sie hier, eine Möglichkeit, sich vor der Reise etwas zu entspannen.

Zoll:

Bei der Ankunft muß man auf dem offiziellen Formular angeben, wieviel Geld man bei sich hat (s. **Währung und Umtausch).** Auch sämtliche Edelsteine, die aus Sri Lanka stammen, müssen hier aufgeführt sein.

Folgende Waren kann man zollfrei einführen:

1) 200 Zigaretten bzw. 50 Zigarren oder 375 Gramm Tabak oder eine entsprechende Kombination aller drei. Das Gesamtgewicht darf die 375 g nicht überschreiten.

2) 1½ Liter Spirituosen, zwei Liter Wein und eine kleine Menge Parfüm;

3) Ihre Sportkleidung und Ausrüstung (Sauerstoffgerät, Tennisschläger, Surfbretter, Kanus von bis zu 16 m Länge); alles muß wieder mitgenommen werden;

4) Die Fotoausrüstung, Radios, Kassettenrecorder und Schreibmaschinen, wenn sie bei An- und Abreise aufgeführt sind;

5) Filme zum persönlichen Gebrauch.

Sri Lanka untersagt die Einfuhr von Narkotika, Pornographie (Literatur, Filme, Fotos etc.), Schußwaffen und Munition.

Geldumtausch:

Umgang mit Devisen: Bei der Einreise in Sri Lanka müssen alle ausländischen Devisen deklariert werden. Die Devisendeklaration (Exchange Control Form D) ist der Landungskarte, die im Flugzeug ausgefüllt wird, angeheftet. Diese Karten sollten Sie nicht verlieren, sondern sorgfältig aufbewahren, denn sie muß immer dann vorgezeigt werden, wenn Sie irgendwo Rupien Sri Lankas gegen ausländisches Geld eintauschen möchten. Denn jeder einzelne Geldumtausch während des Sri Lanka-Aufenthalts muß auf dem Formular vermerkt sein; andernfalls muß man die entsprechende Quittung vorweisen können. Wir raten dringend (!), weder das Formblatt D noch die Umtauschbescheinigungen wegzuwerfen. Sie können sich bei der Ausreise Unannehmlichkeiten ersparen. Rupien Sri Lankas (Rs) darf man keinesfalls außer Landes nehmen, und ohne die Vorlage des genannten Formblatts D ist es nicht möglich (außer unter ganz extremen Umständen), Rupien, die nicht ausgegeben wurden, wieder zurückzutauschen.

Alle Banken können umtauschen, auch viele Hotels; große Firmen, vor allem Fluggesellschaften, dürfen auch ausländische Währung annehmen. Man erkennt sie an einem leicht sichtbaren Zeichen und ihrer Lizenznummer. Geldhändler ohne Lizenz sind nicht befugt, Geld umzutauschen.

Indische und pakistanische Währung darf nicht eingeführt werden; die Rs 250, die man mitbringen darf, muß man beim Zoll deponieren und kann sie bei der Ausreise abholen – wenn die entsprechenden Formulare vorgelegt werden.

Landeswährung: Eine Sri Lanka-Rupie hat 100 Cents. Es gibt 1, 2, 5, 10, 25 und 50-Cent-Münzen sowie 1, 2 und 5-Rupienstücke. Banknoten gibt es zu 2, 5, 10, 20, 50, 100, 500 und 1000 Rupien. Die Scheine sind bunt und je nach Wert und Ausgabejahr verschieden groß. Hält man die Banknoten gegen das Licht, erkennt man den Sinhala-Löwen als Wasserzeichen.

Der Wert der Rupie hängt von den Fluktuationen des Weltmarkts ab. Die Umtauschsätze stehen in den Tageszeitungen. Im März 1986 galten die folgenden Umtauschsätze: Rs 27,6 für einen $ US, Rs 40,5 für ein Pfund Sterling, Rs 4,01 für einen Franc, Rs 12,28 für eine DM, Rs 1,76 für einen öS, Rs 14,8 für einen sfr.

Kleine Landeskunde

Staat und Wirtschaft:

Sri Lanka Janarajaya bzw. Republik Sri Lanka ist der offizielle Name der ehemaligen britischen Kolonie Ceylon.

Die Verfassung von Sri Lanka ist nach dem Vorbild der 5. Republik Frankreichs gestaltet. Der Präsident Junius Richard Jayawardene vertritt die United National Party; 1978 wurde er zum ersten- und 1982 zum zweitenmal für nunmehr sechs Jahre gewählt. Der Premierminister heißt Ranasinghe Premadasa.

Die Bevölkerung von annähernd 16 Millionen lebt größtenteils auf dem Lande; die Hauptstadt Colombo hat 1 Million Einwohner.

Tee ist der bei weitem wichtigste Exportartikel; er bringt jährlich 180 Millionen US $ an Devisen ein – das ist mehr als die Hälfte der Exporterlöse des Landes. Die zweitgrößte Devisenquelle sind die Überweisungen von Sri Lankanern, die im Nahen Osten arbeiten, gefolgt vom Tourismus; außer Tee werden Gummibäume, Kokospalmen und Gewürze, vor allem Zimt, angebaut. Edelsteine (Saphire) haben ebenfalls eine große wirtschaftliche Bedeutung.

Das BSP (Bruttosozialprodukt) betrug 1979 US $ 3,35 Milliarden; das pro-Kopf-Einkommen 1978 US $ 168.

Klima:

Sri Lanka weist ein für die Größe des Landes erstaunlich vielfältiges Klima auf. Dürre, wüstenähnliche Gebiete wechseln ab mit grünen Tropenwäldern, sonnigen Stränden und neblig-feuchten Höhenzügen. Außerdem hat Sri Lanka aufgrund des Monsuns eine „trockene" und eine „nasse" Saison – und zwar beides gleichzeitig auf den einander gegenüberliegenden Seiten der Insel.

Die perlenförmige Insel mit ihren 65608 km² kennt einen Nordost- und einen Südwestmonsun. Der Sommer- oder Südwestmonsun bringt der West- und Südküste ergiebige Regenfälle, und zwar etwa von Mai bis Juli/August. Der Winter- oder Nordostmonsun versorgt die Ostküste und das Tiefland der östlichen und nördlichen Landesteile mit Niederschlägen; er setzt etwa im Dezember ein und dauert bis Februar. Auch während des Monsuns scheint täglich die Sonne; Regen fällt nur nachmittags und abends.

Sri Lanka ist im Indischen Ozean zwischen 5°55′ und 9°55′ nördlicher Breite und 79°42′ und 81°52′ östlicher Länge gelegen. Seine größte Nord-Süd-Ausdehnung beträgt 435 km, und die Insel ist bis zu 225 km breit. 644 km nördlich des Äquators an der Südostspitze Indiens gelegen, hat Sri Lanka hohe Durchschnittstemperaturen. Die flachen Küstengebiete sind am wärmsten; je höher man kommt, desto frischer wird es.

In Colombo hat es durchschnittlich 27°C. In Kandy (305 m hoch) werden nur noch 20° gemessen. In Nuwara Eliya, das in 1890 m Höhe inmitten von Bergen liegt, ist die Durchschnittstemperatur 16°C. Nachts kann es recht kühl werden; sogar Frostgefahr besteht zuweilen.

Am höchsten klettert das Quecksilber von März bis Juni, während November und Januar die kühlsten Monate sind. Die Unterschiede zwischen „heißer" und „kalter" Jahreszeit sind gering. Die Wassertemperatur im Indischen Ozean bleibt das ganze Jahr bei 27°C konstant.

Oktober/November ist die „Zwischen-Monsun"-Saison, in der auf der ganzen Insel Regen und

Gewitter vorkommen. Lassen Sie sich von diesem Regen nicht abschrecken, denn er ist etwas sehr Erfreuliches und Erquickendes. Wenn es den ganzen Tag über heiß, schwül und stickig ist, wird man froh sein, wenn der Himmel seine Schleusen öffnet und es in Strömen gießt. Auch Pflanzen und Tiere freuen sich über den Regen. Blumen fangen an zu duften, auf Straßen und Wegen bilden sich unzählige kleine Seen. Und vor allem verschwinden die Moskitos. Lange dauert der Spuk nicht. Genauso plötzlich wie der Regen begonnen hat, hört er auch wieder auf, und die Sonne scheint wieder wie zuvor.

Was trägt man am besten?

Wegen der Hitze in Sri Lanka ist leichte Baumwollkleidung am bequemsten zu tragen. Frauen sollten allenfalls am Strand Shorts tragen, sonst nicht; ein leichter Rock mit T-Shirt oder Bluse ist allemal angenehmer und kühler als Shorts. Ein leichtes Baumwollkleid sollte man auch einpacken, nicht dagegen Nylonstrümpfe; erstens sind sie zu heiß, und zweitens landesunüblich. Shorts beim Mann sind gerade noch tragbar, auch die Schulbuben haben welche (Erwachsene in Sri Lanka meiden sie). Ein leichtes Hemd und lange Hose empfehlen wir. Außer im Hill Club von Nuwara Eliya braucht man nirgends eine Krawatte.

Wer einen Ausflug ins kühle Bergland (z. B. nach Nuwara Eliya) plant, sollte sich etwas wärmer anziehen. Da man sehr schöne Spaziergänge in dieser Gegend machen kann, sind feste Schuhe zu empfehlen. Nachts kann es recht frisch werden, weshalb man gut daran tut, einen Pullover mitzubringen.

Sandalen oder Slipper sind Sri Lanka weit angemessener als Halbschuhe; bei der Besichtigung von Tempeln und heiligen Stätten kann man sie rasch ausziehen. Angst vorm Barfußgehen? Die meisten Tempel haben nichts gegen Socken an Ihren Füßen einzuwenden. Eine Sonnenbrille braucht man auf jeden Fall auch; da gute in Sri Lanka kaum zu haben sind, sollte man eine von zu Hause mitbringen.

Die Zeitzonen:

Die Ortszeit von Sri Lanka errechnet sich nach dem Nullmeridian von Greenwich + 5.30 Stunden. Wenn es auf Sri Lanka 12 Uhr mittags ist, ist es
6.30 in London
7.30 in Paris, Rom, Madrid und Bonn
9.30 in Athen, Kairo und Johannesburg
10.30 in Moskau
12.00 im Bombay
13.30 in Bangkok und Jakarta
14.30 in Singapur
15.30 in Tokio
16.30 in Sidney
20.30 (des vorigen Tags) auf Hawaii
22.30 (des vorigen Tags) in San Francisco und Vancouver
1.30 in New York und Montreal

Andere Länder, andere Sitten

Daß man in Sri Lanka höflich miteinander umgeht, ist wie anderswo in der Welt eine Selbstverständlichkeit. Einige Punkte sind besonders zu beachten.

Sri Lanka ist ein geschichtsträchtiges Land und die Heimat der großen Religionen der Welt – Buddhismus, Hinduismus, Christentum und Islam. Vielfach sind Aberglauben, Religion und Tradition eine Mischung eingegangen und prägen das Verhalten der Menschen.

Wenn Sie einem buddhistischen Mönch begegnen und ihm Respekt erweisen wollen, halten Sie die Hände in Gebetshaltung knapp unterhalb des Kinns; kein Händedruck, Mönche sollten nicht berührt werden. Wer einem Mönch etwas schenken möchte, sollte es mit beiden Händen tun zum Zeichen, daß es aus freiem Willen und nicht aus Verpflichtung geschieht. Geld dürfen die Mönche nicht anrühren; Geldgeschenke legt man in die Opferschale im Tempel.

Beim Eintritt in einen Tempel oder in andere religiös verehrte Stätten muß man Kopfbedeckung und Schuhe ablegen. Es gilt der Satz „Einmal ein Tempel, immer ein Tempel". Selbst Orte, die nur noch aus Schutt bestehen, sind dennoch heilig und müssen entsprechend geachtet werden.

Bei religiösen Feiern tragen Buddhisten Weiß. Weiß ist auch die Farbe des Todes. Bei einem Begräbnis werden Straßen und Gehsteige mit weißen Fähnchen versehen, und Palmwedelbüsche *(gokkola)* werden über die Straße gehängt. Auch bei anderen Prozessionen und Feierlichkeiten werden *gokkola* verwendet.

In vielen Teilen der Welt bedeutet Kopfschütteln von einer Seite zur anderen ein „Nein", Nicken von oben nach unten dagegen ein „Ja". In Sri Lanka kennt man eine weitere Kopfbewegung, das „Wakkeln", eine Mischung von Nicken und Schütteln. Dem Fremden mutet es merkwürdig an, in Sri Lanka bedeutet es was Positives: Zustimmung, Beifall oder schlicht „ja".

In ganz Südasien ist es immer noch üblich, sich nach der Darmentleerung mit Wasser und der linken Hand zu reinigen. Die linke Hand gilt deshalb als unrein und sollte z. B. beim Essen nicht gebraucht werden. Das gilt auch dann, wenn Sie Toilettenpapier verwendet und sich brav mit Seife die Hände gewaschen haben. In Sri Lanka ißt man nur mit den Fingern der rechten Hand, das gilt auch, wenn man mit Besteck ißt. Beim Weiterreichen einer Schüssel o. ä. streng darauf achten, ebenfalls nur die rechte Hand oder auch beide Hände zu nehmen. Linkshänder kommen nicht umhin, vor der Reise zu üben, wie man mit der rechten Hand ißt und sollten dies bewußt als Begegnung mit einer anderen Kultur begreifen.

Wie soll man sich verhalten, wenn man von Bettlern angesprochen wird? Das ist gar nicht so einfach; das Betteln war in Asien stets üblich und gilt als gesellschaftlich akzeptabel. Buddhistische Mönche müssen auf jeden persönlichen Besitz verzichten und für ihren Lebensunterhalt betteln gehen. Laien „erwerben sich Verdienste", wenn sie Mönchen und bedürftigen Menschen etwas geben, und so hat sich das Betteln eingebürgert.

Betteln ist aber auch ein ganz profaner Beruf und damit zum Ärgernis für den Touristen geworden. Professionelle Bettler stehen ständig an allen touristisch interessanten Plätzen und in belebten Straßen. Horden von Kindern schreien den Fremden hinterher: „Gib mir Rupien, Kulis, Bonbons".

Der Staat bietet kostenlose medizinische Versorgung und Schulbildung; offiziell will man das Betteln bei den Tempeln unterbinden. Solange es Menschen gibt, die tatsächlich Geld, Kulis und Bonbons hergeben, wird sich das Problem nur noch verschärfen. So hart es klingt, man sollte grundsätzlich Bettlern nichts geben und das mit einem reinen Gewissen, denn indirekt kommt Ihr Geld ja doch auch den Bettlern zugute. Man verlangt gesalzene Eintrittspreise bei den Zoos, Gärten und archäologischen Stätten, außerdem eine horrend hohe Hotelsteuer, um damit die Sozialleistungen finanzieren zu können.

Stromversorgung:

In Sri Lanka hat man 230–240 Volt Wechselstrom. Die meisten Steckdosen sind dreipolig. Wir möchten warnen: die Stromversorgung in Sri Lanka bricht allzu leicht zusammen; wie selbstverständlich stehen daher in den Hotelzimmern Kerzen. Bringen Sie doch auch eine gute Taschenlampe mit – für alle Fälle.

Maße und Gewichte:

Offiziell wurde in Sri Lanka 1981 das English Standard-System abgeschafft und das metrische System eingeführt; seitdem bemüht man sich, alles umzustellen; das dürfte noch geraume Zeit in Anspruch nehmen. Die Entfernungen sind an den Straßen von Sri Lanka sehr gut markiert. Ende 1982 waren die meisten Entfernungsangaben in Kilometer; die Nebenstraßen haben noch Meilenangaben oder aber beides. Um die Sache noch zu erschweren: manche Autos zeigen Kilometer, manche Meilen an; außerdem sind die englischen Gewichts- und Längenmaße (ounces, pounds, inches, miles) noch fest im Bewußtsein der Menschen verankert.

Eine Maßeinheit wird Ihnen mit Sicherheit irgendwo begegnen: *lakh.* Ein *lakh* bedeutet 100000 von allem und jedem, wovon gerade die Rede ist (Geld, Steine etc.).

Banken:

Die Banken sind im allgemeinen montags von 9.00 bis 13.00, an den anderen Werktagen bis 13.30 geöffnet. Samstag, Sonntag und an Feiertagen sind sie geschlossen. Am Tag vor einem Feiertag machen sie manchmal auch früher zu.

Die Bank von Ceylon hat eine Reihe von Schaltern eingerichtet, an denen man außerhalb der Öffnungszeiten umtauschen kann.

- Bank of Ceylon (Erdgeschoß), York Street, Colombo 1, Tel. 28521; von 8.00 bis 20.00 Uhr auch am Wochenende und an Feiertagen.
- Hotel Taprobane, York Street, Colombo 1, 9.00 bis 16.00 Uhr (außer am Wochenende und an Feiertagen).
- Bureau de Change, 5th City Branch, York Street, Colombo 1, 8.00 bis 16.00 Uhr (außer am Wochenende und Feiertagen).
- Bureau de Change, Hotel Taprobane, York Street, Colombo 1, samstags, sonntags und an Feiertagen von 8.00 bis 16.00 Uhr.

Credit Cards:

Die großen Hotels akzeptieren die meisten bekannten Kreditkarten. In vielen Geschäften und Restaurants kann man ebenfalls mit Credit Cards bezahlen. Manchmal wird versucht, bei Einkäufen mit Credit Cards Zuschläge zu verlangen; da das nicht erlaubt ist, sollten Sie es auf keinen Fall dulden.

Öffnungszeiten:

Die meisten Firmen und Behörden in Sri Lanka geben an, sie hätten von Montag bis Freitag zwischen 8.30 und 16.30 Uhr geöffnet. Das wird recht flexibel gehandhabt, am besten man ruft vorher an, ob jemand da ist oder ob vielleicht gerade Mittagspause gehalten wird. Manche Firmen arbeiten auch am Samstag vormittag.

Banken haben feste Öffnungszeiten (s. **Banken).** An den Feiertagen ist fast alles zu, und Sri Lanka kennt viele buddhistische, hinduistische und christliche Feiertage. Die *poya*-Tage – (Vollmond) – gelten ebenfalls als Feiertage; die meisten Firmen sind geschlossen. Wie an den buddhistischen Feiertagen wird kein Alkohol ausgeschenkt, alle Vergnügungsstätten sind geschlossen. Es gibt Hotels, die ihren Gästen zuliebe Sonderregelungen eingeführt haben.

Zahlreiche Feiertage basieren auf dem Mondkalender und finden jedes Jahr an einem anderen Tag statt. Dienstleistungen für Touristen werden auch an Feiertagen erbracht.

Die Feiertage des Jahres 1986:

14. Januar (Dienstag) Tamil Thai Pongal-Tag
24. Januar (Samstag) Duruthu Poya (Vollmond)-Tag
4. Februar (Dienstag) Nationalfeiertag
24. Februar Navam Poya (Vollmond)-Tag
8. März (Samstag) Maha Sivarathri-Tag
25. März (Dienstag) Medin Poya (Vollmond)-Tag
28. März (Freitag) Karfreitag
13. April (Sonntag) Letzter Tag vor Neujahr für Singhalesen und Tamilen
14. April (Montag) Neujahr für Singhalesen und Tamilen
24. April (Donnerstag) Bak Poya (Vollmond)-Tag
1. Mai (Donnerstag) Maifeiertag
22. Mai (Donnerstag) Heldengedenktag
23. Mai und 24. Mai (Freitag und Samstag) Vesak Poya (Vollmond)-Tage
10. Juni (Dienstag) Id-ul-Fitr (Ramadan-Fest)
21. Juni (Samstag) Poson Poya-Tag (Vollmond)-Tag
30. Juni (Montag) besonderer Bankfeiertag
20. Juli (Sonntag) Esala Poya (Vollmond)-Tag
17. August (Sonntag) Id-ul-Alha (Haji-Fest)
19. August (Dienstag) Nikini Poya (Vollmond)-Tag
17. September (Mittwoch) Binara Poya (Vollmond)-Tag
17. Oktober (Freitag) Wap Poya (Vollmond)-Tag
1. November (Samstag) Deepavali-Fest
15. November (Samstag) Milad-un-Nabi (Geburtstag des Propheten) und Il Poya (Vollmond)-Tag

15. Dezember (Montag) Unduvap Poya (Vollmond)-Tag
25. Dezember (Donnerstag) Weihnachtsfeiertag
31. Dezember (Mittwoch) besonderer Bankfeiertag

Alle gesetzlichen Feiertage sind zugleich Bankfeiertage. Außerdem sind der 30. Juni und der 31. Dezember Bankfeiertage.

Diplomatische Vertretungen

Die meisten asiatischen und die großen westlichen Staaten sind in Sri Lanka mit Botschaften bzw. Konsulaten vertreten. Sie stehen für Anfragen und in Notfällen zur Verfügung. Daneben haben eine Reihe von Botschaften (die amerikanische, britische, französische und deutsche) eine Bibliothek und halten für In- und Ausländer kulturelle Veranstaltungen ab.

Im **Anhang** sind alle diplomatischen Vertretungen aufgeführt.

Reiseinformationen

Hinweis: Wegen der augenblicklichen politischen Lage (Rassenunruhen) ist im Augenblick ein Besuch des Nordens (Jaffna) und des Ostens (Trincomalee, Nilaveli) nicht möglich.

Das Tourist Information Center (TIC), das das staatliche Tourist Board unterhält, steht für alle Arten von Auskünften über Land und Leute, Veranstaltungen, Reiserouten, Fahr- und Flugpläne zu Ihrer Verfügung; man stellt auf Anfrage auch Gruppenreisen mit Führungen zusammen. TIC verteilt auch schriftliche Informationen. Vierteljährlich erscheint *Sri Lanka Accomodation* und halbjährlich *Sri Lanka Tourist Information.* Alle Leistungen des TIC bis auf die Organisation der Gruppenreisen sind kostenlos.

Der Hauptsitz des Tic befindet sich 228, Havelock Road, Colombo 5; Auskunftsstellen 41, Glen Aber Place, Colombo 4; Lower Catham Street, Colombo 1. Informationsschalter befinden sich am Katunayake Airport (Tel. 0302411) und am Passenger Jetty im Hafen von Colombo (Tel. 21807). Auch in Kandy gibt es ein Büro des TIC: c/o Kandyan Arts Association, 72 Victoria Drive.

Foto/Filme:

Sri Lanka ist wahrlich ein El Dorado für den Fotografen – der genug Filme bei sich hat. Filme sind, falls überhaupt welche aufzutreiben sind, *sehr* teuer und wohl auch sehr alt. Schwarzweißfilme kann man im Land entwickeln lassen, Farbfilme nimmt man besser mit nach Hause.

Bei der Kontrolle am Flughafen könnten die Filme Schaden nehmen; man sollte sie daher in einem gesonderten Beutel aufbewahren und von Hand kontrollieren lassen. Belichtete Filme auf keinen Fall im Gepäck durch die X-Ray-Kontrolle lassen und damit die Bilder ruinieren.

Um an einigen interessanten Stätten fotografieren zu können, braucht man eine Genehmigung. Wenn Sie vorhaben, die antiken Städte Anuradhapura, Polonnaruwa und Sigiriya aufzusuchen und Zeit und Geld sparen wollen, dann besorgen Sie sich am besten das „Cultural Triangle" Ticket in Colombo; sie haben dann Zutritt zu allen Ausgrabungsstätten, Monumenten und Museen und können nach Belieben fotografieren. Dieses all-round Ticket ist für Rs 225 beim **Commissioner of Archaeology,** Sir Marcus Fernando Mawatha, Colombo 7, Tel. 94727 (gegenüber dem Nationalmuseum) erhältlich.

Einzelgenehmigungen kann man direkt vor Ort erwerben – in Anuradhapura, Polonnaruwa und Sigiriya – sie kosten jeweils Rs 75. Die Eintrittsgebühr für die Nationalmuseen in Colombo, Anuradhapura und Kandy beträgt je Rs 20 ohne Genehmigung zum Fotografieren.

An den anderen religiösen Stätten bekommt man bei der Tempelverwaltung einen Erlaubnisschein. (Aukana, Dambulla und der Zahntempel von Kandy kosten Rs 15; Mihintale Rs 10.)

Fotografieren darf man unter dem Vorbehalt, daß Personen nicht aufgenommen werden dürfen, es sei denn in ehrfürchtiger Haltung. Damit ist schlicht gemeint, daß man sich nicht vor heiligen Monumenten und Bildern ablichten lassen darf.

Verkehrsmittel

Vom und zum Flughafen:

Es gibt drei Möglichkeiten, vom Flughafen in die Stadt zu kommen – Taxi, Bus und Zug. Am teuersten sind die Taxis (ca. Rs 350), aber auch die schnellste und bequemste Art, die 34 km bis zum Stadtzentrum von Colombo zurückzulegen. Die Taxifahrer am Flughafen bringen Sie direkt zum Hotel. Es geht zwar langsam voran, doch vor allem bei Tage, wenn zahllose Autos, Ochsenkarren, Fahrräder, Lastfahrzeuge und Fußgänger die Straßen bevölkern, ist es eine interessante kleine Reise.

Das Hotel Taprobane in Colombo unterhält einen eigenen Bus mit Klimaanlage, der für Rs 55 vom Flughafen zum Colombo Fort fährt. Tickets für diesen Bus bekommt man am Flughafen und in allen großen Hotels.

Das Ceylon Transport Board (CTB) unterhält einen stündlichen Busverkehr vom und zum Flughafen. Dieser Bus kostet Rs 3.20. Wer viel Gepäck hat, dürfte sich in dem überfüllten, heißen Bus nicht wohlfühlen. Man spart zwar Geld, kann jedoch auch einen bösen Reinfall erleben, wenn sich ein Taschendieb ans Gepäck heranmacht; einige sollen sich auf die Flughafenbusse spezialisiert haben.

Dann gibt es die Minibusse unter privater Regie, die schneller als die CTB-Busse fahren – manchmal schon zu schnell. Über den Fahrpreis muß man reden; Ausländern wird mehr abverlangt als den Einheimischen. Korrekt ist ein Fahrpreis um die Rs 10 für die Fahrt nach Colombo; nach Kandy – drei Stunden Fahrzeit – kostet es etwa Rs 20. Diese Mini-Busse stehen am Flughafen und dort, wo die Flughafenstraße die nach Negombo kreuzt. Sie fahren zum Hauptbahnhof in Colombo (in der

Nähe des Fest-Viertels). Wer viel Gepäck hat, sollte auch sie meiden.

Der Bahnhof von Katunayake ist ganz in der Nähe des Flughafens. Züge vom Flughafen verkehren um 7.56, 8.30 und 16.32 Uhr; sie brauchen knapp 1½ Stunden bis nach Colombo. Von Colombo zum Flughafen geht es um 5.10, 6.25 und 15.20 Uhr. Für die meisten Touristen, die in Sri Lanka ankommen, sind das keine günstigen Fahrzeiten. Der Fahrpreis beträgt Rs 7.50 bzw. Rs 10 (dritte bzw. zweite Klasse). Fahrscheine für die Fahrt nach Colombo muß man am Flughafen lösen.

Das Fischerdorf Negombo mit seinen Strandhotels, nur 13 km vom Flughafen entfernt, dient vielen Besuchern als erste Station und als Ausgangspunkt für eine Reise durch Sri Lanka. Eine Taxifahrt nach Negombo kostet Rs 100. Es gibt auch einen regelmäßigen Busverkehr. Einige Hotels in Negombo holen ihre Gäste auch selbst vom Flughafen ab.

Inlandflüge:

Da Sri Lanka relativ klein ist und wenige Großstädte aufweist, gibt es keinen nennenswerten Inlandflugverkehr. Einmal am Tag geht eine Maschine vom Flughafen Ratamalana (etwa 18 km südlich von Colombo Fort) nach Jaffna, Trincomalee und Batticaloa. Upali unterhält auch einen Hubschrauberdienst, der die ganze Insel versorgt und Flugpreise verlangt, die nach Flugdauer gestaffelt sind. Auch Charterflüge werden angeboten. Näheres erfahren Sie bei Upali Travels, 34 Galle Road, Galle Face, Colombo 3, Tel. 20465 oder 29399.

Air Taxi Ltd. bietet Charterflüge mit fünfsitzigen Cessna-Maschinen an. Am Flugplatz Ratamalana ist der Hauptsitz der Firma. Air Taxi berechnet den Flugpreis nach der Flugzeit und fliegt Batticaloa, Hingurakgoda (bei Polonnaruwa), Vavuniya, Anuradhapura, Kankesanthurai, Koggala, Sigiriya, Amparai, Puttalam, Katunayake und Trincomalee an. Von Wirawila aus werden auch noch Yala und Kataragama angeflogen. Näheres bei Wing Commander, Noel Fernando, Manager, Thomas Cook's Overseas Ltd., 15 Sir Baron Jayatilleke Mawatha, Colombo Fort, Tel. 22511 oder 22514.

Die Air Force Sri Lankas bietet auch Charterflüge an, und zwar in Hubschraubern und Flugzeugen, die bis zu 44 Menschen fassen. Die Preise bemessen sich ausschließlich nach den Flugstunden. Weitere Informationen bei „Helitours", Sri Lankan Air Force Headquarters, Sir Chittampalam Gardiner Mawatha, Colombo, Tel. 31584 und 33184.

Busse:

Die Busse des Ceylon Transport Board (CTB) sind alles andere als ein angenehmes Fortbewegungsmittel. Sie sind immer voll, die Luft ist stickig, man hält laufend an und kommt nur langsam voran. Allerdings: Das billigste öffentliche Transportmittel der Welt sind sie ganz sicher und: sie fahren auch in die entlegensten Winkel. Eine kurze Strecke mag angehen, weite Strecken mit viel Gepäck sollte man jedoch in einem anderen Verkehrsmittel zurücklegen. CTB bietet eine Reihe von Expressbussen an. Auskünfte erteilt der Central Bus Station, Oleott Mawatha, Colombo 11, Tel. 28081.

Privatfirmen fahren mit japanischen Kleinbussen fast alle Orte der Insel an. Sie sind weit schneller und bequemer als die öffentlichen Busse, kosten aber etwas mehr; nach westlichen Maßstäben sind sie jedoch immer noch sehr billig. (Colombo – Galle kostet etwa Rs 15.) Die Kleinbusse stehen am Bahnhof von Colombo und fahren los, wenn sie fast voll sind; man kann sie auch unterwegs heranwinken. Im Zweifelsfall fragt man jemand, wo die Busse stehen.

Es gibt auch klimatisierte Busse; je nach Firma variieren die Preise; Fahrpläne und Reiseziele ändern sich laufend. In jedem Reisebüro oder Tourist Information Center hilft man Ihnen, die passendste Möglichkeit herauszufinden.

Taxis:

Taxis verkehren in Colombo, Galle, Kandy und Jaffna. Man erkennt die Fahrzeuge am gelben Dach und dem weißen Nummernschild mit roten Nummern und am Wagentyp; die meisten sind nämlich alte britische Morris Minors. Ein Taxameter ist vorgeschrieben; wenn der Fahrgast eingestiegen ist, muß das Fähnchen abgemacht werden. Pro Kilometer müssen mindestens Rs 7,50 bezahlt werden. Da die meisten Taxameter offenbar zu schnell laufen, kommt man meistens nicht unter Rs 10 pro Kilometer weg. Die „Autoshaws", das sind Roller mit drei Rädern, die in Colombo und Galle eingesetzt sind, dürften pro Kilometer Rs 6 kosten.

Zugverbindungen:

1845 gründeten die Briten auf Ceylon die erste Eisenbahngesellschaft; 1867 schließlich fuhren die ersten Züge zwischen Colombo und Kandy. Unter den Briten erlebten die Eisenbahnen ihren Höhepunkt, das Schienennetz wurde auch in entlegene Teile ausgebaut. Dann fehlten Lokomotivführer, die wirtschaftliche Lage verschlechterte sich, viele Strecken wurden nicht mehr bedient und verfielen.

Obwohl das Streckennetz heute eingeschränkt ist, verbindet die Eisenbahn die wichtigsten Orte. Häufig führen die Züge aber nur Wagen der zweiten und dritten Klasse. Die erste Klasse bietet eine Klimaanlage, einen Aussichtswagen oder einen Schlafwagen. Dafür wird dann auch ein Zuschlag erhoben, den vor allem ausländische Touristen aber gern dafür zahlen. Erste-Klasse-Wagen haben die Nachtzüge und der Zug von Colombo nach Nanu Oya/Badulla.

Der Hauptbahnhof liegt in Colombo Fort; in alle wichtigen Städte fährt regelmäßig ein Zug ab.

Die Strecke Colombo-Kandy-Nanu Oya (bei Nuwara Eliya)-Badulla durch das Hill Country ist landschaftlich sehr schön. Der erste Zug fährt täglich um 5.55 Uhr in Colombo ab. Die Fahrt bis Kandy dauert drei Stunden. Dieser Zug von Colombo hält in Kandy, fährt dann ins Bergland hinein und kommt 13.29 Uhr in Nanu Oya und um 17 Uhr in Badulla an. Der 9.30-Uhr-Zug fährt nicht über

Kandy, sondern direkt nach Nanu Oya (15.28) und weiter nach Badulla (19.05). Ein Nachtzug nach Badulla fährt 20.15 in Colombo ab und ist rechtzeitig zum Frühstück in Badulla. Dann gibt es noch drei Züge, die zwischen Colombo und Kandy und zurück verkehren.

Jetzt gibt es auch einen Intercityzug im Stundentakt zwischen Colombo und Kandy für nur Rs 20. Um 7.00 geht es in Colombo ab, 2½ Stunden später ist man in Kandy. Nur einmal, an der Peradeniya Junction, wird gehalten. Platzkarten werden ausgegeben, so daß jeder, der eine Fahrkarte hat, auch sitzen kann. Stehen im Zug ist nicht erlaubt. Die Züge führen einen Speisewagen mit. Die Züge nach Kandy sind sehr gefragt, man sollte rechtzeitig das Ticket besorgen. Für ebenfalls Rs 20 verkehrt ein Eilzug zwischen Colombo und Galle, der auch in Bentota und Hikkaduwa hält.

Die Strecke Colombo-Polonnaruwa-Trincomalee-Batticaloa ist auch viel befahren. Bis Batticaloa ist man 7½ bis 9½ Stunden unterwegs. Abfahrten sind in Colombo um 6.05 und 20.00 Uhr.

Zahlreiche Züge befahren die Strecke Colombo-Bentota-Hikkaduwa-Galle-Matara. Die Strecke nach Galle an der Südwestküste ist landschaftlich interessant. Bis Matara ist es dann noch eine Stunde.

Jaffna ist die wichtigste Stadt im Norden und die Hochburg der Tamilen, wenn auch nur wenige Touristen dorthin fahren. Wegen der augenblicklichen politischen Lage fahren derzeit keine Züge nach Jaffna.

Wer aus Südindien kommt bzw. übersetzen möchte, fährt mit der Fähre, die zwischen Talaimannar und Rameswaram in Indien eingesetzt ist. Die Züge von Colombo über Anuradhapura fahren täglich, allerdings geht nur dreimal wöchentlich eine Fähre, während des Wintermonsuns von November bis Januar wird der Verkehr ganz eingestellt. Tickets nach Südindien kann man in Colombo kaufen (Zug und Fähre kombiniert). In Talaimannar am Hafen kann man keine Fahrkarten kaufen. Die Schiffsverbindung ist wegen der Rassenunruhen bis auf weiteres eingestellt.

Man kann auch an einer Rundreise mit dem Zug teilnehmen, die einen bis sechs Tage dauert. Man fährt in Luxusabteils mit Klimaanlage und wird im Zug verköstigt; die Übernachtungen und der Transfer vom Zug in die Hotels sind im Preis inbegriffen.

Genaueres erfahren Sie über **Ceylon Government Railway,** Tourist Information Office, Colombo Fort Railway Station, Tel. 35838. Der Prospekt Sri Lanka Tourist Information enthält u. a. einen Fahrplan und eine Liste mit den Fahrpreisen.

Mit dem Auto unterwegs:

Erstaunlich und doch sehr zu Ihrem Vorteil ist die Tatsache, daß man in Sri Lanka ein Auto mit Chauffeur billiger haben kann als eines, das Sie selbst fahren. Die Autoverleiher sind skeptisch gegen die Selbstfahrer; das Risiko, eines der kostbaren Gefährte zu verlieren, ist ihnen zu groß.

Eine Autofahrt in Sri Lanka setzt fast schon Todesverachtung voraus. Wer sich mit den Fahrgewohnheiten dieses Landes nicht auskennt und mit den Straßen nicht vertraut ist, sollte sich lieber von einem Einheimischen durchs Land fahren lassen. Die Straßen sind eng, kurvenreich, spielende Kinder, Vieh, Fahrradfahrer, Lastwagen und unberechenbare Busse tummeln sich auf ihnen. Verlassen Sie sich daher auf den Fahrer – er kennt das Land und spricht Englisch, ersetzt also auch noch einen Reiseführer.

Vermietet werden die Autos für Rs 5 und Rs 6.50 pro Meile (ohne Klimaanlage) und Rs 6 bzw. Rs 7,50 mit Klimaanlage je nach Größe und Ausstattung des Fahrzeugs. Auch Kleinbusse und Omnibusse kann man für Gruppenreisen mieten. Wenn die Nacht außerhalb von Colombo verbracht wird, bekommt der Fahrer Spesen im Wert von Rs 30 pro Nacht. Hotels und Gasthäuser stellen meist ein Quartier für den Fahrer, ohne es zu berechnen.

Die Fahrt mit dem Mietauto plus Chauffeur durch die Insel ist wohl die einfachste und angenehmste Art, Sri Lanka kennenzulernen. Die Reisebüros können Autos besorgen und Reiserouten zusammenstellen helfen, falls Sie noch keine ausgearbeitet haben.

Wer trotz allem selbst fahren möchte, sei an die Reisebüros und die Autovermietungen verwiesen (im Anhang stehen die Adressen).

Die Automobile Association of Ceylon, 40 Sir Macan Marker Mawatha, Galle Face, Colombo (Tel. 21528) sagt Ihnen, was der Autofahrer in Sri Lanka alles wissen und beachten muß.

Sogar Motorräder können Sie mieten; die Preise sind sehr unterschiedlich. In vielen Teilen des Landes kann man auch Fahrräder mieten – in Hotels, Pensionen und bei kleinen Händlern. Sie müssen nur danach fragen. Man sollte wissen, daß die Fahrräder nicht unbedingt den TÜV-Bestimmungen entsprechen. Mal fehlt eine Bremse, mal sind die Reifen porös. Bevor man losradelt, sollte man das Gefährt gründlich inspizieren; es könnte sonst ein teurer Ausflug werden.

Unterkunft

Die Auswahl an Zimmern und Unterkünften aller Kategorien ist in Sri Lanka sehr vielfältig. Neben Luxushotels von internationalem Niveau stehen einfache Pensionen, Wohnheime und Privatunterkünfte zur Verfügung. Nicht überall steht ein Luxushotel, doch in den meisten größeren Orten findet man ein annehmbares Zimmer.

Die Preisunterschiede sind enorm. Oft sind billigere Gasthäuser schöner als teurere Unterkünfte. Die Zimmerpreise orientieren sich an der Lage des Hauses, an der Größe und der Nachfrage. In den Touristenzentren kostet dasselbe Zimmer während der „Saison“ unter Umständen doppelt so viel wie zu den anderen Jahreszeiten. Dafür haben dann viele Hotels Preisnachlässe für Einheimische, wenn keine Touristensaison ist.

Außer in Colombo und in einigen wenigen Strandhotels haben die Zimmer keine Klimaanlage. Dann ist jedoch ein Ventilator vorhanden, der durchaus ausreicht. Wenn erforderlich, sind auch Moskitonetze über den Betten angebracht. Wenn man ruhig schlafen will, sollte man sie auch benutzen. Manche Hotels sprühen am Abend die Zimmer aus, um die lästigen Plagegeister fernzuhalten.

Fließend warmes Wasser ist auf Sri Lanka eine Seltenheit, die nur die führenden Hotels zu bieten haben. Problem ist dies aber kaum eines, weil auch das „kalte" Wasser eher warm als kalt ist.

Bitte beachten: In Sri Lanka gibt es kleine Cafés, Tee- und Imbißstuben, die sich „Hotel" nennen, obwohl sie keinerlei Zimmer anzubieten haben.

Im Anhang findet der Leser eine Liste mit Unterkünften aller Art. Die Hotels sind streng nach Lage und Preisen eingeteilt. In Colombo und einigen großen Strandhotels bezahlt man für ein Doppelzimmer US $ 60 und mehr. Dann gibt es Zimmer für US $ 30 bis 60 (Rs 600 bis Rs 1200) und sogar welche für US $ 12,50 (Rs 250) in den preisgünstigen Hotels. Außer in den sehr belebten Touristenzentren kann man sämtliche Hotels in die Kategorie „günstig" einstufen.

Pensionen sind meist umgebaute Wohnhäuser, die jetzt als Gästehaus dienen. Auch hier sind die Unterschiede, was Komfort betrifft, sehr groß. Im Normalfall kostet das Doppelzimmer in einer Pension (guest house) zwischen Rs 125 und Rs 350; oft ist das Frühstück im Preis inbegriffen.

Für den Rucksacktouristen mit wenig Geld empfehlen wir die Lektüre von Tony Wheelers Buch Sri Lanka: A Travel Survival Kit; dort steht, wo man besonders günstig unterkommt.

Post und Telefon

Post:

Das Hauptpostamt (General Post Office, Janadhipathi Mawatha, Colombo Fort) ist rund um die Uhr geöffnet (Briefmarken, Telefondienst). Ein Schalter „Tourist Only" ist allein dazu da, den Touristen Auskunft über das Briefporto zu geben und Briefmarken zu verkaufen. Im allgemeinen wird man da schneller bedient, weil dieser Schalter nicht so belagert ist wie die anderen. Der Schalter „Inquiries" (Auskunft) ist meistens besetzt; auch postlagernde Sendungen werden in der General Post Office aufbewahrt (Tel. 26203).

Das Air Mail-Porto ist gestaffelt: Rs 5 nach Europa, Rs 7 nach Amerika; Aerogramme kosten immer Rs 3,50. Das Inlandporto beträgt 50 Cents für den Normalbrief. (Aktuelle Daten vor Ort erfragen!) Bei der Aufgabe eines Luftpostbriefes bleibt man am besten so lange am Schalter, bis er abgestempelt ist. Für diesen Zweck gibt es einen Extra-Schalter.

Wichtige Briefe sollte man per Einschreiben schicken. Pakete müssen mit grünem Begleitschein versehen sein, auf dem Inhalt und Wert der Sendung angegeben sind. Geld sollte man niemals mit der Post schicken.

Die Postämter sind im allgemeinen so lange geöffnet wie alle anderen staatlichen Behörden. Manche haben auch längere Schalterstunden.

Die einfachste Methode, Briefe aufzugeben, ist immer noch, es vom Hotel erledigen zu lassen.

Telefon und Telegramme:

Ortsgespräche in Colombo kosten eine Rupie; viele Hotels berechnen diese Gebühren nicht. Inlandgespräche, die handvermittelt werden, kosten mindestens 3 Rupien. Im Selbstwähldienst kosten die ersten beiden Minuten vier Rupien und jede weitere Minute 50 Cents.

Auslandsgespräche kann man vom Hotel und von Privatwohnungen mit Selbstwähleinrichtung aus führen. Es gibt auch die Möglichkeit, das Gespräch über eine Nummer zu führen, die ein Konto für Auslandsgespräche hat; oder aber man bezahlt das Gespräch im voraus auf dem Postamt.

Sie können auch auf den Telecommunications-Ämtern (Telefon, Telex und Kabeldepeschen) ins Ausland telefonieren. Der Schalter des Central Telegraph Office (CTO) an der Duke Street, Colombo Fort, ist täglich rund um die Uhr geöffnet (Tel. 24340, 25799, 27176, 27187). Im Hauptpostamt ist auch das Overseas Telecommunications Exchange untergebracht; hier kann man einige Länder direkt anwählen. Die großen Hotels bieten im allgemeinen nicht nur Telekommunikationsdienste, sondern auch Sekretariatsdienste an. Auch einige Privatfirmen in Colombo haben sich darauf spezialisiert.

Medien

Zeitungen:

Tageszeitungen erscheinen in englischer, singhalesischer und tamilischer Sprache. *Daily News* und *Observer* sind regierungsamtliche Zeitungen. Die Daily News erscheint morgens, der Observer nachmittags. The Sun und The Island sind in Privatbesitz und haben hohe Auflagen.

The International Herald Tribune und The Daily Telegraph (britisch) kommen mit eintägiger Verspätung in die großen Hotels. Newsweek, Time, The Far Eastern Economic Review, Asiaweek sowie eine Reihe französischer und deutscher Publikationen sind ebenfalls erhältlich.

Fernsehen:

Das Fernsehen in Sri Lanka ist relativ jung; es gibt zwei Kanäle – ITN und Rupavahini (Singhalesisch für Fernsehen).

ITN beginnt sein Programm um 18.30 Uhr mit der Kindersendung; nach einer Reihe von Sendungen folgt um 21.30 Uhr das „News Magazine" auf Englisch. Nach zwei weiteren Sendungen ist gegen 23.00 Uhr Sendeschluß.

Rupavahini beginnt ebenfalls mit dem Kinderprogramm, aber um 18.00 Uhr. Um 19.00 Uhr folgen die Nachrichten auf Tamilisch, auf Singhalesisch (20.15) und auf Englisch (21.30). Einmal wöchentlich wird ein Spielfilm auf Singhalesisch ausgestrahlt. Auch Rupavahini hat um 23.00 Uhr Programmschluß.

Radio:

Die Sri Lankan Broadcasting Corporation sendet auf Singhalesisch, Tamilisch und Englisch zwischen 5.30 und 23.00 Uhr. Auch Sendungen nach Europa, Südostasien und Südasien werden ausgestrahlt, und zwar in Hindi, Urdu und auf Arabisch. Daneben gibt es einige Privatsender mit singhalesischen, tamilischen und englischsprachigen Sendungen.

Für den Notfall

Die berühmte strahlende Sonne von Sri Lanka kann sehr rasch eine empfindliche Haut verbrennen. Die intensive Tropensonne ist viel stärker und strahlt direkter als die Sonne in nördlichen Breiten. Um die Mittagszeit sollte man die Sonne ganz meiden. Wer sich um diese Zeit draußen aufhält, sollte einen Schirm oder einen breiten Hut haben. Die Sonnenanbeter sollten ein Sonnenschutzmittel mit hohem Schutzfaktor verwenden. Auf Sri Lanka sind diese Mittel nur schwer aufzutreiben; daher sollte man sie mitbringen.

Das Klima von Sri Lanka ist viel heißer und feuchter als viele es gewohnt sind. Der Körper wehrt sich dagegen, indem er unablässig schwitzt, was zu hohem Flüssigkeits- und Salzverlust führt. Man muß daher sehr viel trinken. Wer ständig schwitzt und sich schwach und schwindlig fühlt, sollte aus der Sonne gehen, sich hinsetzen und etwas Salz zu sich nehmen.

Auf keinen Fall Leitungswasser trinken! Wasser sollte man überhaupt nur dann trinken, wenn man sicher weiß, daß es gekocht und gefiltert ist. Die größeren Hotels nehmen die Wasserversorgung der Gäste ernst. Wer dennoch skeptisch ist, halte sich an das in Flaschen abgefüllte Wasser (Soda) oder an die Limonaden. Gegen den Durst wirkt sehr gut das überall erhältliche King Coconut Water *(thambili)*, das häufig direkt aus der Schale getrunken wird. Bei den Obstsäften sollte man vorsichtig sein; die meisten sind mit Wasser verdünnt.

Obst muß vor dem Verzehr geschält werden; rohes Gemüse sollte man nicht essen, es sei denn, man kann es zuvor in abgekochtem Wasser putzen. Das nicht gekochte Wasser kann zu Amöbenruhr und anderen Krankheiten führen.

Vielleicht hören Sie hin und wieder etwas vom „Delhi Belly“ – US-Amerikaner sagen dazu „Montezuma's Revenge“ – gemeint ist immer dasselbe: man quält sich ab mit Durchfall, was recht unangenehm werden kann; am besten man behilft sich mit Lomotil-Tabletten – vorher vom Arzt verschreiben lassen. Auch Pepto-Bismol hat sich bewährt. Solche Mittel darf man auf keinen Fall zu Hause vergessen.

Krankenhäuser und Ärzte:

Sollten Sie einen Arzt benötigen: die meisten Hotels können einen vermitteln. Auch die diplomatischen Vertretungen haben für solche Fälle die Adressen von Ärzten, die zu empfehlen sind.

Auch das **Colombo General Hospital,** Regent Street, Colombo 8 (Tel. 91111) hat eine Ambulanz. Die am besten ausgestattete Kardiologie-Abteilung des Landes (Tel. 93039) ist in dieser Klinik. Die Bevölkerung von Sri Lanka hat kostenlose medizinische Versorgung, während Ausländer für bestimmte Leistungen zur Kasse gebeten werden. In vielen Fällen wenden sich Touristen lieber an die Privatkliniken (Adressen s. Anhang).

Homöopathische Heilmethoden sowie die Kräutermedizin („ayurvedic“) werden praktiziert im **Government Ayurvedic Hospital,** das in der Cotta Road, Borella, Colombo 8 (Tel. 595855) liegt.

Einen ärztlichen Notdienst außerhalb von Colombo gibt es kaum. Ambulante Versorgung im Notfall haben nur die großen Städte, z. B. Kandy und Jaffna.

Hunderte von Menschen fallen alljährlich der Tollwut und Schlangenbissen zum Opfer. Man sollte freilaufende Tiere nicht anrühren, auch wenn sie sehr zutraulich sind. Wer gebissen wurde, sollte sofort nach Colombo fahren und sich gegen Tollwut impfen lassen; in der Hauptstadt ist die Wahrscheinlichkeit, daß das Serum frisch und gut gekühlt ist, größer. Dasselbe gilt für das Serum, das gegen Schlangengift gespritzt wird.

Die meisten Drogisten führen auch Medikamente und betätigen sich als Apotheker. **Osu Sala,** die Apotheke der State Pharmaceutical Corporation von Sri Lanka, unterhält in Colombo und anderen Städten mehrere Filialen. Die Osu Sala an der Hospital Junction beim General Hospital in Colombo ist rund um die Uhr geöffnet (Tel. 94716). Andere Apotheken haben meist bis 22.00 Uhr geöffnet (s. Anhang).

Kriminalität:

Die Kriminalität in Sri Lanka ist, wie anderswo auch, beträchtlich. In den meisten Fällen handelt es sich um private Zwistigkeiten und Fälle von Blutrache, in die Touristen nicht verwickelt sind. Daneben haben jedoch die Diebstähle zugenommen. Man sollte selbst in einem verschlossenen Hotelzimmer niemals Wertgegenstände herumliegen lassen, sondern von den Hotelsafes unbedingt Gebrauch machen.

Im Notfall wende man sich an die „Tourist Police“, eine Spezialeinheit zum Schutze der Touristen. Im Hotel verbindet man Sie mit dieser Sonderpolizei, deren Verwaltung im Erdgeschoß des New Secretariat Building, Colombo Fort (Tel. 26941 bzw. 21111) untergebracht ist. Zweigstellen hat man in Mt. Lavinia, Bentota, Negombo und Hikkaduwa eingerichtet. Eine zentrale Verbindungsstelle ist in 41 Glen Aber Place, Colombo 4, zu finden.

Essengehen

In der aufstrebenden Metropole Colombo finden Sie eine große Auswahl an Restaurants internationalen Zuschnitts, deren Qualität immer besser wird. Die besten Restaurants sind im allgemeinen die in den großen Hotels; inzwischen haben auch in anderen Stadtteilen (Galle Road, Havelock Road, Duplication Road, Cinnamon Gardens) Restaurants aufgemacht. Die Imbißketten strecken ihre Arme auch nach Colombo aus, allen voran McDonald's mit der ersten Filiale in Colombo. Im Anhang sind die Restaurants aufgelistet.

In den anderen Städten ist man stark auf die Hotels und die Rest Houses angewiesen. Einige kochen gut, vielfach jedoch nur pseudo-europäisch. Leider werden die Currygerichte oft zu mild gewürzt, weil man glaubt, den Touristen damit einen Gefallen zu tun. Zum Frühstück kommen Eier und nochmals Eier auf den Tisch; am Abend vorher sollte man daher sagen, daß man ein landesübliches Frühstück möchte. Z. B. kann man die Hoppers bestellen, das beste, was die einheimische Küche diesbezüglich bietet.

Kulturelles

Museen:

Das bedeutendste Museum auf Sri Lanka ist das **National Museum** an der Sri Marcus Fernando Mawatha, Colombo 7 (Tel. 94767). Neben der großen Sammlung von Antiquitäten und Kunstgegenständen aus klassischer und moderner Zeit sind auch Staatsgeschenke ausgestellt worden. Daneben gibt es kulturelle und historische Ausstellungen sowie naturgeschichtlich bedeutsame Gegenstände. Das Museum ist von Sonntag bis Donnerstag von 9.00 bis 17.00 Uhr geöffnet. Außerdem gibt es in Colombo:

Das **Bandaranaike Museum** in der Bandaranaike Memorial International Conference Hall (BMICH) an der Bauddhalokha Mawatha, Colombo 7 (Tel. 91131). Geöffnet täglich außer montags von 9.00 bis 16.00 Uhr. Eine dem Leben und der Zeit des ehemaligen Premierministers S. W. R. D. Bandaranaike gewidmete Ausstellung.

Dutch Period Museum, Prince Street, Colombo 11 (Pettah). Geöffnet von 9.00 bis 17.00 Uhr (Sonntag bis Donnerstag). Das Museum wird gerade eingerichtet; es wird die Zeit von 1658 bis 1796 illustrieren.

Ratnapura Gem Bureau Museum, 10 Anderson Road bei Dickman's Road, Colombo 4 (Bambalapitiya), (Tel. 89787). Edelsteinmuseum mit Kunstgalerie. Eine Verkaufsausstellung.

Simamalaka Museum on Buddhism, Beira Lake, Sir James Pieris Mawatha, Colombo 2. Täglich v. 6.00 bis 22.30 Uhr. Der Gottesdienst um 6.00 Uhr ist öffentlich. Das nahegelegene **Gangaramaya Bhikkhu Training College,** 61 Sri Jinaratana Road, Colombo 2 (Tel. 27084 od. 35169) präsentiert ebenfalls buddhistische Gegenstände.

Museen in anderen Städten:

Anuradhapura Archaeological Museum (8.00 bis 16.00 Uhr außer Dienstag). Antiquitäten aus der Nord- und Ostprovinz.

Anuradhapura Folk Museum (9.00 bis 17.00 Uhr außer Freitag). Enthält wertvolle Gegenstände zur Anthropologie im Bezirk Vanni; landwirtschaftliche Geräte und Handarbeiten.

Jaffna Archaeological Museum (8.00 bis 16.00 Uhr außer Dienstag). Volkskunst, Funde der Ausgrabungen von Kantharodai sowie buddhistisch-hinduistische Skulpturen von der Halbinsel Jaffna.

Kandy National Museum (9.00 bis 17.00 Uhr außer Freitag). Dokumente und Gegenstände aus dem Kandy-Reich (sehr viel Schmuck und Haushaltsartikel).

Polonnaruwa Archaeological Museum (8.00 bis 16.00 Uhr außer Dienstag). Antiquitäten, Steinskulpturen und Inschriften von Polonnaruwa.

Ratnapura Gem Bureau and Museum, Getangama (Tel. 469). Interessante Edelsteinsammlung, Silber- und Goldarbeiten; angeschlossen ist eine Kunst- und Handarbeitengalerie. Edelsteine, Silber und Messing stehen zum Verkauf.

Ratnapura Gemmological Museum. Edelsteine, Mineralien mit guten Beschriftungen zur Mineralogie. Batiken und Edelsteine werden auch verkauft.

Ratnapura National Museum (9.00 bis 17.00 Uhr außer Freitag). Gegenstände aus frühgeschichtlicher Zeit, Fossile von Rhinozerossen, Nilpferden und Elefanten, die in Edelsteingruben entdeckt wurden.

Sigiriya Archaeological Museum (8.00 bis 16.00 Uhr außer Dienstag). Gegenstände, die bei Ausgrabungen in umliegenden Dörfern gefunden wurden.

Archäologische Museen haben auch Amparai, Dedigama, Panduvas Nuwara und Yapahuwa.

Zeitgenössische Kunst:

Beim Stichwort Kunst kommt dem Besucher Sri Lankas als erstes die klassische Periode in den Sinn: die Freskengemälde von Sigiriya und die zahlreichen Skulpturen in und an den Tempeln. Die Namen derer, die damals Pinsel und Meißel schwangen, sind verschollen.

Auch das moderne Sri Lanka hat einige sehr talentierte Künstler aufzuweisen. Am bekanntesten sind zwei Maler, die seit dem Zweiten Weltkrieg bis in unsere Tage gearbeitet haben. Der Stil des verstorbenen **L. T. P. Manjusri** entsprach dem der klassischen Tempelmalereien, die Arbeiten von **George Keyt** sind im Gegensatz dazu im abstrakten Stil gehalten (eine Anlehnung an Picasso ist zu sehen).

Am bekanntesten sind heutzutage die Arbeiten von **Senaka Senanayake.** Bereits als Teenager betätigte er sich künstlerisch und erwarb sich den Ruhm eines „Wunderkindes“. Jetzt ist er Anfang

30 und seine Werke waren bereits mehrmals in den USA und in Europa ausgestellt. Sein moderner und eigenständiger Stil hat überall große Anerkennung gefunden.

George de Neise und **David Paynter** haben späten Ruhm erlangt als zwei Künstler, die die Naturschönheiten Sri Lankas auf die Leinwand bannen konnten.

Viele Galerien im Umkreis von Colombo zeigen die Werke dieser Künstler:

Art Gallery, 106 Ananda Coomaraswamy Mawatha, Colombo 7 (Tel. 93965); täglich außer an *poya*-Tagen von 8.00 bis 17.00 Uhr. Neben der Dauerausstellung von Porträts werden viele Sonderausstellungen gezeigt.

Kalagaraya Art Gallery, 54 Ward Place, Colombo 7 (Tel. 94162). In der Alliance Francaise untergebracht (von 9.00 bis 13.00 Uhr und von 17.00 bis 19.00 Uhr). Eine Verkaufsausstellung moderner Malerei.

Lionel Wendt Memorial Art Center, 18 Guildford Crescent, Colombo 7 (Tel. 95794). Keine Dauerausstellung, nur Sonderausstellungen moderner Kunst.

Manjusri Home, 215 2/E Block, Anderson Golf Links Flat, Park Road, Colombo 5 (Tel. 82417). Nur nach Vereinbarung. Original Manjusri-Ölbilder und Aquarelle; einige Bilder zum Verkauf.

Ratnapura Gem Bureau Museum, 10 Anderson Road, Colombo 4 (Bambalapitiya), (Tel. 89787). Moderne und religiöse Malerei sowie Silber- und Messingarbeiten.

Sapumal Foundation, 32/4 Barnes Place, Colombo 7 (Tel. 95731). Nur nach Vereinbarung mit Mr. Harry Pieris. Privatsammlung; einiges verkäuflich.

Serendib Gallery, 100 Galle Road, Colombo 4. Handarbeiten, Antikes; Bilder und seltene Bücher werden verkauft.

Sharika Gallerie, Hotel Ceylon Intercontinental, 48 Janadhipathi Mawatha, Colombo 1 (Tel. 21221). Bilder-, Skulpturen- und Keramikhandel. Große Sammlung von Bildern Senaka Senanayakes.

Tilake Abeysinghe, 112/1 5th Lane, Colombo 3.

Vipula's Galeries, 12 Halgaswatte Lane, Colombo 6 (Tel. 553422).

Bibliotheken:

American Center, 39 Sir Ernest de Silva Mawatha, Colombo 7 (Tel. 91461).

British Council, Alfred House Terrace, bei Duplication Road, Colombo 4.

Children's Library (Kinderbibliothek der Überseeschule), 47–51 Muttiah Road, Colombo 2 (Tel. 25177).

Colombo Public Library, Sir Marcus Fernando Mawatha, Colombo 7 (Tel. 595156).

Gangaramaya Bhikkhu Training Center, 61 Sri Jinaratana Mawatha, Colombo 2 (Tel. 27084).

University of Colombo Library (Universitätsbibliothek), Colombo 7 (Tel. 86432).

Buchhandlungen:

Asoka Trading Co., Galle Road, Colombo 4 (Tel. 35501). Romane, Antiquariat, allgemeine Literatur.

Cargills Ltd., York Street, Colombo 1 (Tel. 29331). Im Handel erhältliche Bücher, Kinderbücher.

H. Wa. Cave and Co., Gaffor Building, Colombo 1 (Tel. 22675). Kinderbücher, Romane, Sachbücher.

C. L. S. Bookshop, 60 A Galle Road, Colombo 6 (Wellawatte). Christliche und allgemeine Literatur.

K. V. G. de Silva and Sons (Colombo), 415 Galle Road, Colombo 4 (Bambalapitiya) (Tel. 84146). Prosa, Nachschlagewerke, Kinderbücher, Sachbücher.

K. V. G. de Silva and Sons (Kandy), YMBA Building, Colombo 1, (Fort) (Tel. 26831); auch 86 D. S. Senanayake Vidiya, Kandy (Tel. 08-3254). Karten, Literatur, Nachschlagewerke, Kinderbücher.

M. D. Gunasena and Co., Olcott Mawatha, Colombo 1 (Tel. 23981). Sachbücher, Lehrbücher.

Lake House Bookshop, 100 Sir Chittampalam A. Gardiner Mawatha, Colombo 2 (Tel. 32104). Sachbücher, Taschenbücher, Kunsthandwerk.

McCallum Book Depot, Olcott Mawatha, Colombo 1 (Tel. 20611). Zeitschriften, Sachbücher.

J. L. Morrison, Son and Jones, Aluthmavata Road, Colombo 13 (Tel. 31441). Sachbücher, Nachschlagewerke.

Pragna Bookstore, 204 Galle Road, Colombo 4 (Tel. 81691). Christliche Literatur, Kassetten.

Serendib Gallery, 100 Galle Road, Colombo 4. Alte und seltene Bücher, Reiseliteratur.

Filme:

Der singhalesische Film steckt noch in den Kinderschuhen. Gemessen am internationalen Film ist die Handlung der Filme zu melodramatisch aufgebauscht, die Streifen sind zu lang. Doch es gibt Fortschritte.

Um 1940 wurde der erste Sinhala-Film gedreht. Sein Titel: „Broken Promise" (Gebrochenes Versprechen), ein Schwarz-Weiß-Tonfilm. Da das Geld fehlte und technische Probleme im Weg standen, kam man nur langsam voran, bis in den sechziger Jahren der erste Farbfilm in singhalesischer Sprache gedreht wurde. Seitdem ging es mit der Filmproduktion stetig aufwärts. Lester Peiris ist der bekannteste Regisseur in Sri Lanka. Seine beiden Filme „Kurulubedde" und „Gamperaliya" sind auch im Ausland ausgezeichnet worden.

In einigen Kinos in Colombo werden vor allem englischsprachige Produktionen gezeigt, so z. B. in

Liberty, 38 Dharmapala Mawatha, Colombo 3 (Tel. 25265).

Majestic, 782 Galle Road, Colombo 4 (Bambalapitiya) (Tel. 81759).

New Olympia, 95 T. B. Jayah Mawatha, Colombo 10 (Maradana) (Tel. 93141).

Regal, 8 Sir Chittampalam Gardiner Mawatha, Colombo 2 (Tel. 32936).

Savoy, 12 Galle Road, Colombo 6 (Wellawatte) (Tel. 88621).

Empire, Braybrooke Place, Colombo 2 (Tel. 23250).

Central, 151 Maradana Road, Colombo 10 (Tel. 31133).

Cinema Concord, 141 Galle Road, Dehiwala (Tel. 071-2759).

Gaiety, George R. de Silva Mawatha, Colombo 13 (Kotahena) (Tel. 25163).

Rio, 60 Kumaran Ratnam Road, Colombo 2 (Slave Island) (Tel. 32170).

Ruby, Jayantha Weerasekera Mawatha, Maligawatte, Colombo 10 (Maradana).

Theater:

Bandaranaike Memorial International Conference Hall (BMICH), Bauddhaloka Mawatha, Colombo 7 (Tel. 91131).

Cary College Hall, 28 Kynsey Road, Colombo 8 (Tel. 95603).

John de Silva Memorial Theatre, 3 Ananda Coomaraswamy Mawatha, Colombo 7 (Tel. 93965).

Ladies College Hall, Flower Road, Colombo 7 (Tel. 21014).

Lionel Wendt Memorial Theatre, 18 Guildford Crescent, Colombo 7 (Tel. 95794).

Lumbini Theatre, Skelton Gardens, Colombo 5 (Havelock Town) (Tel. 82006). Sehr gutes Sinhala-Theater.

Navarangahala Theatre, Racecourse Avenue, Colombo 7 (Tel. 94988).

New Kathiresan Hall, 339/10 Galle Road, Colombo 4.

Ramakrishna Mission Hall, 40 Ramakrishna Road, Colombo 6 (Wellawatte) (Tel. 88253).

Royal College, Racecourse Avenue, Colombo 7 (Tel. 91020). Studiert ein Schulstück pro Jahr ein.

St. Bridget's College Hall, 85 Alexandra Place, Colombo 7 (Tel. 93030).

Tower Hall, 43 Panchikawatte Road, Colombo 10 (Tel. 92945, 31878). Traditionelle Sinhala-Stücke.

YMBA Hall, 70 D. S. Senanayake Mawatha, Colombo 8 (Tel. 95786).

YMCA Hall, 7 Rotunda Gardens, Colombo 3 (Tel. 23498).

Technisches:

Meteorology Department and Observatory, 383 Bauddhaloka Mawatha, Colombo 7 (Tel. 94846). Von 8.30 bis 16.15 Uhr; schriftliche Anmeldung; verschiedene Instrumente sind zu sehen.

Planetarium, Universität von Colombo, Reid Avenue, Colombo 7 (Tel. 86499). Von 8.00 bis 16.15 Uhr Dienstag bis Samstag. Eintritt Rs 2 (Erw.), Kinder Rs 1. Veranstaltung am letzten Samstag eines jeden Monats mit Vortrag auf Englisch (um 15.30 Uhr).

Gottesdienste:

Buddhistisch

Asokarama Temple, Thimbirigasyaya Road, Colombo 5.

Gangarama Temple, 61 Jinaratana Road, Colombo 2.

Hatbodiya Temple, Hospital Road, Dehiwala.

Isipathanarama Temple, Isipathana Road, Colombo 5.

Kelani Raja Maha Viharaya, Kelaniya.

Vajiramaya Temple, Vajira Road, Colombo 5.

Mehr Information über Buddhismus und buddhistische Meditation erhält man bei:

The Buddhist Information Center, 50 Ananda Coomaraswamy Mawatha, Colombo 7 (Tel. 23079).

Buddhist Publication Society, 54 Sangharaja Mawatha, Kandy (Tel. 08-3679).

Museum on Buddhism at Gangaramaya Bhikku Training Centre, 61 Sri Jinaratana Road, Colombo 2 (Tel. 27084, 35169).

All Ceylon Buddhist Congress, 380 Bauddhaloka Mawatha, Colombo 7.

Christlich:

Anglikaner

Chathedral of Christ the Living Saviour, Bauddhaloka Mawatha, Colombo 7.

Christ Church, Galle Road, Colombo 3 (Tel. 25166).

Church of Ceylon, St. Paul's Milagiriya, Colombo 4 (Tel. 88712).

St. Luke's Church, Colombo 8 (Borella) (Tel. 91543).

St. Michael's and All Angels, St. Michael's Road, Colombo 3 (Tel. 23660).

St. Paul's Church, 123 Regent Street, Colombo 10 (Tel. 93037).

Baptisten

Baptist Church, 331 Grandpass Road, Colombo 14.

Baptist Manse (Cinnamon Gardens), 120 Dharmapala Mawatha, Colombo 7 (Tel. 95153).

Baptist Temple of Faith, 4 Jawatte Road, Colombo 5 (Tel. 85483).

Dutch Reformed (Holländisch reformiert)

Bambalapitiya Dutch Reformed Church, Galle Road, Colombo 4 (Tel. 82469).

Presbyterianer

St. Andrew's Church, Galle Road, Colombo 3 (Tel. 23765).

Methodisten

Methodist Church, Galle Road, Colombo 3 (Tel. 23033).

Mormonen

Church of Jesus Christ of Latter Day Saints, 102A Horton Place, Colombo 7 (Tel. 93794).

Römisch Katholisch

All Saints' Church, Campbell Place, Colombo 8 (Tel. 93051).

Holy Rosary Church, De Soysa Circus, Colombo 2 (Tel. 20158).

St. Lucia's Cathedral, Kotahena, Colombo 13 (Tel. 32080).

St. Mary's Church, Lauries Road, Colombo 4 (Tel. 88745).

St. Philip Neri's Church, Norris Road, Colombo 11 (Tel. 21367).

St. Theresa's Church, 364 Thimbirigasyaya Road, Colombo 5 (Tel. 83425).

Heilsarmee

Salvation Armee, 2 Union Place, Colombo 2 (Tel. 24660).

Seventh Day Adventist

Seventh Day Adventist, 7 Alfred House Gardens, Colombo 3 (Tel. 85851).

Hindus

New Kathiresan Temple, Galle Road, Colombo 4 (Bambalapitiya).

Old Kathiresan Temple, Galle Road, Colombo 4.

Sri Bala-selva Vinayagam Kovil, Colombo 10.

Sri Manikka Vinayagam Temple, Colombo 11.

Sri Muthuvinayagam Swami Kovil, 221 Sea Street, Colombo 11 (Tel. 35154).

Sri Samankodu Kadirvekanda Swami Kovil, Main Street, Colombo 11.

Islam

Bambalapitiya-Moschee, Buller's Road, Colombo 4.

Jami-ul-Alfar-Moschee, 2nd Cross Street, Colombo 11 (Pettah).

Kolupitiya-Moschee, Colombo 3.

Nachtleben

Ein nennenswertes Nachtleben gibt es auf Sri Lanka nicht. Außerhalb Colombos ist völlige Fehlanzeige, es sei denn, die Hotels organisieren etwas speziell für ihre Gäste.

In Sri Lanka gilt Essengehen als das Höchste an Abendprogramm. Die meisten Restaurants machen erst gegen 19.30 oder 20.00 Uhr auf. Und nach dem Essen? Drei Nachtklubs hat Colombo mit live Musik, Tanz und einer gelegentlichen Show:

Blue Leopard, Hotel Taprobane, York Street, Colombo 1 (Tel. 20931).

Little Hut, Mt. Lavinia Hotel, Mt. Lavinia (Tel. 71-5221).

Supper Club, Hotel Lanka Oberoi, Colombo 3 (Tel. 20001).

Daneben gibt es einige private Klubs. Das **Hotel Garden Topaz,** 502/1 Galle Road, Colombo 3 (Tel. 547605) beherbergt **Gaylord's Casino** (geöffnet von 20.00 bis 1.00 Uhr nur für Mitglieder; am Eingang kann man Mitglied werden; gespielt wird Roulette und Blackjack.

Alle sonstigen Unternehmungen sind „inoffizieller" Natur; die Taxifahrer wissen mehr darüber.

Sport

In Sri Lanka ist man im allgemeinen recht sportlich. Cricket und Rugby sind am populärsten. Die Cricketsaison beginnt im September und endet im April mit dem Wettkampf um die Lackspray Trophy, einem Spitzenturnier mit den großen Crikketklubs. Diese Wettkämpfe locken zahlreiche begeisterte Zuschauer an.

1982 wurde Sri Lanka Vollmitglied der International Cricket Conference und erlangte neben Indien, Pakistan, den West Indies, England, Australien und Neuseeland bei internationalen Turnieren einen offiziell anerkannten Status. Das erste Match gegen England ging zwar verloren; eine offizielle eintägige Partie gegen dasselbe Team wurde jedoch gewonnen.

Die Rugbysaison dauert von April bis August; Höhepunkt ist der Clifford Cup. Wie die Lackspray Trophy wird der Clifford Cup im Rahmen einer Liga ausgetragen; auch hier kommen die Zuschauer und Fans in Strömen. Das Rugby von Sri Lanka hat allerdings noch kein Weltniveau erreicht.

An dritter Stelle folgt Tennis. In den letzten Jahrzehnten sind aus Sri Lanka einige gute Spieler hervorgegangen; international blieben sie bedeutungslos. Im Davis Cup tritt das Sri Lanka-Team dennoch immer wieder an.

Fußball wird nicht sehr ehrgeizig betrieben (es wird nicht systematisch trainiert), und doch kommen zu den Spielen zahlreiche Zuschauer.

Badminton und Squash sind erst vor kurzem populär geworden. Seit Anfang der sechziger Jahre nehmen Spieler aus Sri Lanka am Thomas Cup-Turnier teil und haben dabei auch gegen führende Badminton-Nationen zuweilen nicht schlecht abgeschnitten. Squash gibt es erst seit ein paar Jahren; Wettkämpfe werden nur vereinzelt ausgetragen.

Mit der Einführung des Fernsehens 1979 stieß der Sport auf breiteres Interesse. Es gab Schulkinder, die eine Sportveranstaltung das erste Mal im Fernsehen sahen und dadurch zu sportlichen Aktivitäten animiert wurden. So könnte es in Zukunft möglich sein, Talente zu finden und für den Spitzensport auszubilden.

Regierung und große Wirtschaftsverbände setzen sich intensiv für den Sport ein; sie holen ausländische Trainer ins Land und gewähren großzügige finanzielle Hilfe.

Viele Sportklubs und Vereine in Sri Lanka nehmen auch für kurze Zeit Ausländer als Mitglieder auf. Zu erwähnen sind auch die Swimming Pools und Tennisplätze der Hotels. Das Hotel Ceylon Inter-Continental und das Lanka Oberoi Hotel verfügen auch über Squashplätze.

Im folgenden sind die wichtigen Sportstätten aufgeführt:

Cricket:

Bloomfield Cricket and Athletic Club, Reid Avenue, Colombo 7, Tel. 91419.

Dikoya and Maskeliya Cricket Club, Dikoya (Tel. 0512-216).

Nondescripts Cricket Club, 29 Maitland Place, Colombo 7 (Tel. 95293).

Uva Club, Bailey Road, Badulla (Tel. Badulla 216).

Angelsport:

Die Freunde des Angelsports können in Sri Lanka unter vier verschiedenen Variationen wählen: Bergbäche und Seen (für Forellen), Flüsse und Stauseen; Meeresbuchten und Brandung sowie Hochseefischen.

Über das Angeln auf den Horton Plains bzw. im Lake Gregory in Nuwara Eliya informiert der Direktor des **Department of Wildlife Conservation,** Zoological Gardens, Dehiwela (Tel. 71-4146).

Sie können sich auch an das **Game Range,** Department of Wildlife Conservation, Horton Plains, Ohiya, den **Hill Club** (Tel. 0522-231) oder das **Grand Hotel** in Nuwara Eliya (Tel. 0522-261) wenden.

Der **Ceylon Anglers Club,** Chaitya Road, Colombo 1 (Tel. 21752) nimmt Mitglieder auf und hilft bei der Vorbereitung von Angeltouren im ganzen Land. In diesem Klub erfährt man viel Wissenswertes.

Der **Ceylon Sea Anglers Club,** China Bay, Trincomalee (Tel. 28766), hat sich aufs Hochseeangeln verlegt. Im Klubgelände kann man angeln, schwimmen und eine begrenzte Zahl von Zimmern finden.

Sunstream Boat Services, National Holiday Resort, Bentota, kann Angeltouren auf hoher See arrangieren.

Golf:

Golf haben die Briten nach Sri Lanka importiert. Da es stets ein elitärer Sport war, konnte das Golfspiel nie richtig Fuß fassen. Immerhin gibt es auf Sri Lanka zwei gepflegte Golfplätze – einen in Colombo, einen in Nuwara Eliya.

Der **Royal Colombo Golf Club** (neun Löcher) ist an der Model Farm Road in Colombo 8 gelegen (Tel. 595431).

Der **Nuwara Eliya Golf Club** (18 Löcher) gilt als einer der schönsten in Asien (Tel. 0522-335).

Jagen ist auf Sri Lanka verboten.

Rudern und Segelsport:

Colombo Rowing Club, 51/1 Sir Chittampalam Gardiner Mawatha, Colombo 2 (Tel. 35758). Auf dem Beira Lake.

Ranmal Holiday Sport, Galle Road, Gorakana, Moratuwa (Tel. 072-7067). In diesem Klub kann man rudern, bootfahren, angeln und segeln.

Unterwassersport:

Den folgenden Ratschlag haben wir von Rodney Jonklass, dem Profi-Taucher:

Sie sollten immer ihre eigene Ausrüstung dabei haben (Maske, Schnorchel und Flossen). Wenn es nicht ins Gepäck paßt, kauft man sich in Colombo eine Ausrüstung und verkauft sie an Ort und Stelle nach dem Urlaub.

Ausrüstungsgegenstände sollte man stets in größeren Geschäften leihen, weil sie zuverlässiger sind als die Geschäftemacher, die Ihnen am Strand oder im Hotel Tauchtrips aufschwatzen wollen. Es besteht die Gefahr, daß man Ihnen fehlerhafte Ausrüstung verleiht.

Druckluftkammern, die für Ausländer geeignet wären, gibt es in Sri Lanka nicht. Nur absolute Profis sollten also Tiefseetauchen! Auch sollte man nicht mehrmals tauchen, selbst wenn die Einheimischen dazu überreden möchten.

Antihistaminpillen sollte man immer dabei haben, falls man einer Qualle begegnet. Sonnenschutz und Tabletten gegen Seekrankheit könnten nicht schaden, falls das Boot eine unruhige Fahrt hat.

Zum Fotografieren sollten Sie die eigene Unterwasserkamera dabei haben. Man findet sie nur schwer in Sri Lanka, höchstens einmal im Duty Free Shop in Colombo.

Wenn man am Morgen auf Tauchtour geht, ist man keinesfalls schon bis Mittag zurück; das müssen Sie vorher im Hotel sagen, damit man etwas zu essen aufhebt. Noch besser, man nimmt jede Menge kräftiger Sandwiches, Obst und kalter Getränke mit, die natürlich erst nach dem Tauchen verzehrt werden. Seien Sie großzügig und geben sie auch den Leuten vom Boot etwas ab. Das Bier und die Zigaretten am besten nicht offen herumliegen lassen.

Wenn man drei Tage lang getaucht hat, tut ein Ruhetag an Land gut. Die kleinen Kratzer und Wehwehchen können verheilen; der Sonnenbrand klingt ab; und am fünften Tag ist man wieder richtig fit für die nächste Tauchtour.

Die folgenden Firmen sind als zuverlässige Tauchschulen einzustufen:

Underwater Safaris, Barnes Place, Colombo 7 (Tel. 94012 und 94255); auch im Coral Gardens Hotel, Hikkaduwa (Tel. 09-2189). Ausgebildet in England und den USA; nach der Grundausbildung wird als Abschlußprüfung zweimal im Meer getaucht. Führung von Unterwasser-Expeditionen; Taucherausrüstung wird gestellt.

Poseidon Diving Station, Galle Road, Hikkaduwa (Tel. 09-3294). Ausrüstung kann gestellt werden.

Aqua Tours Ltd., 108 Rosmead Place, Colombo 7 (Tel. 95170). Boote mit Glasboden; Verleih von Taucherutensilien; Ausflüge.

Schwimmen und Lebensrettung:

Viele Hotels sind mit Swimming Pools für Gäste ausgestattet; wer im Meer baden möchte, sollte sich erst nach möglichen Gefahren erkundigen. Es gibt Strände, die nur zu bestimmten Jahreszeiten als sicher gelten, weshalb es ratsam ist, nur da zu schwimmen, wo auch die Einheimischen ins Wasser gehen. Rettungsschwimmer gibt es kaum, daher ist doppelte Vorsicht geboten.

Kinross Swimming and Lifesaving Club, 10 Station Avenue, Colombo 6 (Tel. 86461). Schwimmen, Tauchen, Rettungsschwimmen.

Otter Aquatic Club, 380/1 Bauddhaloka Mawatha, Colombo 7 (Tel. 95070 und 92308). Schwimmbecken, Tennis, Badminton und Billard.

Surf Club of Mt. Lavinia, 21/21 Sri Dharmapala Road, Mt. Lavinia.

Tennis:

The Gymkhana Club, 31 Maitland Crescent, Colombo 7 (Tel. 91025).

Oberoi Tennis Courts, Hotel Lanka Oberoi, Colombo 3 (Tel. 20001). Platzreservierungen an der Rezeption. Tennisunterricht von 16.00 bis 20.00 Uhr.

Orient Club, Racecourse Avenue, Colombo 7 (Tel. 595068).

The Women's International Club, 16 Guildford Crescent, Colombo 7 (Tel. 595072).

Wasserski und Windsurfen:

Blue Oceanic Water Sports Ltd., Blue Oceanic Hotel, Ethukala, Negombo (Tel. 031-2377, 031-2642).

Delfin Water Sports, Don's Beach Hotel, Negombo.

Oceanautics Ltd., 135/1 Issipatana Mawatha, Colombo 5 (Tel. 84718).

Paradise Wind Surfing Ceylon Ltd., 67 D. S. Senanayake Mawatha, Colombo 8 (Tel. 95353).

Sun Stream Boat Services, National Holiday Resort, Bentota.

Segeln und Bootsausflüge:

Ceylon Motor Yacht Club, Indebedda Road, Bolgoda Lake, Moratuwa. Postadresse: P. O. Box 1268, Colombo. Segeln, Windsurfing, Schwimmen.

Kelani Yacht Co., 1A Dharmaraja Mawatha, Colombo 3 (Tel. 585707) – und 101 Kew Road, Colombo 2 (Tel. 35701). Bootsausflüge an der Küste.

Royal Colombo Yacht Club, Colombo Harbour, Colombo 1 (Tel. 34926). Bevor man zum Hafen geht, muß man sich anmelden.

Wenn Sie auf einer privaten Segeljacht in Sri Lanka ankommen, sollten Sie, noch bevor Sie in die Gewässer Sri Lankas kommen, die entprechenden Behörden informieren.

Sprache

Die im Tourismus Beschäftigten sowie fast alle Großstadtbewohner Sri Lankas sprechen fließend Englisch. Wenn Sie in die Dörfer kommen und mit Menschen unterer Kasten zu tun haben, könnten Ihnen ein paar Ausdrücke in den Landessprachen weiterhelfen.

DEUTSCH	SINGHALESISCH	TAMIL
Guten Tag (zu e. Mann)	Mahatmaya	Aiya
Guten Tag (zu e. Dame)	Nona mahatmaya	Thirumadhi
Guten Morgen	Suba Udasanak way va	–
Gute Nacht	Suba rathriyak way va	–
Gruß (allgemein)	Ayubowan	Vanakkam

Unter sich entscheiden Bewohner Sri Lankas nicht nach Tageszeit; es gibt einen Ausdruck für die Begrüßung und den Abschied)

Bitte	Karunakara	Thayavu sai du
Danke	Es-thu-ti	Nandri
Herzlichen Dank	Bohoma es-thu-ti	Miga nandri
Ja	Ov	Ahm
Nein	Na-tha (nay-hay)	Illai
Vielleicht	Venna puluvan	Sila way lai
Wie geht's	Kohomada sahpa sahneepa	Ehppaddi sugam?
Danke, gut	Sanee-pen innava	Nalla sugam
Es geht mir nicht gut	Sanee-pa na-tha (nay-hay)	Sugamillai
Holen Sie bitte einen Arzt	Karunakara dosthara mahatmaye kuta enna kiyanna	Thayavu seidu darktarai kootii kondu varungal
Ich heiße . . .	Mage nama . . .	Ennudaya payar . . .
Wie heißen Sie?	Obeh nameh monawada?	Ungal payar enna?

Freut mich, Sie kennenzulernen.	Obeva muna gaseemata labeema loku sathutak.	Ungalai santhikka kidaiththadu miga sandosham.
Wo wohnen Sie?	Oba vah-sa-ya karannay kohayda?	Neengal engay val gi reergal?
Ich komme aus . . .	Mama vasaya karannay . . .	Naan . . . ill val-gi rain.
Wie alt sind Sie?	Obeh vayase kee ya da?	Ungal vayasu eth-thanai?
Ich bin . . . Jahre alt.	Magay vayasa avurudu . . .	En vayadu . . .
Sind Sie verheiratet?	Oba we-va-ha ve-la-da?	Neengal kalyanam ana warah?
Haben Sie Kinder?	Obata da-ru-vo in-navada?	Ungalukku pillai gal irukku rargalah?
Entschuldigen Sie . . .	Samavenna . . .	Manniyungal . . .
Darf ich bitte . . .	Avasarai . . .	Thayavu seiyungal . . .
Sprechen Sie Englisch?	Obata ingreesee kata karanna puluvan da?	Ungalukku angilam pesa mudiyuma?
Leider spreche ich nicht Sinhala (Tamil)	Kanagatui. Sinhalen kata karanna mama danne nehe.	Manniyungal. Thamilil pesa enakku thariyadu.
Ich verstehe nicht.	Mata thayrennay nehe.	Enakku vilangavillai.
Verstehen Sie mich?	Obata thayrunada?	Ungalukku vilanginadah?
Wer kann hier Englisch?	Katada ingreesee kata karanna puluwan?	Yarrukku angilam pesa mudiyum?
Wo ist der Bahnhof?	Dum riya stanaya koheda?	Puga irada nilayam engay?
Wann fährt der Zug ab?	Dum riya kee yata-da pitath venne?	Eth-thanai manikku puga iradam purappadum?
Wo geht es nach Colombo?	Kolambata yannay kohomada?	Kolumbukku povada eppadi?
Wie weit ist es bis (Kandy)?	(Maha Nuwara) ta hatakkma kee yada?	(Kandy) koku evvalavu thooram?
Lassen Sie mich bitte in Ruhe und fragen Sie nicht so viel	Mawa paduven inna arinda. Aee och-chara prashna ahannay?	Ennai summa irukka vidungal. Ei-n ath-thanai kaylvi ket kreergal?
Die Speisekarte, bitte.	Kahmata monarada thiyennay?	Sappida enna erukkiradu?
Reis und Curry, bitte.	Bahth denna.	So ru tharungal.
Ist dieses Wasser gekocht?	May wathura una karalada?	Idu kodikka vaith-tha neera?
Die Rechnung, bitte.	Karunakara bila gaynna.	Bill kondu varungal.
Wieviel kostet das?	May kay gana kee yada?	Ihdan vilai enna?
Das ist zu viel.	Ah vadi neda.	Kooda vilai thanay.
Ich gebe Ihnen . . . Rupien.	Rupiyal . . . dennam.	. . . rubai tharugirain.
eins (1)	eka	on dru (oru)
zwei (2)	deka	irandu
drei (3)	thuna	moondru
vier (4)	hathara	naangu
fünf (5)	paha	eyendu
sechs (6)	haya	aaru
sieben (7)	hatha	eilu
acht (8)	ata	ettu
neun (9)	namaya	onbadu
zehn (10)	dahaya	patthu
hundert (100)	siiya	
tausend (1000)	daaha	

Literaturhinweise

Englischsprachig

Allgemeine Literatur:

American Women's Association. *Colombo Handbook.* Third edition. Colombo: AWA, 1981.

Bandaranayake, Senake und Christian Zuber. *Sri Lanka: Island Civilisation.* Colombo: Lake House Investment, 1978. Bildband.

Beny, Roloff, *Island Ceylon.* London: Thames & Hudson, 1971. Bildband mit Texten von früher.

Brohier, R. L. *Seeing Ceylon and Discovering.*

Cave, Henry W. *Golden Tips.* London: Cassell & Co., 1900. Interessante Einblicke in die Teeproduktion und das Ceylon um die Jahrhundertwende.

Clarke, Arthur C. *The View From Serendip.* New York: Random House, 1977. Autobiographisches über das Leben in Sri Lanka.

Darnton, Iris. *Jungle Journeys in Ceylon.* Galaxy Books, 1975.

De Silva, K. M. (Hrsg.), *Sri Lanka: A Survey.* Honolulu: The University Press of Hawaii, 1977. Scharfsinnige Essays verschiedener Autoren.

Goonetileke, H. A. I. *A Bibliography of Ceylon.* 5 Bände. Zug, Schweiz: Inter Documentation Company, 1970 (I und II), 1976 (III), 1982 (IV)

und (V); die einzige repräsentative Bibliographie.
Handbook for the Ceylon Traveller. Colombo: Studio Times, 1974. Detaillierter Führer für alle Sehenswürdigkeiten (vergriffen).
Hulugalle, H. A. *Ceylon Yesterday, Sri Lanka Today.* Colombo: M. D. Gunasena, 1976.
Ondaatje, Michael. *Running in the Family.* New York: Norton, 1983. A Canadian writer's search for his „roots" in Sri Lanka.
Raffel, Douglas. *In Ruhuna Jungles.* Colombo: K. V. G. de Silva & Sons, 1959.
Raven-Hart, Roland. *Ceylon: History in Stone,* Colombo: The Associated Newspapers of Ceylon, 1964. Faszinierende Lektüre. Reiseanekdoten.
Vijaya-Tunga, J. *Grass for My Feet.* London: Edwin Arnold, 1935. Nostalgische Kindheitserinnerungen aus Galle.
Wheeler, Tony, *Sri Lanka: A Travel Survival Kit,* South Yarra, Australien: Lonely Planet, Ausgabe 1982; wie man billig reist.
Woolf, Leonard. *Village in the Jungle.*

Geschichte:

Alles, A. C. *Insurgency 1971.* Colombo: Colombo Apothecaries, 1976. Bericht von der Erhebung.
Arasaratnam, Sinnapah. *Dutch Power in Ceylon.* Amsterdam: Djambata 1958.
Baldaeus, Phillipus. *Ceylon. Colombo:* Ceylon Historical Journal, Vol. VIII. Übers.: Pieter Brohier. Ein lesenswertes Buch aus holländischer Sicht über das 18. Jhdt.
Baker, Samuel. *Eight Years in Ceylon.* London: Longman, Brown, Green & Longmans, 1855. Der Gründer Nuwara Eliyas schreibt.
Baker, Samuel, *The Rifle and Hound in Ceylon.* London: Longman, Brown, Green and Longmans, 1954. Ein Klassiker der Jagdliteratur aus viktorianischer Zeit.
Brohier, R. L. *Links Between Sri Lanka and the Netherlands: A Book of Dutch Ceylon.* Colombo: Netherlands Alumni Association of Sri Lanka, 1978.
Cleghorn, Hugh. *The Cleghorn Papers.* London: A. & C. Black, 1927. Hg. von William Neil. Beschreibt den Fall der Holländer.
Codrington, H. W. *A Short History of Ceylon.* London: Mac Millan 1926. Erster umfassender Versuch seit dem Mahavamsa.
Cordiner, James. *A Description of Ceylon.* 2 Bände, Aberdeen: A. Brown and London 1807. Schöne Stiche.
Daniell, Samuel. *A Picturesque Illustration of Ceylon.* London: T. Bensley 1808. Zwölf schöne Aquatintastiche mit Textbeschreibung.
Davy, John. *An Account of the Interior of Ceylon,* London 1821. Ein wichtiger Bericht aus englischer Sicht.
Deraniyagala, P. E. P. *The Pleistocene of Ceylon.* Colombo National Museum 1955. Ceylon in prähistorischer Zeit.
De Silva, Colvon R. *Ceylon Under the British Occupation 1795–1833.* Colombo: Colombo Apothecaries 1942; gut dokumentiert.
De Silva, K. M. *A History of Sri Lanka,* Delhi Oxford University Press 1981. Eine gründliche, engagierte Darstellung.
Dhammakitti, Buddharakkhita et. al. *The Culavamsa,* 2 Bde. Colombo, Ceylon Government Information Department 1953. Übers. v. Wilhelm Geiger.
Geiger, Wilhelm. *Die Kultur Ceylons im Mittelalter,* Wiesbaden 1960; hg. v. Heinz Bechert. Ein Buch des großen Indologen.
Goonetileke, H. A. I., Hg. *Images of Sri Lanka Through American Eyes: Travellers in Ceylon in the 19th and 20th Centuries.* Washington D. C.: International Communications Agency (USA), 1976. Eine Sammlung von Essays von Mark Twain bis Thomas Merton.
Goonewardena, K. W. *The Foundation of Dutch Power in Ceylon.* Amsterdam: Djambatan 1958.
Jupp, James. *Sri Lanka: Third World Democracy,* London 1978.
Knox, Robert. *An Historical Relation of Ceylon.* London: Royal Society 1681. 1958 wieder aufgelegt. Eines der wichtigsten Bücher, die je über Ceylon geschrieben wurden; könnte eine Vorlage für „Robinson Crusoe" von Daniel Defoe gewesen sein.
Law, B. C., Hg. *The Dipavamsa,* Colombo Ceylon Historical Journal, Vol. VII.
Liyanagamage, A. *The Decline of Polonnaruwa and the Rise of Dambadeniya* (um 1180 bis 1270). Colombo, Department of Cultural Affairs 1968.
Ludowyk, E. F. C. *The Modern History of Ceylon.* London 1966; ein guter Überblick.
Ludowyk, E. F. C. *The Story of Ceylon,* 2. Auflage, London 1967.
The Mahavamsa. Colombo, Ceylon Government Information Department 1950. Übers. v. Wilhelm Geiger.
Marshall, Henry. *Ceylon,* London 1846; interessanter Bericht über die letzten Tage des Kandy-Reiches.
Mendis, G. C. *The Early History of Ceylon,* Calcutta 1932; die erste kritische Darstellung.
Mendis, V. L. B. *The Advent of the British to Ceylon 1762–1803.* Dehiwala: Tisara Prakasakayo 1971.
Mendis, Vernon. *Foreign Relations of Sri Lanka, From Earliest Times to 1965.* Colomco: Tisara Prasakasakayo, 1983.
Paranavitana, Senerat. *Sinhalayo.* Colombo Lake House Investments 1967. Informativ und unterhaltsam geschrieben.
Perera, G. F. *The Ceylon Railway,* Colombo 1925; speziell für Eisenbahn-Liebhaber.
Pieris, P. E. *Sinhale and the Patriots.* Colombo 1950. Bericht über die „Große Rebellion", die das Ende des Kandy-Reiches bedeutete.
Pieris, Ralph. *Sinhale Social Organisation: The Kandyan Period,* Peradeniya: Ceylon University Press Board 1956.
Queyroz, Fernao de. *Conquest of Ceylon.* Colombo: Government Printer 1930. Umfassende Darstellung der portug. Kolonialherrschaft.
Rasanavagam, C. Mudaliyar. *Ancient Jaffna. Being a Research into the History of Jaffna from Very Early Times to the Portuguese Period.* Madras 1926. Einzige englische Darstellung.

Ribeiro, Joao. *The Historic Tragedy of Ceilao.* Galle 1907. Der erste detaillierte Bericht eines Europäers über Ceylon. Übers. v. P. E. Peiris.
Seneviratne, H. L. *Rituals of the Kandyan State,* London, Cambridge University Press 1978.
Skinner, Thomas. *Fifty Years in Ceylon,* London 1891. Hg. v. Annie Skinner (Eine Autobiographie).
Suckling, Horatio John. *A Great Description of the Island . . . Ceylon,* London 1876. Ein bedeutendes Buch.
Tennant, James Emerson. *Ceylon,* 2 Bde. London 1859. Das am besten dokumentierte Buch seiner Zeit; Pflichtlektüre zum Ceylon des 19. Jahrhunderts.
Tomlinson, Michael. *The Most Dangerous Moment,* London 1976. Ceylons Rolle im Zweiten Weltkrieg.
Toussaint, J. R. *Annals of the Ceylon Civil Service,* Colombo 1935; mit Anekdoten bereichert; sehr lesenswert.
Wilson, A. J. *The Gaullist System in Asia: The Constitution of Sri Lanka* (Landesverfassung), London: Macmillan 1980.
Winius, G. D. *The Fatal History of Portuguese Ceylon: Transition to Dutch Rule,* Cambridge, Mass. 1971.
Wriggins, W. Howard. *Ceylon: Dilemmas of a New Nation,* Princeton N. J. 1960. Objektive Darstellung der Zeit seit der Unabhängigkeit.
New Nation. Princeton, N. J.: Princeton University Press, 1960. Fachliche Arbeit über die Politik des unabhängigen Sri Lanka.

Religion und Gesellschaft:

Arumugam, S. *Ancient Hindu Temples of Sri Lanka,* Colombo 1982.
Bapat, B. P., Hg. *2500 Years of Buddhism,* Delhi 1956; brauchbare Sammlung von Aufsätzen.
Bhikshu Sangharakshita. *Anagarika Dharmapala: A Biographical Sketch.* Kandy 1964.
Chaudhuri, Nirad C. *Hinduism,* Oxford 1979; kurzgefaßter, leicht verständlicher Überblick.
Coomaraswamy, Ananda und Schwester Nivedita. *Myths of the Hindus and Buddhists,* London 1913.
De Silva, C. L. A. *The Four Essential Doctrines of Buddhism.* Colombo: Associated Newspapers of Ceylon, 1948.
De Silva, Lynn. *Buddhism: Beliefs and Practices in Sri Lanka,* Colombo, Ecumenical Institute 1974, 1980; gute und knappe Darstellung des Buddhismus von Sri Lanka.
Gombrich, Richard. *Precept and Practice. Traditional Buddhism in the Rural Highlands of Ceylon.* London 1971.
Gooneratne, Dandris de Silva. *On Demonology and Witchcraft in Ceylon,* Colombo; knapp und zuverlässig.
Houtart, F. *Religion and Ideology in Sri Lanka.* Colombo, Hansa Publishers 1974.
Leach, E. R. *Pul Eliya.* London 1961. Interessante soziologische Studie über die Auswirkungen der Blutsverwandtschaft auf die Landverpachtung.
Ludowyk, E. F. C. *The Footprints of the Buddha,* London 1958. Über den Einfluß des Buddhismus auf die bildenden Künste.
Malalaskera, G. P. *The Buddha and His Teachings,* Colombo 1957 (Lanka Bauddha Mandalaya).
Paranavitana, Senerat. *The God of Adam's Peak.* Ascona, Schweiz, Artibus Asiae Publishers 1958.
Parker, H. *Ancient Ceylon,* London 1909; wie es in den singhalesischen Dörfern zu Beginn dieses Jahrhunderts aussah.
Perera, H. R. *Buddhism in Ceylon: Its Past and Its Present,* Kandy Buddhist Publications Society 1966.
Raghavan, M. D. *Handsome Beggars: The Rodiyas of Ceylon,* Colombo 1957. Das einzige Buch über die Zigeuner Sri Lankas.
Raghavan, M. D. *The Karava of Ceylon.* Colombo 1961; die einzige ernsthafte Studie über eine singhalesische Kaste.
Raghavan, M. D. *Tamil Culture in Ceylon:* A General Introduction, Colombo 1971.
Rahula, Walpola. *The Heritage of the Bhikkhu,* New York 1974.
Rahula, Walpola. *History of Buddhism in Ceylon,* Colombo 1966.
Rahula, Walpola. *What the Buddha Taught,* New York 1977.
Ryan, Bryce. *Caste in Modern Ceylon,* New Brunswick, N. J. Rutgers University Press 1953.
Seligmann, C. G. und B. Z. *The Veddhas,* London 1911; das klassische Buch über die Ureinwohner.
Spittel, R. L. *Far-Off Things,* Colombo 1933; *Savage Sanctuary,* London 1941; *Vanished Trails,* Bombay 1950; *Wild Ceylon,* Colombo 1924. Bücher über die Veddhas; der Autor, ein Arzt, widmete sein Leben der Untersuchung des Lebens der Veddhas.
Wirz, Paul. *Exorcism and the Art of Healing in Ceylon.* Leiden, Netherlands: Brill, 1954. Detaillierte Studie der Teufelstanz-Tradition.
Wirz, Paul. *Kataragama: The Holiest Place in Ceylon.* Colombo 1966.

Kunst und Kultur:

Archaeological Department. Einzelstudien über die traditionellen Künste:
Embekke Devale Carvings; Panavitiya Ambalama Carvings; Medawala Vihara Frescoes; Murals at Tivanka Pilimage; Polonnaruwa Bronzes; Buddha Statues; Guard Stones; Moonstones; Sinhalese Doorways; Terracotta Heads; Terracotta Decorative Tiles; und *Sinhalese Dance and Music.* Verfaßt von verschiedenen Autoren, veröffentlicht 1970 bis 1982.
Archer, W. G., und Senarat Paranavitana. *Ceylon: Paintings from Temple, Shrine and Rock.* New York Graphic Society, 1958. Schöne Reproduktionen; Teil der Weltkunstserie der UNESCO.
Brohier, R. L. *Ancient Irrigation Works* in Ceylon. 3 Bde, Colombo, Ceylon Government Press 1934, 1935. Faszinierender Überblick mit Illustrationen.
Cave, Henry W. *Picturesque Ceylon,* 4 Bde, London 1893, 1897. Landschaftsfotografie.
Coomaraswamy, Ananda K. *Medieval Sinhalese Art,* Broad Campden, England 1908; wieder aufgelegt 1956. Pantheon Press, New York. Eine umfassende Studie.
Devendra, D. T. *Classical Sinhalese Sculpture,* 300 v. Chr. bis 300 n. Chr., London 1958.

Disanayaka, J. B. *National Languages of Sri Lanka I* – Sinhala. Colombo Department of Cultural Affairs 1976.
Godakumbure, C. E. *Architecture of Sri Lanka,* Colombo 1963.
Godakumbure, C. E. *Literature of Sri Lanka, Colombo 1962.*
Goonatilleke, M. H. *Masks of Sri Lanka,* Colombo 1976.
Goonatilleke, M. H. *Masks and Mask Systems of Sri Lanka,* Colombo 1978.
Goonatilleke, M. H. *The Rural Theatre and Social Satire of Sri Lanka,* Colombo o. J.
Goonatilleka, M. H. *Sokari of Sri Lanka.* Colombo: Department of Cultural Affairs (monograph), 1976.
Gunawardana, A. J. *Theatre in Sri Lanka,* Colombo 1976
Hocart, A. M. und Senarat Paranavitana, *The Temple of the Tooth in Kandy,* Colombo 1931.
Kailasapathy, K. und A. Sanmugadas. *National Languages of Sri Lanka II – Tamil,* Colombo 1976.
Makulloluwa, W. B. *Dances of Sri Lanka,* Colombo 1976.
Manjusri, L. T. P. *Design Elements from Sri Lankan Temple Paintings,* Colombo Archaeological Society of Sri Lanka 1977.
Mitton, G. E. *The Lost Cities of Ceylon,* London 1916. Aus archäologischer Sicht.
Obeyesekere, Ranjini und Chitra Fernando, Hg. *An Anthology of Modern Writing from Sri Lanka,* Tucson Arizona 1981.
Paranavitana, Senarat. *Art and Architecture of Ceylon;* Polonnaruwa Period, Colombo 1954.
Paranavitana, Senarat. *Glimpses of Ceylon's Past,* Colombo, Lake House Investments 1972. Sehr persönlicher Bericht von Ausgrabungsarbeiten.
Paranavitana, Senarat. *The Stupa in Ceylon,* Colombo, Ceylon Government Press 1956. Welche Bedeutung die Stupa in Sri Lanka nach und nach erlangte.
Parker, H. *Village Folk Tales of Ceylon,* 3 Bde., London 1910.
Sarachchandra, E. R. *The Sinhalese Folk Play,* Colombo 1953. Eine wertvolle Pionierarbeit.
Smither, J. G. *Architectural Remains, Anuradhapura, Ceylon,* Colombo 1894; Folioband mit den ersten Zeichnungen von Bauten.
Tilakasiri, J. *Puppetry in Sri Lanka,* Colombo 1961.
Wendt, Lionel, *Lionel Wendt's Ceylon,* London 1950. Ein Gedenkband für den international anerkannten Fotografen aus Ceylon; 120 Reproduktionen.
Wickramasinghe, Martin. *Sinhala Language and Culture,* Dehiwala 1975.
Wijeskera, Nandadeva. *Ancient Paintings and Sculpure in Sri Lanka.* Colombo: Department of Cultural Affairs (monograph), 1962.
Wijesekera, Nandadeva. *Early Singhalese Painting.* Maharagama: Saman Press, 1959. Wandmalerei und Bildnisse ab dem 12. Jahrhundert.

Pflanzen und Tiere:

Bond, Thomas. *Wild Flowers of the Ceylon Hills,* Madras 1953.
Deraniyagala, P. E. P. *A Coloured Atlas of Some Vertebrates from Ceylon;* 3 Bände, Colombo National Museum 1952, 1955. Fische und Reptilien.
Fernando, Dorothy. *Wild Flowers of Ceylon,* Mitcham, England: West Brothers 1954; 173 verschiedene Arten sind aufgeführt.
Henry G. M. *A Guide to the Birds of Ceylon,* London 1955. Vor kurzem neu aufgelegt; gut kommentiert, genaue Tafelbilder, sehr nützlich; dazu: *Coloured Plates of the Birds of Ceylon,* London 1927, 1935, 4 Bände.
Legge, W. Vincent. *A History of the Birds of Ceylon,* London im Selbstverlag 1878, 1880, 3 Bde. Erste systematische ornithologische Untersuchung.
Mendis, A. S., und C. H. Fernando. *A Guide to the Freshwater Fauna of Ceylon.* Colombo Fisheries Research Station 1962.
Munro, Ian. *The Marine and Fresh Water Fishes of Ceylon,* Canberra 1955.
Phillips, W. W. A. *Manual of the Mammals of Ceylon,* Colombo Museum 1935.
Roberts, Emmanuel. *Vegetable Materia Medica of India and Ceylon,* Colombo 1931, Ayurvedic-Medizin.
Trimen, Henry. *A Handbook to the Flora of Ceylon,* London 1893, 1900, 5 Bde. *With complementary Atlas of Plates,* 4 Bde. Wertvolles Standardwerk.
Wall, Frank. *Snakes of Ceylon,* Colombo 1921; das umfassendste Werk zum Thema Schlangen.
Woodhouse, L. G. O. *The Butterfly Fauna of Ceylon,* Colombo 1942. Sehr gutes Buch.
Worthington, T. B. *Ceylon Trees,* Colombo 1959 (Colombo Apothecaries); unterscheidet 429 Arten.

Deutschsprachig

Aubert, Hans Jürgen; Müller, Ulf-Eberhard. *Sri Lanka/Ceylon.* Bern: Kümmerly & F. Bildband.
Boisselier, Jean. *Ceylon.* Genf: Edition Nagel. Aus der Reihe „Archaeologia mundi".
Ceylon (Sri Lanka). Hamburg: Hoffmann & Campe, 1979. Ein Merian-Band.
Lucas, Heinz. *Ceylon-Masken.* Kassel: Röth, 1958. Der Tanz der Krankheits-Dämonen; ein völkerkundliches Werk.
Sri Lanka. Die heilige Insel des Buddhismus. Freiburg: Herder, 1982. Aus der Reihe „Die Welt der Religionen".
Schmaltz, Kurt B. *Der Kindermönch.* Würzburg: Arena, 1983. Ein Buch für Heranwachsende.
Woolf, Leonhard. *Das Dorf im Dschungel.* Frankfurt: Qumran, 1982. Ein Roman.
Clarke, Arthur C. *The Reefs of Taprobane,* New York 1957. Wo kann man gut tauchen.
Clarke, Arthur C. *The Treasure of the Great Reef,* London 1964. Die spannende Geschichte von der Erforschung gesunkener Schiffe.
Codrington, H. W. *Ceylon Coins and Currency,* Colombo: Memoirs of the Colombo Museum 1924. Die einzige Arbeit von Bedeutung zum Thema.
DeSilva, Colin. *The Winds of Sinhala,* Garden City, New York Doubleday 1982. Historischer Roman über das Sri Lanka des 1. Jahrhunderts v. Chr.

Dissanayake, Chandra. *Ceylon Cookery*. Colombo: Metro Printers 1968; die echten Rezepte.
Jayawardena, S. A. S. *Edelsteine in Ceylon,* Colombo Government Press 1966. Oberflächlich geschrieben, aber leicht zugänglich.
Kautzch, Eberhard. *Waterfalls of Sri Lanka.* Colombo: Tisara Prakasakayo, 1983.

Anhang

Unterkunft:

COLOMBO
Teure Hotels

Holiday Inn, 30 Sir Mohamed Macan Marker Mawatha, Colombo 3, Tel. 22001, 22009.
Hotel Ceylon Intercontinental, 48 Janadhipathi Mawatha, Colombo 1, Tel. 21221.
Hotel Lanka Oberoi, 77 Steuart Place, Colombo 3, Tel. 20001, 21171.
The Pegasus Reef Hotel, Santha Maria Mawatha, Hendala, Wattala, Tel. 530205, 530208.
Galle Face Hotel, 2 Kollupitiya Road, Colombo 3, Tel. 28211-7, 26369.
Ramada Renaissance Hotel, 115 Sir Chittampalam A Gardiner Mawatha, Colombo 2, Tel. 544200.
Galadari Meridien, 64 Lotus Road, Colombo, Tel. 544544, 544578.
Taj Samudra Hotel, 25 Galle Face Centre Road, Colombo 3, Tel. 546622, 548816.

Mittlere Preisklasse

Ceylinco, 68 Janadhipathi Mawatha, Colombo 1, Tel. 20431, 20433.
Havelock Tourinn, 20 Dickmans Road, Colombo 5, Tel. 85251, 85253.
Hotel Brighton, 57 Ramakrishna Road, Colombo 6, Tel. 85211, 85213.
Hotel Galaxy, 388 Union Place, Colombo 2, Tel. 91555.
Hotel Ireha, Maradana Road, Borella, Colombo 8, Tel. 590598, 598059.
Hotel Ranmuthu, 112 Galle Road, Colombo 3, Tel. 33986, 33988, 33989.
Hotel Taprobane, York Street, Colombo 1, Tel. 20391, 20394.
Palm Village Hotel, 262 Colombo Road, Uswetakeiyawa, Tel. 530766.
Renuka Hotel, 328 Kollupitiya Road, Colombo 3, Tel. 26901, 26905.

Preiswerte Hotels

Hotel Ceylon Inns, 501 Galle Road, Colombo 6, Tel. 83336, 83338.
Hotel Duro, 429 Kollupitiya Road, Colombo 3, Tel. 85338, 85335, 81772.
Hotel Empress, 383 R. A. de Mel Mawatha, Colombo 3, Tel. 27205, 36976.
Hotel Janaki, 43 Fife Road, Colombo 5, Tel. 81524, 85336.
Hotel Sapphire, 371 Galle Road, Colombo 6, Tel. 83306.
Rio Grande Hotel, 60 Kumaran Ratnam Road, Colombo 2, Tel. 24863, 32926.
Sea View Hotel, 15 Sea View Avenue, Colombo 3, Tel. 26516.
Silver Bird Hotel, 382 Galle Road, Colombo 6, Tel. 83143.

Guest Houses

Air Link Rest Inn, 580 Negombo Road, Seeduwa, Tel. 030-3607.
Chanuka, 29 Francis Road, Colombo 6, Tel. 85883.
Halwa Tourist Inn, 50/3 Sir Marcus Fernando, Mawatha, Colombo, Tel. 92265.
Lanka Inns, 239 Galle Road, Colombo 4, Tel. 84220.
Lake Lodge, 20 Alwis Terrace, Colombo 3, Tel. 26443.
Omega Inn, 324 Galle Road, Colombo 6, Tel. 82277, 85604.
Orchid Inn, 571/6 Galle Road, Colombo 6, Tel. 83916.
Ottery Inn, 29 Melbourne Avenue, Colombo 4, Tel. 83727.
St. Georges, 43 Peterson Lane, Colombo 6, Tel. 588545.
Sonnenschein, 187 Ward Place, Colombo 7, Tel. 94594.
Solis Tourist Guest House, 533 Nawala Road, Rajagiriya, Tel. 563196.
Torestin Guest House, 26 Kurunduwatte, Welisara Mahabage, Ragame, Tel. 538334.
Village Palma Tourist Guest House, Beach Road, Pamunugama, J-Ela, Tel. 01-656 6721.
Y. W. C. A. International Guest House, 393 Union Place, Colombo 2, Tel. 24694, 22196.

Jugendherbergen

Boy Scouts Hostel, 65/10 Sir Chiltampalam Gardiner Mawatha, Colombo 2, Tel. 33131.
Girl Guides Hostel (nur Frauen), 10 Sir Marcus Fernando Mawatha, Colombo 7, Tel. 97720.
Haniya Beach Hostel, 28 Charlemont Road, Wellawatte, Colombo 6.
Youth Council Hostel, 50 Haig Road, Colombo 4, Tel. 81028.

AHUNGALLA
Teures Hotel

Triton Hotel, Ahungalla, Tel. 097-228.

AMBALANGODA
Guest Houses

Ambalangoda Rest House, Ambalangoda, Tel. 09-7299, Contact Tel. 20862 (Colombo).
Blue Horizon Tour Inn, 129 Devale Road, Ambalangoda, Tel. 09-7475.
Randomba Inn, 738, 740 Galle Road, Ambalangoda, Tel. 09-7406.

ANURADHAPURA
Preiswerte Hotels

Ashok Hotel, Rowing Club Road, Anuradhapura, Tel. 025-2753, Contact Tel. 587652 (Colombo).
Miridiya, Rowing Club Road, Anuradhapura, Tel. 025-2112, 2519.
Nuwarawewa Rest House, New Town Anuradhapura, Tel. 025-2565, Contact Tel. 83133 (Colombo).
Rajarata, Rowing Club Road, Anuradhapura, Tel. 025-2578.
Tissawewa Rest House, Old Town Anruadhapura, Tel. 025-2299, Contact Tel. 83133 (Colombo).

ARUGAM BAY
Guest House

Sea Sands, Arugambay, Pottuvil, Tel. 067-7372.

AVISSAWELLA
Guest House

Menolta Inn, Tourist Guest House, 79 Madola, Avissawella, Tel. 0362-407.

BADULLA
Guest House

Dunhinda Falls Inn, 35/11 Bandaranayake Mawatha, Badulla, Tel. 406.

BANDARAWELA
Preiswerte Hotels

Bandarawela Hotel, Bandarawela, Tel. 501, Contact Tel. 29151 (Colombo).
Hotel Madhu, Badulla Road, Tel. 057-2504.
Orient Hotel, 10 Dharamapala Mawatha, Bandarawela, Tel. 057-2407 und 2507.

Guest House

Alpine Inn, Ellatota, Bandarawela, Tel. 569.
Ideal Resort, Wlimad Road, Bandarawela, Tel. 476.

Teeplantagen-Bungalows

Kirchhayan Bungalow, Aislaby Estate, Bandarawela, Contact Tel. 20862, 548016 (Colombo).
Vye Estate Bungalow, Bandarawela.

BELIHUL OYA
Guest House

Belihul Oya Rest House, Belihul Oya, Tel. 2, Contact Tel. 23504 (Colombo).

BENTOTA
Hotels mittlerer Preisklasse

Bentota Beach Hotel, Bentota, Tel. 048-5266, 5177, Contact Tel. 29161 (Colombo).
Hotel Ceysands, Bentota, Tel. 048-5073, 5074, Contact Tel. 29753 (Colombo).
Hotel Serendib, National Holiday Resort, Bentota, Tel. 048-5248, 5353, Contact Tel. 32895 (Colombo).
Lihiniya Surf Hotel, National Holiday Resort, Bentota, Tel. 048-5126, 5127, 5128, Contact Tel. 23501, 23504 (Colombo).

Guest Houses

Venus Tourist Beach Hotel, Galle Road, Kaikawela, Induruwa.

BERUWELA
Teure Hotels

Beach Hotel Bayroo, Moragalla, Beruwela, Tel. 048-5297, Contact Tel. 20862.
Confifi Beach Hotel, Moragalla, Beruwela, Tel. 048-5217, 5317, Contact Tel. 92325.
Neptune Hotel, Moragalla, Beruwela, Tel. 048-5218, 5219, 5301.
Palm Garden Hotel, Moragalla, Beruwela, Tel. 048-5263, 5273, Contact 598534.
Riverina Hotel, Beruwala Holiday Resorts, 207/2 Dharmagala Mawatha, Colombo 7, Tel. 92325; Tel. Beruwala 048-5377.

Mittlere Preisklasse

Pearl Beach Hotel, Beruwela, Tel. 048-5117, 5118.
Swanee Hotel, Moragalla, Beruwela, Tel. 048-5213, 5308, 5209.
Wornels Reef Hotel, Moragalla, Beruwela, Tel. 048-5430, 5431.

Preiswerte Hotels

Barberyn Reef Hotel, Beruwela, Tel. 048-5220, 5582.
Riviera Beach Resort, Moragalla, Beruwela, Tel. 048-5245.

Guest Houses

Berlin Bear, Maranada, Beruwela, Tel. 048-5525.

BIBILE
Guest House

Bibimo Motel, 54 Badulla Road, Bibile, Tel. 898.

DIKOYA
Guest House

Upper Glencairn, Dikoya, Tel. 0512-348.
Ottery Tourist Bungalow, Ottery Estate, Dikoya, Tel. 0512-837.

ELLA
Guest House

Ella Rest House, Ella, Tel. 806.

GALLE
Preiswertes Hotel

Hotel Beach Haven, Matara Road, Talpe, Galle, Tel. 536321.

New Oriental Hotel, 10 Church Street, Fort, Galle, Tel. 09-2059.

Guest Houses

Closenberg, Closenberg Road, Magalle, Galle, Tel. 09-3073.

Harbor Inn Rest House, Buona Vista, Unawatuna, Galle, Tel. 09-2822, Contact Tel. 23501 (Colombo).

Orchard Holiday Home, 61 Light House Street, Fort, Galle, Tel. 09-2370.

Sun-n-Sea, Beach Cottages, Unawata, Galle, Tel. 09-2702.

Unawatuna Beach Resort, Parangiyawatta, Unawatuna, Galle, Tel. 09-2065.

GAL OYA NATIONAL PARK

Inginiyagala Safari Inn, Inginiyagala, Tel. 063-2499, Contact Tel. 26611-9 (Colombo).

GIRITALE
Mittlere Preisklasse

Royal Lotus Hotel, Giritale, Tel. 027-6316 Hingurakgoda, Contact Tel. 548850 Colombo.

Preiswerte Hotels

Giritale Hotel, National Holiday Resort, Giritale, Tel. 027-6311 Hingurankgoda, Contact Tel. 25984 (Colombo).

Hotel Hemalee, Polonnaruwa Road, Giritale, Tel. 027-6257 Hingurakgoda.

HABARANA
Teure Hotels

The Lodge, Habarana, Tel. 066-8321, Contact Tel. 20862, 27206 (Colombo).

The Village, Habarana, Tel. 066-8316, Contact Tel. 20862, 27206 (Colombo).

Guest Houses

Habarana Rest House, Habarana, Tel. 04 Habarana, Contact Tel. 23501, 23504 (Colombo).

HIKKADUWA
Mittlere Preisklasse

Hotel Blue Corals, 332 Gall Road, Hikkaduwa, Tel. 09-2679.

Coral Rock Hotel, 340 Galle Road, Hikkaduwa, Tel. 09-2021.

Hikkaduwa Beach Hotel, 298 Galle Road, Hikkaduwa, Tel. 09-3327.

Hotel Lanka Supercorals, Galle Road, Hikkaduwa, Tel. 09-2897.

Hotel Reefcomber, Hikkaduwa, Tel. 09-3374.

Sunils Beach Hotels, Narigama, Hikkaduwa, Tel. 09-2016.

Hotel Wewala Beach (Schweizer Management), 380 Galle Road, Hikkaduwa, Tel. 09-3367.

Preiswerte Hotels

Coral Reef Beach Hotel, Galle Road, Hikkaduwa, Tel. 09-2197.

Coral Sands Hotel, 326 Galle Road, Hikkaduwa, Tel. 09-2436.

Guest House

Coral Seas Beach Resort, 346 Colombo Road, Hikkaduwa, Tel. 09-3248.

Ocean Beach Club, Patuwatha, Dodanduwa, Tel. 09-3366.

Poseidon Diving Station, Galle Road, Hikkaduwa, Tel. 09-3294.

Seaside Inn, Patuwatha, Dodanduwa, Tel. 09-3413, 7337.

Summer Inn, Galle Road, Pathuwatha, Dodanduwa, Tel. 09-3402.

HORANA
Guest House

Wasana Tourist Inn, Hegalla Estate, Horana, Tel. 209 Horana.

HORTON PLAINS
Guest House

Farr Inn, Horton Plains, Ohiya, Contact Tel. 23501, 23504 (Colombo).

JAFFNA
Mittlere Preisklasse

Hotel Ashok, 3 Cock Tower Road, Jaffna, Tel. 021-24246, 24336. Contact Tel. 25959, 29445 (Colombo).

Preiswerte Hotels

Subhas Tourist Hotel, 15 Victoria Road, Jaffna, Tel. 021-23228.

Palm Court, 202 Main Street, Jaffna, Tel. 021-22628.

Guest House

Yarl Beach Inn, 139 Beach Road, Jaffna, Tel. 021-24049.

KALUTARA
Mittlere Preisklasse

Hotel Meriviere, St. Sebastian Road, Katukurunda, Kalutara South, Tel. 042-2339, 2536.

Guest House

Garden Beach, 62/9 Sri Sumangala Mawatha, Kalutara North, Tel. 042-2380.

KANDY
Teure Hotels

The Citadel, 124 Srimath Kuda, Ratwatte Mawatha, Kandy, Tel. 08-22020, Contact 20862 (Colombo).
Hotel Suisse, 30 Sangaraja Mawatha, Kandy, Tel. 08-22637, 22672.
Hotel Topaz, Anniewatte, Kandy, Tel. 08-24150, 23062, 24172.

Mittlere Preisklasse

Hotel Casamara, 12 Kotugodella Veediya, Kandy, Tel. 08-24051-3.
Hotel Hantana, Hantana Road, Kandy, Tel. 08-23155, 23067.
Hotel Hill Top, 200/21 Bahirawakanda, Peradeniya Road, Kandy, Tel. 08-24162, 23892.
Hunas Falls Hotel, Elkaduwa, Kandy, Tel. 08-76402, 76403, Contact 29964 (Colombo).
Ladyhill Hotel, Dangolla, Kandy, Tel. 08-22659, Contact 32895, 33268 (Colombo).
Hotel Mahaweli, 40/1 Devani Rajasingha Mawatha, Kandy, Tel. 08-24261.
Mahaweli Reach Hotel, 35 Siyambalagastenna Road, Kandy, Tel. 08-22611.
Queen's Hotel, Dalada Veediya, Kandy, Tel. 08-22121, 22122.
Thilanka Hotel, 3 Sangamitta Mawatha, Kandy, Tel. 08-22060, 25496, Contact 22821 (Colombo).

Preiswerte Hotels

Chalet, 32, Gregory Road, Kandy, Tel. 08-24353.
Riverdale Road, 32 Anniewatte Road, Kandy, Tel. 08-23020.

Guest Houses

Castle Hill Guest House, 22 Rajapihilla Mawatha, Kandy, Tel. 08-24376.
Hotel Elephant Bath, 47/10 Lady McCallum's Drive, Kandy, Tel. 08-22162.
Hotel Frangipani, 80, Ampitiya Road, Kandy, Tel. 08-23210.
The Dawn Tourist Inn, 124 Mapanawathura Road, Kandy, Tel. 08-23923.
Hotel Hill Capital, 21/37 Riverdale Road, Anniewatte, Kandy, Tel. 08-24478.
The Fair Havens Guest House, 47 Sir Cuda Ratwatte Mawatha, Kandy, Tel. 08-23555.
Ivy Banks Tourist Lodge, 52, Samgaraja Mawatha, Kandy, Tel. 08-22434.
Mcleod Inn, 65 A Rajapihilla Mawatha, Kandy, Tel. 08-22832.
Meewatura Holiday Village, Montfort Estate, Bowellawatte, Kandy, Tel. 08-23479.
Olde Empire Hotel, 21 Temple Street, Kandy, Tel. 08-24284.
Regent Lodge, 172 Riverdale Road, Anniewatte, Kandy, Tel. 08-25250.
The Riviera Tourist Guest House, 656 Madarangoda, Kadugannawa.
Sandy River Inn, 14/1 Deveni Rajasinghe Mawatha, Getambe, Kandy, Tel. 08-22585.
Sunray Inn Tourist Guest House, 117/5 Anagarika Dharmapala Mawatha, Kandy, Tel. 08-23322.
Windy Cot Guest House, 66 Riverdale Road, Kandy, Tel. 08-22052.
Zeylanica (Tropical Garden Resort), 2 Mahamaya Mawatha, Kandy, Tel. 08-24388.

KANTALAI
Guest House

Kantalai Rest House, Tel. Kantalai 238, Contact 23501, 23504 (Colombo).

KATUNAYAKE
Mittlere Preisklasse

Hotel Goodwood Plaza, Canada Friendship Road, Katunayake, Tel. 030-2561.
Orient Pearl Hotel, Canada Friendship Road, Katunayake, Tel. 030-2356, 2563.

KITULGALA
Guest House

Kitulgala Rest House, Kitulgala, Tel. 28 Kitulgala, Contact Tel. 23504 (Colombo).

KOGGALA
Mittlere Preisklasse

Hotel Horizon, Koggala, Habaraduwa, Tel. 09-2528 oder 97 Habaraduwa.
Koggala Beach Hotel, Koggala, Habaraduwa, Tel. 09-3280 oder 23 & 25 Habaraduwa.
Tisara Beach Hotel, Koggala, Habaraduwa, Tel. 09-2017 oder 23 & 25 Habaraduwa.

Preiswertes Hotel

Beach Haven Hotel, Talpe, Koggala, Tel. 09-2663.

MATALE
Guest House

Matale Tourist Guest House, 145 Moisey Crescent Road, Matale, Tel. 0662-2259.

MATARA
Preiswertes Hotel

Polhena Reef Gardens, 30 Beach Road, Polhena, Tel. 041-2478, Contact Tel. 36268 (Colombo).

Guest House

Maheeka Tourist Inn, 363 Meddawatha, Matara, Tel. 041-2131.

MOUNT LAVAINIA

Teure Hotels

Mt. Lavinia Hotel, Hotel Road, Mt. Lavinia, Tel. 715221, 715222.

Mount Royal Beach Hotel, 36, College Avenue, Mount Lavinia, Tel. 71-3030, 4001/2/3.

Mittlere Preisklasse

Palm Beach Hotel, 50 De Saram Road, Mt. Lavinia, Tel. 712711, 712712.

Preiswertes Hotel

Rivi Ras, 50/2 De Saram Road, Mt. Lavinia, Tel. 717786, 717731.

Guest Houses

Blue Horizon, 2/0 Lady de Soysa Drive, Moratuwa, Tel. 072-7120.

Concord, 139 Galle Road, Dehiwela, Tel. 717727.

Estorial Tourist Lodge, 5/2 Lilian Avenue, Mt. Lavinia, Tel. 715494.

Lavinia Beach Inn, 22 Barnes Avenue, Mt. Lavinia, Tel. 714028.

Marina Nivasa, 30 Sri Dharmapala Road, Mt. Lavinia, Tel. 717337.

Mt. Lavinia Holiday Inn, 17 De Saram Road, Mount Lavinia, Tel. 717187.

Ocean View Tour Inn, 34/4 De Saram Road, Mt. Lavinia, Tel. 717200.

Ranveli Beach Resort, 56/9 De Saram Road, Mt. Lavinia, Tel. 717385.

Sea Breeze Tour Inn, 22/5a De Saram Road, Mount Lavinia, Tel. 714017.

Sea Spray, 45 Vihara Road, Off Station Road, Mt. Lavinia, Tel. 71-6304.

Starr Inns, 73/22 Sri Saranakara Road, Dehiwela, Tel. 714030.

NEGOMBO

Teure Hotels

Browns Beach Hotel, 175 Lewis Place, Negombo, Tel. 031-2031, 2032.

Catamaran Beach Hotel, 89 Lewia Place, Negombo, Tel. 031-2342, 2206.

Goldi Sands, Ethukala, Negombo, Tel. 031-2021, 2348.

Palm Beach Hotel, 159/161 Lewis Place, Negombo, Tel. 031-2113, 2631.

Mittlere Preisklasse

Blue Lagoon Tourist Holiday Resort, Talahena, Negombo, Tel. 031-2380.

Blue Oceanic Beach Hotel, Ethukala, Negombo, Tel. 031-2377, 2642.

Don's Beach Hotel, 75 Lewis Place, Negombo, Tel. 031-2120, 2448.

Golden Beach Hotel, 161 Lewis Place, Negombo, Tel. 031-2113, 2632.

Ranweli Holiday Village, Waikkal, Kochchikade, Tel. 031-2136.

Seashells Hotel, Palangaturai, Kochchikade, Tel. 031-2062, 2841.

Sunflower Beach Hotel, 143 Lewis Place, Negombo, Tel. 031-2042.

Preiswertes Hotel

Aquarius Beach Hotel, Negombo, Tel. 031-2448, 2120.

Guest Houses

Club Oasis Beach Hotel, Ethukala, Poratota Road, Negombo, Tel. 031-3145.

Golden Haven, Kimbulapitiya, Negombo, Tel. 031-2324.

Hotel Sea Gardens, Ethukala, Negombo, Tel. 031-2150.

Hotel Windmill Beach Rest, Ethukala, Negombo, Tel. 031-2572.

Rainbow, 3 Carron Place, Negombo, Tel. 031-2082.

Sea Drift, 2 Carron Place, Negombo, Tel. 031-2601.

NUWARA ELIYA

Mittlere Preisklasse

St. Andrews Hotel, Nuwara Eliya, Tel. 0522-445.

The Grand Hotel, Nuwara Eliya, Tel. 0522-808, 809.

The Hill Club, Nuwara Eliya, Tel. 0522-231, 654.

Preiswertes Hotel

Grosvenor Nuwara Eliya, Tel. 0522-307.

Guest Houses

Princess Guest House, 12 Wedderburn Road, Nuwara Eliya, Tel. 0522-462, Contact Tel. 31398.

Wattles Inn 13 Srimath Jayatileka Mawatha, Nuwara Eliya, Tel. 0522-804.

PASSEKUDAH/KALKUDAH

Mittlere Preisklasse

Imperial Oceanic, Passekudah Bay, Kalkudah, Tel. 065-7206, 7207 Valaichenai.

Sun & Fun, National Holiday Resort, Passekudah, Kalkudah, Tel. 065-7280, 7296 Valaichenai, Contact Tel. 29804.

Preiswertes Hotel

Sun Tan Beach, Passekudah, Kalkudah, Tel. 065-7321 Valachenai, Contact Tel. 27206, 31721.

POLONNARUWA
Preiswerte Hotels

Amaliyan Nivas, National Holiday Resort, New Town, Polonnaruwa, Tel. 027-2405, Contact Tel. 22232, 22233.
Araliya, National Holiday Resort, New Town, Polonnaruwa, Tel. 027-2421, Contact Tel. 547420.
Hotel Seruwa, National Holiday Resort, New Town, Polonnaruwa, Tel. 027-2411, 2412, Contact Tel. 23501, 23504.

Guest Houses

Polonnaruwa Rest House, Polonnaruwa, Tel. 027-2299, Contact Tel. 23501, 23504.
Hotel Ramadha, Batticaloa Road, Palomaruwa, Tel. 027-2022.
Ranketha Rest, Batticaloa Road, Polonnaruwa, Tel. 027-2080.
Sri Lanka Inns, 2nd Channel Road, New Town, Polonnaruwa, Tel. 027-2403.

RATNAPURA
Mittlere Preisklasse

Ratnaloka Tour Inns, Kosgala, Kahangama, Ratnapura, Tel. 045-2455.

SIGIRIYA
Mittlere Preisklasse

Hotel Sigiriya, Sigiriya, Tel. 066-8311, Contact Tel. 32895, 33268 (Colombo).
Sigiriya Village, Sigiriya, Tel. 066-8216, Contact Tel. 94763.

Guest House

Sigiriya Rest House, Sigiriya, Tel. 066-8324, Contact Tel. 23501, 23504.

TANGALLA
Mittlere Preisklasse

Tangalla Bay Hotel, Pallikkudawa, Tangalla, Tel. 0416-246.
Palm Paradise.

Guest House

Peace Haven Beach Hotel, Goyambokka, Tangalla, Tel. 0416-303, Contact Tel. 595455.

TISSAMAHARAMA
Guest Houses

Priyankara Guest House, Kataragama Road, Tissamaharama, Tel. 82069.
Tissamaharama Rest House, Tissamaharama, Contact Tel. 23501, 23504.

TRINCOMALEE
Teure Hotels

Club Oceanic, Uppuveli, Trincomalee, Tel. 026-2307, Contact Tel. 597773/4.
Moonlight Beach Lodge, Nilaveli, Trincomalee, Tel. 22/23 Nilaveli, Contact Tel. 25984.
Nilaveli Beach Hotel, Nilaveli, Trincomalee, Tel. 95, 96, Nilaveli, Contact Tel. 22518, 23432.

Mittlere Preisklasse

Blue Lagoon Nilaveli, Trincomalee, Tel. 026-2078, Contact Tel. 28273.
7 Islands' Hotel, Orr's Hill Road, Tel. 026-2373.

Preiswertes Hotel

Aqua Inns, 12 Allas Garden, Sampaltivu, Trincomalee, Tel. 026-2607.

WELIGAMA
Teure Hotels

Hotel Country Comfort, Kemagoda, Dikwella, Tel. 041-2962.
Dikwella Village Resort, Batheegama Dickwella, Tel. 041-2691, Contact Tel. 598439, 94763.

Preiswertes Hotel

Bay Beach, Kapparatota, Weligama, Tel. 0415-201, Contact 71-7953 (Colombo).

Guest House

Ruhunu Guest House, Mudaliyar, D. M. Samaraweera Mawatha, Weligama, Tel. 0415-228.

WILPATTU
Preiswerte Hotels

Hotel Wilpattu, Kala Oya, Tel. 573412.
Preshamel Safari Hotel, Pahalamaragahawewa, Wilpattu, Contact Tel. 524469, 524919.

WIRAWILA
Preiswertes Hotel

Sanasuma Holiday Resort, Wirawila Estate, Wirawila, Contact Tel. 597467, 585015.

YALA
Preiswerte Hotels

Browns Safari Beach Hotel, Yala, Amaduwa, Tel. 031-2031, 2076.
Yala Safari Beach Hotel, Amaduwa, Yala, Tel. 598818.

IN DEN TIERSCHUTZPARKS

Gal Oya National Park (1 Bungalow), Ekgal Oya (außerhalb des Parks Stromanschluß).

Horton Plains Nature Reserve (1 Bungalow), Andreson Lodge, Tel. 714146.

Ruhunu National Park (6 Bungalows), Palatupana, Buttuwa, Yala, Talgasmankade, Heen Wewa und Patangala.

Wilpattu National Park (7 Bungalows), Maradanmaduwa, Manikpola, Uttu, Kalli Villu, Kokmottai, Talawila Peni-ke-vila und Manavila.

Yala East National Park (2 Bungalows), Tunmulla und Okanda.

Die genannten Bungalows in den Reservaten sind sehr begehrt, und man muß die Zimmer im voraus buchen. Dazu wendet man sich an: Department of Wildlife Conservation, Zoological Gardens, Dehiwela, Tel. 714146. Pro Tag muß man Rs 100 Miete rechnen.

Auch die Wild Life and Nature Protection Society unterhält außerhalb der Parks von Yala und Wilpattu Bungalows. Buchungen nimmt entgegen die Verwaltung an der Chaitya Road, Marine Drive Fort, Colombo 1, Tel. 25248. Tagesmiete etwa Rs 75.

Restaurants

Chinesisch

Chinese Dragon Cafe, 232 Galle Road, Colombo 4, Tel. 88144.

Chinese Golden Gate Hotel, 25 Galle Road, Colombo (Wellawatte), Tel. 82510.

Chinese Lotus Hotel, 265 Galle Road, Colombo 3, Tel. 26843.

Chinese Park View Lodge, 70 Park Street, Colombo 2, Tel. 26255.

Chopsticks, 98/1 Havelock Road, Colombo 5, Tel. 88117.

Eastern Palace, 253 R A de Mel Mawatha (Duplication Road at junction of Clifford Avenue), Colombo 3, Tel. 24942.

Hotel Nippon, 123 Kumaran Ratnam Road, Colombo 2, Tel. 31887.

Jade Garden, 126 Havelock Road, Colombo 5, Tel. 84174.

Modern Chinese Cafe, 32 Havelock Road, Colombo 5, Tel. 81083.

Nanking Restaurant, 33 Chatham Street, Colombo 1, Tel. 27888.

Französisch

Chez Amano, 106 Galle Road (Stuart Place), Colombo 3, Tel. 29918, 33282.

Le Chateau (Continental), 474 Galle Road, Colombo 3, Tel. 23787.

Le Cosmopolite, 20 Alfred Place, Colombo 3, Tel. 26408.

Indisch

Alhambra, Holiday Inn, Mohammed Macan Markar Mawatha, Colombo 3, Tel. 22001.

Greenlands Hotel, 3/A Shrubbery Gardens, Colombo 4, Tel. 81986.

Kohinoor Restaurant, 49 Dharmapala Mawatha, Colombo 3, Tel. 548326.

Ran Malu, Hotel Lanka Oberoi, Colombo 3, Tel. 20001.

Saras Indian Restaurant, 25 Charles Drive (Duplication Road and Alfred Place), Colombo 3, Tel. 547606.

Shanti Vihare; Vegetarier-Restaurant, Havelock Road at Bauddhaloka Mawatha.

Italienisch

Ristorante Italiano „Da Guido“, 47/4 Dharmapala Mawatha, Colombo 7, Tel. 33815.

Japanisch

Kyoto Restaurant, 19 De Vos Avenue (off Duplication Road), Colombo 4, Tel. 83194.

Sri Lankan

Fountain Cafe, 199 Union Place, Colombo 2, Tel. 26455.

Green Cabin Cafe, 453 Galle Road, Colombo 3, Tel. 88-811.

One-o-Six Restaurant, 106 Havelock Road, Colombo 5, Tel. 580164.

Pagoda Tea Room, De Mel Building, Chatham Street, Colombo 1, Tel. 23086.

Palmyrah Restaurant, Hotel Renuka, 328 Galle Road, Colombo 3, Tel. 26901.

Ran Malu, Hotel Lanka Oberoi, Colombo 3, Tel. 20001.

Fisch

Beach Wadiya, 2 Station Road, Colombo 6, Tel. 88568.

Chez Amano, 106 Galle Road, Colombo 3, Tel. 29918, 33282.

Golden Seer, Seafood Grill, Holiday Inn, Colombo 3, Tel. 22001.

La Langousterie, Mount Lavinia.

Pearl Seafood Restaurant, Hotel Ceylon Inter-Continental, 48 Janadhipathi Mawatha, Colombo 1, Tel. 21221.

Seaspray, Galle Face Hotel, Colombo 3, Tel. 28211.

Silkoja, 25 B de Saram Road, Mount Lavinia, Tel. 715885.

Europäisch

Akasa Kade, Ceylino Building, 69 Janadhipathi Mawatha, Colombo 1, Tel. 20431.

Emerald Tea Coffee Shop, Hotel Ceylon Inter-Continental, Tel. 21221.

Gardenia, Holiday Inn, Colombo, Tel. 22001.

Gaylords Supper Club, Hotel Golden Topaz, 502/1 Galle Road, Colombo 3, Tel. 547605.

Harbour Room, Hotel Taprobane, 2 York Street, Colombo 1, Tel. 20391.

London Grill, Hotel Lanka Oberoi, Colombo 3, Tel. 20001.

Moonstone Barbeque Terrace, Hotel Ceylon Inter-Continental, Colombo 1, Tel. 21221.

Mount Lavinia Hotel, Hotel Road, Mount Lavinia, Tel. 071221.

Palms Roof Top Restaurant, Hotel Ceylon Inter-Continental, Colombo 1, Tel. 21221.

Semiramis Restaurant, Hotel Sapphire, 371 Galle Road, Colombo 6, Tel. 83306.

Supper Club, Hotel Lanka Oberoi, Colombo 3, Tel. 20001.

The Fab, 474 Galle Road, Colombo 3, 23787.

Verandah Restaurant, Galle Face Hotel, Colombo 3, Tel. 28211.

Medizinisches

Ambulanzen
General Hospital 91111
A. F. Raymond & Co 93737
Red Cross Society 91905

Krankenhäuser mit Notdienst

General Hospital
Srimath Baron Jayatilleke Mawatha,
Colombo 8 91111

Joseph Frazer Memorial Nursing Home
Joseph Frazer Road,
Colombo 5 588385

Kliniken

Ayurvedic Centre and College of Indigenous Medicine
136 Cotta Road,
Colombo 8 95855

Cancer Hospital
Maharagama 0792-253

Castle Street Maternity Hospital
Castle Street,
Colombo 8 91111

Central Consultation Office
70 Kynsey Road,
Colombo 8 91111

Central Hospital
Horton Place,
Colombo 7 596411

Children's Hospital (Lady Ridgeway)
Danister de Silva Mawatha,
Colombo 8 93711

Dental Clinic
Ward Place,
Colombo 7 93106

De Soysa Lying-in Home
Kynsey Road,
Colombo 8 96224

Durdans Hospital
3 Alfred Place,
Colombo 3 31361

Eye Clinic
Deans Road,
Colombo 10 93911

Grandpass Maternity and Nursing Home
36 Grandpass Road, ... 35954
Colombo 14 22184

Kandy Nursing Home
Kandy . . . . (08) 3111

MacCarthy Private Hospital
Wijerama Mawatha,
Colombo 7 93953

Ratnam's Hospital
Union Place,
Colombo 2 27788

St Michael's Nursing Home
4 Alfred House Gardens,
Colombo 3 85256

Sri Lanka Nursing Home
High Street,
Wellawatte 85478

Wycherley Nursing Home
2 Coniston Place,
Colombo 5 84197

Fluggesellschaften

Air Lanka, 14, Sri Baron Jayatilleke Mawatha, Colombo 1. Cable. Ari Lanka, Telex 21401, Tel. 21291, Reservations: 21161, Ticket Office: 21291, Flight Information 030/2281.

Aeroflot Soviet Airlines, 79/81, Hemas Building, York Street, Colombo 1. Tel. 25580, 33062, 29192.

Balkan Bulgarian Airline, 6 York Street, Colombo 1, Tel. 24431.

British Airways, General Sales Agent: Ceylon Hotels Corporation, 63, Janadhipathi Mawatha, Colombo 1. Tel. 20231-4. Flight Inquiries: Tel. 20236-7 oder 030-2303, 030-2302.

Garuda Indonesian Airlines, C/o. Carson Cumberbatch & Co. Ltd.,, Janadhipathi Mawatha, Colombo 1. Tel. 25984.

Gulf Air, 11 B/C York Street, Colombo 1. Tel. 32594, 548586, 29887.

Maldives International Airlines, General Sales Agents Indian Airlines, 95, Sir Baron Jayatilleka Mawatha, Colombo 1. Tel. 23136.

Indian Airlines, 95, Sir Baron Jayatilleka Mawatha, Colombo 1. Tel. 23136, 29838, 23987.

Korean Airlines, 47, Galle Face Court, Colombo 3. Tel. 26144, 23977, 22921.

Kuwait Airways, South Asian Travels Ltd., Ceylinco House, Colombo 1. Tel. 25621-3, 20914.

K. L. M. Royal Dutch Airlines, C/o Carson Cumberbatch & Co. Ltd., 61, Janadhipathi Mawatha, Colombo 1. Tel. 26359, 25984, 25985, 25986.

Lufthansa, General Sales Agent, Freudenberg Air Services Ltd., 8, Galle Face Court, Colombo, Tel. 35536, 20696.

Pakistan International Airlines, 432, Galle Road, Colombo 3. Tel. 29215, 25362.

Royal Nepal Airlines, 434, Galle Road, Colombo 3. Tel. 28945.

Singapore Airlines, General Sales Agent, ASET Airways Ltd., 15A, Sir Baron Jayatilleka Mawatha, Colombo 1. Tel. 22711.

Swissair, Cargo Boat, Development Bldg., 41, Janadhipathi Mawatha, Colombo 1. Tel. 35403-5.

Thai Airways International Ltd., Browns Tours Ltd., 16, Janadhipathi Mawatha, Colombo 1. Tel. 36201-5.

UTA French Airlines, 5, York Street, Colombo 1. Tel. 27605, 27606, 36026.

Autovermietungen

Elbert Silva Touring Co. Ltd. (Toyota Rent-a-car), P O Box 11, Dehiwala, Tel. 713356.

Mack Transport Ltd. (Avis Rent-a-Car) Mackinnons Building, 11A York Street, Colombo 1, Tel. 29888.

Mercantile Tours (Ceylon) Ltd. (Dollar Rent-a-car and Inter-rent), 23 York Arcade, Colombo 1, Tel. 28707 and 28708.

Quickshaws Ltd. (Hertz Inter-rent and American International Rent-a-car), Kalinga Place, Colombo 5, Tel. 583133-5.

Travel Time Rent-a-car, 10 Galle Face Court, Colombo 3, Tel. 20779.

Diplomatische Vertretungen

BELGIEN (Konsulat), 14 Deanstone Place, Colombo 3, Tel. 547555, 548263, 548264.

BUNDESREPUBLIK DEUTSCHLAND, 40, Alfred House Avenue, Colombo 3, Tel. 580431, 580434.

CSSR, 47, 47a, Horton Place, Colombo 7, Tel. 94766.

DÄNEMARK (Generalkonsulat), 264 Grandpass Road, Colombo 14, Tel. 23171.

DEUTSCHE DEMOKRATISCHE REPUBLIK, 101, Rosmead Place, Colombo 7, Tel. 93753, 94371.

FINNLAND (Botschaft), Nr. 35/2 Guildford Crescent, Colombo 7, Tel. 598819/20, 598783.

FINNLAND (Generalkonsulat), 264 Grandpass Road, Colombo 14, Tel. 547806.

FRANKREICH, 89 Rosmead Place, Colombo 7, Tel. 93615, 93018.

GRIECHENLAND (Konsulat), 25 Layard's Road, Colombo 5, Tel. 588098.

GROSSBRITANNIEN (High Commission), Galle Road, Colombo 3, Tel. 27611-27615.

ITALIEN, 586 Galle Road, Colombo 3, Tel. 588622, 588388.

JUGOSLAWIEN, 32 Cambridge Place, Colombo 7, Tel. 92624-25.

NIEDERLANDE, 25 Torrington Avenue, Colombo 7, Tel. 589626-8.

NORWEGEN (Generalkonsulat), 22½, Hongkong Bank Building, Sir Baron Jayatilleke Mawatha, Colombo 1, Tel. 28849, 28311, 28313.

ÖSTERREICH (Konsulat), Union Place, Colombo 2, Tel. 591613, 596311.

POLEN, 120, Park Road, Colombo 5, Tel. 81903.

SPANIEN (Vizekonsul), 25, Layard's Road, Colombo 5, Tel. 588098.

SCHWEDEN (Botschaft), 315, Vauxhall Street, Colombo 2, Tel. 29201/4.

SCHWEDEN (Generalkonsulat), 264, Grandpass Road, Colombo 14, Tel. 547157, 547663.

SCHWEIZ, Baur's Building, 1. Stock, 7-1/1, Upper Chatham Street, Colombo 1, Tel. 547663, 547157.

VEREINIGTE STAATEN VON AMERIKA, 44, Galle Road, Colombo 3, Tel. 21271-80.

UNGARN (Botschaft und Handelsabteilung), 79/2 Horton Place, Colombo 7, Tel. 91966.

Niederlassungen des Ceylon Tourist Board im Ausland

Australien
Vertritt den Tourist Board: F. P. Leonard Advertising Pte Ltd., 241 Abercrombie Street, Chippendale, NSW Australia 2008, Tel. 698-5266.

Ceylon Tourist Board – Büro West-Australien, 439 Albany Highway, Victoria Park, West Australia 6100, Tel. (09) 362-4579.

Bundesrepublik Deutschland
Sri Lanka (Ceylon) Tourist Board, Europa-Büro, 6000 Frankfurt/Main 1, Untermainanlage 5, Tel. 239221. (Zuständig für ganz Europa.)

Dänemark
Ceylon Touristrad, Sollerodgardavej 38, DK 2840 Holte.

Frankreich
Botschaft der Demokratischen Sozialistischen Republik Sri Lanka (Ceylon) – französisches Büro, 15 rue d'Astorg, 75008 Paris, Tel. 266-3501.

Großbritannien
Ceylon (Sri Lanka) Tourist Board, 52 High Holborn, London WC1V 6RI, Tel. 01-405-1194.

Japan
Tourist Board Representative – AMO, 2/1 Atago 1-chome, Minato-ku, Tokio, Tel. 433-6377, 433-6378.

Österreich
Siehe Bundesrepublik Deutschland.

Schweiz
Siehe Bundesrepublik Deutschland.

Thailand
Ceylon (Sri Lanka) Tourist Board – Thailand Büro, 1/18 Soi 10, Sukhumvit Road, Bangkok. Telex: AD FILMS TH.

Vereinigte Staaten von Amerika
Ceylon (Sri Lanka) Tourist Board – North American Office, Suite 308, 609 Fifth Avenue, New York, N. Y. 10017, Tel. (212) 935-0369.

Wirtschaftskontakte

Ceylon Chamber of Commerce, 127 Lower Chatham Street, Colombo 1 . . . . . . (Tel. 22084)

Chamber of Small Industries, HPT Building, D. S. Senanayake Mawatha, Colombo 8 . (Tel. 91920)

Federation of Chambers of Commerce and Industry, YMBA Building, 2nd Floor, Colombo 1 . . . . (Tel. 23158)

Foreign Investment Advisory Committee, (non-Free Trade Zone projets), International Economic Corporation Division, Ministry of Finance and Planning, 3rd Floor, Galle Face Secretariat, Colombo 1 . . . . (Tel. 28367)

Greater Colombo Economic Commission, (Authority for Free Trade Zone projects), 14 Sir Baron Jayatilleke Mawatha, Colombo 1 . (Tel. 34403)

National Chamber of Commerce of Sri Lanka, 2nd Floor, YMBA Building, Colombo 1 (Tel. 25271)

National Chamber of Industries, 20, 1st Floor, Galle Face Courts 2, Colombo 3 . . (Tel. 29038)

Sri Lanka Export Development Board, 310 Galle Road, Colombo 3

Reiseveranstalter

Air Conti Flugreisen
Neuhauser Straße 54
8000 München 2
Tel. 089-551791

Airtours International
Adalbertstraße 44-48
6000 Frankfurt 90
Tel. 0611-79281

Akademische Studienreisen
Wielandtstraße 20
6900 Heidelberg
Tel. 06221-45093-6

Alltours Flugreisen GmbH
Südstraße 56
4190 Kleve
Tel. 02821-24027

Aquarius Reisen GmbH
Stauffenstraße 42
6000 Frankfurt/Main
Tel. 069-7240256

Globe-Jeter Reisen
Kurfürstenplatz 6a
8000 München 40
Tel. 089-2711818

GUT Reisen
Hochhaus am Baseler Platz
6000 Frankfurt 1
Tel. 0611-26901

Hauser Exkursionen Intern.
Marienstraße 17
8000 München 2
Tel. 089-235006-0

ITS-Hertie Reisen
Flughafen Köln-Bonn
5000 Köln 90
Tel. 02203-420

Hetzel Reisen GmbH
Kranstraße 8
7000 Stuttgart 31
Tel. 0711-8351

Hotelplan
Intern. Reiseorganisation GmbH
Rotteckring 4
7800 Freiburg
Tel. 0761-31627

Indoculture Tours
Reisedienst GmbH
Bismarckplatz 1
7000 Stuttgart 1
Tel. 0711-617057-58

Ikarus Tours GmbH
Fasanenweg 1
6240 Königstein/Ts.
Tel. 06174-7017

Jahn Reisen GmbH
Elsenheimer Straße 61
8000 München 21
Tel. 089-57901

Jet Reisen GmbH
Kaiserstraße 64 d
6000 Frankfurt 1
Tel. 0611-26811

ITS-Kaufhof Reisen
Flughafen Köln-Bonn
5000 Köln 90
Tel. 02203-420

Kreutzer Reisen
Neuhauser Straße 6
8000 München 2
Tel. 089-237050

Kuoni-
Intern. Reiseorganisation GmbH
Maximilianplatz 23
8000 München
Tel. 089-220605

Marco Polo Reisen GmbH
Dettweiler Straße 15
6242 Kronberg/Ts.
Tel. 06103-4004

Meier's Weltreisen GmbH
Monschauer Straße 1
4000 Düsseldorf 11
Tel. 0211-507088

NUR Touristik GmbH
Hochhaus am Baseler Platz
6000 Frankfurt 1
Tel. 0611-26901

Dr. Tigges Fahrten
Karl-Wichert-Allee 23
3000 Hannover
Tel. 0511-5670

Tjaereborg Reisen
Graf-Adolf-Straße 63
4000 Düsseldorf 1
Tel. 0211-379082

Touropa
Karl-Wichert-Allee 23
3000 Hannover
Tel. 0511-5670

Transair Flugreisen GmbH
Karlstraße 9
4000 Düsseldorf 1
Tel. 0211-36741

Transeuropa Reisen
Karl-Wichert-Allee 23
3000 Hannover 61
Tel. 0511-5670

Twen-Tours
Karl-Wichert-Allee 23
3000 Hannover 61
Tel. 0511-5670

BILDNACHWEIS

Umschlag	Tom Tidball und R. Ian Lloyd.
Schlußseite	Jan Whiting (Design der Decke des Kelaniya Tempels).
4–5	Eric Oey (Tür des Dalada Maligawa, Kandy).
13	Jan Whiting.
14–15	R. Ian Lloyd.
16–17	Hans Hoefer.
18–19	R. Ian Lloyd.
20–21	R. Ian Lloyd.
22–23	Thomas Schoellhammer.
24	Tom Tidball.
26	R. Ian Lloyd.
27	Alain Evrard.
29	R. Ian Lloyd.
30–31	*Tabula Asiae XII* von Ptolemaeus; K. V. J. de Silva Collection.
32	W. L. H. Skeen & Co., Colombo und Kandy; 1901; P. R. Anthonis Collection.
34	R. Ian Lloyd.
36	Bild von Purandara Sri Bhadra Marapana; Foto von Linda Carlock.
37	Marcus Brooke.
38	Gemalt von Capt. O. C. O'Brien, *Views in Ceylon,* 1864.
39	Gemalt von O'Brien.
41	Zeichnung von Robert Knox, *An Historical Relation of Ceylon,* 1681.
42	Hans Hoefer.
43	R. Ian Lloyd.
44	Zeichnung von Phillip Baldeus, *A True and Exact Description. . . of Ceylon,* 1703.
45	Zeichnung von Baldeus.
46	K. V. J. de Silva Collection.
47	Aus: Knox, *An Historical Relation of Ceylon,* 1681.
48–49	A. W. A. Platé & Co., Colombo und Nuwara Eliya; 1901; P. R. Anthonis Collection.
51	W. L. H. Skeen & Co., Colombo und Kandy; 1901; P. R. Anthonis Collection.
52	R. Ian Lloyd.
53	Familie Senanayake.
54	Familie Senanayake.
56–57	Associated Newspapers of Ceylon; mit Erlaubnis *Asiaweek* magazine.
58	Tom Tidball.
61	Rodney Jonklaas.
63	K. A. Tillekeratne.
65	Tom Tidball.
66–67	Bild von Donald Friend; Bevis Bawa-Collection; Foto von Henry Sofeico.
68	R. Ian Lloyd.
70	Roland Ammon.
72	R. Ian Lloyd.
73	Tom Tidball.
74	R. Ian Lloyd.
76	Eric Oey.
77	Eric Oey.
79	Jan Whiting.
80	Roland Ammon.
81	Roland Ammon.
82	Aus H. W. Cave, *Picturesque Ceylon and Its Ruined Cities,* 1903.
84	R. Ian Lloyd.
84	R. Ian Lloyd.
85	Roland Ammon.
86	R. Ian Lloyd.
88	Tom Tidball.
89	Tom Tidball.
90	Louise Renkema.
91	Aus Knox, *An Historical Relation of Ceylon,* 1681.
92–93	Philip Little.
94	R. Ian Lloyd.
98–99	R. Ian Lloyd.
101	R. Ian Lloyd.
102	Leo Haks Collection.
103	Tom Tidball.
104	Manfred Gottschalk.
106	Manfred Gottschalk.
107	Tom Tidball.
108	K. V. J. de Silva Collection.
109-L	R. Ian Lloyd.
109-R	Tom Tidball.
110	R. Ian Lloyd.
111	Tom Tidball.
112	R. Ian Lloyd.
113	R. Ian Lloyd.
114	Tom Tidball.
115	R. Ian Lloyd.
116	J. G. Anderson.
117	R. Ian Lloyd.
118–119	Tom Tidball.
120	R. Ian Lloyd.
121	Tom Tidball.
123	Alain Evrard.
124	Philip Little.
125	Hans Hoefer.
126	R. Ian Lloyd.
128	Philip Little.
129	Linda Carlock.
130	R. Ian Lloyd.
131	Philip Little.
132	Roland Ammon.
133	Roland Ammon.
134–135	R. Ian Lloyd.
136	R. Ian Lloyd.
137	R. Ian Lloyd.
138	J. G. Anderson.
139	R. Ian Lloyd.
140	Marcus Brooke.
141	R. Ian Lloyd.
142	Ravindralal Anthonis.
143	Tom Tidball.
144–145	R. Ian Lloyd.
146	R. Ian Lloyd.
147	R. Ian Lloyd.
148	Roland Ammon.
149	Manfred Gottschalk.
150	Gemalt von O'Brien, *Views in Ceylon,* 1864.
151	Jan Whiting.
152	R. Ian Lloyd.
153	R. Ian Lloyd.
155	R. Ian Lloyd.
156	R. Ian Lloyd.
157	R. Ian Lloyd.
158-L	Marcus Brooke.
158-R	R. Ian Lloyd.
159	R. Ian Lloyd.
160	Linda Carlock.
161	R. Ian Lloyd.
162–163	Rodney Jonklaas.
164	R. Ian Lloyd.
165	Tom Tidball.

166 Jan Whiting.
167 Linda Carlock.
168-L J. G. Anderson.
168-R Tom Tidball.
169 R. Ian Lloyd.
170 Tom Tidball.
171 Linda Carlock.
172-L R. Ian Lloyd.
172-R J. G. Anderson.
173 J. G. Anderson.
174 Linda Carlock.
175 R. Ian Lloyd.
177 Nihal Fernando.
178–179 R. Ian Lloyd.
180 Linda Carlock.
181 R. Ian Lloyd.
183 R. Ian Lloyd.
184 R. Ian Lloyd.
185 R. Ian Lloyd.
186-L R. Ian Lloyd.
186-R R. Ian Lloyd.
187 R. Ian Lloyd.
188-L R. Ian Lloyd.
188-R R. Ian Lloyd.
189 R. Ian Lloyd.
191 Thomas Schoellhammer.
192 Linda Carlock.
193 Linda Carlock.
195 J. G. Anderson.
196 R. Ian Lloyd.
197 R. Ian Lloyd.
198 Linda Carlock.
199-L J. G. Anderson.
199-R Linnda Carlock.
200 R. Ian Lloyd.
201 Linda Carlock.
202 R. Ian Lloyd.
203 Linda Carlock.
204 Rodney Jonklaas.
205 R. Ian Lloyd.
206 R. Ian Llyod.
207 R. Ian Lloyd.
208 Linda Carlock.
209 Manfred Gottschalk.
210–211 Manfred Gottschalk.
212 R. Ian Lloyd.
213 Rodney Jonklaas.
215-L Tom Tidball.
215-R J. G. Anderson
216 Linda Carlock.
217-L Philip Little.
217-R J. G. Anderson.
218 R. Ian Lloyd.
219 Thomas Schoellhammer.
220 J. G. Anderson.
221 J. G. Anderson.
222 Ravindralal Anthonis.
223 Rodney Jonklaas.
224–225 Roland Ammon.
226 Roland Ammon.
227 J. G. Anderson.
228 Roland Ammon.
229 Roland Ammon.
231 J. G. Anderson.
232 J. G. Anderson.
233-L Roland Ammon.
233-R J. G. Anderson.
234 Marcus Brooke.
235 Jan Whiting.
237 Ravindralal Anthonis.
238–239 W. L. H. Skeen & Co., Colombo und Kandy, 1901; P. R. Anthonis Collection.
240–241 R. Ian Lloyd.
242 R. Ian Lloyd.
243 R. Ian Lloyd.
244 R. Ian Lloyd.
245 R. Ian Lloyd.
246 Roland Ammon.
247 Roland Ammon.
248 Roland Ammon.
249 R. Ian Lloyd.
251 Tom Tidball.
252–253 R. Ian Lloyd.
254 Eric Oey.
255 Marcus Brooke.
256 J. G. Anderson.
257 Marcus Brooke.
258 R. Ian Lloyd.
260 R. Ian Lloyd.
262 Marcus Brooke.
263 Linda Carlock.
264–265 R. Ian Lloyd.
266 Philip Little.
267 Tom Tidball.
268 Alain Evrard.
269 Marcus Brooke.
271 Marcus Brooke.
272–273 R. Ian Lloyd.
274 R. Ian Lloyd.
275 Marcus Brooke.
276 Marcus Brooke.
277 Eric Oey.
278–279 R. Ian Lloyd.
280 R. Ian Lloyd.
282 Marcus Brooke.
284 J. G. Anderson.
285 R. Ian Lloyd.
286 Linda Carlock; Collection des National Museum, Colombo.
287 Manfred Gottschalk.
288 Manfred Gottschalk.
289 Linda Carlock; Collection des National Museums, Colombo.
290–291 Philip Little.
292 R. Ian Lloyd.
293 Marcus Brooke.
294-L R. Ian Lloyd.
294-R R. Ian Lloyd.
295 R. Ian Lloyd.
297 J. G. Anderson.
298 Tom Tidball.
300 Tom Tidball.
301 Tom Tidball.
302–303 Tom Tidball.
304-L Tom Tidball.
304-R Tom Tidball.
305-L Tom Tidball.
305-R Tom Tidball.
306 Tom Tidball.
307 Tom Tidball.
308–309 Ravindralal Anthonis.
310 Ravindralal Anthonis.
311 Tom Tidball.
312 Ravindralal Anthonis.
314 Eric Oey.
315 Ravindralal Anthonis.
316 Ravindralal Anthonis.
317 Ravindralal Anthonis.
318–319 Alle Fotos von Ravindralal Anthonis.
320 R. Ian Lloyd (Muster vom Lankatilaka Tempel).
Buchrücken Alle Fotos von R. Ian Lloyd.
letzte Seite R. Ian Lloyd (Prozessionen)
R. Ian Lloyd (Buddhismus)
Tom Tidball (Gastfreundschaft).
R. Ian Lloyd (Fresken).
R. Ian Lloyd (Strände).
A. W. A. Plate & Co. (Könige).
R. Ian Lloyd (Bewegung).

GLOSSAR

A

abhaya mudra – schützende Geste; die Hand ab Ellbogen erhoben, Finger zusammen. Buddhistische Pose.
adauwas – Bewegungen in einem „Teufelstanz".
Aiyannar – Hindugottheit; Beschützerin der Landwirtschaft.
akasha – Äther
aluwa – süßes Fleischgericht
amalaka – glockenähnliche Stupa-Form
amba – Mango
ambalama – Rast auf einer Reise
appa – „hoppers", Sauerteiggebäck aus Reismehl, Pfannkuchenart
arama – Kloster
Arjuna – Krieger des Bhagavad-Gita
arrack – aus dem Saft der Kokosnuß destillierter Alkohol
aru – Tamil-Bezeichnung für Strom
Avalokitesvara – bodhisattva des Mahayana-Buddhismus
avasa – Unterkunft der Mönche im Kloster
avatar – Inkarnation
ayurvedic – traditionelle Medizin (Kräuter und homöopathische Heilmethoden)

B

bali – Opferritual
banamaduwa – Predigerpavillon in einem Kloster
bata – gespaltener Bambusstengel
beru – Elefantengras, hohes, schilfähnliches Gras
Bhavana – Meditation
Bhagavad-Gita – poetische Hinduschrift mit Krishna als Hauptfigur
Bharata Natyam – klassischer indischer Tanz
bhikkus – Buddhistische Mönche
bibikan – traditioneller Kuchen
biraluvada – „Zwirnarbeit", Technik, Lackarbeiten zu dekorieren
bisokotuwa – Grabröhre, Prototyp einer Schleuse
bithara – Ei
bo-Baum – *ficus religiosa,* (pipal), Ableger des Baumes, unter dem der Buddha (Siddharta Gautama) die Erleuchtung hatte.
bodhi-ghara – Ableger des Original-Bobaums sind hier untergebracht
bodhi-maluwa – Terrasse für den heiligen Bobaum
bodhisattva – „Buddha der Zukunft"
boiga forsteni – kleine, rötliche Giftschlange
bolo fiado – Schichtkuchen
boroa – Grießbiskuits (Cookies)
Brahma – in der Hindu-Mythologie Gott der Schöpfung
Brahmanen – die oberste Hindu-Kaste, ursprünglich die Priesterkaste
Brahmin – Hindupriester
Brahminismus – alte polytheistische Religion mit einem Gott-Schöpfer. Vorläufer des Buddhismus und Hinduismus.
broeder – holländischer Weihnachtskuchen
brinjal – langer Elefant
Buddha – der „Erleuchtete"
bumisparasa mudra – Geste der Hände, bei der die Finger der rechten Hand den Boden berühren, um Mutter Erde zum Zeugen anzurufen. Eine typische Geste des Buddha.
Burghers – die Nachfahren der Holländer
buriyani – im Fleisch oder im Huhn gekochter garnierter Reis

C

cadjan – Absperrungen oder Zäune, die aus Palmyra-Palmblättern hergestellt sind
chakra – Metallring, der mit Göttern in Verbindung gebracht wird
chena – slash- and burn-Landwirtschaft, wo Wälder verbrannt und kurzfristig landwirtschaftlich nutzbares Land geschaffen wird.
Chera – altes südindisches Reich
Chola – altes südindisches Reich
chutty – Kochtopf aus Lehm
Culavamsa – der literarische Nachfahre des Mahavamsa

D

dagoba – ein Stupa (buddhistischer Reliquienschrein)
Dalada Maligawa – Tempel, in dem die heilige Zahnreliquie aufbewahrt ist
dana – Almosen geben
dansela – Raum, in dem während des Wesak Essen verteilt wird
deva – Gott
devala – Tempel bzw. Schrein, Sitz eines Gottes; wird von Buddhisten und Hindus benutzt
deviyo – seßhafter Gott
dhal – Linsen
Dharma – buddhistische Lehre
dhiyana mudra – eine von dem Buddha überlieferte Pose: die Hände werden becherförmig gehalten und auf den Schoß gelegt
digge – Raum für Gesänge in einer devala
diyakiri – dünne Kokosnußmilch
Diyawadana Nilame – oberster Kurator der Dalada Maligawa und der Inhaber des höchsten Laienamtes in Sri Lanka
dodols – süßliche Fleischspeise
dorje – Donnersymbol des tibetischen Tantrismus
Draupadi – Göttin; nach dem Mahabharata die gemeinsame Gefährtin von fünf Pandy-Prinzen.

E

ellé – ein Baseball ähnliches Spiel

G

gana-denu – „gib und nimm", die erste Transaktion des neuen Jahres, meist mit einer nahestehenden Person
Ganesha – Gott mit dem Elefantenkopf, Sohn von Shiva und Parvati
Ganeswara – eine andere Bezeichnung für Ganesha bzw. Ganesh
ganga – Fluß
garbhagrha – das innere Sanktum, Teil des Hindutempels mit dem Hauptbildnis
gata bere – Kandy-Trommel
gedige – Bilderhaus aus Stein, gewölbt
gopuram – Torturm über dem Eingang zu einem Hindutempel
gourami – großer Süßwasserfisch, aus Japan eingeführt
Garuda – mythischer Adler, halb Mensch, halb Tier; auf ihm bewegt sich Vishnu fort
gurula – Garuda, der mythische Adler
gurunnase – Lehrer

H

halape süßes Fleischgericht
Hanuman – Affengeneral des Ramayana
hiramane – Metallscheibe zum Mahlen der Kokosnuß
horana – Blasinstrument aus Schilfrohr (ähnelt der Oboe)
howdah – Gerüst, das Elefanten auf dem Rücken tragen

I

illam – Kiesschicht unter einer Schicht alluvialen Lehms, in der häufig Edelsteine gefunden werden
indiappa – nudelähnliche Speise aus gekochtem Reismehl
isvaram – göttliche Residenz der obersten Hindu-Gottheit
itli – kleiner, runder Reismehlkuchen, den Tamilen besonders schätzen

J

jaggery – roher, brauner Zucker aus Palmsaft, Palmzucker
jak – große Tropenfrucht, die sowohl roh als auch gekocht verzehrt wird
Jataka – Bericht über die früheren Leben des Buddha.

K

kachchan – heißer, trockener Wind
kachcheri – Regierungsamt
kalapuwa – Brackwasserlagunen
Kali – Shivas Frau in ihrer schrekkengebietenden Gestalt
kapurala – Priester bzw. Geistlicher in der *devala;* auch ein Priester (Schamane) bzw. ein wohlmeinender Gott
karanduwa – Replik oder Schatulle in *dagoba*-Form, Schrein der Zahnreliquie

karava – Fischervolk, das seine Herkunft von einer nordindischen Kriegerkaste herleitet
karma – Kette von Ursache und Wirkung, von Gut und Böse, die von einem Leben zum nächsten weitergegeben wird
Kataragama – Hindu-Kriegsgott, auch Skanda genannt
Kathakali – klassischer indischer Tanz
kattadiya – Dämonenpriester
kavadi – ein geschmücktes Bogengerüst, das Hindus zum Zeichen der Buße tragen
Kavi Nadagam – seltene Form des volkstümlichen Theaters
kaymans – Holländisch für Krokodile
kiri – Milch
kiribath – Milchreis (in Kokosmilch gekochter Reis)
Kohamba – ein für den Kandy-Tanz bedeutender Gott
kolam – Maskendrama mit Tanz und einem Ritual
kotkarella – Turm einer dagoba
kovil – Hindutempel
Krishna – achte Inkarnation Vishnus, der Hindu-Gottheit
kurakkam – rotes, schweres Getreide, das vor allem für süßes Gebäck verwendet wird
Kuveni – Zauberin der Yaksa, die Lanka für Vijaya unterwerfen half und ihm zwei Kinder gebar

L

Lakshmi – Göttin des Reichtums und Gefährtin Vishnus
lamprais – Reis und Curryfleisch, die in einem Bananenblatt gedünstet werden
lasya – anmutig-weiblicher Tanz
lingam – männliches Phallus-Symbol, im allgemeinen mit Shiva in Verbindung gebracht

M

maha – Hauptreisernte
maha baha – Riesenbildnis mit zwei Gesichtern
Maha Nuwara – „die großartige Stadt" – Bezeichnung für Kandy
Mahabharata – bedeutendes Hindu-Epos
maharab – Gebetshalle der Moslems
Mahavamsa – alte Chronik der Singhalesen-Könige aus dem 6. Jhdt n. Chr.
mahout – Elefantentreiber
mahseer – ein dem Karpfen verwandter großer Flußfisch, der ausgezeichnet schmeckt
Maitreya – der kommende Buddha
makara – Drachen
malliya – Bruder
mallung – Mischgericht aus gehacktem Gemüse, getrockneten Krabben, gemahlener Kokosnuß und Gewürzen
massina – Neffe
minnihalanga – Sitz der Staatsmacht
mitikiri – dicke Kokosmilch
Moors – Nachkommen der arabischen Händler
mudra – Geste der Hände und eine Pose auf einem Buddha-Bildnis
muezzin – ruft die frommen Moslems zum Gebet
muscat – ölige Fondant-ähnliche Süßigkeit

N

Nadagm – seltene Form des Volkstheaters; Mischform aus Puppenspiel und live Theater mit Prosadialogen und stilisiertem Gesangsdrama
naga – Kobraschlange
Nagas – einer der ersten auf Sri Lanka lebenden Stämme
nagaraj – Koba-Schlangenkönig
Nandi – Stier, auf dem sich Shiva fortbewegt; Symbol der Fruchtbarkeit
Natha – Mahayana-Gottheit; in der Überlieferung ist es der bodhisattva Maitreya
Natya – Drama
netra mangalya – Augenfest an einer religiösen Stätte, bei dem die Augen des Buddhabildes bemalt werden
nibbana – Zustand des „weder Lebens noch Nicht-Lebens, den jeder Buddhist anstrebt
niyakas – Sekten buddhistischer Mönche
Niyapotuvada – Technik der „Nadelarbeit"; wird zum Verzieren der Lackarbeiten verwendet
nona gathe – neutrale Zeitspanne zwischen dem alten und dem neuen Jahr (Astrologie der Singhalesen)
nritta – reine Tanzform
nritiya – Ausdruckstanz
nuwara – Stadt

O

ola – getrocknetes und präpariertes Palmblatt; wird mit einem Stift beschrieben
oruva – Einbaum-Outrigger-Kanu
oya – Bach, kleiner Fluß

P

paddy – ungeschälter Reis, Reispflanze
padhanaghara – Meditationszentrum
padma – Lotosblume
padrao (Hafen) – großer beschriebener bzw. behauener Steinquader
Pallava – altes südindisches Reich
palmyra – Palmenart, die in trockenen Gebieten gedeiht
palu – wilde Frucht
panchama – Obstsalat, bestehend aus fünf Früchten
pandal – Bambusgerüst, auf das bei buddhistischen Festen Buddhabilder und Lampen gehängt werden
Pandja – altes südindisches Reich
paniappa – süßes Gebäck
panipol – süßes Fleisch
panivalalu – Honigringe – aus süßem Fleisch hergestellt
pansala – buddhistischer Tempel
papadam – knusprige, waffeldünne Brotsorte
parinibbana – der physische Tod des Buddha und sein Übergang ins Nirwana
Parvati – Shivas Gefährtin, Mutter von Ganesha und Skanda (heißt auch Uma)
pasa – Lasso, das Vishnu gehören soll
patimaghara – Bilderhaus
Pattini – Hindugöttin der Keuschheit und Gesundheit
pel kavi – Musik, die auf den chena-Feldern entstand, wörtlich „Lieder der Hütten"
perahera – festliche Prozession mit großem Pomp
pesavalulu – konzentrisch um das Gewölbe der dagoba gebaute Ringe
Pillayav – Bezeichnung für Ganesha bzw. Ganeswara
pin-kate – Opferschatulle
pirit – Gesang von Schutz-suttas
pirivena – Kloster
pittu – gekochte Mischung aus Reismehl, Kokosnuß und Wasser
pohuna – verziertes Steinbad
pol sambol – Kokosnuß-sambol, Gemisch aus gemahlener Kokosnuß, Chilischoten, Zwiebeln, Zitrone, Salz und Maldive-Fisch (getrockneter Thunfisch)
pol-thel pahana – Kokosnußöllampe
pongaal – gewürzter süßer Reis, der bei Opferfestmählern gegessen wird
potgul – Bibliothek
poya – Mondphase
poyage – Raum für religiöse Feiern
pohul dosi – eingemachter Kürbis
puja – religiöses Opfer
punya karma – sich Verdienste erwerben

R

raj – König
Rama – Held des Ramayana
Ramayana – klassisches asiatisches Heldenepos
ran masu – Goldfisch
randoli – goldene Sänfte, in der bei einer perahera die Götter getragen werden
rasakevili – süßes Fleisch
rasam – Mischung aus Gewürzen, Knoblauch, Chilibohnen, Tamarindenfruchtsaft und Kokosnußöl
rasgullas – Milchbällchen in Sirup
Rawana – Anti-Held (Dämonenkönig) des Ramayana
roti – ungesäuertes Brot

S

Sakra – König der Götter

samadhi – Zustand tiefer Meditation
Saman – Wächtergott auf dem Gipfel der Sri Pada (Adam's Peak)
samanalayo – kleine, gelbe Schmetterlinge oben auf dem Adam's Peak
samanera – Mönchnovize
sambhur – elchähnlicher Hirsch
sambol – Gemisch aus Kokosnuß, Chilischoten, Zwiebeln und Zitrone
samsara – Wiedergeburtszyklus
samudra – Binnen- bzw. großer Stausee
Sangha – Bruderschaft der buddhistischen Mönche
sankha – Muschelschale
sanni yakuna – Zeremonie gegen Dämonen und Krankheit
sarama – von Männern getragener Sarong
Shiva – oberster der Hindugötter; er kann alles, Gutes wie Böses, zerstören und Neues entstehen lassen
sikhara – Spitze eines Tempels (sieht aus wie ein Bienennest)
sil – meditieren, religiöse Bücher lesen und der Lesung der Schriften beiwohnen
sila – Moralität
silpasastras – kodifizierte buddhistische Texte
sinha – Löwe
Sita – Frau des Rama, die laut Ramayana von Rawana entführt wurde
Skanda – Hindu-Kriegsgott, Sohn Shivas und Parvatis (s. Kataragama)
sokari – Volkstanz, der eine reiche Reisernte bringen soll
sthapana mandapam – Teil des Hindutempels, in dem geopfert wird
suriputra – Maße und Proportionen, die bei Buddhabildnissen gelten
suttas – Reden des Buddha

T

tandava – maskuliner Tanz mit kraftvollen Bewegungen
tellapia – kleiner Fisch (kommt aus Japan)
thalagali – süßes Fleisch in Sesambällchen
thali – goldenes Halsband mit den Symbolen der Hindu-Trinität – Muschel, Dreizack und Ring, Hochzeitsband
thambali – Königskokosnuß
thera – buddhistischer Weiser
thosai – Reismehlkuchen (dosai), der in einer flachen Pfanne gebacken wird
tikka – „göttliches Auge", kräftigroter Puder, den sich die Hindus zum Zeichen der Anwesenheit des Göttlichen auf die Stirn schmieren.
Tipitaka – die heiligen Schriften des Buddhismus
tivanha – „dreifach gebeugte" Haltung eines Bildnisses (in den Hüften und am Hals abgewinkelt)
toddy – undestillierter, vergorener Kokosnußsaft
torana – Eingang bzw. Sturz eines Tores
trisula – Dreizack der Götter

U

ulama – Lehrer des Islam
upasampada – Ordination buddhistischer Mönche
Upulvan – Bezeichnung für Vishnu als Beschützer des Buddhismus auf Sri Lanka

V

vadal – Bällchen von zerdrücktem dhal, die gebraten werden
vade – scharfe Krapfen
vadis – Behausung von Fischern
vahalkada – Schirm an einer Seite der dagoba, vor dem ein Altar mit Blumenopfern steht
valavva – Villa singhalesischer Landadliger
vali-kangana – Brüstung mit vier Zugängen an einer dagoba
vanduappa – süßes Gebäck
vannama – säkularer Tanz: oft wird ein Vogel oder ein anderes Tier nachgeahmt
vatadage – Rundbau mit Säulen, der eine dagoba beschützte und beherbergte
Vedas – die vier kanonisierten Sammlungen der frühesten Dichtungen der Brahmanisten aus dem 2. Jahrtausend v. Chr. Sie beschreiben einen polytheistischen Glauben
Veddhas – Aborigines von Sri lanka
vel – Dreizack des Kriegsgottes Skanda
vellala – Bauernkaste der Tamilen
Vesamuni – Dämonenkönig
vevel – gespaltenes Zuckerrohr
Vibeheshana – einer der vier Wächtergötter von Sri Lanka, Bruder Rawanas
vihara – Bilderhaus
villus – natürliches Gewässer, z. B. ein Teich oder See
Vishnu – Gott der Hindu-Trinität, der das Leben und die Welt zu bewahren hat. Heißt auch Upulvam
vitarka mudra – Handbewegung eines Redenden; die Finger sind erhoben. Pose des Buddha
Vuvera – Gott des Reichtums

W

wattapalam – Pudding oder Soße aus Kokosnuß und Palmzucker (jaggery)
weere – wilde Frucht
Wesak – an diesem Tag wird der Geburt, der Erleuchtung und des Todes des Buddhas gedacht.
wewa – Bewässerungsseen, die von Menschen angelegt wurden

Y

yakadura – Dämonenpriester der niederen Kasten
yak bere – Trommel von Dämonen
yakdessa – Schamane bzw. Priester
Yaksas – Stamm von Ureinwohnern der Insel
yala zweite Reissaison bzw. -ernte
yoni – weibliches Phallus-Symbol in Verbindung mit dem Tantrismus und der Shiva-Verehrung

INDEX

(Fortsetzung von Seite 9)
Peradeniya inne und ist Vizepräsident des asiatischen Historikerverbandes.

Mallika Wanigasundara, seit 25 Jahren Berufsjournalistin, kennt das öffentliche Leben des Landes in- und auswendig; u.a. arbeitete sie für Associated Newspapers of Ceylon, den *Ceylon Observer* und die *Ceylon Daily News*. 1972 konnte sie an der Thompson Foundation in Cardiff, Wales, studieren und ist seit 1982 freiberuflich für mehrere Zeitschriften tätig. Für dieses Buch verfaßte sie den Abschnitt „Sri Lanka heute".

Roland Silva, unser Experte für Archäologie und klassische Künste, leitet das UNESCO-Sri Lanka-Projekt des Cultural Triangle und ist staatlicher Beauftragter für Archäologie. In London ließ er sich zum Architekten ausbilden und befaßte sich in Rom mit der Pflege und dem Restaurieren von Altertümern. Er erhielt ein Stipendium für das Institute of Archaeology an der Universität von London. An einer holländischen Universität wird er demnächst über die Geschichte der religiösen Architektur von Sri Lanka promovieren. Er ist Autor von mehr als 40 Artikeln über Themen aus seinen Spezialgebieten.

Das Cultural Triangle-Projekt, das im wesentlichen auf Silvas Ideen zurückgeht, verfolgt das Ziel, an den zentralen Stätten des antiken Sri Lanka, in Anuradhapura, Polonnaruwa, Sigiriya, Dambulla und Kandy, wichtige Monumente freizulegen und zu restaurieren.

Dr. **Ediriwira Sarachchandra,** emeritierter Professor für singhalesische Literatur an der Universität von Peradeniya, ist anerkannter Experte in Sachen Tanz und Theater von Sri Lanka. Er hat 25 Stücke, sechs Romane, zwei Bände mit Kurzgeschichten und zahlreiche literaturwissenschaftliche Aufsätze geschrieben und viel zur Wiederbelebung des traditionellen singhalesischen Theaters getan. Von 1974 bis 1977 war er Botschafter Sri Lankas in Frankreich.

Dr. **Anthony Joseph Weeramunda** leitet die soziologische Fakultät der Universität von Colombo. Er stellte das Material über Rassen und Religionen zusammen. Nachdem er an der Universität von Seattle Anthropologie studiert hatte, lehrte er in San Diego, bevor er 1977 in seine Heimat zurückkehrte. Er schrieb für mehrere wissenschaftliche Zeitschriften und steuerte Beiträge zu den Büchern *Religious and Social Conflict in South Asia* (1976) und *Mother Worship: Themes and Variations* (1982) bei.

Rodney Jonklass, Nummer eins in Sri Lanka auf dem Gebiet der Meeresforschung, ist ein echter Burgher, dessen Vorfahren vor fast 200 Jahren von Amsterdam nach Sri Lanka kamen. In Kandy ist er aufgewachsen und tauchte bereits als Teenager mit einer selbstgebastelten Maske im Meer. Sein Studium der Botanik, Zoologie und Geographie an der alten Ceylon University finanzierte er aus den Erlösen von Fischen, die er mit dem Spieß fing und verkaufte. Jonklass besitzt ein Sportgeschäft, exportiert Blattpflanzen und ist Berater der National Aquatic Resources Agency von Sri Lanka; er macht nicht nur Unterwasserfotos und Filme, sondern schrieb auch das Buch *Collecting Marine Tropicals* (1975) und zahlreiche Artikel für *Skin Diver* und *Serendib* sowie andere Zeitschriften. Jonklass, der auch bei dem Film *Blue Water, White Death* mitwirkte, schrieb und fotografierte auch für diesen Band.

R. Ian Lloyd, der mit 100 Fotos hier vertreten ist, wuchs in der Easy Street in Midland, Ontario (Kanada), auf. Am Institute of Technology in Rochester (New York) und dem Brooks Institute of Photography in Santa Barbara, Kalifornien, studierte er und verlegte sich dann auf audiovisuelle Medien in den USA, Australien und Europa, bevor er 1980 zur Apa-Fotoagentur stieß. 1982 bereiste er mit Anderson und Carlock Sri Lanka und fotografierte für diesen Band. Im März 1983 verließ er den Verlag.

Tom Tidball, ehemals Farmer, Lehrer, und halbprofessioneller Baseballspieler in Nebraska, lebt seit 1973 in Sri Lanka. Auf Drängen seines Schwiegervaters wurde er Fotograf, und seit Ende der siebziger Jahre erscheinen seine Beiträge in *Serendib* und *Pacific,* in UNICEF-Publikationen und diversen einheimischen Zeitschriften. Porträts und die Unterwasserfotografie sind seine Spezialität. Tidball schreibt seine kürzliche Annahme des christlichen Glaubens seiner fotografischen Tätigkeit zu.

Siriyani Tidball, Toms Frau und Mutter dreier Kinder, schrieb den Beitrag über die Küche von Sri Lanka. Sie studierte in Nebraska, betreibt die Fotoagentur Toms und verfaßt heute Artikel für Tageszeitungen und Zeitschriften.

Purandara Sri Bhadra Marapana stammt von einer ehemaligen Königsfamilie von Kandy ab und ist nun ein Mann der singhalesischen „Renaissance". Er hat in Ratnapura die Vermittlungsstelle für Edelsteine und die Museen in Ratnapura und Colombo aufgebaut und setzt sich sehr für die Förderung junger Kunsthandwerker ein. Er hat eine Lehrwerkstätte für junge Maler, für Metallarbeiter und Edelstein- und Schmuckdesigner eingerichtet. Marapana möchte Elemente